中华文脉
SINIC CONTEXT

从 中 原 到 中 国

王战营 / 主编

"中华文脉"编辑出版委员会

主　编　王战营

编　委（按姓氏笔画为序）

王　庆　王中江　王守国　冯立昇
刘庆柱　李向午　李伯谦　李国强
张西平　林疆燕　耿相新　顾　青
黄玉国　葛剑雄　董中山

中华文脉
SINIC CONTEXT

从中原到中国

王战营 / 主编

前度刘郎今又来

诗豪刘禹锡的快意人生

肖瑞峰 著

中原出版传媒集团
中原传媒股份公司
河南人民出版社
·郑州·

图书在版编目（CIP）数据

前度刘郎今又来：诗豪刘禹锡的快意人生 / 肖瑞峰著.—郑州：河南人民出版社，2024.5
（中华文脉：从中原到中国）
ISBN 978-7-215-13529-1

Ⅰ.①前… Ⅱ.①肖… Ⅲ.①刘禹锡（772-843）-生平事迹 Ⅳ.①K825.6

中国国家版本馆CIP数据核字(2024)第078740号

前度刘郎今又来：诗豪刘禹锡的快意人生
肖瑞峰 著

出 版 人：李向午
选题统筹：温新豪　杨　光
责任编辑：冯景莹　段庸非
责任校对：赵红利
封面设计：张　坦

出版发行：河南人民出版社（郑州市郑东新区祥盛街27号　邮政编码　450016）
　　　　　发行部　0371-65788036

经　　销：各地新华书店经销
印　　刷：河南新华印刷集团有限公司
开　　本：720 mm×1020 mm　1/16
印　　张：27.25
字　　数：340千字
版　　次：2024年5月第1版
印　　次：2024年5月第1次印刷
定　　价：88.00元

目 录

引　言　"刘郎"得名由来 ———— 1
　　一、"玄都观里桃千树，尽是刘郎去后栽" ———— 1
　　二、"种桃道士归何处？前度刘郎今又来" ———— 5

第一章　运河边的励志少年 ———— 1
　　一、举家南迁 ———— 2
　　二、负笈吴中 ———— 6
　　三、习医有成 ———— 12
　　四、垂钓奇遇 ———— 14

第二章　金榜题名前后 ———— 21
　　一、归省洛阳 ———— 22

二、名动京师 —— 24

　　三、一举登第 —— 29

　　四、从军淮上 —— 41

第三章　人生中的高光时刻 —— 51

　　一、雄姿英发 —— 52

　　二、改革风云 —— 60

　　三、力挽狂澜 —— 66

　　四、出师未捷 —— 72

第四章　沅湘之滨的不屈吟唱 —— 83

　　一、远贬朗州 —— 84

　　二、角色嬗变 —— 88

　　三、心灵颤音 —— 93

　　四、思想光波 —— 109

第五章　刻在岭南大地上的坚实足印 —— 123

　　一、因诗得咎 —— 124

　　二、远贬连州 —— 129

　　三、以民为本 —— 135

　　四、笔走龙蛇 —— 140

第六章　巴山夜雨中的探索与耕耘 —— 157

　　一、感念旧谊 —— 158
　　二、思古幽情 —— 168
　　三、采风民间 —— 179
　　四、哲思隽永 —— 194

第七章　皖东生活的新元素与新色调 —— 205

　　一、旅途抒怀 —— 206
　　二、借古鉴今 —— 217
　　三、守望理想 —— 227
　　四、陋室生辉 —— 235

第八章　重回庙堂后的无奈际遇 —— 249

　　一、刘、白初逢 —— 250
　　二、宦况清冷 —— 258
　　三、政坛多诡 —— 266
　　四、激流思退 —— 280

第九章　辗转于"上州"之间 —— 297

　　一、治郡有方 —— 298
　　二、酬唱为乐 —— 333
　　三、"甘露"惊变 —— 340
　　四、游弋文苑 —— 350

第十章　放歌洛阳的一代诗豪 ——— 357

　　一、诗坛盟主 ——— 358

　　二、老当益壮 ——— 376

　　三、征管逐弦 ——— 392

　　四、不忘初心 ——— 407

　　五、英名永播 ——— 413

引言 "刘郎"得名由来

一、"玄都观里桃千树，尽是刘郎去后栽"
——始以"刘郎"自称

唐宪宗元和十年（815）春日。

京都长安，桃红柳绿，春风骀荡。

这时，距离唐王朝由盛而衰的转折点"安史之乱"已有整整一个甲子。尽管绵延八年之久的"安史之乱"使唐王朝从繁荣的顶点直线坠落，原先貌似强健的体魄元气大伤，一下子便显露出衰微的迹象，然而当历史的画卷翻到"元和"这一页时，"鲜花着锦"般的盛唐气象固然已经无从觅得，但疮痍满目、哀鸿遍野的场面也已悄然隐去；伴随着经济的复苏和生活秩序的渐趋正常，昔日的繁华都市从表面上看已重新敞开其温馨多情的怀抱。于是，在渡尽劫波的世人心中又或多或少地萌生出"中兴"的希望。

长安大道上，车水马龙，人潮如涌。就中夹杂着两个面容清癯却难掩英气和喜色的中年文官。他们身材虽不够伟岸，无法如鹤立鸡群般赚来太多的回头率，但那渊渟岳峙的气度还是颇能吸引行人眼球的。只见他俩在一片市井的喧嚣声中，虽然停止了交谈，却不时交换一下眼神，以此表达对熟悉而又陌生的京都的观感。眼神中漾出的是只有他们彼此才能听到的心音。

这两位气质不凡的文官就是十年前因参加永贞革新而分别被远贬为朗州（今湖南常德）司马的刘禹锡和永州（今属湖南）司马的柳宗元。在焦灼的期待和热切的盼望中，他俩终于接获了圣上召其回朝廷候用的诏书。这是不是意味着从此就可以结束久滞穷乡僻壤的迁谪生活，脱下"罪臣"的帽子，不再被歧视、被排斥、被迫害了呢？无论如何，这肯定是命运的一次转机。于是，怀着东山再起、霜刃重试的憧憬，两人结伴返京，一路登高望远，一路诗酒唱和。

然而，长安已不是他们想象中的模样。

十年前流产了的那场政治革新，虽然没有在京城中留下多少痕迹，但阴影依旧笼罩在向往变革的朝官心头，使他们不敢随便议论朝政。当年参与永贞革新的朝官，即便不是"二王刘柳"那样的核心人物或中坚力量，罪不至贬逐出京，也都遭到降职的处分，在政治上被边缘化。而那些对革新志士落井下石的人物，则因站稳了政治立场的缘故，被朝廷视为可以依靠的力量，实现了飞黄腾达的美梦。执掌中枢的宰相中，武元衡、杜黄裳虽然在削藩问题上与永贞革新集团的主张不谋而合，力主对不听节制的藩镇用兵，但在更多的问题上却与"二王刘柳"意见相左，而且在政见的歧异中还夹杂着个人的恩怨，对重回京城等待任用的刘、柳等人抱有本能的抵触情绪，根本不愿意看到他们东山再起。所以，尽管朝政的运行尚属正常，但政治气候的严酷却非刘、柳当年在朝时可比。刘禹锡一回到长安，便觉察到这一点。这使他有一种不祥的预感。

城市本身倒是呈现出畸形的繁荣。虽然各种社会矛盾日益加深，但毕竟已多年没有大规模的战乱发生，百姓得到了适当的休养生息，经济整体发展水平也有所恢复，尤其是城市经济由于商业、手工业的日趋发达，更是氤氲着欣欣向荣的气象。偌大的长安城中，到处是歌台舞榭、酒肆茶楼，到处是寻欢作乐的红男绿女。预感到大厦将倾的文人士大夫，也带着世纪末的情绪，自觉或不自觉地堕入十丈软红尘中，用醉生梦死的非理性行为方式，填补或掩饰着内心的空虚。所以，与长安疏离已久的刘禹锡，重新回到它的温馨怀抱后，分明可以嗅到一种纸醉金迷的绮靡气息。

这样的长安，不能不让他感到陌生，尤其是当他置身于川流不息的赏花人群中时。

长安本有春日看花的习俗。李肇《唐国史补》卷中《京师尚牡丹》一节记录了市民观赏牡丹的盛况："车马若狂，以不耽玩为耻。"这种盛况，也反映在当时的文人诗歌中。如白居易《牡丹芳》便说："花开花落二十日，一城之人皆若狂。"刘禹锡《赏牡丹》也说："唯有牡丹真国色，花开时节动京城。"这不奇怪，因为唐人素尚牡丹，把它推崇为"国色天香"，视为富贵、吉祥、幸福、繁荣的象征。不过，从节候上说，人间四月芳菲尽，"长安牡丹"始盛开。牡丹的花期既短又晚，此时尚未到观赏时节。那么，看花的人群因何而来，又去往何处呢？

原来，他们是去玄都观观赏桃花。这是长安城里近年新增的一项游春内容。玄都观本不著名，就因为满园桃花灿然可观，才吸引了众多的市民前来踏访，变得声名日隆。赋闲中的刘禹锡他们听说京城中还有这样一道风景，慕其盛名，便也被裹挟进看花的人流。

玄都观内外真是车马杂沓、人声鼎沸啊！桃花确实开得很盛，蔚如繁星，灿若红霞，赢得世俗男女一片惊叹。但悄然独立于人群之外的刘禹锡，却略无赞赏之意，因为眼前的景象触发了他的千般思绪、万般感慨。

桃花本不是刘禹锡这样的传统文人所欣赏的花卉。他在《杨柳枝词》中说"城中桃李须臾尽，争似垂杨无限时"，明确表达了对桃花的鄙夷。桃花，通常被视为"俗艳"之物，与"轻薄"一类的贬义词联系在一起。杜甫在《绝句漫兴九首》中直斥："颠狂柳絮随风舞，轻薄桃花逐水流。"历代咏及桃花的诗歌中，唐人崔护的《题都城南庄》传诵最广："去年今日此门中，人面桃花相映红。人面不知何处去，桃花依旧笑春风。"对桃花并无不恭，桃花在诗中只是作为一种衬托的背景而存在，作者本无意加以褒贬。后代由此而衍生的一些形容词，如"命犯桃花""面若桃花"等，则多少带有一些贬抑或不屑之意了。而"艳若桃李"，往往与"毒如蛇蝎"并举，用以揭露女人外貌与内心的悖反，绝不会被用来形容淑女、贞女或烈女。因此可以肯定，尽管刘禹锡多次在诗中描写过桃花，他对桃花却并没有好感。

这还在其次。更重要的是，玄都观里这引人瞩目的千树桃花，并非古已有之，而是在刘禹锡他们被贬逐出京后才栽种的。这不能不使他联想到朝廷中那些靠迫害革新志士起家的新贵。而一旦产生这样的联想，仅有的一点赏花的兴致，也迅速为火焰般的愤怒所取代。于是，始终没有改变初衷的他，再也控制不了自己的情绪，即兴吟成《元和十年自朗州承召至京戏赠看花诸君子》一诗：

紫陌红尘拂面来，无人不道看花回。
玄都观里桃千树，尽是刘郎去后栽。

诗人以"桃花"影射朝中不可一世的新贵，讽刺他们是在将自己排挤出京后才得以飞黄腾达。喻之以"桃花"，不仅含有轻蔑之意，而且也是暗示，就像桃花盛开之后很快便会凋谢一样，他们只能荣耀一时，等待他们的是红消香断、零落成泥的命运。

此前不久，在经过两个多月的跋山涉水，抵达长安近郊时，柳宗元曾喜赋《诏追赴都二月至灞亭上》一诗："十一年前南渡客，四千里外北归人。诏书许逐阳和至，驿路开花处处新。"以为"阳和"已至，复出有望，因而触目之处，都是新蕾绽放的春日景象。刘禹锡也写有《元和甲午岁诏书尽征江湘逐客余自武陵赴京宿于都亭有怀续来诸君子》一诗，记录了当时悲喜交集的心情："雷雨江山起卧龙，武陵樵客蹑仙踪。十年楚水枫林下，今夜初闻长乐钟。"以"起卧龙"比喻奉诏回京，"蹑仙踪"比喻重任郎官，表明他对自己未来有可能得到的政治安排，即便不是充满信心，至少也并不灰心。而自况为"卧龙"，则说明他依旧以诸葛亮一类有经天纬地之才的人物隐然自命。"十年"二句，极写今昔处境与心情的反差，感慨连连，喟叹多多。

在初闻长安钟声的此刻，刘禹锡怎么也没有想到，这次奉诏回京，固然为沅湘十年的谪居生活画上了一个句号，却又成为一段新的贬逐生涯的起点。他更没有想到，自己因一时难抑愤激而写下的"看花"诗，竟犯下了震动古今的"玄都观诗案"，不仅使自己重罹灾厄，也把柳宗元等友人送入了万劫不复的深渊。

这是刘禹锡第一次以"刘郎"自称。他同样没有想到的是，"刘郎"会成为自己在波澜壮阔的中国文学史上的代号，一个具有极强辐射力和极高美誉度的代号。

二、"种桃道士归何处？前度刘郎今又来"

——终以"刘郎"定名

时序如流，历史的脚步匆匆跨越了十三个春秋，驻足于唐文宗大和二年（828）。

时间会给身处逆境而心力交瘁的失意者以度日如年的错觉，使他们在日甚一日的寂寞和期盼中咀嚼现实的苦难，却不会停下它伴随日升日落而迁移的既定步伐。从另一角度看，时间脚步的每一次迈动，又都牵系着失意者的敏感神经，让他们自悲流年、自伤不遇，感叹壮心徒耗、壮志成空。时间真是一根不停拨弄世人神经的魔杖啊！

十三年前不期然发生的"玄都观诗案"，在政坛掀起轩然大波。各方力量博弈的最终结果是，刘禹锡再贬为连州（今属广东）刺史，受其牵连的柳宗元则被贬为柳州（今属广西）刺史。五年后，刘禹锡"量移"夔州（今重庆奉节），柳宗元则不幸病卒于贬地。这之后，刘禹锡又流徙于和州（今属安徽）。"巴山楚水凄凉地，二十三年弃置身。"（《酬乐天扬州初逢席上见赠》）这是刘禹锡对自己看不到终点的迁谪生涯的无奈喟叹。然而，人生命运的转折，往往在当事人无数回经历希望与失望的循环往复，最后差不多已经近乎绝望时发生。所谓"造化弄人"，或许就是形容这种情形。这种情形也出现在刘禹锡身上，使他的命运交响曲变得更加跌宕多变、开合无定。两年前，即唐敬宗宝历二年（826）秋天，刘禹锡意外奉诏返回东都洛阳。本以为命运再次发生掀转，谁知却被投闲置散，整日无所事事，虚度光阴。就在他自觉重入庙堂的梦想快要破灭时，这年春天，由于宰相裴度、窦易直和淮南节度使段文昌等人的力荐，刘禹锡终于冲破重重阻碍，调回朝廷就任主客郎中。

刘禹锡深知机会来之不易，所以对不避嫌疑、竭力荐引他的裴度、窦易直、段文昌无限感荷。他在《谢裴相公启》中说：

> 某遭不幸，岁将二纪。虽累更符竹，而未出网罗。亲知见怜，或有论荐。如陷还泞，动而愈沈。甘心终否，无路自奋。岂意天未剿绝，仁人持衡，纡神虑于多方，起埋沈于久废。居剥极

之际，一阳复生；出坎深之中，平路资始。通籍郎位，分曹乐都。乔木展旧国之思，行云有故山之恋。

近乎感激涕零。他固执地认为，自己任职连州、夔州、和州期间，虽然主理一州军政，却是被打入另册的人物，仍在"网罗"之中，随时有不测之虞。在《谢窦相公启》中，他也表达了类似的意思："某一辞朝列，二十三年。虽转郡符，未离谪籍。"他满以为从此可以"重忝清贯"、再履康庄。《谢裴相公启》既说，"官无责词，始自今日"；《谢窦相公启》也说，"布武夷途，自此而始"。但令人沮丧的是，后来的事实却证明这只是一种盲目的乐观——重入庙堂的狂喜之情一时模糊了刘禹锡的视线，也影响了他的判断，使这位"经冬复历春"的志士仁人居然表现出与他的经历极不相称的天真。

刘禹锡回到长安时，又恰逢桃花盛开的季节。路边依然稀疏地植有几株桃树，见不到当年花繁叶茂。路上也不见了兴高采烈、川流不息的看花人。这不能不使刘禹锡触景生情，忆起十二年前自己因赋"桃花"诗而得罪权臣、再遭贬逐的不幸际遇。那么，当年煊赫一时的玄都观中是否还保持着满观红艳、游人如织的景象呢？刘禹锡禁不住有几分好奇，便信步走向这座成为其命运转折点的京城道观。

哪里还有"玄都观里桃千树"的盛况啊！不仅炫目的桃花已荡然无存，庭院也已趋于荒芜，种桃道士更是不见踪影，只有无主的"兔葵""燕麦"在春风的吹拂下前仰后合。时过境迁，今非昔比。由玄都观的今昔变迁，刘禹锡联想到当年刻意制造"玄都观诗案"、不肯对他网开一面的宰相武元衡也已死于非命，反不及历尽坎坷的他能笑到最后。这使他感到一阵快意，诗兴也油然而生，便回应前尘往事，赋下《再游玄都观绝句并引》：

余贞元二十一年为屯田员外郎，时此观中未有花木。是岁，出牧连州，寻贬朗州司马。居十年，召至京师，人人皆言有道士手植仙桃，满观如烁晨霞，遂有前篇，以志一时之事。旋又出牧，于今十有四年，复为主客郎中，重游玄都，荡然无复一树，唯兔葵燕麦动摇于春风耳。因再题二十八字，以俟后游。时大和二年三月。

百亩中庭半是苔，桃花净尽菜花开。

种桃道士归何处？前度刘郎今又来。

"百亩"，点出庭院之宽敞，令人联想起以武元衡为代表的敌对势力昔日声势之浩大。"半是苔"，见出庭院之荒凉——既然青苔居半，分明人迹罕至。对照当年人头攒动、人声鼎沸的"看花"盛况，这岂不是暗示那些不可一世的权贵以及簇拥在他们周围的趋炎附势者已作鸟兽散？"桃花净尽"，则以象征手法进一步表现玄都观中的盛衰变化，借以影射当年窃据高位、权倾京师却很快便销声匿迹的满朝新贵。联系作为姊妹篇的《元和十年自朗州承召至京戏赠看花诸君子》一诗中所描写的桃树千株、蔚为奇观的情景，殊堪玩味。"种桃"句再加生发，由"桃花净尽"推及"种桃道士"之归宿，并故意用诘问句将满腔愤怒化为淡淡的一哂。"归何处？"故作不解之辞，而答案已在其中。这是一种声色未动而机弩已发的巧妙揶揄。人事沧桑、时运升沉，至此业已申足。于是，诗人便于末句作极具挑战意味的自我亮相："前度刘郎今又来。"是啊，谁能笑到最后，谁就笑得最好。武元衡等人当初一心置刘禹锡于死地，何曾料到他渡尽劫波后又卷土重来，在当年中箭落马的地方以胜利者的姿态回眸一笑。于是，曾经的苦难在笑声中统统化为云烟！显然，诗人并没有淡忘当年的是非曲直之争，他之所以"再游玄都观"并重提旧事，正是为了用最后的笑声显示正义者的不可战胜，披露自己笑看花开花落的人生襟怀。全诗讽兼比兴，语含俏皮，充分体现了诗人宁折不弯的刚强性格和至老不衰的昂扬斗志。

刘禹锡两度创作玄都观诗，都以"刘郎"自称，在诗中树立起了一个正道直行、守志有恒、自强不息的人格典范。从此，"刘郎"就成为他的定名。一提到"刘郎"，人们就想起这位百折不挠、快意恩仇的诗豪，然后，一股奋发进取的暖流就在全身的血脉中回荡不已。

"前度刘郎今又来"，多么豪迈的口吻，多么刚强的姿态啊！它又给后代的文人以多大的激励与鞭策啊！宋代的诗词作者在坎壈失意而又不甘屈服、不甘沉沦时，往往自托为"刘郎"或"前度刘郎"，借以自慰或自勉。如苏轼《留别释迦院牡丹呈赵倅》：

> 年年岁岁何穷已，花似今年人老矣。
> 去年崔护若重来，前度刘郎在千里。

苏轼《南乡子》：

> 秋色渐摧颓。满院黄英映酒杯。看取桃花春二月，争开。尽是刘郎去后栽。

周邦彦《瑞龙吟》：

> 前度刘郎重到，访邻寻里，同时歌舞。唯有旧家秋娘，声价如故。

〔元〕钱选　折枝桃花图

史达祖《贺新郎》：

> 前度刘郎虽老矣，奈年来、犹道多情句。应笑煞，旧鸥鹭。

在这些作品中，"刘郎""前度刘郎"已成为历尽劫难而无改贞操、笑傲人生的人格典范的代名词。诗人们以"刘郎"自比，不仅是表达对刘禹锡的由衷倾慕，更是宣示见贤思齐、奉其为人生楷模的意愿，从中汲取抵御现实风雨、蔑视仕途坎坷的精神力量。

那么，这位名垂千古的"刘郎"，究竟有着怎样的快意人生？在可歌可泣、可圈可点的生命旅程中，他经历了哪些风风雨雨？又如何与国家命运相勾连，与时代潮汐相呼应？就让我们一起来追寻他跋山涉水的履痕吧！

第一章 运河边的励志少年

一、举家南迁

刘禹锡生于嘉兴、长于嘉兴，直至十九岁北游长安。

嘉兴位于土地肥沃、水网纵横的杭嘉湖平原，是典型的江南鱼米之乡。而当时的南北交通动脉京杭大运河又贯穿其境，使它成为舟船竞往、商贾争赴之地。刘禹锡的父亲刘绪由洛阳举族东迁后，就卜居于运河之畔。可以说，刘禹锡是喝着运河水长大的孩子。

刘禹锡的原籍是洛阳（今属河南）。官修的《旧唐书》说他是"彭城人"，其实，不仅是他，连他的祖辈也没有在彭城（今江苏徐州）居住过。大概因为他曾经把汉代大学者刘向称作"吾祖"，而刘向是彭城人，后人就把他与彭城拉扯到一起了。

刘禹锡还曾经自称是汉景帝之子中山靖王刘胜的裔孙，因而他的友人也常常称他"中山刘梦得"。但实际上他与西汉王室并没有任何瓜葛。这就像李白自称是汉代飞将军李广的后代一样，只不过想抬高门第罢了。刘禹锡的七世祖刘亮是北魏的大臣，官居冀州刺史、散骑常侍。公元493年，北魏孝文帝元宏迁都洛阳，刘亮也跟着在洛阳定居下来，死后就埋葬在洛阳北山。后来，因为其地过于狭窄，不足以将它营建为祖茔，便又改葬于荥阳的檀山原。这以后，洛阳与荥阳的近郊就成为刘家祖茔的所在地，刘禹锡也就"籍占洛阳"了。

刘禹锡的曾祖父刘凯是在武则天君临天下时步入仕途的，官至博州刺史后，他的仕宦生涯便画上了句号。祖父刘锽的入仕，则大约是在唐玄宗开元年间。在他的仕宦履历表上，写有洛阳主簿、殿中侍御史一类的并不起眼的官衔。

刘禹锡的父亲刘绪同样也不是名著一时的人物。他在天宝末年参加了进士考试，本来也指望跻身朝班，为并不显赫的家族史续写上熠熠闪光的一页，但功名未果，便因为"安史之乱"爆发而不得不举族东迁，以避战火。这时，刘绪刚成婚不久。

一路跋涉，一路风尘。当刘绪疲惫不堪的双脚踏上江南这块土地后，他再也不想继续前行了。他决定就寓居在这里，因为这里除了有青山绿水和闹市通衢以外，还有听来十分亲切悦耳的吴侬软语，以及在故乡洛阳已经无法享受到的远离战火的安宁与和平。

这里，就是苏州的嘉兴。

嘉兴，本名长水，秦时改为由拳县。东吴黄龙四年（232），因为其地盛产嘉禾，改名禾兴。东吴末帝孙皓登基后，为避父讳，方才改称为嘉兴。它位于土地肥沃、水网纵横的杭嘉湖平原，是典型的江南鱼米之乡。

为了给出差的官员提供食宿之便，朝廷在各地都设有驿站。刘绪举族东迁后，就卜居于"嘉禾驿"附近。他把家人安顿下来以后，便外出谋职。这一来是迫于生计，二来也是不甘心庸庸碌碌地了此一生。

但在战乱还没有平息的日子里，要想直接蒙朝廷拔擢，获得一个八面威风的头衔，并进而捧上一只令人羡慕的"铁饭碗"，那真不是一件容易的事情！刘绪四处游说，甚至动用了父祖辈的老关系，才挤进节度使幕府，当上了好歹可以领一份养家糊口的薪水的幕僚。节度使走马灯似的更换人选，而刘绪也就不断地在动荡中辞"旧"迎"新"。

不知不觉中，他已过了不惑之年，原来十分浓密的鬓发不仅已经变得稀稀落落，而且开始出现霜花点点了。

这时，最让他痛苦的事情倒还不是仕途偃蹇，未老先衰，也不是宦游在外，孤苦无依，而是他还没有后代，没有一个使他的生命得到延续，使他家的香火得到继承的儿子。"不孝有三，无后为大。"他觉得自己将来无论如何要愧对九泉下的列祖列宗了。想到这儿，他就胸闷气短，泪下沾襟。同僚们也都知道他的心病，每当闲话时，总是小心翼翼地避开这一话题，唯恐引起他的不快。

这年三月，刘绪由浙西观察使李栖筠的幕府返回嘉兴省亲。得悉妻子卢氏有孕在身，他激动得不能自抑。从此，孩子的出生与培养，便成为他与妻子永不厌倦的话题。只是孩子的性别是什么，这对于他们还是一个无法解开的谜。他们曾经多次到寺庙中烧香拜佛，祈求上苍赐给他们一个既聪明又健壮的男孩。他们已经替这个男孩起好了名字：禹锡。

天怜斯文。唐代宗大历七年，即公元772年，刘禹锡在父母的千呼万唤中降生了。他的出生似乎给刘绪带来了官运——开始有了实职，再也不用在幕府被人吆来喝去了。后来，朝廷又让刘绪以盐铁副使、殿中侍御史的身份到埇桥（今安徽宿县南）去主管转运业务。这个差事官阶不高，却是世人眼中不容易得到的肥缺。刘绪一向为官清廉，并不想借这个机会中饱私囊，但他却很感激朝廷推恩于自己，因而也就不计较这差事给家庭生活带来的极大不便，欢天喜地地到远离嘉兴的埇桥上任了。

由于刘绪常年宦居外地，少年时代的刘禹锡很少能得到父亲的耳提面命，这是他一直感到遗憾的。但他的少年时代也始终沐浴在温暖而又灿烂的阳光下，因为他比别的孩子更充分地享有母爱。

刘禹锡的母亲卢氏出身于范阳士族，门第比刘家要显赫得多。这是刘禹锡长大后才渐渐明白的。原来，唐高宗时，太原王、范阳卢、荥阳郑、清河博陵二崔以及陇西赵郡二李，是有名的望族。他们把自己的门第看得很高很重，耻于和其他氏族通婚。随着科举制度带来的世、庶族势力的消长变化，到刘禹锡的母亲待字闺中时，门阀意识与门第观念已受到重创，于是，她也就不以下嫁到刘家为耻了。

也许因为四十岁左右才生下刘禹锡的缘故，卢氏对刘禹锡分外疼爱，饮食起居都亲自照料，而不许家中的佣人插手。童年时的刘禹锡，耳边总是回荡着母亲充满爱怜之情的叮咛。但卢氏并不打算让刘禹锡的童年时光在嬉戏和溺爱中度过。她知道，刘家光宗耀祖的希望都寄托在这根独苗身上。在她的启蒙与督促下，发奋苦读成为刘禹锡童年生活中的一道永不消逝的风景。祖辈没有为他留下可以托庇的门荫，却为他留下了诗礼传家的门风。在他看来，这是一种比财富更为珍贵的遗产。

对刘禹锡的教育方针和培养方案是刘绪亲自制定的，但具体实施者却只能由卢氏充任了。刘绪要卢氏以严毅为主，辅之以循循善诱的方法，培养起刘禹锡勤学苦读的自觉性。青灯黄卷，暮鼓晨钟，日复一日，年复一年，他埋头于故纸堆中，废寝忘食，孜孜不倦。

因为家中人丁并不兴旺，又远离祖籍、寓居江南，刘禹锡少年时代的家庭生活是清静的。清静既意味着可以不受干扰地潜心攻读，同时它又往往与寂寥形影相随。只有当父亲刘绪回来探亲时，家中才会到处洋溢着欢声笑语。因此，刘禹锡总是企盼着父亲归省的日子。这不仅仅是出于天伦之情，也不仅仅是因为那可以使他面承庭训，而且还因为他希望近期的学习成果能及时得到严父的检验。

看到刘禹锡闻一知十、学业精进，父母欣慰不已。他俩私下计议：孩儿这般笃于学、敏于思，将来必成大器。只是至今未得名师指点，如果能游于硕学名儒之门，得其传道、授业、解惑，于前程岂不大有裨益？只是江南为钟灵毓秀的人文渊薮，素多饱学之士，究竟拜谁为师好呢？商量一番后，父亲决定先带他去拜见道德文章素具声望的权德舆，请其指点迷津，然后再遍访名师，博采众长。于是，还在垂髫之年的刘禹锡便进入了以嘉禾为中心，辗转于苏州各县的负笈时期。

二、负笈吴中

父子二人抵达权德舆寓所时，适逢权氏在家与友人一起品鉴诗文，说古论今，兴会淋漓。闻报刘绪率子来访，连忙蹑足出迎。原来，刘绪为官口碑甚佳，素重政声的权德舆早已有心结纳，加上对于刘禹锡的博闻强记、聪慧过人也早有耳闻，今日谋面，权德舆很想测一测虚实。寒暄过后，刘绪直道来意。权德舆一眼望去，但见刘禹锡貌似文弱，而目射精光，眉蕴英气，端的是神采奕奕。另外，他还注意到刘禹锡胸前佩戴着两个形状近似锥子的东西。这种打扮也是很少见的。

权德舆稍一用神，便想到它该是古书中提到过的"觿韘"。"觿韘"，是古人用来解结的工具。按照《礼记·内则》的规定，童子应当左佩觿，右佩韘，随时准备替父母解结宽衣。但这一远古的礼仪，早已不那么行时了，刘禹锡独自佩戴觿韘，是表示遵古制、行古道、循古风的意思。如此装束，既可以看出刘绪律子甚严，也可以看出刘禹锡事亲至孝。这一下子就赢得了权德舆的好感。等到接言交谈，他又发现刘禹锡果然博学多识，名实相符。他询问的几个颇有几分难度和深度的问题，刘禹锡都沉着应对，毫无忸怩之态，所言虽不是字字珠玑，但出自一个看似混沌未开的学童之口，在权德舆听来，已是惊人之论了。

如此不可多遇的美才，居然主动前来拜师，权德舆不由大感快慰。以前，他总对孔子"教学相长"的格言不以为然，觉得那是老夫子故意矫情。此刻，他却感到这话还是很有道理的。既然可以"教学相长"，那么，为人之师，其实是件并不坏的事情。他手捻长须，笑得无比欢畅。刘禹锡忽然发现，这位名满天下、不苟言笑的文章宗师，原来十分和蔼可亲。

以此为契机，他们两人结下一段永生难解的师生缘。十多年后，权德舆在《送刘秀才登科后侍从赴东京觐省序》中回忆初识刘禹锡的印象说："始予见其卯，已习《诗》《书》，佩觿韘，恭敬详雅，异乎其伦。"初次见面的印象，在权德舆的记忆里如此不可磨灭，说明在他亲炙过的学童中，刘禹锡有着多么独特的魅力。

刘禹锡少年时代所拜谒的另两位名师是诗僧皎然与灵澈。

皎然，俗姓谢，字清昼，人称昼公。据说他是晋宋之际的著名山水诗人谢灵运的第十世孙。有这么一位值得炫耀的祖先，皎然虽然不至于成天把他挂在嘴上，却也总爱有意无意地提到他，尤其是提到他那份自信。在他身上，似乎并没有远祖的狂傲之气，但性格的直率却是很有几分相像的。他曾在成名作《诗式》中毫不留情地将古往今来的"偷诗"者一一拎出示众；对慕名前来求教的诗坛中人，也总是直截了当地指出其诗作的得失，从不违心地说些溢美虚饰的话语。

一天，有位刚出道的诗僧拿着新作的《御沟诗》来访，满以为会博得皎然的喝彩。谁知皎然不仅没有作出他所期望的反应，相反倒指着其中他最得意的"此波涵圣泽"一句，直截了当地说："这个'波'字下得不够稳当，应当改一改。"这位诗僧也是个心高气傲的角色，向来听不得逆耳的话，竟恼羞成怒，拂袖而去。皎然却没事人一般，料定他会半路折回。果然，诗僧心里虽不服气，但思来想去，觉得皎然说的其实没错。最后，求知欲战胜了虚荣心，驱使他返回皎然住处请教道："改成'中'字如何？"皎然不慌不忙地伸出手掌，掌心赫然写有一个"中"字，正是这位诗僧百虑而后得之者也。诗僧一见，心悦诚服，便翻身下拜。就因为皎然具有这样精深的诗学造诣，又以诚待人，不喜面谀，所以，当时的诗坛名家韦应物、顾况、包佶等人都喜欢与他谈论禅学与诗学，他所在的寺院也就常有贤达造访了。

与皎然相比，灵澈的年辈与名气都要小一些。他俗姓汤，字源澄。年轻时曾经跟严维学诗，后来听说了皎然的有关逸闻，好生仰慕，便赶来吴兴，对皎然执弟子礼。不过，皎然却把他视为一同游心于禅林文苑的友人，不敢自高身份。可知灵澈也有过人之处。

当时，皎然挂锡于吴兴境内的妙喜寺，距离嘉禾驿并不算远，刘禹锡前往投师十分方便。于是，通往妙喜寺的曲曲弯弯的山路上，便留下了刘禹锡一行行往返的足迹。

吟章弄句，是皎然、灵澈的日常课业，也是他们平时最喜欢的消遣方式。每当他们摇头晃脑地吟哦时，刘禹锡总是拿着笔砚，恭恭敬敬地侍立在一旁，随时听候差遣。皎然很少向刘禹锡灌输这样那样的道理。学究式的高头讲章，是他一向嗤之以鼻的。他喜欢让刘禹锡从旁观察自己与灵澈吟章弄句的过程，一点一滴地悟出些什

第一章 运河边的励志少年

么来。

　　这天,皎然又与灵澈一起联句赋诗,刘禹锡则照例为他们侍候笔墨。江南的寒冬,虽然不至于呵气成冰,但时间一长,他那双捧砚的小手也不免被冻得僵直了。但他对手脚的痛痒几乎失去了感觉,因为他的注意力都集中在两位恩师吟出的每一联、每一句上。他有心跟着吟哦,却又怕搅扰了恩师的诗思,不敢吟出声来,只是随着诗境的转换,脸上的表情不断变化,一看就知道心有灵犀。

　　联句完毕,皎然出示旧作《送灵澈》,请刘禹锡加以评点,目的是看看他对诗家三昧的解会。这是一首五言绝句:

　　　我欲长生梦,无心解伤别。
　　　千里万里心,只似眼前月。

〔明〕沈周　吴中山水卷(局部)

刘禹锡稍加把玩后，铿然评说道：此诗将禅意与诗思巧妙地融合在一起，体现了以禅入诗的创作指归。后两句借月寄情，不言别情，而别情见于言外，极为含蓄蕴藉。话音未落，皎然与灵澈便异口同声地赞叹道："孺子可教！"

刘禹锡心知，"孺子可教"，本是《史记·留侯世家》中圯上老人对"卒然临之而不惊，无故加之而不怒"的张良的评赞；以恩师平日持论之苛，而将这一评赞移用于自己，可知他们对自己的诗心和诗才是十分爱赏和器重的。他想，自己一定要加倍努力，千万不能让恩师耗费在自己身上的心血付诸东流。而对恩师的最好报答，他觉得就是尽快考取进士，题名金榜。

其实，刘禹锡跟从皎然、灵澈学诗，正是为参加进士考试做准备。唐代以"科举制"取代"中正制"，打破了魏晋以来压抑人才、摧残人才的门阀制度，为庶族出身的士子打开了仕进的大门。唐代科举考试有着诸多门类，其中最受人们重视的是进士科。进士考试以诗赋为主要内容之一，于是诗赋便被士子们当作步入仕途的敲门砖。既然只要能诗善赋，就有可能敲开官场的大门，获得人人垂涎三尺的进士出身，由两手空空的布衣摇身一变为有钱有势的朝廷命官，那么，谁不希望自己能首先成为写作诗赋的高手？因此，以诗赋取士的制度实际上促使着士子们去加强诗歌写作的基本训练，钻研诗歌写作的艺术技巧，以求出奇制胜，一举登第。唐代士子几乎都能写诗，只有好与不好的差异，没有会与不会的区别，原因就在这里。

刘禹锡向皎然、灵澈学诗，当然也是有功利性的动因起着制导作用的。他固然真的非常喜欢读诗、写诗，但对仕途功名的渴望，才是他刻苦学诗的更加源源不断的精神动力。他并不隐讳这一点，再三向皎然、灵澈表白自己的心志。皎然、灵澈虽然已看破红尘，置身于名利场外，心如波澜不惊的一泓秋水，却很能理解爱徒的心愿。每当刘禹锡模仿古人"诵诗言志"时,他们总是微笑颔首,并不认为他利欲熏心。

刘禹锡是幸运的,因为他所师从的皎然、灵澈不仅擅长诗艺,而且精通诗学——皎然的《诗式》是当时诗格一类著作中最好读,也最耐读的一部,对诗风、诗境、诗体、诗艺等问题都有独到的见地。但皎然并没有一开始就把这部书给刘禹锡看,因为他觉得火候不到。等到刘禹锡差不多就要登堂入室时,他才亲自缮录一部赠给这位爱徒。刘禹锡如获至宝,携归后谨遵师训,反复阅读,对诗学的认识逐步由感性上升到理性。对其中的"兴即象下之义""采奇于象外"一类的说法,刘禹锡尤有兴趣。"象下""象外"云云,究竟指的是什么呢?除了反反复复地体会外,他还把李白、杜甫的诗歌拿来参验,慢慢意识到恩师说的是写诗不能一览无余,应当含不尽之意见于言外,让读者既能体味到诗歌意象本身的美感,又能触摸到诗人潜伏于其中的感情脉络,通过自己的想象和再创造,进入另一个隐秘而又丰富的艺术境界。

当然,这时他意识到的东西还只是朦朦胧胧的,连自己也难以说清。在经过多年的艺术实践后,原先模糊的东西才逐渐变得明晰起来,从而提出了"境生于象外"这一升华了皎然学说的理论命题——那该是后话了。

皎然、灵澈对刘禹锡的指点,虽然常常只是三言两语,却使刘禹锡如醍醐灌顶,茅塞顿开,又如拨云见日,心眼俱明。后来,他能成为享誉古今的一代诗豪,与皎然、灵澈的悉心指点是分不开的。刘禹锡自然也明白这一点,所以,在回想当年的学诗经历时,他总是对皎然、灵澈怀有饮水思源般的感恩之情。

三、习医有成

少年刘禹锡的发奋苦读，既让母亲卢氏十分欣慰，也使她不无担忧。她担忧的是，长此以往，儿子会积劳成疾。一个朔风凛冽的冬夜，卢氏一觉醒来，刚好是三更时分，蒙眬中发现禹锡的书房内仍然亮着昏黄的灯光，还伴有轻微的书卷翻动声响。走进书房一看，果然禹锡还在伏案苦读。她默默地注视着眼前的情景，良久无语。当专注于书卷的刘禹锡觉察到母亲的到来后，不禁为自己惊扰高堂而现出一脸惶色。他故意挽起衣袖向母亲显示他手臂上那点并不起眼的肌肉，稚气的表情中，渗透着卢氏所熟悉的坚毅、倔强的神色。

卢氏苦笑着摇了摇头，转身离去。她知道，自己是没有办法说服儿子的，而除了说服，还能有其他什么更好的办法呢？当然，她也知道，儿子并没有一副钢筋铁骨——刘禹锡幼年时是个体弱多病的孩子，卢氏经常和保姆一起抱着他去医生或巫师家求诊。针灸、灌肠、拔火罐等各种各样的治疗方法都曾经在他身上多次试验过，而且，襁褓中的禹锡似乎一点也没有成年后的豪气英风，接受治疗时总是大声哭闹。这些往事给卢氏留下的记忆简直太深刻了。现在，儿子的确壮实些了，却并没有身如药树，百病不侵，时不时还是有个头疼脑热的，让家里人折腾上几天。与周围的孩子相比，他的体魄也并不显得特别强健，相反，如果光看外表，甚至会让人觉得他是个羸弱的少年。只有相处久了，才能察知他蕴蓄在羸弱的外表下的非凡毅力和超常精力。

卢氏全然没有料到，因为某一偶然事件的触发，刘禹锡竟突然产生了习医的冲动并迅即付诸实施。那是他十七岁时的事情：一天中午，刘禹锡从外面回来后便一头钻进书房，展卷攻读，直到掌灯时分卢氏几次催促他吃饭，他依旧伏在桌上不肯动弹。卢氏不禁有些奇怪，走上前去，发现儿子全神贯注阅读的是古老的医学名著《小品方》。她有点纳闷：这之前，她曾经多次诱导他读些医学书籍，从中寻得一种行之有效的强身健体之术，他却始终不太在意，家里备有的几种医书，他常常只是随手翻翻，就丢在一边。只有一回，母子二人一同走在街上，几位恶少见刘禹锡举止优雅而身体单薄，便讥笑他是手无缚鸡之力的腐儒酸丁，气得刘禹锡满脸紫涨，回家后便捡起久已闲置的医书阅读起来，但时间不长，他便又搁下了它，因为怒气平息之后，他就又觉得眼下自己最要紧的还是学习儒家经典和练习诗赋写作，如果过多旁骛，就会分散精力，影响一生的功名。这次情况却很不同，看他那专注的样子，似乎真的下决心要钻研医学了。那么，是什么原因使得他一下子对医学药理产生浓厚兴趣了呢？卢氏很想知道这一转变的过程。

刘禹锡当然不想对母亲隐瞒什么，便说起了他这几天亲眼见到的多起穷人求医无门而庸医见死不救的事件。那一幕幕惨不忍睹的情景，不断在他眼前幻现，仿佛在促使他做出一种新的选择。在迈进家门时，他已打定主意：从今天起，要把钻研医学药理也作为自己必修的课业。这不光是为了自己，更是为了别人——此时此刻，他多想能马上成为一名悬壶高手，为那些无力延医或误于庸医的普通患者解除病痛啊！

这就是他如此沉迷于《小品方》的真实原因。

听完刘禹锡的叙述，卢氏完全明白了。她不仅理解，而且支持儿子的想法，因为她诱导儿子兼攻医籍的初衷就是如此：既为自己强身健体，更为医治别人，救死扶伤。从那以后，刘禹锡就把研习医学药理当作一件正儿八经的事来做了。三十年后，他在担任连州刺史期间写下了著名的散文《答道州薛郎中论方书书》，其中有一段提到十七岁时的学医经历；不过，对学医的动机，他却故意说得十分简略，而不愿过多地渲染自己济世爱人的赤子情怀：

及壮，见里中儿年齿比者，必睒然武健可爱，羞己之不如。遂从世医号富于术者，借其书伏读之。得《小品方》，于群方为最古。又得《药对》，知《本草》之所自出。考《素问》，识荣卫、经络、百骸、九窍之相成。学切脉以探表候，而天机昏浅，布指于位，不能分累黍之重轻，第知息至而已。然于药石不为懵矣。

由这段自述可知，在跨入成年门槛之前，刘禹锡虽不能说已经精于岐黄之术，但至少已通于药石之理，而且确实通过学医达到了强身健体的目的。看到他生龙活虎的样子，谁还会把他和当年那个动辄求医服药、"恒然啼号"的病童联系起来呢？

四、垂钓奇遇

生于江南、长于江南的刘禹锡，拥有的是一个勤学苦读的少年时代。但汗牛充栋的典籍并没有磨灭他热爱自然的少年心性。他最讨厌"两耳不闻窗外事"的书蠹。他知道，如果把自己一直禁锢在书斋里，免不了到头来也会蜕化为一只痴痴呆呆的书蠹。他曾努力想象自己变成书蠹后的模样，想来想去，脑子里总是迷迷糊糊的，便干脆不再去想了，因为他觉得自己虽然嗜书成癖，却也热爱自然，体内并不具备蜕化为书蠹的基因。

的确，秀丽的江南山水，经常诱使他走出书斋，到画山绣水中去舒展自己因长时间伏案攻读而有些疲惫的身心。"一张一弛，文武之道。"这个道理，他是从小就弄懂了的。而每当徜徉山水时，他除了条件反射般地想起孔子"仁者乐山，智者乐水"的古训以外，记忆的仓库里往往还冒出陶渊明的诗句："少无适俗韵，性本爱丘山。"

不仅仅是这样，在读书的过程中，他的目光还往往被载入典籍的当地的名胜风物所吸引。这也驱使他涉足户外去一探究竟，以满足童年的好奇心。譬如读左思的《吴都赋》时，看到"王馀鱼"的名称，又得知这种鱼就产于本地，他便一心想钓到它，于是不惜一次次暂别书卷，直驱南湖。

经常与刘禹锡一起出游的是邻家的孩子裴昌禹。裴家是从山西迁来的，与刘家同属于客居他乡者，因而彼此之间有一种天然的亲近感。裴昌禹生性活泼好动，刘禹锡则显得比较老成稳重，两人正好结成一种性格互补型的伙伴关系。当然，在这种伙伴关系中，居于"主心骨"地位的常常是刘禹锡而不是裴昌禹。

春天的江南，杂花生树，群莺乱飞，风光秀丽。因为较少受到战祸波及，江南地区依旧保持着原有的富庶，虽然撩起富庶的面纱后，两极分化的时代鸿沟明晰可见。当此"日出江花红胜火，春来江水绿如蓝"之际，在金陵、苏州、杭州等江南名城的郊外，不仅踏青的游人摩肩接踵，而且笙歌随处可闻，弥漾着一种差可接肩于太平盛世的安乐祥和的气氛。当时隶属于苏州的嘉兴县，虽非通都大邑，却以市民殷富、物产丰饶而遐迩闻名，眼下，城郭内外，亦是山清水秀，桃红柳绿，一派融融春光。

这一天，在通往南湖的道路上，游春的人流裹挟着兴冲冲的刘禹锡和裴昌禹这两个白衣少年。他们肩上扛着鱼竿，直奔南湖而去。南湖是嘉兴的风景胜地，因东西两湖相连，如同鸳鸯交颈，又名鸳鸯湖。古时碧波万顷，十分壮观，元代以后才逐渐淤积缩小。因而在中唐时依然湖面辽阔，波光粼粼。湖中有小岛，岛上错落着造型别致的亭台楼阁，供游人泛舟之余品茗小憩。所以一年四季都有远近游人慕名而来。在这鸟语花香的盛春时节，就更是游人如织。远望湖中，天光水色，浓淡相映，更有帆影点点，菱歌声声，确实令人赏心悦目。

然而，两位少年来到湖边后，对湖中胜景却全不在意。终于，他们找到一处比较僻静的地方，两人相视一笑，便停下脚步，摆开架势，不慌不忙地将钓竿向湖面甩去，开始实施他们此行的垂钓计划。这时的刘禹锡十三四岁光景，脸上还未脱稚气，却故意装出与其年龄不相称的老成表情；身子骨似乎并不十分健壮，但眉宇间英气勃勃，浓眉下的一对黑眸既明亮又清澈，仿佛一瞥之间便能透视到他人的心灵深处。裴昌禹提醒他鱼儿咬钩了，他却不动声色地稳住紧握钓竿的双手，并不急于上提，那份从容与镇定，远非常人能及。直到丝纶迅速下沉时，他才猛地扯起钓竿。

伴随着裴昌禹发出的不胜钦羡的惊呼，一条五六斤重的鲤鱼被钓离了水面。经过他们身边的游人情不自禁地啧啧赞叹。但刘禹锡脸上不仅没有丝毫得意之色，相反，神情倒似有些失望，因为他此行的目的并没有达到——究竟能否达到，尚未可知。这样，他对周围的赞叹声也就充耳不闻，照旧从容不迫地上饵、下钩。鱼竿又动了，而且动得有点特别。这回钓到的又会是什么呢？围观的游人都屏息凝神，等待着即将揭晓的结果。

果然，这回钓上来的鱼儿不是俗物：粗粗看去，与寻常的鱼并没有太大的区别；仔细观察，才发现它原来是"合二为一"，即由两条体形单薄的鱼贴合而成。两鱼各有一目，此时鱼儿心有不甘地连连眨着眼睛。

这应该就是传说中的王馀鱼啊！刘禹锡按捺不住内心的狂喜，与裴昌禹一起欢呼起来，尽管他从小便接受了"冥兹愠喜"一类的家训，通常都能做到喜怒不形于色。

游人闻声纷纷好奇地走近。他们早就风闻南湖里有王馀鱼这一珍贵鱼种，但几乎从来没有人钓到过，因而他们迄今还只是粗知其名。今日一见，确是形状独特，名不虚传。有人向刘禹锡讨教此鱼得名由来，刘禹锡引经据典，侃侃而谈："王馀鱼就是古书上所说的比目鱼。此鱼只有一目，必须两两相并才能游行。《尔雅·释地》中说：'东方有比目鱼焉，不比不行，其名谓之鲽。'晋人郭璞《比目鱼》有句：'比目之鳞，别号王馀。虽有二片，实则一鱼。'左思《吴都赋》中也说：'双则比目，片则王馀。'可知比目即王馀，王馀即比目也。"看样子，他不仅曾博览群书，而且还留心收集过有关王馀鱼的文献资料。显然，他今天是蓄志而来，意在"王馀"也。众人不由都将钦佩的目光投向这位励志少年。

刘禹锡酷爱垂钓，自也熟知古代贤人的垂钓逸事。他曾与裴昌禹交流过各自心仪的先贤。裴昌禹最佩服汉代的严子陵，因为他视高官厚禄如敝屣，不愿接受光武帝刘秀的征召，隐居于富春江，以垂钓为乐，志趣高洁。刘禹锡最佩服的则是世称姜太公的吕尚，因为相传吕尚八十岁垂钓于渭河之滨时遇到周文王，终于成就了不朽的功业。他觉得，大丈夫理当像吕尚那样以建功立业自期，以济世拯民为念，耐心等待机遇，穷且益坚，老而弥笃。

除垂钓外，探幽览胜也是刘、裴二人童年生活的丰富内容之一。

一天，刘禹锡正和往常一样在书房里攻读，忽然看见窗棂间露出一张顽皮的笑脸，心知是裴昌禹来约他一同出游。恰好他也想松弛一下连日来绷得太紧的神经，于是不等裴昌禹开口相邀，便主动走出书房。不知不觉，两人便已行至郊外。

这时，离他们上回钓到王馀鱼已有半个多月，春天正静悄悄地挪动它的脚步，准备告别人间而去，因而眼前已不见了姹紫嫣红的景象，只有弱柳从风，丛兰浥露，仿佛在与春天款款惜别。踏春的游人也已变得稀稀落落，看样子多半是习于伤春悲秋的骚人墨客，不时可以听到他们发出的惜春归去的喟叹声，有的还紧锁着双眉，作出感伤的样子。刘禹锡虽觉好笑，心底却也油然生出一种淡如轻烟般的莫名怅惘。

裴昌禹却只陶醉于灿烂的阳光和新鲜的空气，蹦蹦跳跳地释放着生命的活力，并不理会他人的神情。

　　渐渐地，他们走到一处杂草丛生的古墓前。墓碑上的字迹历尽风吹雨淋后大半已经剥落，但依稀还能辨出"苏小小"三字。刘禹锡情不自禁地"哦"了一声——他没有料到自己会无意中涉足早就想寻访的苏小小墓地。环顾四周，阒无人迹，只有昏鸦绕树，春草自碧。长眠于这荒冢中的芳魂该是何等孤寂！刘禹锡心念一动，便撮土为香，在墓前举行了简单的祭奠仪式。见裴昌禹不明所以，他便认真介绍了苏小小的遭际：她是南齐名妓，家居钱塘，色艺双绝，洵为一代佳人，却不幸沦落风尘，最终埋香于此，真可谓红颜薄命！听说杭州也有她的坟墓，就在钱塘湖畔，却不知何处是真，何处是假。不过，刘禹锡宁愿相信眼前这个是真的，因为他前来凭吊过了。他还给裴昌禹讲解了南朝"杂歌谣辞"中的《苏小小歌》：

　　　　妾乘油壁车，郎骑青骢马。
　　　　何处结同心？西陵松柏下。

　　他认为此诗语淡情浓，非深于情、专于情者不能为之。如果真是出自苏小小手笔的话，斯人之才情该是何等令人感佩！此时的刘禹锡一改往日的矜持，现出多情善感的诗人本色，虽然他还不能确切地说出"情"为何物，却已经实实在在地感觉到了"情"字的巨大震撼力。

　　为刘禹锡的情绪所感染，裴昌禹也不禁对高才薄命的墓主肃然起敬。一种难以名状的怀古幽思紧紧地攫住了他们，使他们沉默良久，神驰良久。这是两颗幼小的心灵第一次体会到苍凉、沉重的历史感。当然，比这更苍凉、更沉重的感觉，他们在一生中还将体会到很多次。

　　天色向晚，夕阳西沉，暮色笼罩下的墓地显得更加荒凉。他们给墓顶添上了一抔抔新土,又向墓主稽首再拜,然后才缓缓离去。

这一次游历,成为刘禹锡少年时代最珍贵的记忆之一。多年以后,时任夔州刺史的刘禹锡为即将赴京应试的裴昌禹赋诗壮行,诗中忆及的少年时代的两件逸事便是"斗得王馀鱼"和"共登苏小墓":

忆得童年识君处,嘉禾驿后联墙住。
垂钩斗得王馀鱼,踏芳共登苏小墓。
此事今同梦想间,相看一笑且开颜。

——《送裴处士应制举》

第二章 金榜题名前后

一、归省洛阳

唐德宗贞元八年（792），刘禹锡由江南赴京参加进士考试。

这时，他已是一个二十岁的青年了，不仅已遍观百家，而且博通众艺。几乎所有与他接触过的人都会折服于他。"才高八斗""学富五车"这一类在他看来只有最杰出的古代人物才当得起的赞誉之词，现在居然常常被周围的人用在他身上。于是，他想到，该是去京城小试身手的时候了。虽说对照"五十少进士，三十老明经"的俗谚，年方弱冠就参加进士考试，并没有太大的成功把握，但磨剑十年，他多想尽早一试霜刃啊！况且在他之前，并不是没有成功的先例，盛唐诗人王维进士及第那年，就只有二十一岁。

卢氏开始为儿子收拾行装，同时她自己也打算离开江南，返回洛阳故里居住——虽然已经在江南的嘉兴住了二十多个年头，她却始终不太适应当地的风土，而对故乡怀有一种特别的依恋。随着年岁的增长，这种思念之情变得越来越浓烈，加上刘绪已调任至埇桥，刘禹锡再一离去，便只剩下她一个人留守嘉兴，不免倍感客居异乡的孤单寂寞，于是便想"落叶归根"，趁刘禹锡赴京的机会，一同渡江北归——或许她已料定，儿子此去绝不会铩羽而回。

告别江南之际，刘禹锡一次又一次登山临水，穿街走巷，仿佛要把这儿的一切都摄录下来，镌入记忆。当然，他这时所使用的已不是一个好奇孩童容易陶醉与满足的目光，而是一个致力于探求治国安邦之道的有志青年颇具穿透力的视网。正因为这样，他所看到的就不仅仅是山水的秀丽和街市的繁荣，还看到了掩盖在秀丽和繁华的表象下不可调和的社会矛盾，以及与此相联系的唐王朝的政治、经济危机。

"安史之乱"以后，由于黄河流域经济凋敝，唐王朝不得不把江

第二章　金榜题名前后

南地区作为主要经济支柱，来挽救大厦将倾的颓势，而地处太湖流域的苏南和浙西历来享有富庶之名，于是便成为唐王朝最为合适的榨取目标。太湖一地，每年需向朝廷输送稻米二三十万斛，而这已远远超出当地百姓的承受能力。唐代宗宝应元年（762），元载任租庸使，来江南主持征税事宜。为了取悦皇上，他竟采取竭泽而渔的做法，根本不管人民的死活。有抗税者，辄以严刑处罚，乃致民不聊生，有的便揭竿而起，啸聚山林。

刘禹锡小时候就不止一次地听说过苏州、常州等地的"草贼"和"寇掠郡邑"的消息。从大人们谈论这些消息时那惊惶和忧虑的神色，他已意识到事情的严重性。但究竟严重到什么地步，当时他还缺乏感性的体察，更谈不上理性的思考。如今，耳闻目睹的一切，不仅加深了他儿时的印象，而且使他想得很远很远。

如何缓解日益趋于尖锐的社会矛盾，既使唐王朝摆脱危机，又使老百姓安居乐业？这是刘禹锡此时想得最多的问题。一时间，他还找不到答案。而且，他深知，即使自己找到了正确的答案，也只有为最高统治者所接受，才能使问题得到根本解决。那么，他首先必须成为可以立身朝廷、直接向皇帝进言的台阁重臣。而这一前提能否成立，又取决于他能否获胜科场，释褐入仕。想到这一点，离开江南时，青年刘禹锡颇觉任重而道远。但他没有迟疑，没有彷徨，义无反顾地向京城走去。

深秋，草木摇落，景象萧索，西风卷着枯枝败叶，不时掠过官道，使长途跋涉的行人平添几分疲惫、苍凉之感。但驱马行进中的刘禹锡却精神抖擞，神采飞扬，一点也没感觉到常人屡屡喟叹的旅途劳顿和旅况萧条。望着他那红润的脸色，卢氏心中不知有多快慰！作为一个慈母，儿子出类拔萃的才华固然让她感到无比骄傲，但她最高兴的，还是儿子终于有了一副强健的体魄，不再需要她时时担心他不堪病魔的侵袭了。

母子二人昼行夜宿，半个月后就抵达了卢氏魂牵梦萦而刘禹锡却完全陌生的故乡洛阳。洛阳是唐王朝的陪都，当时称"东都"。虽然"安史"乱军当年的焚掠，使它蒙受了近乎毁灭性的打击，但经过几十年的医治，战争留下的创伤，已被表面的繁华遮掩过去，如不用心观察，很难发觉它骨子里的衰败。

刘禹锡一踏上这方土地，那皇都所固有的森严气象就使他的心灵受到猛烈的震荡，而当他与母亲一同来到祖茔前祭奠时，这种震荡又转化为一种亲切的回归感。他本来并没有到这里来"寻根"的意思，但来了之后，却一下子觉得自己的"根"就在这里。虽说他生在江南、长在江南，并且在这之前，对江南的自然景观和人文景观也有着说不出的依恋，然而，现在他却感到这里的风土也许更适合自己的气质。不是吗？江南的山水是那样秀丽、妩媚，而故乡的山水却是这般雄浑、苍莽；他固然也很欣赏那种秀丽、妩媚，但眼前的雄浑、苍莽却更使他神合心契。

他不自觉地将嘉兴的南湖与眼前的黄河相比较：南湖往往平如镜面，水波不兴，令人想到安逸、休闲；黄河则日夜咆哮，涛飞浪卷，令人想到拼搏、奋斗。因而，也许前者更能吸引那些希望"独善其身"的人，而后者更能吸引自己这样的试图"兼济天下"的人。

尽管洛阳的一切在刘禹锡眼中都是那么新鲜，那么亲切，但他并没有因此而在洛阳多事逗留。把母亲安顿好以后，他便驱马直奔长安。

二、名动京师

若论宫阙的巍峨、街市的繁华和人物的风流，西都长安又远非东都洛阳可比了。到达长安后，刘禹锡明显地感觉到这一点。但在感情上，洛阳让他觉得"可亲"，长安却只让他觉得"可敬"——甚

第二章 金榜题名前后

至"可畏",因为他将在这里接受时代的考验和命运的挑战。能不能成为"赢家",实在难以预测。也许他将长时间地困顿科场。这使他不能不对既陌生又熟悉的长安怀有一种敬畏之感。

刘禹锡下榻于崇丰坊的一家旅馆。之所以选择这家旅馆,是因为它闹中取静,又距离贡院不远,地理位置极佳。事实上,不只是刘禹锡看中了它,其他许多赶来应试的举子也把它视为理想的下榻处所。刘禹锡一走进旅馆大门,就发现来来往往的几乎都是满口"子曰诗云"的同道中人。尽管他们的年龄悬殊,既有像自己这样年方弱冠、风华正茂的,也有已经白发苍然、老态毕见的,但说起将于来年春举行的进士考试,一个个都情绪亢奋。而观其气度,有潇洒不羁的,有温文儒雅的,也有猥琐可鄙的。

抵京的第二天,安顿甫毕,刘禹锡便开始伏案温习课业,为顺利通过来年春的进士考试而做最后的"冲刺"。他本来以为,住满了前来应试的举子的旅馆中,除了琅琅书声外,应当是绝对安静的。谁知不然,竟天天有人聚集在一起高谈阔论,全然不管是否会搅扰他人的静修。刘禹锡对他们谈论些什么,并不感兴趣。但那一阵高过一阵的声浪却冲击着他的耳膜,迫使他的听觉介入其语境。于是,他得知,这些深信"功夫在诗外"的举子们,热衷于谈论的是如何通过闱外的活动来实现一举登第的目的,而其中议论得最多的便是"行卷"的方式与途径。

刘禹锡早就听说过有关"行卷"的一些传闻,但对"行卷"究竟是怎么回事,却不甚了然。从他们的谈论中,他终于大致弄清了这一风习的由来:唐代进士考试的试卷是不"糊名"的。主考官一卷在手,清清楚楚地知道考生为何许人,这就使得主考官除了评阅试卷外,还可参考甚至依据考生平日的作品和誉望来决定录取与否。于是,许多举子纷纷在考试之前,将自己平时的文学创作加以编辑后写成卷轴,送呈有地位、有声望的文坛名流或政界要人,请他们向主考官推荐，以增加及第的希望。这种凭借作品来进行"公关"的做法，就是所谓"行卷"。

本来，将自己的作品呈献给地位既高、学问也好的人，希望得到他们的教诲与揄扬，是前代就有的事情。不过，到了唐代，举子们更利用这种办法来直接为争取进士登第服务。这就使它有别于通常的投送卷轴，而获得了"行卷"这一专称。

行卷在唐代能够成为一种普遍的风尚，是因为当时颇有人通过行卷达到了延誉并进而登第的目的——

相传白居易以举子的身份抵京后，曾向当时的诗坛耆宿顾况行卷。因暑热难耐，顾况倦卧在床。他用睡意未消的双眼看了一下白居易的名帖，打趣说："长安米贵，'居'大不'易'。"随后打开白居易投献的诗卷，首篇为《赋得古原草送别》，其中有"野火烧不尽，春风吹又生"这一脍炙人口的名句。顾况倦意顿去，嗟赏道："道得个语，'居'即'易'矣。"虽然他与白居易非亲非故，却乐于因此而为他延誉，使白居易声名大振，终得登第。

与此相映成趣的另一则佳话是朱庆馀在考试前向水部员外郎张籍献诗，其中《闺意献张水部》一篇是投石问路之作：

洞房昨夜停红烛，待晓堂前拜舅姑。
妆罢低声问夫婿，画眉深浅入时无？

作者自托为新嫁娘，用曲折的方式请张籍指点自己的诗赋是否合乎时尚。张籍赞赏之余，酬答一首：

越女新妆出镜心，自知明艳更沉吟。
齐纨未足时人贵，一曲菱歌敌万金。

第二章 金榜题名前后

同样采用比兴手法，而鼓励、慰勉之意暗寓其中。此诗流传开以后，朱庆馀声望日隆，海内称羡，进士及第也就不是特别艰难的事了。

这两则与行卷有关的佳话都产生在中唐时期，距刘禹锡赴京应考的时间并不遥远，足以说明行卷的风尚在当时不仅已经形成，而且行卷者中不乏成功的例子。不过，刘禹锡当时并不知道白居易和朱庆馀那令人歆羡的科场"艳遇"，因为白、朱登第的时间都要后于他。但那些在旅馆中高谈阔论的举子们也提到不少当时因行卷有方而得登龙门的幸运者的名字，只不过他们在文坛上的知名度要远逊于后来的白居易、朱庆馀而已。

举子们极富信息量的谈论，大多是刘禹锡以前闻所未闻的，因而他听后竟有如梦初醒的感觉。他这才知道，在科闱之外，还存在着行卷这一直接关乎考试成败的合法化的"公关"方式，怪不得下榻在同一旅馆中的举子经常携带着装裱过的卷轴进进出出，一副行色匆匆、活动频繁的样子，原来都是忙着行卷去了。

于是，要不要顺应时尚，向"当世显人"行卷，成为困扰着刘禹锡的一个极其现实的问题。也曾有老到且好心的举子向他面授机宜说："以你之才学，如果行卷得当，则进士及第易如反掌也。"刘禹锡知道，这位举子没有说出的一半意思是：如果不去行卷，任你才高八斗、学富五车，恐怕也难以榜上有名。这话不是毫无道理的。但他又觉得，既然已经有这么多的举子被卷入行卷的热潮中趋之若鹜，自己再追随其后，不是显得太蹈常袭故、随波逐流了吗？那么，舍此，又如何能使掌握自己命运的主考大人事先对自己留有深刻的印象，从而增加登第的保险系数呢？须知，自己周围的举子可都是把行卷看作在闱外进行的一种必不可少的竞争活动而全力以赴、乐此不疲啊！现实若此，如果不做出任何相应的举动，也许是"坐以待毙"。刘禹锡当然清楚这一点，但他又实在无意效仿，尽管他并没有把包括行卷在内的闱外活动视为壮夫不为的"歪门邪道"。

忽然，一个大胆的念头犹如闪电般飞掠过他的脑海，使他豁然开朗：干脆直接给当今皇上——德宗上书言志！这虽然毫无成功的把握，但在他看来，却不失为另辟蹊径，而且相形之下，这也更富于个性化的色彩，容易造成轰动效应，因此值得冒险一试。

主意已定，刘禹锡马上付诸实施。当晚，他便奋笔疾书，把眼底风云、胸中潮汐，化为笔下波澜。也许是直披肝胆的缘故，他思如泉涌，笔不停挥，三更时分，即已草就洋洋洒洒的大块文章。他缓步踱到窗前，舒展了一下因伏案过久而不免酸麻的身躯；又把头伸向窗前，深深地吸了口微凉而略甜的新鲜空气，通体上下，顿感无比舒泰。纵目四望，灯火寥落，街巷阒寂，只有长安城那高大黝黑的轮廓在惨淡的星光映照下依稀可见。于是，他油然生出"众人皆'睡'我独醒"的豪情，益觉精神抖擞。

书奏辗转投递进宫门后，豁达如刘禹锡，也不免焦急地期盼着来自空中的福音。然而，幻想中的"奇迹"并没有出现。不知是阍者从中作梗以致书奏未能上达天启，还是书奏虽经御览却未能使老眼昏花的圣上刮目相看。总之，其结果恰好可以用一个人们司空见惯的比喻来形容，那就是"石沉大海"。刘禹锡当然不希望出现这样的结果，但他事先估计到有可能出现这样的结果，因此，失望之余，他并不感到沮丧：好吧，既然此路不通，那就易辙而行——在经过短暂的心理调整之后，他便以固有的果敢再度活跃在京都的社会生活舞台上。一个个顽固拒绝陌生人介入的社交圈子，都热情地对这位陌生的外省青年敞开了怀抱，因为他不仅博学多才，而且有胆有识，常常能让圈子里的人听到振聋发聩的滔滔宏论。此外，更让人乐于接纳他的原因是，他能向你捧出一颗赤诚的心，从不矫揉造作，夸夸其谈。

于是，刘禹锡很快便名满京城了。虽然他从来无意招摇过市，但当他走在街上时，经常有一同来赶考的士子在身后悄声指认：那就是风头正劲的刘梦得！听到这些议论，刘禹锡心中不免暗自庆幸。他想起杜甫当年在长安求仕时，曾经"朝扣富儿门，暮随肥马尘"，受尽达官权贵的冷眼，以致不顾体面地慨叹说："残杯与冷炙，到处潜悲辛。"以往，每当读到杜甫《奉赠韦左丞丈二十二韵》中的这些伤心欲绝的诗句时，他总是为穷愁潦倒的抒情主人公感到不平，觉得造化过于播弄才人。对照自己时下的境遇，他不能不暗自庆幸——才力不敌杜甫，赴京后的遭际却比杜甫风光十倍，看来造化真是有些垂青于自己呢！

后来，他在《谒柱山会禅师》一诗中回忆自己这一段经历时说：

弱冠游咸京，上书金马外。
结交当世贤，驰声溢四塞。

三、一举登第

贞元九年（793）的进士考试如期举行。按惯例，考生必须当场完成命题诗、赋各一篇。这年的诗题是《风光草际浮》，赋题则是《平权衡赋》。

初入贡院的刘禹锡，心情像窗外的天气一样晴朗。尽管他深知在考场能否正常发挥，事关重大，稍一失手，便将前功尽弃，与金榜题名的希望擦肩而过，但说来也怪，此刻他却出奇镇静，拆卷、展卷、答卷，都从容若素，不见丝毫慌乱。

这年主持进士科考试的朝官是顾少连，他以户部侍郎的身份代行礼部侍郎的职权。这自然是因为他独具慧眼，善于识鉴贤愚的缘故。当他亲临贡院巡视时，特意在刘禹锡座位边多停留了一会儿，以就近观察这位闻名已久的青年才子的神情举止，验证一下从传闻中得来的印象。刘禹锡始终埋头奋笔疾书，一副目不斜视、耳不旁听的架势，不知是过于专注，根本没发现主考大人的到来，还是明知主考大人近在咫尺，却不愿在这种场合冒冒失失地向他"暗送秋波"。但不管原因究竟是什么，顾侍郎对刘禹锡临场的表现满意极了。

当晚，顾侍郎便开始批阅试卷。自然，对刘禹锡的试卷，他格外留意。虽然是规定时间内的"命题作文"，不便自由构思、驰骋才情，刘禹锡所写的五言诗在他看来仍是珠玑满眼：

熙熙春景霁，草绿春光丽。
的历乱相鲜，葳蕤互亏蔽。
乍疑芊绵里，稍动丰茸际。
影碎翻崇兰，香浮转丛蕙。
含烟绚碧彩，带露如珠缀。
幸因采掇日，况此临芳岁。

判别这类诗的优劣，通常是看其词藻是否鲜丽，对偶是否工稳，声调是否流利，以及内容是否切题。用这一标准来衡量，刘禹锡此诗确是省试诗中的上乘之作。难怪顾侍郎读后会觉得眼前一亮。随后，顾侍郎将试卷翻过一页，再细细阅读禹锡的《平权衡赋》：

惟天垂象，惟圣作程。播二气而是分晷度，立五则而在审权衡。上穆天时，应阴阳之克正；下统人极，俾准绳而惟平。于是黍累无差，毫厘必究，等度量而化通远迩，体平均而势行宇宙。当其夹钟中律，南吕戒候，铜浑应节于寒暑，玉漏方齐乎宵昼。繇是，命有司而申令，考前王而是遵。权轻重以审则，中规矩而和钧。事垂文兮风传乎千古，道如砥兮日用于兆人。懿夫正以处中平而立矩，命其同也。有虞之制克彰，称其谨焉。宣父之言可取，故能用该仁里，象合天文。既左旋而右折，量轻并而重分。持平罔亏，可为范于秉钧之佐；立信惟一，将有助于执契之君。不然，则何以悬之而息彼奸诈，正之而协于晨夜？得平则正，我之道兮允执厥中；益寡哀多，众所用兮不言而化。化之有孚，功莫可逾。立规程，罔惭夫龟镜；揣钧石，宁失乎锱铢。匪假垂钩而其用不匮，何劳剖斗而所争自无。方今百度惟贞，万邦承则。顺时设教兮靡不获所，同律和声兮允臻其极。玉衡正而三阶以平，七政齐而庶政不忒矣。美君臣之同体，犹权衡以合德。宰准绳之在心，庶轻重之不惑。

不仅文笔优美、流畅，更重要的是其中卓有见地，从一个小小的侧面显示了作者治国平天下的才略。

顾侍郎向来持重，虽长于识鉴，却从不轻易臧否人物，故而天子瞩目于他，破例让官居户部侍郎的他主持进士考试。但这回他却因觅得刘禹锡这样出类拔萃的英才而喜形于色，连声称快。他暂且按捺住狂喜的心潮，继续以理智、公正的眼光，批阅其他考生的试卷。连着几份，都不出挑，虽然偶尔也能从中捕捉到一二闪光点，但个别词句的"警策"，却难以遮掩因思想贫乏和识见浅薄而暴露出的总体平庸。这使顾侍郎更加感到英才难得，而深以刘禹锡入其门下为幸。但很快他便又眼睛发亮了，因为一份差可与刘禹锡比肩的试卷进入了他的视野。

顾侍郎屏息凝神，将这份试卷把玩多遍，但觉其才华横溢，满纸灿烂。这已让他叹赏不止，而更使他心折的还是作者指点社稷、议论风发的胆识。于是，他一下子便记住了试卷主人的名字——柳宗元。他相信，这个名字像刘禹锡一样，将永远不会从他记忆的深处消失。

顾侍郎在赞叹之余，由衷地感谢命运之神对自己的眷顾，因为他知道，"双璧"并得，实在是不可多得的殊遇。本来，在世俗之徒的眼里，为天子遴选天下英才，是一种至高无上的荣耀，即使不想借此弄权渔利，至少也可借以沽名钓誉，大大提高自己在闱场内外的知名度，博得士子阶层的敬慕。而那些几经搏杀，终于有幸登第的进士们则将视其为座师，终生不敢忘其恩典。因此，被天子授权主持科举，这本身就是一种"恩典"。但顾侍郎却不这样想。从奉旨的那一天起，他便承受着巨大的压力。这种压力，既来自那些以伯乐自居而热心地为应试的举子充当说客的亲友僚旧，更来自积淀在他内心的责任感与使命感——既然蒙天子爱重，得以主典选事，为天下人所瞩目，那就不仅要尽心尽力，还要实实在在地为天子多觅取足以济世安邦的贤才，假如入彀者都才智平平，不堪重任，岂不既有负天子厚望，又难免为天下人所诟病？因为怀有这样的担忧，奉旨以来，他一直神经高度紧张，唯恐与贤才失之交臂。如今，喜见一刘一柳双双入闱，他觉得自己可以宽心了。

顾侍郎以从未有过的恬适心境将剩下的试卷一一过目。让他始料不及而又喜出望外的是，堪称优秀者居然如过江之鲫，联翩而至。"卫中行""武廷硕""丘绛"等名字都令他难以忘怀。"精英荟萃啊！"顾侍郎简直不敢相信这是真的。确认这是真的之后，他不能不感慨自己才具平平，却网罗得偌多的才情卓绝之士——他把这归结为命运之神对自己多年劬劳国事的赏赐，所谓"天道酬勤"也。

一夜无眠的顾侍郎，在东方欲晓之际忽然想到，去年的进士考试发榜时，因为有韩愈、王涯、李观、李绛、崔群等俊才列名榜上，被世人誉为"龙虎榜"。自己今年主持的这一榜，虽然未必也能获此美誉，就人才济济这一点而言，比去年那榜，可是毫不逊色啊！

发榜的那天风和日丽，刚刚解冻的泥土中，新笋已抽蘖出鲜嫩

第二章　金榜题名前后

而又充满生命力的芽叶，蕴蓄着他日凌云的消息。不过，长安城内外，犹有残雪压枝，不比刘禹锡自小生长的江南，此时该已能看到"莺争暖树""燕啄新泥"的早春景象。因此，无论是城内的花圃，还是城外的芳甸，都还显得比较冷寂。贯通长安城内外的几条大道上，暂时也不见游春与赏花的人流，身行其间，绝无红尘扑面之感。

但贡院门前，却是人头攒动，热闹非凡。看榜的举子大多三五成群，结伴而来。刘禹锡早在张榜前就已来到这里。他满以为自己属于沉不住气的"先着鞭"者，谁知当他到达时，张榜的处所已是满目头巾。这使他在自愧不能免俗之余，又自叹入世尚浅。

榜文贴出后，刘禹锡一眼就看到了自己的名字。这倒是他意想中的结果。唯其如此，他没有像其他举子那样不敢相信自己的眼力，目不转睛地将榜文看了又看，唯恐一时视觉失真。回过头来，再看那些依然簇拥在榜前的士子，真是举止有别，神态各异：名登榜首的开怀大笑，乐不可支；名落孙山的愁眉苦脸，长吁短叹——都把因获悉期盼已久的考试结果而迸发出的悲喜之情表现得淋漓尽致。

刘禹锡忽然注意到，人群之外，有位身材颀长、容貌俊秀的举子和自己一样悄然独立，宛若玉树临风。他用恬然而又略带怜悯的眼神扫视悲喜不一的人群，颇有超然局外的智者风范。当他的视线转移到刘禹锡身上时，恰好与刘禹锡惊羡的目光相接，于是，两人都为对方黑如点漆的眸子中所固有的真诚与睿智所深深吸引。再互相仔细打量，只觉得对方骨格清奇，气宇轩昂，与自己正相仿佛。顾盼之间，他们竟同样产生了一种相见恨晚之感，并同时想起了《诗经·小雅·伐木》中"嘤其鸣矣，求其友声"的佳句，于是欣然倾盖："在下刘禹锡……""在下柳宗元……"自报家门之后，两人各道身份来历，方知同为蟾宫折桂的新科进士，不禁大喜。从这一天起，刘禹锡与柳宗元便成为心心相印、息息相通的挚友。在以后的政治生涯中，他们始终风雨同舟，为后代留下了友谊历久弥笃的种种佳话。

一举登第，这是多少人梦寐以求的目标，而今却在刘禹锡身上成为活生生的事实，这怎能不使他精神大振？他当然知道，每年参加进士考试的举子多达千人，而每榜及第的，最多三四十人，有时甚至只有十几人。这也就意味着，能够从众多的应试者中脱颖而出的及第者凤毛麟角，其中，一举及第者更是寥若晨星。正因为这样，"五十少进士"才成为一句大家都认可的时谚；也正因为这样，许多优秀诗人都有过蹭蹬科场的经历。"惜无金张援，十上空归来"是孟浩然在《送丁大凤进士赴举呈张九龄》一诗中对友人遭际的叹惋。像这种"十上空归来"的遭际，在当时并不是绝无仅有的。刘禹锡十分清楚这一点。

确实，与同时代的许多困顿场屋的举子相比，刘禹锡简直称得上是科场宠儿。在《游子吟》中吟出"谁言寸草心，报得三春晖"的动人诗句的孟郊先于他二十一年出生，却后于他三年及第，及第前至少失败过两次。这有他的《落第》与《再下第》诗为证。直到四十六岁那年，孟郊才跻身榜上，一时欣喜若狂，写下了受到他人诟病的《登科后》一诗：

昔日龌龊不足夸，今朝放荡思无涯。
春风得意马蹄疾，一日看尽长安花。

年近半百的他之所以会产生令人不解的"春风得意"之感，是因为对照"五十少进士"的流行说法，他自觉即使够不上先进，至少也不算后进。白居易与禹锡同年出生，及第的时间却后于禹锡整整七年。而在同科录取的十七人中，二十九岁的白居易居然是最年轻的一位，这使他终身引以为荣，一再在诗中标榜说："慈恩塔下题名处，十七人中最少年。"字里行间流溢出少年得意的快感。如果以此类推的话，二十二岁便金榜题名的刘禹锡又该是何等志得意满啊！

然而，刘禹锡却并没有像白居易、孟郊那样在诗文中尽情地抒写自己的快慰，因为他知道，如果过多地渲染这种快慰，难免给人得意忘形之感，引起那些敏感而又自尊的落第者的忌恨。所以，每当在公开场合不得不谈到一举登第的话题时，他总是显得比较"低调"，从不示人以骄矜之色和轻狂之态。他努力克制自己，几乎做到了不动声色，但写于晚年的《刘氏集略说》，在回首这一科场幸遇时，虽然笔调平实，却多多少少流露出自得之意：

及冠，举秀才，一幸而中说。有司惧不厌于众，亟以口誉之。长安中，多循空言，以为诚，果有名字。

无疑，刘禹锡应当感谢主考官以其慧眼和公心为朝廷选拔英才，同时他也应当感谢朝廷选派如此具有公心与慧眼的官员来主持进士考试——唐德宗虽然不是一个有作为的皇帝，在政治上、经济上、军事上都曾弄出许多严重的失误，但在科举取士方面，却颇能拔擢贤良，网罗英俊，因而得人之盛或许只有玄宗朝可以比并。中唐时期成就最为卓著的几位诗人，都是在唐德宗贞元年间进士及第的：比刘禹锡早一年，即贞元八年（792），韩愈进士及第；与刘禹锡同一年，即贞元九年（793），柳宗元进士及第；比刘禹锡后三年，即贞元十二年（796），孟郊进士及第；后六年，即贞元十五年（799），张籍进士及第；后七年，即贞元十六年（800），白居易进士及第。而元稹虽是明经及第，及第的时间却也是德宗朝。这很难说是一种偶然的巧合。造成这一现象的原因也许是多方面的，但德宗选派知贡举的陆贽、高郢、鲍防、顾少连、杜黄裳等人都能推贤进善，至少是原因之一。

不过，当时的刘禹锡自然不可能对此想得很多，他只是由衷地感激主考官顾少连侍郎以及唐德宗的知人之明，而更加渴望报效朝廷。

与他同榜登第的进士总共三十二人，个个怀珠抱玉，卓为人杰。放榜后，刘禹锡和他们一起参加了朝廷安排的曲江游宴、雁塔题名等沐浴皇恩的活动。

那是多么欢乐、多么荣耀的时光啊！当他们依循朝廷的典章制度，来到慈恩寺中的大雁塔下准备题名留念时，琼林宴的豪华和曲江游的盛丽，犹自让他们醉心不已、回味不已！尤其是琼林宴上天子降贵纡尊亲自向他们举杯劝饮的恩宠，更使他们作为天子门生的自豪感长久萦绕在心头，从而益加显得意气风发。

慈恩寺位于长安东南。贞观二十一年（647），时为东宫太子的唐高宗为他的生母修建了这所香火鼎盛的寺院，取名为"慈恩"。寺中的大雁塔则是曾赴天竺取经的高僧玄奘在永徽三年（652）建造的，原有六层。大足元年（701）改建，增高为七层。因为是历代新科进士题名的所在，大雁塔早已成为游人杂沓、遐迩闻名的观光胜地。因此，当刘、柳等天子门生联袂而来时，众人的视线都被吸引到他们身上，仿佛这是新添的一道亮丽的风景线。刘禹锡与同门拾阶而上，一会儿便登上了塔顶。凭栏四顾，但觉天高地阔，风光无限。于是，一个个豪情激荡，颇欲展露胸中丘壑。然后，他们一同折回塔下进士题名处。

商议一番以后，大家公推工于书道的谈元茂秉笔。按照惯例，题名时必须署明各人的郡望。写至幸南容时，刚好他因故离开。在场诸人对他的郡望都不太清楚，谈元茂只好暂时搁笔。这时，柳宗元灵机一动，建议题为"东海"。谈元茂颇有疑惑。柳宗元微笑着解释道:"由其姓名可知——'东海'之大,无所不容,故名曰幸南容也。"

一会儿,幸南容回到题名处,谈元茂迫不及待地询问其郡望,而幸南容果然一本正经地回答说:"渤海。"众人大笑,都倾倒于柳宗元的睿智与机敏。

这则逸闻为《太平广记》第二百五十六卷所载录,它从一个侧面展示了刘、柳等新科进士的俊逸风采。类似的雅谑,在他们联袂游赏的日子里层出不穷。他们各骋才思,妙语连珠,是那样风流倜傥,常常引得路人驻足瞻仰。这段占尽京都风光的生活给禹锡留下了永生难忘的回忆,成为他许多诗文追忆的题材,如:

> 永怀同年友,追想出谷晨。
> 三十二君子,齐飞陵烟旻。
>
> ——《送张盥赴举》
>
> 向所谓同年友,当其盛时,联袂齐镳,亘绝九衢,若屏风然。
>
> ——《送张盥赴举引》

由这些文字可以看出,刘禹锡步入中晚年以后对当年的"群英会"是何等心驰神往和津津乐道!

进士及第后,刘禹锡再接再厉,又参加了博学宏词科的考试,且同样一举成功。这时,他觉得可以稍稍告慰一直关怀与激励自己的师长与双亲了。于是,他便带着十几篇新作去拜见了已调至朝廷任职的权德舆。

在权德舆看来,眼前的禹锡,与童年时相比,神情依旧而容貌大变!如果在街上猝然相遇,他真会认不出这个气宇轩昂的青年就是自己当年教诲过的垂髫童子。而刘禹锡眼中的权德舆,虽然精神之矍铄一如既往,却已两鬓染霜。这使他们各自感慨连连。

见面之初的主要话题是忆旧。然后,话题便转向治国治学之道。

谈话中，权德舆发现禹锡极为留心时务，所言多能切中时弊、匡补时阙，迥然有别于只会舞文弄墨、不能经世致用的迂阔书生，而且，或许因为国家正处于内忧外患之境的缘故，他对治国之道的关心似乎要远甚于治学之道。权德舆颇为之高兴，因为朝廷正需要这样的具有远见卓识的新秀来起衰济溺。临别之际，听说刘禹锡即将归省，权德舆欣然挥笔写就《送刘秀才登科后侍从赴东京觐省序》，抒发怀旧之情与期勉之意，而它成为我们今天了解禹锡青少年时代生活风貌的珍贵资料。

接下来的事情便是衣锦荣归了。不过，刘禹锡荣归的地点却不是他出生与成长的江南，而是他母亲卢氏已回迁一年余的原籍洛阳。这时的卢氏已经年过花甲、步入老境了，岁月的风霜刻印在她脸上的皱纹沟壑纵横。但儿子的荣归，使她平日倚闾念远的悒郁之情一扫而尽，龙钟的体态也显得灵便些了。

不过，在重温当年母子夜话的情景时，她再三嘱咐儿子的却是尽忠国事，努力进取，而不想以家事扰其心志。她当然也希望儿孙绕膝，但她更希望的还是儿子能砥柱朝廷。因此，刘禹锡再度离家时，她故意不作感伤态、悲凉语，直至禹锡的身影从她的视野中消失，她才禁不住泪水滂沱。

随后，刘禹锡又去埇桥探望了父亲刘绪。刘绪此时仍以盐铁副使及殿中侍御史的头衔主务于埇桥。他一生作吏风尘，深憾抱负未得施展，所幸晚来得子，幼时即显示出大家气象，如今果然风云际会，一战而霸。他觉得，有子如此，自己纵然终身沉沦下僚，碌碌无为，也不算虚度人生了。

刘绪为人方正，平时不苟言笑，课子时尤其如此。但"望之俨然，即之也温"，特别是在与唯一的爱子久别重逢时。自然，他免不了要板起面孔宣讲一番"修身齐家治国平天下"的大道理。虽说是老生常谈，刘禹锡却深知他用心良苦，因而听得十分专注。

贞元十年（794），刘禹锡带着双亲的鞭策与激励，再度奔赴京都长安。途经华州时，目睹西岳华山之雄姿，他情动于衷，写下《华山歌》一首以见其志：

　　洪炉作高山，元气鼓其橐。
　　俄然神功就，峻拔在寥廓。
　　灵踪露指爪，杀气见棱角。
　　凡木不敢生，神仙聿来托。
　　天资帝王宅，以我为关钥。
　　能令下国人，一见换神骨。
　　高山固无限，如此方为岳。
　　丈夫无特达，虽贵犹碌碌。

这是刘禹锡早期作品中最有力度的一篇。它以雄健的笔力为"峻拔在寥廓"的华山传神写照，借以寄托作者的凌云摩天之志。篇末"丈夫无特达，虽贵犹碌碌"二句采用传统的"卒章显志"的写法，明白坦露了其胸襟抱负：他鄙弃富贵而碌碌无为者，希望自己能以杰出的德才成就一番惊天动地的伟业。

回到长安的第二年，禹锡顺利通过了吏部取士科的考试。这对于他一生的仕途，也是至为关键的一步。韩愈曾三试于吏部而不中，以致蹉跎十年，仍是一介布衣。相形之下，刘禹锡实在算得上是科场中一帆风顺的幸运儿：在不到三年的时间里，"三登文科"，这是渴望释褐入仕的举子所艳羡的际遇，也是刘禹锡一生都感到荣耀的壮举。

在这过程中，刘禹锡还利用其日渐精湛的医术，为患者免费治疗各种疑难病症。如通事舍人崔抗的女儿患心痛症，多方延治，皆不见起色。刘禹锡来诊时，她已奄奄一息。观其气表，探其脉象，刘禹锡顷刻间已明病因，便自制"地黄冷"一丸，嘱其服下。服后，崔女胸腹间气血涌动，如炙如烤，不由大声呻吟，旁观的崔抗夫妇等直吓得面如土色，禹锡却镇定若素。须臾，崔女吐出一物，顿觉苦痛皆去，身心俱爽。一两天以后，便恢复如初。这自然也能为刘禹锡带来声誉——从某种意义上说，也为刘禹锡力挫群雄、释褐入仕增添了新的筹码。

通过吏部考试后，刘禹锡被授予太子校书的职务。当时的太子是李诵，即后来的唐顺宗。作为东宫属官，刘禹锡有较多的接近李诵的机会。初次晋谒李诵时，他就发现这位看上去弱不禁风的太子实际上颇有一番补偏救弊、起衰济溺的雄心，每当议及时政时，他那因过于清癯而略呈病态的脸上便会泛起一阵阵潮红，平添几分生气。刘禹锡暗暗感到，有朝一日他若能顺利登基，自己或许可以得遂风云之便。

而李诵也已注意到这位初履仕途、初显山水的青年属官，仅有的几次简短对话使他对刘禹锡方正的品格、卓越的识见和雷厉风行的作风有所感知，觉得自己将来若有革故鼎新的举动，此人实可倚为股肱。刘禹锡后来果真在顺宗变法时身居要津，成为革新集团的主要成员。追溯其君臣遇合的契机，正是在刘禹锡担任太子校书时。

当然，太子校书毕竟有别于太子侍读和太子少傅，不能常侍于太子身侧，这也就使他们暂时还不可能有更深入的接触。加之第二年刘禹锡的父亲刘绪在离职还乡途中病故于扬州，刘禹锡不得不赶赴扬州料理丧事；扶柩回归洛阳故里后，又按照唐制居家丁忧三年左右。这样，刘禹锡与李诵之间本来正在逐渐缩小的距离便又被拉大了——地理上的间隔有时也会带来心理上的疏离。

不过，这时的刘禹锡并没有想很多，他完全沉浸在丧父之痛中。本来，"三登文科"，春风初度，这是足以告慰宦游终生而又一直望子成龙的父亲的。谁知天夺其寿，刘禹锡金榜题名未久，父亲即命赴黄泉，未及充分体验爱子出人头地的荣耀，这怎能不使禹锡由欢乐的峰巅一下子坠落到痛苦的深渊？但他并没有被悲痛所击倒，因为他知道只有化悲痛为力量，奋发向上，不断进取，才能使"一生襟抱未曾开"的父亲含笑瞑目于九泉之下。所以，在家丁忧期间，他除了侍奉老母之外，还阅读了大量的关乎国家治乱及生民祸福的经史子集，同时继续致力于收集、整理各种治病救人的民间偏方——他多么希望自己能在治病救人的同时，成为疗治社会弊病的悬壶高手，开出一张使唐王朝衰而复盛的灵验处方啊！

四、从军淮上

贞元十六年（800），丁忧期满，刘禹锡应淮南节度使杜佑的征辟，入其幕府任掌书记。掌书记为幕僚之一，自然不是什么显赫的职务，不可能有大的作为，但这段经历，却是刘禹锡通往日后康庄仕途不可或缺的一步。

刘禹锡一直仰慕杜佑的道德文章以及政治、经济才能，渴望能有在他手下效力的一天。因为刘禹锡知道，他会教给自己许多在别的地方学不到的东西，这些东西是可以终身受用的。

果然如此。从"中央"到"基层"，刘禹锡的感受完全不同。他在朝廷担任太子校书的时间非常短暂，工作本身又很单调，交际圈子十分狭窄，所以基本上没得到什么实际锻炼，更不用说独当一面地处理公务了。中间又在老家守孝三年，宛如桃花源中人，与现实政治有些脱节。而节度使幕府的掌书记，虽不需要杀伐决断能力，也不可能得到锻炼这种能力的机会，却可以就近观察主官如何运用这种他希望未来拥有的能力，并私下分析揣摩，从中悟得一些道理、习得一些手段。同时，在幕府工作，不仅要经常与地方官打交道，免不了有些杯来盏往的公务应酬，必须学会官场上通用的一些套话、空话、大话，乃至假话，虚与委蛇；而且有时还需要直接面对一线的士卒，倾听并传达他们的呼声，主动为他们排忧解难。工作的内容、性质、方式与当年都大不一样。所以，刚到基层时，他不免有个完成角色转型的适应过程。这个适应过程很快就结束了，因为他悟性很高，往往能举一反三，在短时间内掌握做人做事的要领；也因为有心栽培他的杜佑善于言传身教。

杜佑（735—812），字君卿，京兆万年（今陕西西安）人。历任岭南、淮南节度使、检校司徒，同平章事等职，封岐国公。他不仅精于吏治，而且勤于学问，所著《通典》二百卷，是记述历代典章制度，涉及政治、经济、文化诸方面的通史巨著。杜佑在自序中说之所以著述此书，乃是为了"征诸人事，将施有政"。唯其如此，书中除备载各种典章制度的兴废沿革之外，还详究历代治乱的根源，以为当代的统治者及从政者提供鉴戒。在编纂体例上，此书以类相从，条贯分明，极便于阅读与比照。

刘禹锡进入杜佑幕府时，《通典》早已成书，却尚未献给朝廷，因而他有幸成为这部著作的最早读者之一。同时，身为杜佑之幕僚，他不仅可以经常问学于杜佑，还能亲眼看到杜佑干练而又稳妥地处理军政事务的情形，从中获得有益的启示。本来，唐代以诗赋取士，致使许多士子溺于辞章之学，而于经济之学有所阙焉。刘禹锡虽一向留意治道，经济之学却非其所长。杜佑的《通典》则"以食货为之首"，颇重经济之学，所列田制、土断、版籍、赋税、钱币、漕运、盐铁、平准等细目更囊括了社会经济结构与人类经济生活的方方面面。因此，对《通典》的研习，恰好可以弥补禹锡既往知识结构之不足，使其具备更全面的学识与才能。后来，他能在永贞革新期间独立主持整顿财经的工作，实在与《通典》的沾溉与启迪有关。

第二章 金榜题名前后

同样使刘禹锡历久难忘的是，这一时期，他还有过军旅生活的体验——徐泗濠节度使张建封于贞元十六年（800）病卒后，徐州兵士哗变，杀死"权知留后事"的郑通诚及大将段伯熊、吉遂等，拥立张建封之子张愔为"留后"，而拒纳朝廷委派的行军司马韦夏卿，酿为朝野震惊的又一起叛乱事件。

于是，朝廷任命驻节扬州的淮南节度使杜佑兼领徐泗濠节度使，率师讨伐。杜佑先令部将孟准渡淮进击。本以为能一举获胜，不料叛军气焰方炽，远比官军骁勇善战，孟准竟然败绩而归。军情紧急，刻不容缓，杜佑便携刘禹锡等僚佐亲赴行营督战。他一面杖责孟准，以严军法；一面筹措粮饷，以应军需。随后又命令泗州刺史张伾统兵攻坚，决意与叛军一决雌雄。而刘禹锡则随杜佑一起渡淮北上，参与军机，度过了一段戎马倥偬的日子。

这段日子，是惊心动魄、伴随着血雨腥风的，但同时也是扬眉吐气、充溢着豪情壮采的。不用说，军中的重要文告及表章，都出自刘禹锡这位掌书记的手笔。他后来在《刘氏集略说》中回忆说：

> 会出师淮上，恒磨墨于楯鼻，或寝止群书中。

由这寥寥数语，可以得知当时的军旅生活是何等紧张、忙碌！"磨墨于楯鼻"，指在盾牌上磨墨作文，这种写作方式当然不允许他从容构思、字斟句酌。经年累月地采用这种写作方式，自可将他的才思锻炼得更加敏捷。而"寝止群书中"，则见出尽管他军务繁冗，却依然昼夜展卷，不废攻读。

遗憾的是，这次用兵未有结果，畏藩如虎的朝廷便与叛军相妥协，答应他们提出的条件，授予张愔右骁卫将军同正、徐州刺史、御史中丞、本州团练使、知徐州留后等一系列头衔，从而使战火暂时得以熄灭。与此同时，另一场讨伐淮西藩镇的战争，也以恢复吴少诚的官爵为条件而偃旗息鼓。从表面上看，这避免了更长时间、更大范围内的战乱，实际上却助长了图谋不轨的藩镇的气焰，潜伏下更深重的危机。

情势若此，刘禹锡只好跟随杜佑匆匆班师。尽管无功而返，但对于刘禹锡来说，这次征战，使他在初涉宦海之际，便经受了一次血与火的洗礼，增添了一份极为珍贵的人生阅历。在这一过程中，他对朝廷的软弱无能、姑息养奸及藩镇的气焰嚣张、飞扬跋扈，产生了深刻的认知。这在他后来创作的讽刺寓言诗《调瑟词》中得到了生动的反映。

在为杜佑掌书记期间，除了渡淮征战那一次以外，其余时间刘禹锡都生活于淮左名都扬州。扬州是隋炀帝当年凿运河、乘龙舟、往观琼花之地，其繁华在唐代冠于天下，以至有"扬一益二"之说。王建《夜看扬州市》一诗有云：

夜市千灯照碧云，高楼红袖客纷纷。
如今不似时平日，犹自笙歌彻晓闻。

唯其如此，许多诗人都渴望到扬州一游。"烟花三月下扬州"，在当时是一种充满诱惑力的令人钦羡的旅行。李白二十六岁出蜀之后，最早游览的著名都市就是扬州。据说，曾经有一伙玩家在一块儿谈论人生最大的赏心乐事，有的推举"腰缠万贯"，有的力荐"跨鹤西游"，更多的则首选"烟花三月下扬州"。后来，有人综合这三件美事，把"腰缠十万贯，跨鹤下扬州"视为无与伦比的至上快乐。在一些诗人心目中，无论遍布于大街小巷的歌楼酒肆或错落于城郭内外的名胜古迹，就连扬州的月色也分外皓洁可人，徐凝《忆扬州》一诗即谓："天下三分明月夜，二分无赖是扬州。"而后于刘禹锡驰名文坛的晚唐诗人杜牧虽曾发出"十年一觉扬州梦，赢得青楼薄幸名"

(《遣怀》)的慨叹，却也写下了"春风十里扬州路，卷上珠帘总不如"（《赠别》）和"二十四桥明月夜，玉人何处教吹箫"（《寄扬州韩绰判官》）等歌咏扬州胜景的动人诗句。

如今，刘禹锡以幕僚而非游客的身份生活于他从小便向往的扬州，心情不可谓不快。公务之暇，他也免不了与同僚一道游乐玩赏，并赋诗以志其感。《晚步扬子游南塘望沙尾》是其中的佳作之一：

> 淮海多夏雨，晓来天始晴。
> 萧条长风至，千里孤云生。
> 卑湿久喧浊，搴开偶虚清。
> 客游广陵郡，晚出临江城。
> 郊外绿杨阴，江中沙屿明。
> 归帆翳尽日，去棹闻遗声。
> 乡国殊渺漫，羁心目悬旌。
> 悠然京华意，怅望怀远程。
> 薄暮大山上，翩翩双鸟征。

这是一首清新自然的五言古诗。它所展示的不是诗人们乐于着笔的歌吹沸天、珠围翠绕的声色场面，而是被沉湎于都市繁华的凡夫俗子所忽略的长风卷云、绿杨成荫的江渚气象。这已不同于寻常。而更能见出其特异之处的是，身居这世人皆欲销魂其间的名都扬州，诗人却无征管逐弦、老死温柔乡中的绮念，始终萦绕在他心头的是"悠然京华意"。这意味着，他对眼下的幕僚生活并不感到满足，他盼望着能尽快为朝廷所擢用而大展其宏图远志。"怅望怀远程"中这所谓"远程"，显然是指赴京的漫漫长途。

他的另一首《谢寺双桧》诗也下笔不凡：

> 双桧苍然古貌奇，含烟吐雾郁参差。
> 晚依禅客当金殿，初对将军映画旗。
> 龙象界中成宝盖，鸳鸯瓦上出高枝。
> 长明灯是前朝焰，曾照青青年少时。

"谢寺"，即扬州法云寺，寺内有两株古桧，相传为东晋谢安亲手所植，至中唐时已有四百多年历史，因而颇能吸引远近游人。刘禹锡此诗即为游览法云寺时所作。诗中带有几分禅意，这或许与他当年学诗于诗僧皎然、灵澈，而此诗题材又涉及佛寺有关。尽管很难将它归于精品之列，但由其遣词的熨帖和对仗的工稳，已足以窥得作者的艺术功力。尤其是中间两联，不仅形象鲜明，气韵生动，而且展示了双桧卓然挺立的精神风貌——这正是刘禹锡的胸襟与抱负的自然外现。

贞元十七年（801），刘禹锡素所仰慕的前辈诗人李益客游扬州。李益年长刘禹锡二十四岁，大历时期便驰名诗坛。作为他旅居扬州期间的主要交游者之一，刘禹锡常与他一起饮酒联句。联句本身已经亡佚，但刘禹锡的一首诗却记录了他们当时诗酒风流的情景，诗题为《扬州春夜李端公益张侍御登段侍御平仲密县李少府畼秘书张正字复元同会于水馆对酒联句追刻烛击铜钵故事迟辄举觥以饮之逮夜艾群公沾醉纷然就枕余偶独醒因题诗于段君枕上以志其事》：

> 寂寂独看金烬落，纷纷只见玉山颓。
> 自羞不是高阳侣，一夜星星骑马回。

"众人皆醉而我独醒"，这当然不是作者所要表现的主题，但诗中却多多少少地流露了一些寂寞独醒之感。也许可以说，刘禹锡虽然和李益等人一样纵情于诗酒，却没有彻底陶醉其中。在初涉宦海的此时此际，他有可能更多地把诗酒风流当作一种应酬的方式和交游的手段，从而显得较有节制——因为他追求更远大的目标。在刘禹锡的全部作品中，这首诗并不特别引人注意，但细加玩味，它不也从一个小小的侧面揭示了青年刘禹锡的不同凡响之处吗？当然，严格地说，刘禹锡的诗歌创作这时才刚刚起步，与后来他所取得的辉煌成就相比，这样的作品又显得微不足道了。

如果说与诗人李益的游处给禹锡留下了愉快的回忆的话，那么，与另一位诗人杨茂卿的会面则令他感到有些尴尬了。杨茂卿为元和七年（812）进士，游扬州时还是未获功名的布衣之士。唐代布衣之士大多喜欢给镇守一方的节度使上书，陈说平生抱负，以求汲引。为了打动对方，这类上书大致有两种模式：不是卑苦其词，就是轩昂其语——很少有不卑不亢、吐属自然的。就中，轩昂其语者往往故意作出"不屈己，不干人"的姿态，自高身份，大言欺人，给人矫揉造作之感。

杨茂卿便是如此。他在给杜佑的上书中，引用了周公"一饭三吐哺，一沐三握发"的典故，希望杜佑能礼贤下士，垂青于他。这本无不可。但他措辞用语颇有纵横家的捭阖之风，过于夸饰，有失质朴。这就使一向务实的杜佑读后有些反感，而不欲待以上宾之礼了。

杜佑召宴杨茂卿时，刘禹锡也在座。觥筹交错之际，杜佑取出杨茂卿的书信交给刘禹锡展读，然后带着酒意故意问道：此信写得如何？刘禹锡不愿主宾间生出嫌隙，便向杜佑解释说：布衣之士大多以为只有采取这般姿态，才能使尊贵者心有所动，此亦不得不然也。杜佑却不依不饶，进而羞辱道：捭阖之风可以休矣！你们听说过王舍的名字吗？"捭阖陈少游，少游刎其头"，望杨君引以为鉴！此语一出，满座寂然，杨茂卿固然羞愧得无地自容，刘禹锡亦觉尴尬。

翌日，杨茂卿不辞而别，显然已耿耿于怀。事后，刘禹锡很想有所弥补，曾对杨氏《过华山下作》一诗中的"河势昆仑远，山形菡萏秋"二句倍加赞誉，足见其宅心仁厚。

在杜佑幕府中，刘禹锡写作最多的还是表状一类的官样文章。从今天的角度看，其中的《为淮南杜相公论新罗请广利方状》最有价值。"广利方"，是指以唐德宗名义编集的《贞元广利药方》，于贞元十二年（796）"颁降天下"。杜佑亦蒙德宗御赐一部。新罗（今朝鲜）使者朴如言向杜佑请求，希望将这部医学要籍的抄本带回国去。杜佑不敢自专，便让刘禹锡起草了这篇表状，奏请朝廷恩准。表状中有云：

> 搜方伎之秘要，拯生灵之夭瘥。坐比华胥，咸跻仁寿。遂令绝域，遐听风声。美兹丰功，爰有诚请。臣以其久称藩附，素混车书。航海献琛，既已通于华礼；释痾蠲疠，岂独隔于外区？正当四海为家，冀睹十全之效。

不仅文字精美、典雅，更重要的是其中流溢着刘禹锡与杜佑促进中外文化交流的热诚。所谓"释痾蠲疠，岂独隔于外区"云云，用今天的话来说，就是"救死扶伤，不应区分国界"。刘禹锡能道得斯语，表明他已兼具世界眼光和人道关怀。

事实上，为了更有效地救死扶伤，刘禹锡在杜佑幕府中仍坚持钻研医术和收集药方。同僚李亚善治咳喘症，但每次都只给患者成药，而不肯出示药方。有人讥其悭吝，刘禹锡亦不明其故。直到有一天两人深谈时，李亚才道其所以：凡人患嗽，多见冷药，此方则用药热燥，患者若亲见药方，或许会疑其有悖药理，不肯服食，故而多出成药，以奏其效。刘禹锡听后大为钦服，并将其记录在自己撰写的医学著作《传信方》中。正因为刘禹锡既精通医术，又对中外文化交流抱有积极促进的态度，这篇《为淮南杜相公论新罗请广利方状》才能写得如此有理有节，启人心智。

第三章 人生中的高光时刻

一、雄姿英发

扬州幕府期间的生活，对于初入仕途的刘禹锡来说，无疑展示了一个全新的天地。此前，他虽然饱读诗书，对为官之道和执政之术有所了解，但终属"纸上得来"，既不够贴近，也有些肤浅。如今，成了官场中人，耳濡于斯，目染于斯，身触于斯，体会自然要深刻得多、真切得多。他其实是喜欢扬州、喜欢扬州的幕府生活的。但他并不想长期生活在扬州。"人生只合扬州死，禅智山光好墓田。"（张祜《纵游淮南》）对很有蛊惑性和煽动力的这两句诗，他十分欣赏，却并不认为它适合自己。因为扬州虽然是宜居的繁华城市，却毕竟远离国家的政治中心，不可能得到更多的发展机会和更大的施展空间，对志存高远的他来说，绝非久留之地；而掌书记乃僚佐之属，无法让他充分展示自己的抱负与才干，亦非久居之职。这样，随着时间的推移，刘禹锡便越来越渴望能调任京都。

幸运之神又一次眷顾了他：贞元十八年（802），他奉诏调补京兆府渭南县（今属陕西）主簿。渭南地处京畿，主簿的品级要高于普通州县。但对于他来说，官阶的高低还在其次，更重要的是这使他接近了权力中心的边缘，增加了入朝为官的可能性。时下担任京兆尹的韦夏卿又素有儒雅之名，门下宾客云集，且大多为意气风发、名动京师的硕学之士，其僚佐也都挟一技之长，鲜见庸碌无能之辈，因为若无真才实学，韦夏卿不仅会对他们不屑一顾，而且肯定会借机加以贬黜。刘禹锡预感到自己将会被这位唯才是举的上司所赏识。于是，接获调令后，他便匆匆收拾行囊，奔赴渭南。

果然，接触未久，掌管天子脚下这一方水土的韦夏卿便发现刘禹锡禀赋卓异，胆识过人，殊堪造就。于是，他有意识地多给刘禹锡一些崭露头角的机会。而对他的刻意安排，已经懂得一些人情世

第三章 人生中的高光时刻

故的刘禹锡自是心知肚明，铭感之余，无论是日常工作，还是韦夏卿督办的特别事务，他都更加殚精竭虑，全力以赴。这也就越来越赢得韦夏卿的信任。许多本不该让刘禹锡介入的重要公务，他也破例直接交给刘禹锡去处理。到后来，以他的名义上奏朝廷的许多表状也请刘禹锡代笔，尽管刘禹锡这时还只是他统辖下的畿县的一个正九品上的主簿，而在他身边也并不缺少长于官样文章的僚属。

在不到一年的时间里，刘禹锡就代韦夏卿连续起草了《为京兆韦尹贺元日祥雪表》《为京兆韦尹贺春雪表》《为京兆韦尹贺雨止表》《为京兆韦尹贺祈晴获应表》《为京兆韦尹降诞日进衣状》《为韦尹谢许折伞表》《为京兆韦尹进野猪状》等一系列表状。供职于韦夏卿近侧的文人不免有些嫉妒，但读过这些表状后，又不能不暗自佩服，觉得韦夏卿垂青于这个乳臭未干的小子，实在也有几分道理。

写作这样的官样文章，刘禹锡并不觉得特别吃力，因为他从小就受到这方面的严格训练，何况它们还有着基本固定的格式与套路。但刘禹锡并不因此就敷衍了事。不只是因为韦夏卿为人严毅，做事认真，故而不敢怠忽，更因为他本人凡事力求完美，不愿让自己执笔的每一篇文字留下遗憾。所以，虽说是官样文章，不可能每篇都面目迥异，但几乎每篇的表达方式都有所更新。至于语言的典雅富丽，虽属当行本色，如果没有经过千锤百炼，恐怕也难臻此境。

这时，同科进士柳宗元则在京兆府蓝田县担任县尉。当年京城分别后，刘禹锡、柳宗元便天各一方，再也无缘相聚，只能通过鸿雁传书，来交流彼此对时政的看法，抒发嘤鸣之情。如今，两人同在京畿任职，双方的地理距离虽然大大缩小了，却仍然分属两县，需要各尽其职，而无法经常谋面。偶因公务相见，也是彼此来去匆匆，不能深谈，有时甚至只能相互注目，连寒暄的机会都没有，因为他们这时还只是"风尘小吏"，一切听从上峰的差遣，根本不能自由安排日程和行踪，就像被人不停抽打的陀螺，只能在某个固定地点飞速旋转。

　　刘禹锡自己曾经想到过另一个比喻，觉得他和柳宗元就像两只始终被牵着的风筝，偶尔也会被放飞到同一片天空中，有时甚至还能彼此交会，作短暂的"亲密接触"，但更多的时候，即使同在蓝天白云之间，也只能远远地深情对视。而且，只要掌控他们命运的人轻轻拨弄一下手中的牵线，他们就必须心有不甘地坠落到各自的处所，然后憧憬能够更加接近对方的下一次放飞。

　　已经调到京畿好几个月了，刘禹锡和柳宗元还没有机会作一次通宵达旦的抵足长谈。这让他们好生憾恨。机会终于来了！这一年，太学博士施士丐在京城公开讲授《诗经》。施士丐是声名赫赫的一代大儒，尤长于《诗经》研究。而《诗经》在唐代被奉为儒家的"五经"之一，在统治者看来，它不仅可以"佐学"，而且可以"资政"——在经过孔子及其后人（包括盛唐时撰写《五经正义》的孔颖达）别具深意地解说后，源自民间歌吟、本无太多深意的《诗经》俨然成为儒家思想体系的又一载体。这样，《诗经》专家施士丐就不仅享有很高的学术声望，政治声望似乎也与日俱增。这次，朝廷安排施士丐公开讲学，恐怕也不只着眼于推动学术繁荣，应当还有着政治上的更深的考虑。至少，这是培训官员的举措之一——通过施士丐将学术心得与政治说教巧妙融为一体的辅导，官吏们，尤其是年轻官吏们既可加强学术修养，又能提高政治素质，岂不善哉？

　　旨在服务于政治，却又不想带有过浓的政治色彩，太露痕迹，太显霸道，而给它披上一件柔和的学术外衣，这实在比后代对官吏的培训方式要高明得多。基于这样的意图，朝廷当然希望京畿的官吏们都去施士丐处受教。虽然不便公开颁布诏令或发放文件明确提出要求（在这方面，开明的唐王朝是比较含蓄的），但在朝廷给京兆尹韦夏卿的文书中，却是暗示了这一层意思的。于是，韦夏卿便鼓励属下的年轻官吏去出席钦准的施士丐的"独家讲坛"，并为他们提供脱产培训的条件。这样，刘禹锡和柳宗元便分别由渭南和蓝田前往京城听讲。

刘禹锡少年时代便潜心攻读过《诗经》。因为相传它是孔子删定的，所以在汉代就被列为儒家经典之一。汉初传授《诗经》的有齐、鲁、韩、毛四家。齐、鲁、韩为今文经学，毛为古文经学。历代古文派学者都奉《毛诗诂训传》三十卷为圭臬。但它详于训诂而略于诗义，解说一篇之旨时，又每每泥于"诗教"，牵附史事，曲为其说。其后，东汉郑玄作《毛诗传笺》，对《毛传》加以阐发、补充和订正。唐代孔颖达又撰《毛诗正义》，调和毛、郑两家之说。因为它是官修的"五经正义"之一，所以便被有唐一代作为学校教学和科举考试的经学范本，成了钦定的士子必读书。

而今，施士丐所讲授的正是《毛诗》。对于刘禹锡和柳宗元来说，这虽然不是什么新鲜的题目，但施士丐在经学界享有盛名，他们的上司韦夏卿素来礼敬经学之士，对施士丐更是特别推崇，加上他们又隐隐约约猜到了朝廷赞助这场学术盛宴的苦心，也就不辞往返奔波之苦，前去听讲了。当然，还有个更重要的不便明言的原因，那就是，他们可以借此机会从容晤谈、一叙款曲了——这不正是他们期盼已久的快事吗？

平心而论，施士丐的学术讲座很有特色，三言两语，便将刘、柳引入胜境，原先存有的"盛名之下，其实难副"的担心迅速转化为由衷的钦仰之情——施氏解诗，既不像汉儒那样墨守师说，拘泥古训，也不像孔颖达那样坚持"疏不破注"，只敢对旧注加以有限的修订，而是自出心裁，缘词生训，随意发挥。从发展演变的角度看，这种作风其实正是中国古代学术思想由严守家法的汉学系统向空言说经的宋学系统悄然过渡的标志。作为开风气之先者，施氏的演讲使刘、柳等耳目一新，是极为自然的事情。

韦绚在《刘宾客嘉话录》中记载了刘禹锡后来回忆听讲情景的

一段话：

> 与柳八、韩七诣施士丐听《毛诗》，说"维鹈在梁"。梁，人取鱼之梁也。言鹈自合求鱼，不合于人梁上取其鱼，譬之人自无善事，攘人之美者，如鹈在人之梁。毛注失之矣。又说"山无草木曰岵"。所以言"陟彼岵兮"，言无可怙也。以岵之无草木，故以譬之。
>
> ……又说《甘棠》之诗，"勿剪勿拜，召伯所憩"。拜言如人身之拜，小能屈也。上言"勿剪"，终言"勿拜"，明召伯渐远；人思不得见也。毛注"拜犹伐"，非也。又言"维北有斗，不可挹酒浆"，言不得其人也。毛、郑不注。

这段话中提到的"柳八"是指柳宗元，"韩七"则是指韩泰，即后来与他们一同参加永贞革新，刘禹锡多次在诗文中道及的"韩七中丞"。对于这三位青年官吏来说，听讲的过程，既是他们增长学识的过程，也是他们增进友谊的过程。每次听讲，他们都端坐一处，形影不离，偶尔交头接耳议论几句，听到精彩的部分时也会忘情地拍手称快。散场后，则毫无顾忌地畅谈感想，彼此之间没有任何戒心，即使争辩得面红耳赤也不存芥蒂。他们都觉得自己已经找到了志同道合的朋友，在今后有可能出现的政治风波中，他们将不会产生孤立无援之感。

天道酬勤。不久，刘禹锡和柳宗元便分别升迁为监察御史和监察御史里行，先后调任至朝廷。而中唐时期的另一位著名文学家韩愈在蹉跎多年后也已官居监察御史。三位名扬千秋的才子在同一时期、同一衙门内担任同一职务，这不得不说是文化史上的一段佳话。这就像三颗本来有着各自的运行轨道的耀眼星辰，被冥冥中的巨手定点在同一个位置上，它们互相映照、互相烘托的结果，不是黯然失色，而是更加光彩夺目。

唐代的监察御史负责"纪检"工作，有权弹劾犯法违纪的朝廷命官，因而其品级虽然只是正八品上阶，却威风八面，连掌管天子脚下这方土地的京兆尹都要避路相让，轻易不敢撄其锋芒，以至有人戏称其为"八品宰相"。刘、柳、韩三人虽无挟权自重之心，但刚届而立之年，便身负"振举百司纲纪"之责，为官场中人所敬重，毕竟是让他们快意的事情。难得的是，他们都没有染上"文人相轻"的恶习，不以己之长轻人之短，而是试图取人之长补己之短。诚然，他们都是个性鲜明的人物，但他们又具有某些共性。譬如，在政治上，他们都主张抑制藩镇，革除弊端；在学术上，他们都主张独立思考，以我注经；在文学上，他们都主张文道合一，推陈出新。唯其如此，他们之间并不缺乏共同语言。

但相较之下，刘、柳之间的共同语言却更多些，这是因为他们既同年及第，世界观与方法论又更为接近。这也就意味着他们两人与韩愈在某些方面并不完全一致。例如，刘、柳以现实政治的改革者自任，更多地致力于对政治改革方案的探求，向世人展示了其政治家的面貌；韩愈则以儒家道统的继承者自命，更多地致力于对思想修养方法的探索，向世人显露了其思想家的姿态。不仅如此，对他们日后的生活道路影响更大的一点区别还是，在哲学思想上，刘、柳倾向于唯物主义，韩愈则倾向于唯心主义。但这些并没有妨碍他们的友谊，他们从来没觉得"道不同，不相为谋"的古训适合于他们，他们始终把对方当作可以披肝沥胆的朋友，常与切磋，时相过从。虽然他们后来也一度产生过隔阂，但那却不是由于政治态度与哲学思想的分歧，而是因为韩愈误信传言，以为自己被贬官是刘、柳泄密所导致的结果。

那是贞元十九年（803）岁末的事情。这一年，关中地区发生严重旱灾，几乎颗粒无收。百姓啼饥号寒，苦苦挣扎在死亡线上。朝

廷虽然下令减免租税，想给百姓一线生机，但各级官吏为了政绩，或为了敛财，不顾百姓死活，照常征收名目繁多的租税。当时担任京兆尹的唐宗室李实，每次上奏，都隐匿灾情，谎称收成"尚可"，试图不计后果地竭泽而渔，结果使得整个京畿沦为饿乡。为了交足租税，富者拆屋，贫者鬻苗，纷纷走上绝路，其景象惨不忍睹。身为监察御史的韩愈，经常出入京郊，将种种惨象一览无余，不由得怒火中烧，便如实上奏朝廷，恳请"特赦京兆尹"停征赋税。这就得罪了李实等深受德宗倚重的权臣，而被贬为连州阳山（今属广东）县令。

韩愈没料到自己仗义执言竟会被流徙到边荒之地，他又不敢怀疑德宗的圣明，究其原委，不禁疑心刘、柳将他平日交谈中的一些过激言论，不慎泄露给别人，为政敌提供了整治他的借口。他在《赴江陵途中寄赠王二十补阙李十一拾遗李二十六员外翰林三学士》一诗中委婉地说道：

同官尽才俊，偏善柳与刘。
或虑语言泄，传之落冤雠。
二子不宜尔，将疑断还不。

〔明〕沈周　韩愈画记图（局部）

"或虑"，是有人疑虑的意思，说明曾经有喜欢拨弄是非的人把刘、柳指认为泄密者。理智告诉他，刘、柳不会这样做，但既然有人提醒他，他也就不能彻底排除对刘、柳的怀疑了。当然，这仅仅是一种说不明、道不白的怀疑，并没有成为最后的认定。而且，他绝不怀疑刘、柳这样做是别有用心，绝不怀疑他们之间友谊的纯洁性。在他想来，刘、柳顶多是不慎将消息外泄，属于无心之过。不过，有了这么一点点怀疑，与刘、柳之间也就多少有些隔阂了，尽管这种隔阂不可能使他们中断友谊。

不用说，对韩愈的无辜被贬，刘、柳是充满同情的。只是人微言轻，他们无法让德宗收回成命。韩愈心底的疑云，他们也有所觉察，但他们相信时间的飓风终将把它吹散，因而他们没有，也不愿作任何表白。他们只是觉得，那些挑拨离间的长舌者真的十分可恨！本来什么事情都没有，这些小人却偏要无事生非，到韩愈那里故作神秘状，传播自己捏造或改造的不实消息，在原本无话不谈的朋友之间制造嫌隙。如果有可能，他们真想把这些小人绳之以法，至少将其押上道德法庭！很久以后，禹锡才在《上杜司徒书》中说到自己从未"媒孽其僚友""漏言于咨诹"，算是用淡淡的语气为自己作了辩白，看似不经意地澄清了这一不愉快的小插曲的是非，而这时韩愈也早已释然了。

同样身为监察御史，为什么韩愈敢于在民不聊生之际挺身而出，为民请命，刘、柳却保持沉默，未曾大声疾呼呢？这当然不能解释为刘、柳的明哲保身，而是因为他们有着更远大的政治目标。对此，他们始终没有用语言或文字来加以辩解，但他们后来的行动，却不失为最好的答案。说起来其实很简单：他们之所以隐忍不发，是出于策略上的考虑，为了积蓄有生力量，等待最佳时机。他们信奉"小不忍则乱大谋"的古训，不愿因小失大，取轻弃重——他们所追求的不是局部的改善，而是总体的变革。如果说韩愈的奏请是为了实现前一个目标的话，那么，他们的沉默则是为了达到后一个目标。目标的不一致，导致了他们关注的事件和选择的时机及采用的方法的不一致。

二、改革风云

就在韩愈远贬为阳山令前后，一股倾向革新的政治势力正在悄悄集结，而它的核心便是"二王刘柳"。"二王"指王叔文、王伾，他们都是太子的近臣：王叔文以善棋任太子侍读，王伾以善书任太子侍书。他们与太子朝夕相见，深得太子的宠信。尤其是王叔文，前后侍从太子十八年，已成为太子的心腹。

太子喜欢弈棋，因而也就特别喜欢深谙棋道亦明棋理的王叔文。每当读书疲倦时，他总要与王叔文对弈一局。王叔文平时对太子唯唯诺诺，不敢稍有僭越，然而一旦坐到棋盘前摆落数子以后，便神情大变，立显王霸之气，落子布阵之际，头头是道地给太子分析每一手所暗藏的玄机。在详解棋道棋理的同时，他还借机宣讲治国理念。

刘禹锡当年在东宫任太子校书时，就与王叔文有过交往。尽管他那时资历很浅，王叔文却对他表现得十分热情，毫无太子宠臣的骄横做派，有时在谈话中连他的饮食起居也予以关心。这让刘禹锡大为感动。他私下里觉得王叔文虽然出身于寒门庶族，却很有前秦政治家王猛的才识和气度，在审时度势、结纳贤良方面，尤非常人所能企及。刘禹锡在心目中，早已把他视为同道中有望执牛耳的人物。现在，刘禹锡调回朝廷任职，与王叔文重续旧谊，自然是情理中的事情。

而柳宗元一向与刘禹锡志同道合，由于刘禹锡的关系，他也进入了王叔文策划组织的政治沙龙，并很快与刘禹锡一起成为沙龙的中心人物。这一沙龙的成员还包括凌准、吕温、韩泰、韩晔、陈谏等青年朝官。他们以"二王刘柳"为核心，凝聚成一股日益膨胀的政治势力，期待在不久的将来叱咤政坛风云。

这时已是唐德宗贞元末年。由于德宗年老昏聩，猜忌成性，朝中的小人又趁机摇唇鼓舌，无事生非，朝廷内外笼罩着阴暗的政治气氛，而各种弊政也已暴露得十分明显，令有志于振兴大唐的刘、柳等人扼腕不已。这天，他们又如约聚集在一起议论朝政，说到让百姓怨声载道的"宫市"制度。他们一致认为，这一旨在掠夺与攫取的制度，是遍布疮痍的弊政中溃烂得最明显的痈疽——本来，宫廷中需要的生活用品，都由官府向民间采购。到德宗贞元末年，改由太监直接办理。他们在街市上招摇而过，看到中意的东西，便以"宫市"为名，强迫货主送进宫去，有时装模作样地偿与一些钱物，有时非但分文不付，还要将货主的运载工具抢走。白居易《卖炭翁》一诗便直接反映了宫市制度带给人民的苦难。诗中的"黄衣使者"就是指宫中奉命外出采购货物的宦官，"白衫儿"则是指宦官的爪牙。作者通过卖炭翁的遭遇，一针见血地揭露了宫市这一最无赖、最残酷的攫取人民财物的制度。而这又仅仅是当时的弊政之一。为害百姓并动摇着唐王朝的统治根基的又岂止宫市？

如何革除这些弊政，是以"二王刘柳"为核心的政治沙龙集中议论的话题。或许因为他们大多是血气方刚的青年的缘故，议论到激切处，总是有人拍案而起，或痛哭流涕，恨不得立即采取行动，拯救生民于水深火热之中。每当这时，王叔文便以沉稳持重的长者姿态，劝说大家少安毋躁，耐心等待时机的到来。在他的一再开导下，大家都意识到，时机尚未成熟便轻举妄动，只能咎由自取，葬送改革大业。尤其是目前，由于他们过往甚密，已引起一些朝官的猜忌，这就更应谨慎从事。

那么，他们期待的时机究竟指的是什么呢？说穿了，所谓"时机"，就是指太子李诵即位。李诵为德宗长子，上元二年（761）生于长安，大历十四年（779）封为宣王，建中元年（780）立为太子。他留心艺术，爱好书法，对隶书颇有造诣。德宗给大臣、藩镇赏赐御制诗时，都让他代书。所以，德宗留下的墨宝，有许多其实是他的手迹。

"二王刘柳"等人对李诵寄予厚望，是基于对他言行的全面考察：李诵的性格宽厚仁慈，常有恻隐之心，但又不乏主见，敢于决断。小时候便以尊师重教享誉士林。据说他每次见到业师时，但行师生之礼，不论君臣之序，总是先躬身下拜。常常弄得回礼不迭的业师又是惶恐，又是欣喜。他一直以勤政爱民自勉。而身为太子，免不了要侍奉父亲参加各种他不喜欢的游宴活动，一次次在觥筹交错、歌舞升平的绮靡氛围中体会快要窒息的感觉。在侍宴鱼藻宫时，看到那君臣逸乐的场景，他心里很不是滋味，想再忍耐一下，却怎么也无法静默，便以助兴为名，当场吟诵了一首讽刺"好乐无荒"的古诗。这是很需要几分勇气的，也是"二王刘柳"等人最为佩服的。因为古往今来，太子的身份与地位都是十分微妙的，接班只是一种可能，而变化则随时都有可能。所以，几乎所有的太子在即位前都如坐针毡、如履薄冰般小心翼翼。仍然处于敏感期的李诵敢于这样做，实在太不同寻常了。

平日，他十分讨厌宦官。每次上朝奏事，从不对宦官假以颜色。因为他是早晚要登基的皇储，宦官们都有意识地接近他、讨好他，许多善于窥测风向、投机钻营的朝官也无所不用其极地取悦他。但他都不为所动。谁要给他贿送珠宝珍玩，那简直如捋虎须，轻则严厉斥责，重则革职问罪。所以，以乱政为乐的宦官及心术不正的朝官对他虽不敢公开批评，却也啧有微词。

他体质羸弱，却颇具忠直之心和贞刚之气。当危机突然降临时，他可以披坚执锐，像一个普通士兵那样冲锋陷阵。拥兵自重的朱泚叛乱时，德宗被围困于奉天。在"黑云压城城欲摧"之际，他身冒矢石，率先登城与叛军对垒，手刃敌酋数人，一心要将父亲尽快解救出来，而把个人的生死安危完全置之度外。激烈的战斗中，他每当看到将士负伤，都要亲手为之裹创，颇有汉代"飞将军"李广之风范。因此，士众也都能以死报效，只要他振臂一呼，大伙儿就会义无反顾地杀向他剑指之处。

舆论普遍认为，他是中唐时期一位较有开明思想的皇储。"二王刘柳"把变革朝政的希望寄托在他身上，不为无识。当然，李诵毕竟常年生活在宫禁中，高墙深院隔绝了他与老百姓现实生活的联系，他不可能具体地了解民生疾苦，从而意识到弊政的危害性和革除弊政的紧迫性。这就需要心存远图的王叔文、王伾等人利用侍棋、侍读的机会来灌输了。当他在循循善诱的王叔文等人的启发、引导下，意识到革故鼎新的重要与必要以后，议论当今朝政，便成为他闲聊时最感兴趣的话题。

检视簇拥在自己身边的"二王刘柳"等精进不已的政坛新秀，李诵内心革新朝政的信念更加坚定起来。同样，在刘禹锡心中，此时也炽燃着理想与希望的火焰。他从小便立志要拯世济民，促使唐王朝中兴。在此之前，这似乎还只是他一个渺远的梦想。如今，随着同志的日渐增多和计划的日趋周密，梦想也许能够变成现实了。

尽管眼下还是阴云密布，但一场政治风暴已在酝酿，转眼间便能听到那震天动地的惊雷！伴随着轰鸣的雷声，刘禹锡将进入他一生中的高光时刻，写下他生命史上最为光辉灿烂的篇章！

李诵及"二王刘柳"苦苦等待的"时机"并没有姗姗来迟，但要把握住它，又绝不是容易的事情。要不是"二王刘柳"联合卫次公、郑絪等正直朝官据理力争，也许"时机"便会与他们失之交臂。

贞元二十一年（805）元月，德宗病危，宫禁中开始商议后事。本来，太子李诵可以顺理成章地继承皇位。不幸的是，前一年的九月，他突然中风失音。德宗一病不起后，诸皇子都去侍候汤药，唯独太子李诵患病在身，不能稍尽孝心。弥留之际，德宗欲见太子一面却不可得，"涕咽久之"，饮恨而死。惯于弄权的宦官集团一直把嫉恶如仇的太子看作他们专制朝政的最大障碍，便企图以此为口实，另外拥立皇位继承人。

当翰林学士郑絪、卫次公等人被召至金銮殿起草遗诏时，有宦官明确提出太子不宜继位，群臣莫敢争辩。唯有卫次公趋步上前，力主拥立太子，郑絪等齐声附和。宦官们见无计可施，这才作罢。李诵此时虽然口不能言，却心如明镜。为了钳制流言，稳定大局，他勉力撑持病体，穿紫衣，着麻鞋，在九仙门前召见了朝廷百官，从而使得人心粗安，民议稍平。与此同时，翰林待诏王伾入居禁中，传旨宣召王叔文入宫，参与枢密；翰林学士凌准慷慨陈词，力主皇太子宜于枢前即位。由于上下同心协力，宦官的阴谋终于被挫败，在近乎白热化的氛围中，艰难地完成了皇权的交接。

李诵在太极殿登基的那一天，风和日丽，欢声雷动，负责警卫的御林军将士企足引颈，瞻望龙颜，竟有喜极而泣者。这场未遂的政变虽说有惊无险，却使刘禹锡等人从中认识到道路的曲折艰险。他们感到肩负的责任变得更加沉重了。

李诵即位后，成为唐朝历史上第十二位皇帝——唐顺宗。改革的时机到来了！现在的问题是如何自上而下地推行新政，将原先拟定的改革方案化为现实的图景，真正使百姓承恩受惠。以"二王刘柳"为核心的革新集团一次又一次进行认真的磋商。尽管对某些具体步骤，他们的意见不尽统一，但在最关键的一点上，他们达成了共识，那就是必须分头占据各要害部门，把权力牢牢地控制在手里，以保证政令的畅通无阻。

由于顺宗如愿登基，这一点已经不难做到了。顺宗正月即位，二月便颁布赦令，加封群臣。于是，他所信任的革新集团成员纷纷获得要职：

> 王叔文为起居舍人，充翰林学士，旋又为度支盐铁转运副使，加户部侍郎；
> 王伾为左散骑常侍，充翰林学士；
> 刘禹锡为屯田员外郎，兼判度支盐铁案；
> 柳宗元为礼部员外郎；
> 韦执谊为尚书右丞，同中书门下平章事；
> 陈谏为仓部郎中；
> 韩泰为户部郎中；
> 韩晔为司封郎中；
> 陆质为给事中；
> 程异为盐铁扬子院留后；
> ……

这样，朝廷的权力基本上由革新集团的成员所接管。另有一些手握重权的大臣虽非革新集团的成员，却一向主张刷新朝政，具有同情或支持革新的倾向，因而乐于顺应时势，与"二王刘柳"桴鼓相应。譬如检校司空、同平章事兼领度支盐铁使的杜佑便是如此。可以说，顺宗即位不久，革新集团便完成了组织人事方面的部署，取得了全部财权和大半政权。

三、力挽狂澜

这时的顺宗已不能亲理朝政，一切国家大事都委托"二王刘柳"全权处理。这自然是出于对他们的信赖。其实，早在中风失音前，顺宗便已对王叔文言听计从了，因为他知道王叔文不仅对自己忠心耿耿，矢志不二，而且满腹经纶，虑事周密。他曾经在韦执谊面前称赞王叔文说："彼伟才也。"因此，他是心甘情愿地把权力委托给王叔文的，并不像韩愈后来在《永贞行》一诗中所说的"小人乘时偷国柄"。

刘禹锡这时所担任的职务名义上是协助杜佑、王叔文管理财政，但因为王叔文要入主禁中，代行诏令，总揽全局，所以管理财政的重任实际上大半落在刘禹锡的肩上。他忘我地致力于革新事业，日理万机，不辞辛劳。门吏呈送给他的信函，每天都有数千封，他一一亲自答复。绿珠盆中每天要用一斗面粉冲成糨糊，以供缄封之用。这似乎是令人难以想象的事情，但他却以过人的精力和才干创造了这一让后代的笔记小说家赞叹不已的奇迹。

的确，尽管刘禹锡一直保持着良好的"竞技"状态，却从来没有像现在这样意气昂扬、精神焕发。仿佛他身体中的每一个细胞都被激发出了活力。王叔文对他极为倚重，把他看作下一任宰相的最合适人选，多次称道他有"宰相器"，并经常将他与柳宗元一起引入禁中，共同筹划。《旧唐书·刘禹锡传》说王叔文每每"与之图议，言无不从"。这说明刘、柳在决策过程中起到了重要作用。正因为这样，当时才有"二王刘柳"之称——在政敌们眼里，"二王刘柳"是他们的心腹之患。

那么，究竟应该制订出台哪些革新措施？它们能否顺利推行，又是否真的有利于国计民生呢？"二王刘柳"等人为此颇费踌躇。经过激烈的辩论后，总计有十多条措施达成了一致，并得到顺宗的首肯：

一是宣布蠲免百姓历年来欠缴的各种课利、租赋及钱帛。他们一致认为，老百姓的日子实在太苦了，沉重的债务像三山五岳一般压得他们喘不过气来，而他们的债主居然是朝廷和各级地方政府！老百姓已经"殚其地之出，竭其庐之入"，犹自不能偿清拖欠政府的债务，乃致债台高筑，不得已避走他乡，流离失所，这种状况不能再延续下去了。

二是禁绝正常税收之外的各种苛捐杂税及例外进奉。朝廷的税收已经让老百姓不堪重负，而地方官又层层加码，巧立名目，征收各种苛捐杂税，使老百姓的困苦又添十分。对这种惨无人道的做法，如果再不加以禁绝，走投无路的老百姓，恐怕只有揭竿而起了。那样的话，国家又将陷入严重的内乱，遑论中兴大唐，连政权也将岌岌可危了。

三是废除劫掠民财的"宫市"制度和处置"五坊小儿"。"宫市"的弊端，他们都已看得十分清楚；但他们中有的人还不了解，"五坊小儿"对百姓的骚扰，较"宫市"犹有过之。"五坊"是指为宫廷驯养捕猎用物的雕坊、鹘坊、鹞坊、鹰坊、狗坊。"小儿"，指供职于"五坊"的差役。他们常常假借捕捉鸟雀的名义，向百姓勒索钱财，有时竟把罗网张设在人家门前，不许其出入。他们又经常聚饮于酒楼，吆五喝六，惊扰四座不说，酒足饭饱之后，还分文不付就扬长而去。偶有店家不明其身份，索要酒账，总是惨遭毒打。这类事件频繁发生，使得京城百姓看到"五坊小儿"就如见了瘟神一般，避之唯恐不及。应当借革新之机为民除害。

四是将盐铁转运大权收归中央，以保证中央的财政收入。盐铁作为必不可少的生活资料和生产资料,一直是国家税收的重要来源,有时甚至是主要来源。所以一般的管理模式都是由中央政权以"专控"的方式加以垄断。盐铁的控制权之争绵延历朝历代,由汉代的《盐铁论》可知端倪。即便在"盐铁转运"这一环节,朝廷与地方政权的博弈也从来就没有中止过,因为它有着巨大的利润空间,谁予谁夺,都牵涉到长长利益链的调整,关乎朝廷与地方的控制力的此消彼长。在过去的很长一段时间内,唐王朝的朝廷因内忧外患,处于左支右绌的境地,控制力有所削弱,地方官府乘机与朝廷争权夺利,盐铁转运大权也就归于地方。带来的后果是,朝廷的财政收入锐减,造成国库空虚、入不敷出的状况。而地方官员则利用转运大权谋取私利,中饱私囊,富甲一方。这一局面也必须改变,否则如何体现中央集权,又如何维持中央财政的正常运转?

五是惩治臭名昭著、民愤极大的贪官污吏。朝纲的松弛和吏治的腐败,必然带来官吏的腐化堕落。至贞元末年,贪官污吏的所作所为已到了无所顾忌、令人发指的地步,不仅穷奢极欲,而且骄横跋扈,草菅人命。尤其是京兆尹李实倚仗自己是唐王朝的宗室子弟,多年来为非作歹、祸国殃民,京畿人民恨不能食其肉寝其皮。如果这次革新不敢拿李实等贪官污吏开刀,怎么能取信于百姓,怎么能平息民愤?尽管刘、柳都曾在李实麾下供职,而李实待他俩倒是不薄,但片刻的犹豫之后,两人便异口同声地主张将李实驱逐出京,贬为通州长史,让其政治地位和生活待遇一落千丈。

六是表彰贞元名臣,为其中的无辜遭贬者"平反昭雪"。德宗后期察人不明,用人不当,乃致阿谀逢迎者一路升迁,正言直谏者无辜遭贬。这就造成了天阍难启、权奸当道的政治局面。其中,功彪史册的贞元名臣陆贽便曾为权奸所构陷,被贬为忠州别驾。现在,正值朝廷履新之际,刘、柳等一致想到应当将陆贽等无辜被贬的忠正之士召回朝廷,以扶正祛邪。遗憾的是,陆贽因忧愤过度,已卒于贬所，无缘参与新政。刘、柳等叹惋之余，决定采用赠官的方式对他予以表彰。

七是释放后宫宫女三百人及教坊女乐六百人。朝廷不时到民间去征选姿色出众的女子，把她们充实到后宫中来，这已经是代代依循的做法。白居易《长恨歌》说"后宫佳丽三千人，三千宠爱在一身"。"三千人"当然是虚数，但后宫人数之多，却可以想见。此外，朝廷还定期选拔工于丝竹或具有音乐潜质的少女，送入教坊培训，以壮大为宫廷服务的女乐的行列。多少妙龄女子因此把青春和幸福葬送在宫墙内！尤其是那些如花似玉的宫女，一入禁掖，便与世隔绝，再也不能与亲人见面。纵然红颜老去，也没有被放归的可能。至于得到君王宠幸的几率，那几乎等于零。她们当然也渴望爱情雨露的滋润，但在清一色的女性世界里，她们完全被剥夺了爱与被爱的权利。于是，为了得到某种心理补偿，她们有意将幻想与现实混淆在一起，通过辗转传播并经文人的艺术加工，产生出"红叶题诗"的爱情佳话。这类动人的故事，曾经赢得多少才子佳人同情的泪水，凄美至极！但它们显然是想象与虚构的产物，涂抹着浓烈的理想主义色彩。现实的情形是：荣宠无缘，爱恋无望，她们只能在日甚一日的寂寞中虚度华年。元稹《行宫》一诗便以写生的笔法，描绘了这些宫女的悲惨遭遇："寥落古行宫，宫花寂寞红。白头宫女在，闲坐说玄宗。"而今，刘、柳等商讨革新措施，自然想到要削减后宫宫女及教坊女乐的数量。因为这涉及朝廷的礼乐制度，甚至有可能触碰到政治体制，他们不能不格外慎重，最终议定的是先行释放后宫宫女三百人及教坊女乐六百人。

八是裁减冗官冗员。唐王朝设科取士，为具有真才实学的寒门士子打开仕途的大门。这绝对是好事。但开考科目越来越多，通过科举考试步入官场的人数也就不断增加。此外，还有"制举""野无遗贤""学究一经"等非常规的考试方式，以及征辟名望较著的"隐士""道士"等非常态的选拔方式。总之，释褐入仕的途径趋于多元化和多样化。这样，官吏的队伍又怎能不日益膨胀？如今，人浮于事的现象已经十分普遍，饱食终日、无所用心的冗官冗员触目皆是。他们徒耗朝廷仓廪而对朝政一无匡补之功，有时还惹是生非，败坏纲纪，成为朝廷逐渐僵化的肌体上又一必须割除的赘疣。刘、柳等决心裁减冗官冗员，不仅出于节省财政开支的考虑，也是为了整肃官场风气。

九是打击藩镇割据势力。藩镇割据与叛乱，是唐王朝久治不愈的顽疾。"安史之乱"以后，虽说朝廷一直想要抑制藩镇的势力，却收效甚微。旧的藩镇势力被剪除了，新的藩镇势力又不断崛起，并且气焰日炽、声威日赫。据说，同、华二州节度使周智光曾经口出狂言："我驻军的地方距离长安城只有不到百里，我夜里睡觉都不敢把脚伸直，生怕一不小心，踩破了长安城的墙头。"这已十分嚣张，但他意犹未尽，又补充说："挟天子以令诸侯，在我也是一件很容易的事。"刘禹锡等人觉得，如果不对藩镇割据势力予以沉重打击，听任他们拥兵自重，国家早晚会走向分裂，而"四海一家""天下一统"的局面也会一去不复返。

十是谋夺掌握在宦官手中的神策军指挥权。宦官专权，与藩镇割据一样，是迁延于整个中晚唐时期的最严重的政治弊病。宦官的身份本来是皇帝的"家奴"，但不幸的身世和残缺的身心一旦与权力相媾和，便会出现严重的变态，异化为一股极其邪恶的力量，进而造成政治的畸形。宦官的权力欲永难餍足，下一步，只怕连皇位废立这样的顶层设计他们也想插手（后来，唐宪宗果然为宦官所弑）。而宦官之所以有恃无恐，敢于直接与革新集团相抗衡，关键在于他们手中握有兵权，即守卫京城的精锐之师——神策军的指挥权由他们牢牢地控制。所以，要改变宦官专权的现状，第一步，就是夺取神策军的指挥权，把武装力量掌握在自己一方手里。否则，最后人头落地的恐怕就是"二王刘柳"自己了。所以，必须褫夺宦官掌控的兵权。

这些革新措施出台后，民间一片欢腾。反馈回来的信息让刘、柳等人无比振奋！确实，他们反复谋划的举措，在很大程度上减轻了百姓负担，缓和了社会矛盾，同时也多少缓解了唐王朝的政治、经济危机，因而受到百姓的拥护与支持。比如，朝廷下令禁绝"五坊小儿"后，原先横行于大小街衢的那些无赖纷纷如鸟兽散，京城百姓再也不必像惊弓之鸟一样闻风丧胆，自是人人拍手称快。又如，京兆尹李实被贬逐的消息传开后，京都百姓奔走相告，不约而同地手持瓦石等候在道路两侧，想把李实劫持去痛殴至死。李实大骇，惶惶然像丧家之犬那样连夜逃遁，才侥幸保住性命。

今天看来，"二王刘柳"所实行的革新措施，至少属于顺时而动、顺民而为的善政，是符合历史发展的趋向、呼应时代演进的要求的。如果它们能如"二王刘柳"所设想的那样全部或大半兑现，也许真的有可能延缓大唐帝国走向衰亡的进程。然而，它们并没有能全部得到落实。有的一开始就受到敌对势力的强有力抵制而胎死腹中，有的则因为同样的原因中途流产。譬如他们谋夺宦官兵权的最关键一招就未能成功——

神策军为唐代皇家禁军之一。唐玄宗时，西平郡王哥舒翰于临洮置神策军，以成如璆为军使。"安史之乱"爆发后，神策故地沦陷，肃宗颁诏，将北衙军使卫伯玉所统率的兵马改称"神策军"，令其镇守陕州，宦官鱼朝恩则奉命以观军容使的身份监其军。这是宦官取得神策军指挥权的一个重要契机。宝应中，鱼朝恩因接驾有功，被代宗封为天下观军容宣慰处置使，势倾朝野，神策军也尽归其节制。从此，神策军的指挥权便一直掌握在宦官手中，成为他们专擅朝政和压制皇室的一张王牌。而神策军的地位、待遇、装备及骁勇善战程度等，也都要优于其他禁军。

正因为这样，"二王刘柳"变法伊始，便计划夺取宦官对神策军的指挥权。为了实现这一计划，他们任命右金吾卫大将军范希朝为右神策统军，充京西诸城镇行营兵马节度使；韩泰为行营司马，辅佐范氏。同时诏令神策军所属各部将领赶赴奉天听从调遣。诸将一向听命于宦官集团，遂在驰赴奉天前，据实以告。宦官们闻言大惊，传谕诸将："慎勿以兵属人。"诸将本来就与宦官集团唇齿相依、荣辱与共，自然谨遵宦官意旨，不听朝廷调度。范希朝与韩泰身负"二王刘柳"之重托，左等右候，不见诸将踪影，只得怏怏而回。

谋夺宦官兵权的失败，昭示了革新事业所面临的重重阻力，犹如给头脑已经发热的"二王刘柳"等人服用了一帖清醒剂。由此，他们不仅意识到革新事业不可能一蹴而就，而且预感到前景也许要比他们估计的黯淡得多。他们心头蒙上了一层阴影。但半途而废，那是懦夫的行为。他们根本不愿就此鸣金收兵，而决意继续向阻挠革新的敌对势力宣战，哪怕最终身败名裂。

四、出师未捷

于是，以夺取兵权的斗争为标志，一场生死较量正式拉开了序幕。

仇视"二王刘柳"的敌对势力，由三方面的力量纠合而成——除持不同政见的朝官外，还包括专制弄权的宦官集团和拥兵自重的藩镇集团。而他们之所以站在"二王刘柳"的对立面，竭力抵制其革新措施，并欲置其于死地，则无疑是因为"二王刘柳"的革新侵犯了他们的既得利益，使他们处于受排斥、受打击、受抑制的境地。

于藩镇集团而言，盐铁转运大权本来由他们垄断，而今收归朝廷，就使他们失去了一大笔财富。不仅如此，以往朝廷对他们基本上是有求必应；现在，他们的无理要求则遭到革新集团的断然拒绝。

剑南西川节度使韦皋曾通过刘辟向王叔文贿求三川之地，结果不仅遭到王叔文的痛斥，刘辟还差点身首异处。这怎能不使他们怀恨在心、图谋报复？

于宦官集团而言，由于中唐历代皇帝大多唯家奴之计是从，因而他们本来就对朝政有着很大的影响力，甚至皇位废立大权，他们也有意独揽。多少年来，他们已养成了颐指气使、飞扬跋扈的习性，顺之者昌，逆之者亡。而今，"二王刘柳"主持朝政，不仅将他们冷落在一边，无视其利益诉求，而且还想剥夺他们专擅多年的兵权，这就难免让他们感到"是可忍孰不可忍"了。

至于与"二王刘柳"持不同政见的朝官，大多是因为刘、柳等革新集团的成员升迁太快而心态失去平衡，嫉恨他们超越自己，成为身据要津、发号施令的风云人物，从而堵塞了自己的飞黄腾达之路。这些人中间，确有因循守旧、与"二王刘柳"的革新思想格格不入的，但更多的也许并不认为"二王刘柳"的革新措施如何大逆不道，而只是对他们的迅速得势有一种本能的反感，连带着也就对他们的革新措施加以抵制了，御史中丞武元衡等人便是如此。此外，还有原想投靠以"二王刘柳"为核心的革新集团，以求平步青云的，却因才识平平，未获重用，于是衔恨反戈，与"二王刘柳"的敌对势力沆瀣一气，侍御史窦群等人或许就属于这一类型。而"二王刘柳"对这些朝官非但无意迁就、姑息，处置起来还绝不心慈手软。譬如武元衡就由御史中丞被贬为右庶子。这样，双方终于弄到了势不两立的地步。

这三方面的力量本来是分散的、各自为政的，并且相互之间还曾经有过这样那样的冲突，也完全可能反目成仇，但现在，他们却为了实现一个共同的目标（即挫败革新事业、摧抑革新集团的成员）而纠合到了一起，形成强有力的统一战线，向"二王刘柳"等人猖狂反扑。

一开始，敌对势力还只是以隐蔽的方式与革新集团进行对抗。随着力量的逐步积蓄与联合，他们内外呼应，互为奥援，自觉已足以正面与革新集团相抗衡，便转而以剑拔弩张的架势出现了。作为他们精心策划的步骤之一，窦群公开跳出来弹劾刘禹锡"挟邪乱政"，要求把他斥逐出朝。这不啻是一个信号，表明了矛盾的尖锐化和斗争的公开化。他们率先拿刘禹锡开刀，是因为他在革新集团成员中尤有才干与作为，已搅得他们坐卧不宁。他们的如意算盘是，以扳倒刘禹锡为突破口，使革新集团全线崩溃。窦群对刘禹锡的弹劾，最后以他自己的被罢官而告终结。在这一回合的较量中，刘禹锡他们占了上风。

但形势很快便急转直下。在紧接着的几个回合的较量中，刘禹锡他们节节败退。最关键的一次较量，是围绕册立太子问题进行的。

顺宗即位后，病情毫无起色，难以亲自驾驭政局。每回临朝，总是半倚半坐，群臣只能远远瞻望，不得趋前奏对。眼看顺宗越来越虚弱，"二王刘柳"忧思日深。而这又恰好给敌对势力提供了可乘之机。他们以圣体欠安为借口，操纵社会舆论，强烈要求册立太子。太子的人选，他们实际上早已暗中议定，那就是广陵王李淳，后更名为纯。

李纯虽系顺宗长子，却是庶出。其生母王氏始为才人，终为良娣，在嫔妃中地位不高。顺宗的正妻萧氏早已辞世。因身体关系，顺宗登基后没有册封皇后。在众多的嫔妃中，他独于牛昭容（即牛美人）青睐有加。牛昭容一向同情以王叔文为首的革新集团，而厌恶广陵王李纯。所以，在册立太子的问题上，她是站在"二王刘柳"一边，反对将李纯立为太子的。

但李纯却得到以俱文珍、刘光琦、薛盈珍为首的宦官集团的竭力支持。平心而论，李纯本人天资英睿，并非庸才。然而，宦官集团拼命抬举他，绝不是着眼于他的才具，而是因为他向来与宦官集团关系密切，完全有可能成为他们新一轮的代理人，主持对革新事业的扼杀。"二王刘柳"等人反对册立李纯为太子，也正是出于同样的原因。

双方都在紧锣密鼓中进行谋划、部署，谁也无意退让，因为他们知道，一旦退让，将来就有可能人头落地。但这一回，革新集团却有些力不从心了——双方的力量对比这时已发生了很大的变化，不仅支持册立李纯为太子的联合阵营在声势上已压过了革新集团，而且社会舆论也已形成对李纯极为有利的局面。

这一天，宦官俱文珍、薛盈珍等奏请顺宗同意后，将翰林学士郑䌹、卫次公、李程、王涯等人召至金銮殿，起草册立太子的诏书。当时，与革新集团声气相通的牛昭容、李忠言等人也在场，因此李纯虽几度被提名，却都遭到反对，从而形成僵局。就在这时，郑䌹不再奏请，直接将"立嫡以长"四字书写于纸上，送呈顺宗过目。双方长时间的争辩，已使病弱的顺宗头疼欲裂，他只想尽快得到解脱，于是对着眼前模模糊糊的一片轻轻颔首——这一颔首，无异于认可了李纯的太子地位，无异于宣告了敌对势力"抢班夺权"阴谋的得逞，同时也无异于把革新事业推向了敌对势力正为之开掘的坟墓。

"立嫡以长"，这是《春秋公羊传》第一卷中的话，到唐代已成为某种经典。在封建宗法制度下，"立嫡以长"历来被看作天经地义的事情。正因为这样，原先拥护顺宗登基的翰林学士郑䌹、卫次公等人，这回也转移了立场，不遗余力地支持宦官集团册立李纯为太子的主张。在他们看来，这是维护纲纪。与他们态度相近的还有原先与革新集团并无龃龉的杜佑、杜黄裳等资深朝臣。这说明"立嫡以长"的观念已经深入人心。而以宦官集团为首的敌对势力恰好利用这一点，为实现他们的篡权计划铺平了道路。

听到李纯被册立为太子的消息时，王叔文相依为命的老母亲刚刚病故。连遭家国两重不幸，王叔文预感到前景不妙，深夜反复吟诵杜甫《蜀相》一诗的尾联："出师未捷身先死，长使英雄泪满襟。"事实上也是如此，李纯的太子地位被确立后，敌对势力在弹冠相庆之余，向革新集团发动了猛烈的攻势，先设法削去了王叔文翰林学士的职务，剥夺了他去翰林院谋议国事的机会，然后又不失时机地奏请"太子监国"。应该承认，策划其事的宦官集团确实深于权术，长于谋略。"二王刘柳"虽然治国安民有方，从事政治斗争的手腕却远远不及宦官集团高明。

太子册立伊始，革新集团的一些成员还抱有某种不切实际的幻想，企图争取李纯同情革新事业。韦执谊特地安排陆质去当太子侍读，以便伺机施加影响。然而，李纯本来就倾向于宦官集团，在册立太子的问题上，革新集团又曾开罪于他，所以他对亲近革新集团的陆质一直保持着警惕，陆质刚想切入话题，便遭到正颜厉色的斥责。这一近乎天真、幼稚的"策反"计划，至少反映了部分革新集团成员政治上的不成熟。相形之下，宦官集团则要老谋深算得多。他们里应外合，步步为营，发必中的。

在实施"太子监国"的计划时也是如此：先由韦皋、严绶、裴均等三位手握重兵的藩帅联名给顺宗上表，要求让太子"监抚庶政"。与此同时，韦皋还给太子上书，将革新集团的成员漫骂一通："今群小得志，隳紊纪纲，官以势迁，政由情改，朋党交构，荧惑宸聪。"

局面如此，非圣明的太子出来整饬不可——文章做到这儿，才逼出要求太子"监国"的正意。它实际上相当于前代的"劝进表"，只是碍于顺宗尚无性命之虞，不便照直写上"劝进"的字样。

这两种表章呈献上去以后，宦官集团便四处煽风点火，散布谣言，使不明真相者误以为"二王刘柳"结党营私，已弄到天怒人怨、"猛士按剑"的地步，若不由太子监国，则国无宁日。一时间，京城内外，舆论沸沸扬扬，要求太子监国的呼声，已形成不可阻遏之势。

于是，贞元二十一年（805）七月，顺宗迫于强大的舆论压力，同意太子监国。八月，又进而同意"内禅"。

所谓"内禅"，是指让位于太子，以太上皇的身份退居深宫，不再过问朝政。在中国历史上，很少有自愿"内禅"的例子。顺宗虽然缠绵病榻，力不能支，却也未必愿意刚刚即位六个月便将苦苦企盼了二十多年的皇权轻易转手。因此，顺宗"内禅"，实际上是宦官、藩镇以及持不同政见的朝官在太子的默许下，联合"逼宫"的结果。换句话说，它实际上是一场精心策划的不流血的政变！

对这场政变的内幕，革新集团的成员都看得非常清楚，只是当时朝廷笼罩在白色恐怖的氛围中，他们不便公开予以揭露。但他们并没有始终对此保持沉默。刘禹锡晚年就曾在《子刘子自传》中以"春秋笔法"揭露其事："宫掖事秘，而建桓立顺，功归贵臣。""桓""顺"是指汉末的桓帝和顺帝，"贵臣"则是指宦官。桓帝与顺帝都是由宦官拥立的。刘禹锡将这一故实镶嵌入文，显然是借汉讽唐，影射李纯与宦官当年出演的逼宫戏。试想，如果顺宗是自愿禅让，则"功归贵臣"从何说起？假使李纯与宦官是光明其事，则"宫掖事秘"又如何解释？闪现在婉曲措辞中的正是政变的真相。

顺宗宣布"内禅"后，太子李纯摇身一变，成为唐宪宗，年号也随之改为永贞。按照史书的习惯，一年中如有几个年号，则著录从后。因此，"二王刘柳"等人的政治革新虽然是在贞元二十一年（805）的二月至七月进行的，习惯上却仍然将其称作"永贞革新"。

不言而喻，宪宗的即位，意味着已处于守势的革新集团所设置防线的全面崩溃，也意味着曾经如火如荼的革新事业的中途夭折，还意味着禹锡一生中的流金岁月已经无奈逝去。

永贞革新失败了！失败的原因是多方面的，仇视革新事业的敌对势力过于强大仅仅是原因之一。尽管这次革新只不过是针对当时朝政中的某些弊端所进行的局部的变革，却还是遭到强有力的阻挠和扼杀，短命而终。这既是中国封建政治的悲剧，也是封建政治制度下试手革新的仁人志士的悲剧。事实上，"安史之乱"以来，整个社会动乱相继，危机四伏，积非成是，已经到了病入膏肓的地步，几项小修小补的改革早已无济于事了。因此，可以说失败是这次革新命定的不可避免的悲剧性结局。

当然，永贞革新的失败，也可以从革新集团内部找到一些原因，譬如他们急于追求事功，树敌太多，不注意策略，过分依赖病弱的顺宗，个别成员在关键问题上与敌方妥协，等等。尤其是他们中的一些人在握有权力以后，未能杜绝腐败行为，从而授人以柄。《资治通鉴》第二三六卷说王伾"专以纳贿为事"，家中特意做了一只大柜来贮藏有求者贿赂的钱帛，夫妇二人夜寝柜上，以防失窃。这或许是恶意演绎出来的故事，其中有诽谤中伤的成分，但想来不会完全是捕风捉影。不管王伾在革新的过程中起到了多大作用，至少在廉洁自律方面，他不是毫无缺陷的。而这类涉嫌"腐败"的生活细节，又是最容易被政敌用作攻击的炮弹的，并且，他们会把有限的事实无限放大，将个别人的有失检点说成一种集体行为，使整个革新集团都被蒙上难以洗去的污垢。韦皋在给太子的上书中，说什么"国赋散于权门，王税不入天府""货贿流闻，迁转失叙"，就是针对整个革新集团而言的。这对于后代的改革者，不啻是一种足以引起反思的前车之鉴。

现在，轮到敌对势力的最高代理人宪宗向作为失败者的革新集团进行清算了。宪宗于八月五日即位，六日就把王叔文贬为渝州（今四川巴县）司户，王伾贬为开州（今四川开县）司马。诏令下达后，刘禹锡料到自己被放逐的日子也为期不远了。果然，九月，刘、柳等八人也均遭贬黜：

刘禹锡被贬为连州刺史；

第三章 人生中的高光时刻

柳宗元被贬为邵州刺史；
韩泰被贬为抚州刺史；
韩晔被贬为池州刺史；
凌准被贬为和州刺史；
程异被贬为岳州刺史；
陈谏被贬为河中少尹；
韦执谊被贬为太子宾客。

只有韦执谊因为原居相位，变法时态度又比较中庸，所以敌对阵营暂时对他手下留情，仅仅削实职为虚衔，没有将他贬逐出京。另外七人都被贬往远方，几近流放。

这时，刘禹锡他们没有想到，更大的噩梦还在后面。两个月以后，在他们前往贬所的途中，朝廷听从不肯就此歇手的敌对势力的讨伐主张，再度下诏，将他们追贬为远州司马。这样，革新集团的成员中，除了已先期处置的"二王"、含羞而逝的陆质、因母丧回乡丁忧的李景俭，以及出使吐蕃的吕温外，无一例外都被责授为远州的司马，以示惩戒：

刘禹锡为朗州司马；
柳宗元为永州司马；
韩泰为虔州司马；
韩晔为饶州司马；
陈谏为台州司马；
凌准为连州司马；
程异为郴州司马；
韦执谊为崖州司马。

这回，敌对势力决意痛下杀手，所以对韦执谊也没有网开一面。相反，仿佛为了纠正既往宽容过度的偏失似的，竟变本加厉，把他贬往最为荒僻的崖州。

这就是唐代历史上赫赫有名的"八司马"事件。从此，"八司马"便成为对刘、柳等八位无辜被贬的革新志士的统称。后人提到"八司马"时，尽管对他们的政治态度评价各异，却无不把他们视为天下奇才。赵彦卫《云麓漫钞》就说："唐八司马皆天下奇才。"王安石《读柳宗元传》也说："余观八司马，皆天下之奇材也。"

作为刘禹锡一生中的高光时刻，酝酿及实施永贞革新期间，他的主要精力用于议政、参政、主政，对诗歌创作不免难以顾及。并不是没有创作的欲望，而是没有创作的余暇——面对堆积如山的公文和繁乱如麻的公务，每天都必须为之殚精竭虑，甚至废寝忘食，加上风云多变，常有突发事件干扰其工作日程和生活秩序，哪里还有吟章弄句的闲情逸致？因此，他这一时期创作的诗歌总共只有九首，且其中大半为浮泛的应酬之作。如《送工部张侍郎入蕃吊祭》《逢王十二学士入翰林因以诗赠》《送浑大夫赴丰州》等篇，都是用于人际交往的急就章，既无深义奥旨，也乏隽词秀句。值得一读的也许只有《和武中丞秋日寄怀简诸僚故》：

退朝还公府，骑吹息繁音。
吏散秋庭寂，乌啼烟树深。
威生奉白简，道胜外华簪。
风物清远目，功名怀寸阴。
云衢念前侣，彩翰写冲襟。
凉菊照幽院，败荷攒碧浔。
感时江海思，报国松筠心。
空愧寿陵步，芳尘何处寻。

这虽是一首唱和诗，笔墨的落点却都在"秋日寄怀"四字，以抒发一己怀抱为主。此时的刘禹锡身当恩遇，志在报国，对功名无限向往，对光阴分外珍惜。"风物清远目，功名怀寸阴""感时江海思，报国松筠心"等诗句所吐露的，正是他那真实而又炽热的心声。

这种渴望为国建功的政治热情，也流露在《许给事见示哭工部刘尚书诗因命同作》一诗中：

> 汉室贤王后，孔门高第人。
> 济时成国器，乐道任天真。
> 特达圭无玷，坚贞竹有筠。
> 总戎宽得众，市义贵能贫。
> 护塞无南牧，驰心拱北辰。
> 乞身来阙下，赐告卧漳滨。
> 荣耀初题剑，清羸已拖绅。
> 宫星徒列位，隙日不回轮。
> 自昔追飞侣，今为侍从臣。
> 素弦哀已绝，青简叹犹新。
> 未遂挥金乐，空悲撒瑟晨。
> 凄凉竹林下，无复见清尘。

"刘尚书"是刘禹锡的远房堂叔，曾任渭北节度使，因病归朝，改授工部尚书。但未及上任，即与世长辞。在禹锡的亲属中，他的仕途是最为显达的。这首诗把对堂叔的哀挽之思、仰慕之情以及见贤思齐之意融合在一起，借用追悼的形式来抒情言志。"特达圭无玷，坚贞竹有筠"一句，既是对堂叔一生德业的考评，也未尝不是一种自我期勉。在入主政坛、叱咤风云之际，他希望自己能如"竹有筠"般坚持操守，如"圭无玷"般保持清白，这说明高涨的政治热情并没有使他丧失理智的思考、放弃廉洁自律的原则。

唯其如此，窦群弹劾他时，只能给他戴上"挟邪乱政"这样一个空洞的罪名，而无法提供足以证明他贪赃枉法的最起码的事实材料。甚至在谣言不胫而走的情况下，也没有听到任何有关他的政治丑闻和生活绯闻。这一结果，恰好为"特达圭无玷，坚贞竹有筠"的诗句加上了形象化的注脚。当然，如果撇开诗句本身的思想内涵和现实意义，而着眼于通篇意境的浑成，这样的作品就显得有些稚拙了。

严格地说，这一时期还只是刘禹锡诗歌创作的准备阶段，他还没有真正走上诗歌道路，并在这条道路上不遗余力地开拓、探求。就他的政治生涯而言，最华美的乐章或许在这时已经演播完毕；就他的创作生涯而言，这时则才刚刚奏响序曲。

本来，刘禹锡事业的航船是向着"安社稷，济苍生"的彼岸进发的，但时代的潮汐和命运的风帆却把它送进了文学的港湾。贬居朗州以后，他才开始呕心沥血地从事诗歌创作，从而实现了创作上的飞跃，最终摘取了"诗豪"的桂冠。从这一意义上说，永贞革新归于失败，对于他的政治生涯是不幸的，对于他的创作生涯则又是幸事了。换句话说，永贞革新的失败，断送了他的政治前途，使中国历史上少了一位"贤相"；却拓展了他的文学前途，使中国文学史上多了一位"诗豪"。

第四章 沅湘之滨的不屈吟唱

一、远贬朗州

永贞元年（805）九月，刘禹锡启程赴连州就任，母亲卢氏与妻子薛氏随行。

深秋时节，草木摇落，霜寒露重。因年久失修而变得坑洼不平的官道上，行驶着一辆破旧的马车。车中，满头银丝的卢氏和容貌清丽而又略显憔悴的薛氏相拥而坐。随着车轮的颠簸，她们的身躯不由自主地摇晃着，于是更紧地依偎在一起，以缓解冲力，保持平衡。刘禹锡策马相随于车后。在车轮声与马蹄声的不规则交响中，他想到，当年进京应试时，也曾这般颠沛于旅途，却容光焕发，精神抖擞，略无疲惫之感，因为那时心中高扬着理想的风帆，充满对前途的美好憧憬。如今，自己则是作为一介罪臣远谪连州，理想受挫，壮志成空，身心俱是创痕累累，而此去又吉凶未卜，能否生还尚属未知。这就难免使他精神不振，心绪黯然。然而，一路上他竭力克制自己的情绪，不让心中的忧愤之情外显为脸上的凄惶之色，以免使伴随他流徙远州的老母娇妻增加心理压力和思想负担。

在这风刀霜剑交相侵袭之际，只有亲情使他感到温暖，感到自己并不孤单。他简直不敢想象，如果没有母亲妻子的陪伴，自己将如何面对这漫长而又艰辛的旅程。何况他所需要面对的又岂止是旅程呢？别的不说，光是途经各个驿站时管理人员的冷眼，就足以让他触目寒心了。他并不奢望自己能像钦差大臣那样一路有人鸣锣开道，列队迎候，但在驿站投宿时，他还是希望能得到起码的礼遇。然而，那些势利小人对他这个有可能永劫不复的失势者竟不屑一顾，偶有与之搭话者，也作出居高临下的姿态，满脸鄙夷之色。回想几个月前世人对自己趋奉唯恐不及的情形，他不由得暗自感叹世态炎凉。

第四章　沅湘之滨的不屈吟唱

在即将抵达江陵城时，他在感慨中又平添了几分担忧，因为当年的僚友韩愈现任江陵府法曹参军。此去如果与他见面，他会怎样对待自己这位一度与他有过嫌隙、政见又不尽一致的落难者呢？贬谪令下达后，朝廷内外"吠声者多，辨实者寡"（《上杜司徒书》），很少有人为刘、柳等革新志士鸣冤叫屈。连杜佑也只是在刘禹锡向他告别时才洒一掬同情之泪，并不敢公开替他辩护，尽管两人私谊甚笃。相反，幸灾乐祸甚至落井下石的倒是大有人在。这也并不奇怪。从总体上看，人心都有向善的愿望，在不涉一己利害、无关个人安危时，往往是非分明，呼唤公平，主持正义。但在有强大外界压力的某种特定情境下，为了保全自身或排除异己，人性中固有的卑劣的一面往往顽强地表现出来，有时还被无限放大，乃至成为邪恶的帮凶，或者直接成为邪恶本身。

刘禹锡真担心韩愈也长着一双势利眼，对自己爱理不理。那样的话，他也许将蒙羞终身。所以，他内心实在不希望以自己目前的身份与韩愈在江陵城中重逢。假如能绕过江陵的话，他宁可在旅途中多颠簸几日。然而不行，江陵是去连州的必经之地。他只能硬着头皮，向江陵缓辔而行。

江陵城已近在眼前。刘禹锡清楚地看到城楼下站立着一位身佩绶带的中年官员，依稀就是韩愈。莫非他在迎候自己？就在刘禹锡迟疑不决时，韩愈已大步流星地迎上前来热情招呼。两人执手相看，心潮起伏，良久无语。当晚，韩愈设宴为刘禹锡洗尘。席间，两人回避革新是非这一敏感的话题，但叙旧日情谊。自然，韩愈少不了对刘禹锡进行劝解和慰勉——他在心底其实是否定永贞革新、将王叔文看成"偷国柄"的小人的，但他又坚持认为刘、柳为官清正，并非王叔文的朋党，充其量是受了王氏的蒙蔽。所以，他真诚地为刘、柳等人的被贬感到惋惜。在《永贞行》一诗中，他就披露过这样的想法："数君匪亲岂其朋。郎官清要为世称，荒郡迫野嗟可矜。"

更让刘禹锡感动的是，酒过三巡之后，韩愈一再劝他不要"钳口自绝""甘心受诬"，并以古人李斯、邹阳为例，力陈"若可诉而不言，则陷于畏；可言而不辩，则邻于怨。畏与怨，君子之所不处"的道理。韩愈还为他具体分析了朝中的形势以及相国杜佑对他的一贯态度，建议他向杜佑上书辩诬，恳求杜佑援之以手。

宴罢归寝，刘禹锡诗思泉涌，产生了强烈的创作冲动，于是一气呵成《韩十八侍御见示岳阳楼别窦司直诗因令属和重以自述故足成六十二韵》这一抒情长诗。诗中首次剖白了自己的磊落心迹，倾诉了自己的忠愤心声：

楚望何苍然，层澜七百里。孤城寄远目，一写无穷已。
荡漾浮天盖，回环宣地理。积涨在三秋，混成非一水。
冬游见清浅，春望多洲沚。云锦远沙明，风烟青草靡。
火星忽南见，月硙方东迤。雪波西山来，隐若长城起。
独专朝宗路，驶悍不可止。支川让其威，蓄缩至南委。
熊武走蛮落，潇湘来奥鄙。炎蒸动泉源，积潦搜山趾。
归往无旦夕，包含通远迩。行当白露时，眇视秋光里。
曙色未昭晰，露华遥斐亹。浩尔神骨清，如观混元始。
北风忽震荡，惊浪迷津涘。怒激鼓铿訇，蹙成山岿硊。
鹍鹏疑变化，罔象何恢诡。嘘吸写楼台，腾骧露鬐尾。
景移群动息，波静繁音弭。明月出中央，青天绝纤滓。
素光淡无际，绿静平如砥。空影度鹓鸿，秋声思芦苇。
鲛人弄机杼，贝阙骈红紫。珠蛤吐玲珑，文鳐翔旖旎。
水乡吴蜀限，地势东南庳。翼轸粲垂精，衡巫屹环峙。
名雄七泽薮，国辨三苗氏。唐羿断修蛇，荆王惮青兕。
秦狩迹犹在，虞巡路从此。轩后奏宫商，骚人咏兰芷。
茅岭潜相应，橘洲傍可指。郭璞验幽经，罗含著前纪。

第四章　沅湘之滨的不屈吟唱

观津戚里族，按道侯家子。联袂登高楼，临轩笑相视。
假守亦高卧，墨曹正垂耳。契阔话凉温，壶觞慰迁徙。
地偏山水秀，客重杯盘侈。红袖花欲然，银镫昼相似。
兴酣更抵掌，乐极同启齿。笔锋不能休，藻思一何绮！
伊予负微尚，夙昔惭知己。出入金马门，交结青云士。
袭芳践兰室，学古游槐市。策慕宋前军，文师汉中垒。
陋容昧俯仰，孤志无依倚。卫足不如葵，漏川空叹蚁。
幸逢万物泰，独处穷途否。铩翮重叠伤，兢魂再三褫。
蘧瑗亦屡化，左丘犹有耻。桃源访仙官，薜服祠山鬼。
故人南台旧，一别如弦矢。今朝会荆峦，斗酒相宴喜。
为余出新什，笑抃随伸纸。晔若观五色，欢然臻四美。
委曲风涛事，分明穷达旨。洪韵发华钟，凄音激清徵。
羊璿要共和，江淹多杂拟。徒欲仰高山，焉能追逸轨。
湘州路四达，巴陵城百雉。何必颜光禄，留诗张内史？

以这首诗为契机，刘禹锡在历史舞台上的角色定位开始由政治家向诗人嬗变。或者说，从这时开始，他才集政治家与诗人的身份于一身，同时扮演两种角色，并且，舞台的重心开始悄悄地从政坛向诗坛转移，而政治家这一他更偏爱的角色最终也无奈地退让给诗人这一角色。从此，他的诗笔一发而不可收，进入了创作的高峰期，而所谓"洪韵发华钟，凄音激清徵"，恰好揭示了他今后相当长的一个时期内诗歌创作的基本特征。

翌日，刘禹锡谢绝了韩愈的挽留，再度登程。山水迢递，风雨无定，而刘禹锡的心境亦时晴时阴。就在他离开江陵不久，几经辗转，传来了追贬他为朗州司马的诏令。天意难测，天道无常，刘禹锡欲哭无泪，只有接受命运的不公安排，改道前往新的谪居处所——位于沅湘之滨的朗州。

刘禹锡抵达朗州，大概是在永贞元年（805）年底。这年夏季，朗州发生了特大水灾。《全唐文》第六百八十四卷所收董侹《修阳山庙碑》一文记载说："永贞元年，沅水泛溢，坏及庐舍，几盈千室，生人禽畜，随流逝止。"举头四顾，田园废毁、屋宇倾颓的景象此时犹历历在目。这使刘禹锡下车伊始，就对环境的荒芜、凄凉深有所感。想到有可能一辈子都生活在这样的环境中，他本来就十分抑郁的心情变得更加沉重起来。

朗州，战国时为楚地，汉代称武陵郡，隋代改称朗州。唐玄宗天宝初年，恢复武陵旧名。唐肃宗乾元初年再度改称为朗州。蜿蜒曲折的沅江流经其境内的沅陵、桃渡等县，至汉寿县注入洞庭湖。东晋诗人陶渊明的《桃花源诗并记》就是以朗州作为地理背景写成的。其风光本来颇有引人入胜之处，只是地处僻远，经济落后，又屡罹水旱灾害，因而在唐代被列为"下州"，是朝官不愿就任的凋敝小邑之一。

刘禹锡当然清楚这一点。但他更懂得"既来之,则安之"的道理，于是努力接受自己本不愿意接受的现实，尽快让自己和家人安顿下来。因为当地潮湿多雨，刘禹锡在城南更鼓楼旁的高地上筑楼而居。推开窗户，沅江中百舸争流、沅江边百姓淘金的情景尽收眼底。无论晴雨，每日风景如斯。这使他朝夕得与当地的风土人情相接，从而给他单调而又枯燥的谪居生活增添了那么一点点生趣。

二、角色嬗变

每天清晨，刘禹锡都要习惯性地在住所周边漫步，有时甚至不惜高一脚低一脚地走在雨后的泥泞中，弄得鞋袜尽湿。而他每次驻足停留的地方都很固定，那就是被列为朗州名胜之一的招屈亭。

招屈亭，是朗州生民为纪念当年被放逐于沅湘之滨的楚国诗人屈原而建造的亭子，顾名思义，有为沉江而死的屈原招魂的意思。屈原忠而见逐，不为时用，经历恰好与刘禹锡相仿佛，极易引发他"萧条异代不同时"的悲慨。因此，他卜居于招屈亭附近，其实是隐隐以屈原自况的。夜深人静时分，鹧鸪啼鸣于枫林橘树之间，如泣如诉，如怨如慕，往往勾起他的思古幽情，令他与自己所敬仰的前贤神交心契，创作灵感也随之沛然而生。

"若问骚人何处所，门临寒水落江枫。"（《酬窦员外郡斋宴客偶命柘枝因见寄兼呈张十一院长元九侍御》）这是当时他对自己的居住环境的描述。"昔日居邻招屈亭，枫林橘树鹧鸪声。"（《酬朗州崔员外与任十四兄侍御同过鄙人旧居见怀之什时守吴郡》）这则是后来他对自己居住环境的追忆——在这追忆的笔墨中，分明糅入了一种亲切而又不无伤感的怀恋。

按照唐代官制，下州司马的官阶为从六品下，其职责是协助刺史处理一州事务。但中唐以后，州司马多用来安置左迁的朝官，非但没有实权在握，而且还处在某种监视之下。不过，这倒使刘禹锡不必成日忙碌于公务，而有较多的余暇来从事诗歌创作。从外表上看，刘禹锡到朗州后要显得闲逸多了，经常独自徘徊于山水之间，让阅尽人间沧桑的山光水色来激荡自己的诗兴、激发自己的诗思。他后来在《刘氏集略说》中回忆道：

> 及谪于沅、湘间，为江山风物之所荡，往往指事成歌诗；或读书有所感，辄立评议。穷愁著书，古儒者之大同，非高冠长剑之比耳。

"高冠长剑"，取意于屈原《涉江》中的"带长铗之陆离兮，冠切云之崔嵬"，在这里是借指屈原。刘禹锡自谦"非高冠长剑之比"，恰恰说明他是以"高冠长剑"的屈原为表率，踵武其后，愤而援笔的。

而他原先在人生舞台上所展现的"政治家"角色开始一点点向"诗人"角色嬗变。

抵达朗州后不久,刘禹锡便援笔创作了《武陵书怀五十韵》。在诗前的小序中,他强调说:"顾山川风物皆骚人所赋,乃具所闻见而成是诗。"又一次说明他是追随以屈原为代表的前代骚人,用诗笔来抒写自己的所见所闻所感的。诗中在回顾自己的从政经历时,充满追求真理、捍卫理想的热情,而一无悔罪之意:

> 清白家传遗,诗书志所敦。
> 列科叨甲乙,从宦出丘樊。
> 结友心多契,驰声气尚吞。
> 士安曾重赋,元礼许登门。
> 草檄嫖姚幕,巡兵戊己屯。
> 筑台先自隗,送客独留髡。
> 遂结王畿绶,来观衢室尊。

如此光明其行,名节无亏,却见逐于朝廷,谪居这"寒暑一候""华言罕闻"的蛮乡瘴地,诗人怎能不"旅望花无色,愁心醉不惛"?但即使身处逆境,动辄得咎,他也并没有灰心绝望,并没有放弃对留有自己成功的欢乐和失败的痛苦的京都的怀想:

> 三秀悲中散,二毛伤虎贲。
> 来忧御魑魅,归愿牧鸡豚。
> 就日秦京远,临风楚奏烦。
> 南登无灞岸,旦夕上高原。

"南登"二句乃化用建安诗人王粲《七哀诗》:"南登灞陵岸,回首望

第四章　沅湘之滨的不屈吟唱

长安。""上高原",为的是"望长安"。长安有诗人未竟的事业在,他怎能不寤寐思之、旦夕望之?

确实,刘禹锡初到朗州时,虽然知道宪宗不可能收回成命,但仍然存有一丝幻想,幻想宪宗在对他略示惩戒后,能给予一条生路,以示怜才之意。他耳边始终萦绕着韩愈的劝告之辞,深觉有向杜佑一诉衷肠的必要,于是便写成《上杜司徒书》,书中称自己虽然涉世不深,却一向出以公心,以诚待人,但结果却是:"始以飞谤生衅,终成公议抵刑。旬朔之间,再投裔土。外黩相公知人之鉴,内贻慈亲非疾之忧。"既然是无辜见逐,自不免"莫夜之后,并来愁肠",于是,"因言以见意,恃旧以求哀"。他自知在目前的情势下重返京都绝无可能,所以在书中仅仅恳请杜佑"闵其至诚,而少加推恕",准许他"置籍"于洛阳故里,或量移至"善地"。

这封上书发出后,未及等到杜佑回音,刘禹锡的幻想即归于破灭,因为接连发生的一系列事件都昭示了宪宗对包括他在内的革新志士绝不姑息、绝不谅宥的态度。刘禹锡到达朗州的第二年,改元元和。这年正月,他听到了已经退位的太上皇李诵猝死的消息。这使他大感意外,因为他被贬离京时,李诵虽已病体沉绵,但如果悉心疗治,尚可以苟延性命数年,不至于这么快就与世长辞。这里或许有什么蹊跷?刘禹锡不能不在心中打上一个问号。很快,他的怀疑便从友人的来信中获得了证实:李诵果然是被杀身亡!他不便,也不敢直接披露顺宗之死的真相,而只能用曲折的笔墨来表达自己的心声。他曾在诗序中刻意引用常林的《义陵记》,并特别强调其中的"今吾王何罪乃见杀"一句,显然是含沙射影、借古讽今。

时隔不久,又传来了王叔文被赐死于贬地的不幸消息,再次给刘禹锡的幻想兜头一棒。如果说李诵之死还只是一种秘密的谋弑的话,那么,王叔文之死则是一种公开的屠戮了。王叔文于刘禹锡有知遇之恩,又曾同舟共济,因而两人情谊深重。如今,王叔文惨罹杀身之祸，刘禹锡当然不只是一般的同情，而是沉浸在一种"物伤其类"的莫大哀恸中。

他这才清醒地意识到，以宪宗为总后台的敌对势力不仅没有停止对革新志士的迫害，而且这种迫害有变本加厉、愈演愈烈的趋势——即使是最善良的人也不难看出，李诵与王叔文相继死于非命，绝不是孤立的偶发事件，而是敌对势力精心策划的加紧迫害革新志士的步骤。尤其是赐死王叔文这一举动，显然包蕴着杀一儆百、震慑群英的刻毒用心。

的确，慑于其淫威，刘禹锡暂时没有就王叔文遇难事件公开发表任何议论。不过，在《华佗论》一文中，他采用托古以讽的方式，迂曲而又巧妙地抨击了宪宗的残忍好杀：

夫贤能不能无过，苟置于理矣，或必有宽之之请。彼壬人皆曰："忧天下无材邪！"曾不知悔之日，方痛材之不可多也，或必有惜之之叹。彼壬人皆曰："譬彼死矣，将若何？"曾不知悔之日，方痛生之不可再也。可不谓大哀乎？

夫以佗之不宜杀，昭昭然不可言也，独病夫史书之义，是将推此而广耳。

吾观自曹魏以来，执死生之柄者，用一恚而杀材能众矣。又乌用书佗之事为？

文中所指斥的"执死生之柄者"，是兼古今而言的。其锋芒所向，明眼人是可以一目了然的。

祸不单行。就在刘禹锡痛悼李诵、王叔文之死时，更让他震惊的消息又接踵而来——宪宗颁诏天下，称：左降官韦执谊、韩泰、陈谏、柳宗元、刘禹锡、韩晔、凌准、程异等八人，纵逢恩赦，不在量移之限。这道有违常理的诏令，意味着宪宗决意要将"八司马"

终身禁锢在穷乡僻壤！刘禹锡原先仅存的一点幻想至此也完全化为泡影。这时，充斥在他胸间的除了愤怒，还是愤怒！愤怒之余，他将全部的精力、全部的才情都倾注到诗歌创作中，用诗歌来抒发自己糅合着悲与欢、交织着爱与恨的复杂而又深沉的心声，从而最终完成了从政治家到诗人的角色转换，以一代诗豪独有的面目，亮相于群雄逐鹿的中唐诗坛。

三、心灵颤音

援笔之际，永贞革新的一幕幕场景犹如电闪雷鸣般在刘禹锡脑海里交替呈现，迫使他对革新的流程进行全方位的观照与反思。

感性之火裹挟着理性之光，将无所不用其极的敌对势力的行径烛照得分外明晰，激起刘禹锡的无穷愤怒。于是，他在朗州期间创作的诗歌，一个重要主题便是斥责摧残革新事业、迫害革新志士的敌对势力。他将火焰般的愤怒凝为一首首寄兴深微的讽刺诗，对敌对势力予以冷嘲热讽。当然，由于他身为戴罪之臣，处境艰险，所以，他在写作讽刺诗时不得不采用托物以讽的特殊方式，把犀利的内容寄寓在婉曲的形式中。他别出心裁地给自然界的多种生物赋予各不相同的象征意义，将它们一一驱遣到笔端，组成影射现实生活的旋转舞台，导演出一幕幕扣人心弦的讽刺剧。因此，他的讽刺诗往往是寓言诗与讽刺诗的结合，即在寓言诗的外壳里，藏有讽刺的内核。如《聚蚊谣》：

沈沈夏夜兰堂开，飞蚊伺暗声如雷。
嘈然歘起初骇听，殷殷若自南山来。
喧腾鼓舞喜昏黑，昧者不分听者惑。
露花滴沥月上天，利觜迎人著不得。

> 我躯七尺尔如芒，我孤尔众能我伤。
> 天生有时不可遏，为尔设幄潜匡床。
> 清商一来秋日晓，羞尔微形饲丹鸟。

诗中"伺暗"出动、"利觜迎人"的飞蚊，显然是由宦官、藩将等纠合而成的敌对势力的象征。刘禹锡借描写飞蚊，对他们作了淋漓尽致的嘲讽：先故作惊人之笔，从视觉（"伺暗"）、听觉（"声如雷"）、感觉（"骇"）三方面刻画飞蚊的嚣张气势，使读者隐约可见政敌们的耀武扬威之态。接着写飞蚊"喧腾"于"昏黑"之际，暗喻政敌们相互勾结，策划各种阴谋诡计，散布各种流言蜚语，以混淆人们的视听。"露花滴沥"两句寓意尤深：刘禹锡绘就的这幅月悬中天、露花滴沥的画面，正是他所殷殷向往和孜孜以求的清平政治局面的写照。然而由于飞蚊的骚扰，它竟既不"可即"，亦不"可望"。这里，诗人的愤恨之情几乎已溢于言表。最后，诗人又以抑扬跌宕之笔展示了终将战胜飞蚊的坚定信念：尽管眼前它们以"如芒"之喙来虐人害物，大逞凶狂，然而一旦秋日来临，它们便将化为"丹鸟"的口腹之物。这实际上是暗示政敌们终将逃脱不了灭亡的命运。诗的命意不可谓不犀利，但出之以寓言诗的形式，看来纯系咏蚊，无干人事，又显得何其婉曲！

既然找到了这种宣泄愤怒的合适渠道，刘禹锡自然乐意让自己感情的潮水汹涌于其中。《百舌吟》一诗也为揭露与讽刺政敌而作，并且同样巧妙地采用了寓言诗的形式：

> 晓星寥落春云低，初闻百舌间关啼。
> 花树满空迷处所，摇动繁英坠红雨。
> 笙簧百啭音韵多，黄鹂吞声燕无语。
> 东方朝日迟迟升，迎风弄景如自矜。

第四章　沅湘之滨的不屈吟唱

> 数声不尽又飞去，何许相逢绿杨路。
> 绵蛮宛转似娱人，一心百舌何纷纷。
> 酡颜侠少停歌听，坠珥妖姬和睡闻。
> 可怜光景何时尽，谁能低回避鹰隼？
> 廷尉张罗自不关，潘郎挟弹无情损。
> 天生羽族尔何微，舌端万变乘春晖。
> 南方朱鸟一朝见，索漠无言蒿下飞。

"百舌"，其舌灵巧，能仿效百鸟之音，故名"百舌"。在刘禹锡看来，它酷肖朝廷中那些摇唇鼓舌、妖言惑众的政敌，因而对"百舌"的鞭挞越是有力，对政敌的揭露也便越是深刻。刘禹锡准确地捕捉住百舌善啭和政敌善谤这一共同特征，寥寥几笔，就勾勒出他们令人憎恶的形象，并以"天生羽族尔何微"的愤激之词，对他们投以极度的蔑视。

在揭露和鞭挞政敌时，刘禹锡往往有意识地再现永贞年间政治斗争的刀光剑影，使人们清楚地看到以宪宗为首席代表的敌对势力是怎样对革新志士横加迫害的。如《萋兮吟》：

> 天涯浮云生，争蔽日月光。
> 穷巷秋风起，先摧兰蕙芳。
> 万货列旗亭，恣心注明珰。
> 名高毁所集，言巧智难防。
> 勿谓行大道，斯须成太行。
> 莫吟萋兮什，徒使君子伤。

这首诗仍然采用"善鸟香草，以配忠贞；恶禽臭物，以比谗佞"的比兴手法，便于读者展开想象的翅膀，于咀嚼和回味中得其真谛。诗的前四句展现了一幅浮云弥天、秋风卷地的阴暗画面。如果说这里的"浮云"和"秋风"象征着穷凶极恶的敌对势力的话,那么,"日月""兰蕙"则分明是借喻始而被迫禅让、继而惨遭谋杀的顺宗以及集结在他周围的革新志士。这是一场实力悬殊的较量,因而"日月"不免为"浮云"所蔽,"兰蕙"也终为"秋风"所摧。"万货列旗亭"以下四句是刘禹锡代革新志士所作的控诉:他们一无过错,只因志洁行廉,名高当世,才招致政敌们的嫉妒与诋毁。

  谪居沅湘期间,刘禹锡诗的题材领域是广阔的。在讽刺与抨击政敌的同时,他把指陈与揭露时弊的使命也赋予了自己那饱含忧愤的诗笔。永贞革新失败以后,"二王刘柳"等人原先实行的有利于国计民生的革新措施,大半为执政者所废弃,从而使本来就已危机四伏的中唐社会更加显露出各种无可救药的弊病。刘禹锡虽然僻处朗州,消息却并不闭塞。友人的来信,总是使他得以及时了解朝廷的政策走向及其后果;同时,与朗州生民的深入接触,也使他得以较充分地熟悉民情和体察民瘼,并进而洞烛时弊、透见时阙。一方面,他痛恨执政者的倒行逆施,另一方面,他又"位卑未敢忘忧国",情不自禁地在诗中指陈与揭露时弊,试图引起最高统治者的正视。如《贾客词并引》:

  五方之贾,以财相雄,而盐贾尤炽。或曰:"贾雄则农伤。"予感之,作是词。
  贾客无定游,所游唯利并。
  眩俗杂良苦,乘时取重轻。
  心计析秋毫,摇钩侔悬衡。
  锥刀既无弃,转化日已盈。
  邀福祷波神,施财游化城。
  妻约雕金钏,女垂贯珠缨。

第四章　沅湘之滨的不屈吟唱

> 高赀比封君，奇货通幸卿。
> 趋时鸷鸟思，藏镪盘龙形。
> 大艑浮通川，高楼次旗亭。
> 行止皆有乐，关梁自无征。
> 农夫何为者，辛苦事寒耕？

"贾雄则农伤"，乃一篇之主旨。中唐时期，奸商横行不法，但求牟利，乃致贫民无力赊盐，"淡食动经旬月"。刘禹锡等变法时，曾实行削减盐价、抑制商贾的政策，一时大快人心。可惜其功未竟。元和年间，在执政者的宽容下，奸商更加为所欲为。这首诗便真实地记录了他们危害社会的情形。奸商们唯利是图的丑恶嘴脸和巧取豪夺的剥削手段在诗人笔下——暴露，无所遁形。不仅如此，诗人更揭露了官、商相互勾结的现实丑剧："奇货通幸卿""关梁自无征"。一方贿之以财，一方则庇之以势。农夫辛勤耕作，却难得温饱；奸商不问稼穑，却富比王侯。这样的现实，难道应该存续下去吗？尽管诗人未作任何褒贬，但他所叙述的事实本身所包含的不合理性毕现纸面。

《养鸷词并引》则以象征手法将时政中更大的弊端披露于读者眼前：

> 途逢少年，志在逐兽，方呼鹰隼，以袭飞走。因纵观之，卒无所获。行人有常从事于斯者曰："夫鸷禽，饥则为用。今哺之过笃，故然也。"予感之，作《养鸷词》。
> 养鸷非玩形，所资击鲜力。
> 少年昧其理，日日哺不息。
> 探雏网黄口，旦莫有馀食。
> 宁知下韝时，翅重飞不得。
> 毰毸止林表，狡兔自南北。

饮啄既已盈，安能劳羽翼！

诗人通过"少年"不明"养鸷"之理，"哺之过笃"，反使它拙于羽猎这一事件，对朝廷过于礼遇藩镇、终致尾大不掉的情形作了不无忧愤的嘲讽。"养鸷"两句是说，正如养鸷的目的是以之作为围猎的工具一样，朝廷设立藩镇的目的也应当是以之作为抵御外侮的屏障。"少年"四句是说，基于这一目的，对鸷鸟本不应哺之过笃，对藩镇也不应待之过厚。然而，养鸷者和设藩者却偏不懂这一简单的道理，结果只能事与愿违。"宁知"四句便把结果披露于众：鸷鸟因饱食终日，竟已不愿劳动羽翼，一任狡兔自由来往；而藩镇也因养尊处优，再不愿服从节制，听凭边患四起、外寇入侵。诗人以"鸷鸟"象征藩镇，以养鸷者象征设藩者，在尖锐而又婉转的讽托中，提出了自己的主张：正如饥饿才能使鸷鸟为用一样，削藩才能使藩镇受制。

当然，刘禹锡在谪居沅湘期间，创作得最多的还是抒发情志的作品。在多年后吟成的《答杨八敬之绝句》中，他曾概括自己这一类的作品说："饱霜孤竹声偏切，带火焦桐韵本悲。"这是十分准确与形象的。他拨动内心的琴弦，抛出一串串不加矫饰的音符，时而让读者听到"声偏切"的繁音促响，时而又让读者听到"韵本悲"的浅吟低唱。

是的，刘禹锡这一时期也写下了许多自悲身世、自伤流年的作品。"应怜一罢金闺籍，枉渚逢春十度伤。"（《朗州窦员外见示与澧州元郎中郡斋赠答长句二篇因以继和》）"休公久别如相问，楚客逢秋心更悲。"（《送慧则法师归上都因呈广宣上人》）这"伤"与"悲"，曾像无形的绳索一样，长时间地缠绕着刘禹锡，使他不能解脱。但这却无损诗豪的风采。作为一个有着复杂情感的活生生的人，刘禹锡正是在战胜这种侵蚀自己意志的悲伤情绪的过程中，显示出了一代诗豪的不同凡响。

贬谪,毕竟是仕途上的一大坎坷,它曾经使得多少人痛不欲生!以李白之豪放,长流夜郎时,尚且吟出了"平生不下泪,于此泣无穷"(《江夏别宋之悌》)的低回旋律。韩愈《左迁至蓝关示侄孙湘》一诗中"欲为圣明除弊事,肯将衰朽惜残年"的自我剖白,固然不乏正言直谏的勇气,但结以"知汝远来应有意,好收吾骨瘴江边",却又何其凄楚!而对刘禹锡来说,在无辜被贬的怨愤中,又糅合着理想受挫、事业遭殃、同志被黜的忧伤,可谓多重哀痛,集于一身。"因君倘借问,为话老沧浪。"(《送湘阳熊判官孺登府罢归钟陵因寄呈江西裴中丞二十三兄》)他自知量移无望,已很不情愿地作老死沅湘之滨的思想准备了。随着贬谪岁月的流逝,植根于他内心的悲愤与忧伤日益加深,乃至发展到"长沙之悲,三倍其时"(《谪九年赋》)的程度。这反映在他的诗歌创作中,必然会产生"韵本悲"的一面。他后来在《彭阳唱和集引》中回忆说:"鄙人少时,亦尝以词艺梯而航之,中途见险,流落不试。而胸中之气伊郁蜿蜒,泄为章句,以遣愁沮,凄然如焦桐孤竹,亦名闻于世间。"这种凄楚、苍凉的情绪突出表现在《谪居悼往二首》其二中:

> 郁郁何郁郁,长安远于日。
> 终日念乡关,燕来鸿复还。
> 潘岳岁寒思,屈平憔悴颜。
> 殷勤望归路,无雨即登山。

以"郁郁"重叠而起,抒写思念乡关、无由得归的千愁百苦,给人一种浓重的压抑感。蹉跎岁月,岁月蹉跎。正当壮年的诗人竟像潘岳一样愁白了双鬓,像屈原一样憔悴了容颜。而回京的日子却遥遥无期,那留有诗人未竟事业的长安竟如同"赫日"一般可望而不可即。尽管如此，诗人仍然没有熄灭内心的理想之火。"殷勤望归路，无雨即登山。"这光可鉴人的最后一笔，给全诗抹上了亮色，于郁悒感伤中见出贞刚之气。

在悲愤忧伤之情的控制和支配下，刘禹锡有时也难免失去自我驾驭、自我调节的能力，而试图沉湎于醉乡。酒，被旧时代的文人看作遣闷解忧的灵丹妙药。当他们愁肠百结、不得解脱时，总是迷信酒精的威力，试图用它来麻醉自己。刘禹锡一度也放浪樽前，痛饮狂歌，想借此驱散包裹着自己的愁云，求得心灵的暂时安逸。他在《送春词》中写道：

> 昨来楼上迎春处，今日登楼又送归。
> 兰蕊残妆含露泣，柳条长袖向风挥。
> 佳人对镜容色改，楚客临江心事违。
> 万古至今同此恨，无如一醉尽忘机。

春光已去，盛时难再，那泣露的残花和随风摇曳的败柳，撩拨起诗人种种欲言不能的"心事"。他恍恍惚惚觉得，要消释此愁此恨，只有凭借酒力。一旦昏醉如泥，所有的不快便会像青烟一样袅袅飘逝了。这样，在理智与感情的苦苦争斗中，他终于与酒结下了不解之缘，津津有味地称道酒趣说："万境身外寂，一杯腹中宽。"（《送韦秀才道冲赴制举》）"终朝对尊酒，嗜兴非嗜甘。"（《偶作二首》其一）"饮尔一杯酒，陶然足自怡。"（《和董庶中古散调词赠尹果毅》）"欹枕醉眠成戏蝶，抱琴闲望送归鸿。"（《览董评事思归之什因以诗赠》）"四时苒苒催容鬓，三爵油油忘是非。"（《谢窦员外旬休早凉见示诗》）一杯入肚，则心平气和，陶然忘机，这只是对酒力的故意夸大；而"忘是非"，更是一时的激愤之辞。在刘禹锡心目中，是非观念是永远不会泯灭的。然而，在觥筹交错、酒酣耳热之际，他却多多少流露出一种近乎游戏人生、玩世不恭的颓唐心理。

因为现实生活中有着太多难以排遣的忧愁，刘禹锡甚至一度想飘然出世。他实在不忍熟视这满目疮痍的社会现实，不忍在无尽的忧愁和寂寞中耗尽壮心，于是便希望能寻觅到一块远离尘世喧嚣与羁绊的净土，在那儿构建自己的理想世界。这当然也是一种不可能实现的幻想。有助于他这一幻想的是，晋代诗人陶渊明所描绘过的"桃花源"就在朗州境内。刘禹锡曾多次亲临其境，追蹑先贤的遗迹。花前流连，月下徘徊，他诗思如潮，创作了《八月十五日夜桃源玩月》《游桃源一百韵》《桃源行》等一系列诗篇，借以表达自己希求出世的朦胧意念。但现实中的桃源虽然风俗淳厚，景色宜人，可毕竟不是陶渊明笔下的那个乌托邦式的世外仙境。它一方面勾起诗人对隐逸生活的向往，一方面又无法使诗人沉浸其中，乐而忘返。意蕴最深的是"桃花满溪水似镜，尘心如垢洗不去"两句。尽管明净的桃花溪水有荡污涤垢的神奇效用，却怎么也洗不去诗人萦肠绕肚的一缕尘念。这清楚地表明了诗人对现实人生的留恋与热爱。看得出，诗人思想深处，存在着一种既不可避免，也难以克服的矛盾。这种根源于诗人复杂世界观的深刻矛盾，使他一边发出人世如烛、人命如草的沉重叹息，企图逃避苦难现实，一边又不愿斩断与这一苦难现实千丝万缕的联系。

然而，"韵本悲"绝不是软弱、消沉的同义语。这种"悲"是与执着的追求和积极的进取相伴始终的"悲"，是发自带火焦桐、挟着耀眼光焰和震撼人心嘶鸣的"悲"。因而虽然凄婉，不失沉雄；尽管苍凉，犹见亢奋。刘禹锡之所以被誉为一代诗豪，不是因为他未曾"悲"，而是因为他悲而不失气骨，悲而不易志节，既作悲语，亦作愤语，更作壮语。他的不同凡响就在于自觉沉沦而不甘沉沦，明知无望却偏不绝望，从而最终以理智战胜了感情，没有成为"悲"的奴隶，而是以胜利者的姿态雄踞于它之上。

前度刘郎今又来：诗豪刘禹锡的快意人生

第四章　沅湘之滨的不屈吟唱

〔清〕查士标　桃花源图

在谪居沅湘期间，刘禹锡始终坚持理想，不改初衷，从未向胁迫自己的敌对势力低下不屈的头颅。这样，他一面唱着"流浪江海湄""子子无人知"的悲歌，一面又吐出"人生不失意，安能慕己知"的壮语。《学阮公体三首》其一说：

少年负志气，信道不从时。
只言绳自直，安知室可欺？
百胜难虑敌，三折乃良医。
人生不失意，安能慕己知！

诗中洋溢着不以挫折为意、自期东山再起的高昂斗志和祸福相因的朴素辩证法思想。诗人通过对自身政治经历的回顾和反省，悟出：过去直道而行，涉世未深，难免为政敌的鬼蜮伎俩所欺，但"吃一堑，长一智"，过去的挫折可以作为今后再战时的鉴戒。最后，诗人以反诘语气昂扬地表示，要从失意中认识自我，发现有待改善的薄弱环节，以有利于下一轮的抗争。

确实，憔悴漂泊于沅湘之滨的刘禹锡，不仅没有改变自己的初衷、放弃自己的理想，反倒更重节操的自我砥砺与捍卫。他以"威武不能屈""贫贱不能移"的凛然正气，傲视逆境，冷观世变，在诗中树立起一个不苟流俗的自我形象。如《咏史二首》其一：

骠骑非无势，少卿终不去。
世道剧颓波，我心如砥柱。

汉武帝时，骠骑将军霍去病权倾天下，大将军卫青的属官多去攀附霍氏，以图闻达。唯独任安（字少卿）追随旧主，不求显贵。这里，诗人颂扬任安，正是因为任安的所为与他深相契合。诗的后两句是诗人的铿锵自誓，也是对政敌们施以的高压的冷峻回答。掩卷沉思，一个"浊世独立，横而不流"的刚毅形象宛然在目。

又如《咏古二首有所寄》其二：

> 寂寥照镜台，遗基古南阳。
> 真人昔来游，翠凤相随翔。
> 目成在桑野，志遂贮椒房。
> 岂无三千女？初心不可忘。

诗所寄的对象是"八司马"中的程异。程异精于理财，元和四年（809），由于盐铁转运使李巽的推荐得以承召回京。刘禹锡闻讯后，欣然寄赠此诗，以致谆谆勖勉之意。所谓"岂无三千女？初心不可忘"，其实是告诫程异不要改变自己的初衷。这也可看作刘禹锡的自誓。

再如《酬元九侍御赠壁州鞭长句》：

> 碧玉孤根生在林，美人相赠比双金。
> 初开郢客缄封后，想见巴山冰雪深。
> 多节本怀端直性，露青犹有岁寒心。
> 何时策马同归去，关树扶疏敲镫吟？

这首诗是为褒奖元稹的不屈气节而作。《资治通鉴·唐纪五十四·宪宗元和元年》记载说："泗南尹房式有不法事，东台监察御史元稹奏摄之，擅令停务。朝廷以为不可，罚一季俸，召还西京。至敷水驿，有内侍后至，破驿门，呼骂而入，以马鞭击稹伤面。上复引稹前过，贬江陵士曹。"这一事件在朝野上下引起轩然大波。刘禹锡对元稹不屈服于宦竖淫威的勇气深为赞赏，特意寄赠文石枕一只及七绝一首。

元稹回赠壁州鞭一根及七律一首。为了答谢友人厚意，禹锡复酬以此诗。诗人由竹鞭联想到在"巴山冰雪"中傲然挺立、不可稍屈的制鞭之竹，通过对制鞭之竹的吟咏，显示了自己宁折不弯的傲岸态度。"多节本怀端直性，露青犹有岁寒心。"这既是对元稹品格的赞扬，也是对自己贞操的写照。

岁月不居，春秋代序。又到了草木凋零、露寒霜重的深秋时节。难得的是，刘禹锡不仅能不惧"播迁"，唱出正气凛然的壮歌，而且能不畏"衰节"，唱出意气豪迈的秋歌。悲秋，是封建文人的共同心理和他们递相沿袭的诗歌主题。从宋玉的"悲哉，秋之为气也"（《九辩》），到汉代无名氏的"秋风萧萧愁杀人"（《古歌》），再到杜甫的"万里悲秋常作客"（《登高》），陈陈相因，概莫能外。那么，在那秋风萧瑟、秋气肃杀之际，刘禹锡又是怎样抒写他的情怀的呢？《学阮公体三首》其二写道：

朔风悲老骥，秋霜动鸷禽。
出门有远道，平野多层阴。
灭没驰绝塞，振迅拂华林。
不因感衰节，安能激壮心？

诗人借"老骥"和"鸷禽"的形象以自况，尽管朔风凛冽、阴云密布、道路遥艰，"老骥"和"鸷禽"却一无所畏。它们或踏上"远道"扬蹄疾驰，或冲破"层阴"展翅迅飞。这种昂扬奋发的精神正与诗人相仿佛。"不因感衰节，安能激壮心？"这一显志之笔，既深蕴骨力，又饱含哲理："衰节"诚然会给人某种压抑之感，但若非"衰节"见迫，人们又怎能倍思奋励呢？这真是惊世骇俗、振聋发聩之笔！

为了摈却人们的"悲秋""畏秋"心理，刘禹锡有意在"春朝"和"秋日"之间有所轩轾。如《秋词二首》：

其一
自古逢秋悲寂寥，我言秋日胜春朝。
晴空一鹤排云上，便引诗情到碧霄。
其二
山明水净夜来霜，数树深红出浅黄。
试上高楼清入骨，岂知春色嗾人狂。

前诗以明快的议论起笔，思接千载，视通万里。诗人先点出古人的悲秋，作为反衬。然后逼出诗的正意，以响遏行云的一声断喝，推翻了悲秋的传统主题。接着又勾勒出一幅壮丽的秋景图：在那一碧如洗的寥廓蓝天上，一只白鹤腾空而起，直冲九霄。此情此景，怎能不使人惊喜和感奋？于是，诗人的豪情逸兴也随之升华到碧空之中，而情不自禁地拨动心中的琴弦，让那明朗、欢快的音符飘出壮阔的胸间——这其实是对"秋日胜春朝"的形象说明。后诗仍将抒情、写景、议论熔于一炉。那漫山红黄相间的枫叶是对前诗中绘就的秋景图的巧妙点缀和生动补充。如果说前诗主要着笔于高空的话，这里则主要落墨于地上。秋日登楼，让那清气徐徐沁入肌骨，可以使人清醒、理智，而那烂漫的春光则只能使人昏醉、轻狂。这样，又何必逢秋而悲呢？诗人在春与秋的对比中，独具慧眼地发现了秋日的佳处，从而唱出了这意气豪迈的秋歌。当然，诗人抑春扬秋，并不表明他对"春朝"怀着某种偏见，而仅仅是为了纠正前人对"秋日"的偏见。"岂知春色嗾人狂"，这铿锵有力的吟唱向我们袒露了诗人旷达、乐观的生活态度和不畏"衰节"的情怀。

谪居沅湘对于刘禹锡的诗歌创作的另一重要意义在于，他因此而获得了向民歌汲取营养的机会，从而逐步找到了自己最擅长驾驭的诗歌形式，在不懈的探索中，闯出了一条尚未有人涉足过的道路——文人诗与民歌相结合的道路。

朗州是楚辞的发源地之一,中唐时,民间歌风之盛,并不亚于前代。刘禹锡一抵达朗州,就感受到这一点,并为之所深深吸引。他曾兴致勃勃地拉着母亲和妻子观看民间赛歌的盛会。在谪居朗州、壮志难酬的痛苦日子里,这也许是唯一能使他宠辱偕忘、心旷神怡的事情。

"月上彩霞收,渔歌远相续。"(《步出武陵东亭临江寓望》)"樵音绕故垒,汲路明寒沙。"(《晚岁登武陵城顾望水陆怅然有作》)这是刘禹锡用诗笔记录下的歌风骀荡的情景。虽说这些"呕谣俚音"从语言到音韵都带有鄙野之气,不大符合传统诗歌的审美规范,却以其清新的内容、昂扬的情调、明快的旋律,使潜心于诗歌创作的刘禹锡耳目一新,灵感顿生。于是,在"畎于野,惟稼穑艰难是知"的同时,他常做并且也爱做的一件事情便是"俯于途,惟行旅讴吟是采"(《武陵北亭记》)。在博采众收的基础上,他开始尝试民歌体乐府诗的创作。《旧唐书·刘禹锡传》说:"禹锡在朗州十年,唯以文章吟咏,陶冶情性。蛮俗好巫,每淫祠鼓舞,必歌俚辞。禹锡或从事于其间,乃依骚人之作,为新辞以教巫祝。故武陵谿洞间夷歌,率多禹锡之辞也。"可知刘禹锡的民歌体乐府诗刚一问世,便迅速流布人间。黄常明《碧溪诗话》也说禹锡谪居朗州时,"五溪习俗,尽得之矣"。这种对民风民俗的透彻了解,使刘禹锡创作于朗州的许多诗歌不仅带有浓郁的乡土气息,而且还染上了鲜明的地方色彩。如《竞渡曲》:

沅江五月平堤流,邑人相将浮彩舟。
灵均何年歌已矣,哀谣振楫从此起。
扬桴击节雷阗阗,乱流齐进声轰然。
蛟龙得雨鬐鬣动,螮蝀饮河形影联。

刺史临流褰翠帏，揭竿命爵分雄雌。
先鸣馀勇争鼓舞，未至衔枚颜色沮。
百胜本自有前期，一飞由来无定所。
风俗如狂重此时，纵观云委江之湄。
彩旗夹岸照鲛室，罗袜凌波呈水嬉。
曲终人散空愁暮，招屈亭前水东注。

彩舟竞渡，是起源于朗州的一种纪念屈原的方式。舟子奋力划桨时，用土语齐声高呼"何在？""何在？"这正是由古代沿袭下来的"招屈"民俗之一。这首诗真实而又生动地描写了彩舟竞渡的情景，乡土气息与地方色彩都是浓重的。当然，作品的最后也拖有一条感伤的尾巴，弥漾出诗人这时的心灵颤音。

四、思想光波

谪居朗州的十年里，刘禹锡始终在观察着，思考着，探索着。他思考与探索的领域又岂止诗歌，岂止文学？思想的骏马一旦松开缰绳，便扬蹄疾驰，跨越种种障碍，冲破重重壁垒，纵横于学术的沃野之中，再也不受任何制约。因此，从他在朗州期间的创作中，我们既能感触到其心灵的颤音，也能捕捉到其思想的光波。

哲学思想是刘禹锡奋力驰骋的领域之一。他在朗州写就的《天论》三篇，是中国哲学史上重要的唯物主义文献，而他也因此得以成功"跨界"，跻身于哲学家（或曰思想家）的行列。其写作缘起是一场哲学论战，论战的双方都是刘禹锡的好友，他不由自主地被卷入其中，为他所赞同的一方摇旗呐喊——其实，又岂止是摇旗呐喊？因为他的参与，这场论战才得以提升到应有的理论高度，迸发出光照千古的思想火花。

这场哲学论战的发起者是韩愈。元和八年（813），刘、柳等革新志士已流徙远州七年之久。不知是本乎规劝之意，还是出于慰勉之情，抑或另有更深层的原因，韩愈写下了《答刘秀才论史书》，由"论史"进而"说天"，而其针砭的对象正是当年的好友刘、柳等人。文章中的一句话给宗元很大的刺激："夫为史者，不有人祸，则有天刑。"这等于是暗示永贞革新之所以归于失败，盖因"天"谴。言下之意，永贞革新已带来天怨人怒的结果。

这一评判是柳宗元无论如何不能接受的。在柳宗元看来，其不当之处有二：其一是在思想上宣扬有神论，其二是从政治上否定永贞革新。这既关涉到柳宗元的思想信仰，更牵系到他的政治理想。尽管依然处于禁锢未除、不宜放言的境地，他却无法保持沉默。于是，他针锋相对地写下《与韩愈论史官书》。这篇应答之作具有强烈的感情色彩和浓郁的论辩意味。它至少有三点值得注意：一是明确表达了自己的读后感："私心甚不喜。"每当听到贬抑永贞革新的言论，他便本能地反感。偏偏此时的韩愈虽然说不上仕途荣达，境遇却在逐渐改善，刚刚从徒有其名的国子监博士转任待遇优厚的史馆"首席"编撰，这时发表如此言论，不管动机是否善良，在身处逆境的柳宗元眼里，都构成一种居高临下的嘲弄，带有幸灾乐祸的意味。二是批评韩愈前后言行不一，有负"良史"清誉。的确，韩愈当年因正言直谏被贬为连州阳山令时，曾呼天抢地地指责天道不公："残民者昌，佑民者殃。"而今一旦得势，口吻顿变，强调"天人感应"，把一切都归于天意。评价态度发生这样大的转变，恐怕不是以秉笔直书为宗旨的"良史"所应有的素质。三是指出鬼神之事本属荒诞，明智之人必不会为其所惑。"又凡鬼神事，渺茫荒惑无可准，明者所不道。退之之智而犹惧于此？"分明含有讥讽之意。按照柳宗元的评判标准，只有愚昧无知的人才会笃信鬼神、侈谈天命，以韩愈的过人智慧，又怎么会惧鬼神、畏天命呢？柳宗元故作不解，而芒刺正在其中。

　　这是论战的第一个回合，韩愈明显有落败之势。但韩愈并不甘心就此罢休。说真的，他其实和宗元一样顾念私谊，不过，他也有自己推崇的所谓"公理"和捍卫公理的决心与勇气。而依照他所接受的传统教育，总是先公理而后私谊。这样，他也就不能不重整旗鼓、继续论战了，尽管这有可能损害他们多年来苦心维护的私谊。或许，在韩愈看来，这绝不是故意挑衅，甚至也不是有意挑战。如同"骨鲠于喉，不吐不快"，只有把自己的观点充分表达出来，才是对历史负责、对朋友负责，同时也是对自己负责。这中间没有阴谋，亦无构陷，彼此偶然会有言辞激切之处，却都光明磊落，以真理的追求者与捍卫者自居。其间之是非曲直并非不可分辨，却没有一方属于居心叵测者，即便是首开战端并始终处于劣势的韩愈。

　　在读到韩愈继续"论天"的有关书信后，柳宗元当然不会示弱。在经过苦苦的思索后，他将自己的哲学观念梳理为《天说》一文。文章先用大段的篇幅复述了韩愈来信中的观点：在韩愈眼里，天是能"赏功罚祸"的，因而天是有意志的。按照韩愈的逻辑，人类抗争自然或变革社会，都属于破坏"元气阴阳"，必然会遭到天的惩罚。这就将"天人感应说"发挥到了极致，而他对永贞革新本身固有的批判态度也隐含于其中。对此，柳宗元旗帜鲜明地回应说：天、地、阴阳与瓜果、草木等同样都是自然现象，是物质存在的不同形式。天没有意志，不能赏功罚祸，正如瓜果、草木不能赏功罚祸一样。"功者自功，祸者自祸。"国家的兴亡盛衰，个人的贵贱福祸，与天根本不存在互相感应的关系。显然，较之第一个回合，柳宗元这时的态度要更加冷静些、平和些。或许，他已能站在更客观的立场上来看待这场论战，而剔除了意气之争的因素。所以，字里行间已不再锋芒毕露了。

　　这一与韩愈泾渭分明的观点得到了刘禹锡的有力声援。《天论》

三篇便是为声援而作。但刘禹锡写作《天论》却又不仅仅是为声援，他还想从理论上加以生发与深化，在更宏通的视野中考察与论证天人关系，驳斥韩愈的"天人感应说"。他将古往今来对天人关系的争论归纳为两种完全对立的观点，即"天与人实影响"的"阴骘之说"和"天与人实剌异"的"自然之说"。前者属于唯心主义有神论的范畴，后者属于唯物主义无神论的范畴。刘禹锡认为，韩愈宣扬"天人感应"，是主张"阴骘之说"；而柳宗元强调"天人相异"，则是主张"自然之说"。在他想来，韩愈的"阴骘之说"固属虚妄，不足为法，柳宗元的"自然之说"也失之简单，不够全面。何以见得？因为天固然没有意志，不可能直接干预人事，"天人相异"的说法有其道理，但不能把它绝对化。从另一角度看，人毕竟也是自然生态的一个组成部分，不可避免地会与大自然的其他组成部分发生相互联系和影响，这样，天人之间也就不可能毫不相干了。有鉴于此，刘禹锡创造性地提出了"天与人交相胜"的理论命题。

这一理论命题的意义在于，它辨析了天与人的区别，阐明了二者之间的辩证关系，即：天与人各有其所能，各有其所用，不可以相互取代，却可以相互取胜，当然也可以相互作用。刘禹锡把天之能概括为"生殖"万物的自然演化功能，把人之能归结为"治理"万物的社会改造功能。"人能胜乎天者，法也。"这又强调了法制在天人关系中的关键作用，肯定了法制的重要性和变法的合理性。以哲学为基点，而以政治为落点，为永贞革新张目，为革新志士正名，这正是《天论》鲜有其匹的高妙之处。

为了形象地说明"天与人交相胜"的道理，刘禹锡在《天论》篇中以旅行为例，作了进一步的逻辑演绎：

> 若知旅乎？夫旅者，群适乎莽苍，求休乎茂木，饮乎水泉，必强有力者先焉；否则虽圣且贤莫能竞也。斯非天胜乎？群次

乎邑郛，求荫于华楗，饱于饩牢，必圣且贤者先焉；否则强有力莫能竞也。斯非人胜乎？苟道乎虞、芮，虽莽苍，犹郛邑然；苟由乎匡、宋，虽郛邑，犹莽苍然。是一日之途，天与人交相胜矣。吾固曰：是非存焉，虽在野，人理胜也；是非亡焉，虽在邦，天理胜也。然则天非务胜乎人者也。何哉？人不宰则归乎天也。人诚务胜乎天者也。何哉？天无私，故人可务乎胜也。吾于一日之途而明乎天人，取诸近也已。

接着，刘禹锡又不厌其烦地证以"操舟"等实例，雄辩而又令人信服地阐释了"天与人交相胜"这一独出机杼的哲学命题。不难看出，这一提法既要比韩愈的"天人感应说"更"唯物"，也要比柳宗元的"天人相异说"更"辩证"，在一定程度上实现了唯物论与辩证法的有机结合，从而占据了那一时代的哲学思想的制高点。

不仅如此，《天论》的另一理论贡献在于，刘禹锡借此机会还继承与发扬前贤今彦的唯物主义思想，正面提出并阐发了万物"乘气而生"的自然观。说到自然观，中国古代的朴素唯物主义就以肯定世界的物质统一性为基本特点。以荀子为代表的古代哲学家在看待世界统一性与多样性的关系时大多采用直观的方法，把世界万物视为某种具体的物质按照一定的规律和程序变化组合的结果，而最终世界万物又可以在某种特定条件下还原为初始的基本物质。刘禹锡所仰慕的先贤们的这些朴素而又真切的认知，为他形成更加精纯的唯物主义自然观奠定了较为坚实的思想基础。

其实，刘禹锡很早就开始接触唯物论思想了。他著有《辨易九六论》，说明他曾认真钻研过《周易》，对《周易》所蕴含的朴素辩证法和唯物主义思想内核有着透彻的领悟。步入仕途后，他又效力于杜佑幕府，得到杜佑的耳提面命，必然有机会成为杜佑撰著的《通典》的最早读者之一。而杜佑的《通典》恰恰渗透着卓然拔群的唯物主义思想。尤其是他强调人类的经济生活足以影响礼乐制度的形成与嬗变,并致力于从社会典章制度的历史沿革中考察社会的发展变化,更是对唯物主义思想方法的科学运用。这对刘禹锡唯物主义世界观的形成,至少可以起到促进或催化作用。此外,刘禹锡一直心仪的贞元名臣陆贽,也多次在奏议中表露出唯物主义的思想倾向,对他不无影响。

诚然,刘禹锡在后来撰写的其他文章中曾经从多种视角对自己的唯物主义自然观作了进一步的表述,但其初露端倪却是在《天论》三篇中。他把作为世界万物存在之基础的"气"区分为清气和浊气、阳气和阴气,以它们的组合与互动来说明世界万物的生成与变化。他认为,日、月、星辰(所谓"三光"),高悬于天空,是宇宙万象中最为"神明"的部分。但它们的本源实际上也是山川五行之气,换言之,不过是由山川五行之气化合而成,并不能独立存在。天之气清而轻,地之气重而浊,而清而轻的天之气又衍生于重而浊的地之气,后者实为前者的母体。天地一旦各自形成后便相互发生作用,由于元气或舒缓或剧烈的运动,才产生了雨露风雷,而世界万物也应运而生,群分类聚,有植物,有动物,人则是动物中"为智最大"者——这样的解说,由"气"入手,引申出"乘气而生"的自然观,从本质上说,是萃取了历代朴素唯物主义的思想精华,而又加以提炼及提升,不期然而然地达到了那一时代所能达到的思想高度。

如果说柳宗元的《天说》已经以激愤中深蕴哲理、讥诮中饶有睿思的笔调使刘、柳一方在论战中把握了主动权的话,那么,刘禹锡的《天论》则以无可辩驳的周密论证给这场论战画上了一个圆满的句号。这以后,韩愈暂时噤声,而刘、柳也就鸣金收兵。从性质上说,这是一场哲学论战,但又不单是哲学论战,其中也糅合着政见之争。在唇枪舌剑的背后,似乎还隐现着两个阵营的对峙,或可视为双方的思想代言人的短兵相接！

刘禹锡从来不敢以哲学家或思想家自命，或许，以辅时济世、澄清天下为己任的他，也从来没有期望自己在哲学思想领域取得如此辉煌的成果。但特定的时代条件和环境氛围成就了他，使他在参与哲学思想论战的过程中，不断地思考与探索、提高与完善，终于在中国哲学思想史上拥有了一席之地——而且是那么显眼的一席之地！

谪居沅湘期间，刘禹锡还曾长久沉潜于佛教思想领域。不过，目的并不是为了创立新说，而是想从中找到与现实相抗衡的精神支柱，慰藉失意的心灵。

唐代佛教盛行。有别于汉武帝时"罢黜百家，独尊儒术"的情形，唐王朝实行的是儒、释、道三教调和的思想统治政策。其目的是为了"会三归一"，使其皆为所用。但客观上却为佛教的广泛传播提供了方便之门，使它和道教、儒教一样取得了在自由竞争中发展的合法地位。唐太宗曾派遣一代高僧玄奘赴天竺取经，把梵文的佛经大量翻译过来。据说，玄奘出发前，太宗亲自为他饯行，并执手相送，挥泪而别。而对即将前去取经的玄奘的关爱，说到底，是基于对玄奘将要取回的佛经的重视。他还亲自撰写《圣教序》，把佛教定义为"圣教"，自是擢高了原先尚不敢与儒学争宠的佛教的地位。

以太宗之英明，尚且只看到佛教补充"王化"的济世功能，而对它的负面作用毫无察觉，太宗以后的历代君王（包括较有作为的武则天和唐玄宗），自然也都把佛教视为有助于强化思想控制的外来法宝。中唐诸帝，除了唐武宗破例不喜佛教外，大多"事佛而佞"。唐肃宗规定，僧尼朝见他时"不须称臣"，赋予佛教从业人员与天子平起平坐的特殊权利。唐德宗颁行《修葺寺观诏》，在政策层面致力于改善僧徒的物质生活待遇，结果使得僧徒们不仅衣食无虞，而且过着年耗三万钱币的高品质、高消费生活。唐宪宗更是以举国之力导演了一场奉迎佛骨的历史闹剧，韩愈就因为反对这场旷世未闻的闹剧而被贬为潮州刺史，发出"一封朝奏九重天，夕贬潮州路八千"（《左迁至蓝关示侄孙湘》）的慨叹。

在这样的政治土壤和思想氛围中，佛教获得了前所未有的发展机遇和发展空间，华严宗、法相宗、天台宗、密宗、禅宗等各种教派争相"开边拓土"，抢占地盘，扩大自己的势力范围和影响。在这此消彼长的过程中，禅宗脱颖而出，成为声誉最高、影响最大，因而也最受士大夫信奉的佛教流派。而刘禹锡谪居的朗州，正是禅宗最为流行的地方之一。

来到朗州以后，刘禹锡才开始受禅宗思想浸润而致力钻研其精义，但以他的博学多闻，其实早就知道禅宗的发展脉络和修持方法。

禅宗的突出特点是将外来佛教本土化，赋予了它鲜明的中国特色，从而能最大限度地迎合与满足士大夫的心理需求。其实，外来佛教本土化的进程，前代就已经开始了：佛教的玄学化，是本土化的第一步；佛教的儒学化，则是本土化的第二步。这第二步的演变，是在禅宗那里完成的。所以，禅宗实际上是与儒教并行不悖的彻底中国化了的佛教。

从哲学的视角看，自慧能以后，禅宗开始由客观唯心主义转向主观唯心主义，它所倡导的"心性学说"也从原来的萌芽状态渐渐趋于成熟，慷慨地为挣扎在现实苦难中的信徒提供心灵解脱的法门。而谪居朗州的刘禹锡，正渴望找到这样的法门。这就难怪他会与禅宗思想一拍即合了。

就在这时，或长期在朗州修行，或游方至此的几位僧侣又适时出现在刘禹锡面前，把才高位卑的他当作可以无话不谈（包括讨论禅学）的方内之交，这就更促成了他与佛教的因缘。这些僧侣中，包括还源、元暠、鸿举、慧则、景玄等人。与这么多僧侣相交，且往来频繁，表明刘禹锡这一时期对佛教思想十分沉迷。一个朴素唯物论者，竟然也会与宗教唯心主义携手，个中原因是值得深思的：无疑，刘禹锡信奉佛教与他仕途受挫有着因果关系。《送僧元暠东游》一诗的序文中谈到这一点："予策名二十年，百虑而无一得，然后知世所谓道，无非畏途，唯出世间法可尽心耳。"由此可以推知，如果不是政治上孜孜以求却无"一得"，反被流放于蛮荒之地，佛家的"出世间法"恐怕不是那么容易为他所接受的。他一方面试图从佛理中觅得灵丹妙药，医治创痕累累的身心；另一方面也把栖心释梵当作对黑暗现实的曲折反抗。柳宗元在《送元暠归幽泉寺》一诗的序文中说："佛之道，大而多容，凡有志乎物外而耻制于世者，则思入焉。"所谓"耻制于世"，就是以受制于世为耻而力图遁离。这里的"世"分明是指权奸当道、暗无天日的现实世界。抱着这样的想法去与佛教结缘，不正是基于对现实的不满而采取的一种曲折反抗和消极抵制的态度吗？

　　除了时代风气的影响和仕途坎坷的驱使外，刘禹锡不信天而信佛，还有着世界观和认识论方面的原因。刘禹锡认为，孔丘立儒教，释迦立佛教，同样有辅助"天工""王化"的作用，打个比方，就好似"水火异气，成味也同德；辕轮异象，至远也同功"。但是，"儒以中道御群生，罕言性命，故世衰而浸息；佛以大慈救诸苦，广起因业，故劫浊而益尊"（《袁州萍乡县杨岐山故广禅师碑》）。这就是说，佛教与儒教功能有异，可以在不同的时代背景下各自发挥作用，相互补充，相互支撑。正因为这样，他和宗元一样主张统合儒释，从佛教中萃取某些教义，作为辅时济世的手段。了解到这一点，对他乐此不疲地交往僧侣和沉潜佛学也就会不以为怪了。

　　刘禹锡这一时期写下的谒僧送僧之诗篇，也多半会谈到佛教对他的心理调节和精神安慰作用，借以揭示他信奉佛教、沉潜佛学的原因。《谒柱山会禅师》一诗写道：

我本山东人，平生多感概。
弱冠游咸京，上书金马外。
结交当世贤，驰声溢四塞。
勉修贵及早，狃捷不知退。
锱铢扬芬馨，寻尺招瑕颣。
淹留郢南鄙，摧颓羽翰碎。
安能咎往事，且欲去沉痗。
吾师得真如，自在人寰内。
哀我堕名网，有如翾飞辈。
曈曈揭智炬，照使出昏昧。
静见玄关启，歆然初心会。
夙尚一何微，今得信可大。
觉路明证入，便门通忏悔。
悟理言自忘，处屯道犹泰。
色身岂吾宝，慧性非形碍。
思此灵山期，未卜何年载？

明确说是在"淹留"遐荒、"摧颓"羽翼之后，为了"咎往事"和"去沉痗"，才栖心释梵。但细细体会，"咎往事"，其实不过是遮人耳目。他何曾真的追悔过去的所作所为，准备改弦易辙？因此，"去沉痗"，即荡涤内心痛苦的积垢，才是真实目的。

刘禹锡这一时期乐于浸润其间的还有文学理论与散文辞赋创作。他不时与宗元通信讨论文学。这是两位文学名家之间的从容笔谈，不仅体现了他们对文学，包括诗歌的无与伦比的热爱，而且凝聚了他们独出机杼的创作心得，纯属"夫子自道"。他们本来就相信文章乃"经国之大业，不朽之盛事"的说法，并不把它看成魏文帝曹丕唬弄（或曰忽悠）文人的鬼话，只是原先一心以治国平天下为己任，无法对文学倾注更多的精力。如今，济世拯民的初衷未改，却远离台阁、壮志成空，正好可以全力投身于古人不得志时所津津乐道的"名山大业"。这也许是不得已的选择，但选择之后，他们就像当年从事永贞革新那样不惜呕心沥血，并一生钟情、"之死靡它"了。

在刘、柳谈论文学的通信中，最引人注目的是《答柳子厚书》。刘禹锡在书中谈到他拜读了柳宗元新作后的感受：

> 余吟而绎之，顾其词甚约，而味渊然以长。气为干，文为支。跨跞古今，鼓行乘空。附离不以凿枘，咀嚼不以文字。端而曼，苦而腴，佶然以生，癯然以清。余之衡诚悬于心，其揣也如是。

不仅称赞柳宗元的作品语言精练、韵味醇厚，而且对传统的"文气说"进行了发挥，着意强调"气"为其本体、"文"为其支脉。显然，他主张以气运文，不必刻意咬文嚼字，也无须在细枝末节上纠缠。

较之《答柳子厚书》，刘禹锡为董侹撰写的《董氏武陵集纪》更全面地披露了他的文学思想和诗学观念。这也是中国文学批评史上的一篇重要文献。其中最富于理论价值和启发意义的，是有关艺术构思及诗歌语言的独到见解。他在论述艺术构思时说：

> 片言可以明百意，坐驰可以役万景，工于诗者能之。

看得出，刘禹锡特别重视想象在艺术构思中的作用。所谓"坐驰可以役万景"，意即通过驰骋想象，可以将自然界的各种景物牢笼在出神入化的笔底，使之互相生发，有机地服务于诗的主旨。这实际上已接触到今人使用的"形象思维"的概念。形象思维是形象与思维的统一。在运用形象思维的过程中，诗人必须鼓起想象的翅膀，才能在艺术的天空中自由翱翔。但这种带有理性的想象活动始终不能脱离形象本身。形象是想象存在的形态和展开的土壤。唯其如此，形象思维的过程，亦即诗人运用"上穷碧落下黄泉"的想象力，进行艺术概括，塑造出生动可感的形象系列的过程。刘禹锡在主观上自然还不可能有明确的形象思维的概念，但他所提出的"坐驰可以役万景"这一见解，与我们今天对形象思维的认识不谋而合。如果说"坐驰"是指想象的话，那么"万景"则分明是指形象。一个"役"字，极精当地点明了它们之间牢笼与被牢笼的关系。此观点虽并非一无依傍，却首次将想象与形象扭结起来，以更精粹的语言，暗示出它们是艺术构思赖以进行的不可或缺的二元。这是他的独特贡献。

《董氏武陵集纪》中另有一段话专门论及"意"在艺术构思中的作用：

心源为炉，笔端为炭。锻炼元本，雕砻群形。纠纷舛错，逐意奔走。因故沿浊，协为新声。

刘禹锡把"意"看作艺术构思的中枢神经，强调"意"具有对感性材料的统摄作用，艺术构思必须围绕着"意"来进行。显然，他已意识到，通过艺术想象搜罗到的感性材料虽然纠结、重叠在一起，却没有多少内在的联系，只有靠"意"来梳理它们、胶合它们。因此，他认为在进行艺术构思前，不仅要澄心静虑，还必须以意为纲，因意设境，让所要"锻炼"和"雕砻"的"群形"，"逐意奔走"，随意跌宕。在他看来，意境虽是"意"与"境"的融合，但"意"在"境"先，"境"必须接受"意"的统摄。这与后来杜牧在《答庄充书》中所说的"凡为文以意为主，以气为辅，以辞彩章句为之兵卫"，黄子肃在《诗法》中所说的"作诗先须立意，意者，一身之主也"，王夫之在《姜斋诗话》中所说的"无论诗歌与长行文字,俱以意为主。意犹帅也。无帅之兵,谓之乌合"意思相仿佛。

艺术构思一旦完成,接踵而来的任务便是如何用语言的彩线串联意象。这关系到艺术构思能否实现。刘禹锡对诗歌语言的核心要求是含蓄、精练。《董氏武陵集纪》中说:

> 诗者,其文章之蕴邪!义得而言丧,故微而难能。境生于象外,故精而寡和。千里之缪,不容秋毫。非有的然之姿,可使户晓。必俟知者,然后鼓行于时。

他认为,诗比文章更为含蓄、精练。诗人在凝思默想的过程中往往得意忘言,很难表达出从内心生发的微妙旨义。精于诗者,往往使"境生于象外",尽管曲高和寡,却按之弥深,耐人寻味。如果说上文提及的"片言可以明百意"是就精练而言的话,那么,这里的"境生于象外"则是就含蓄而言的。"片言可以明百意",要求以少总多,即小见大,使尺幅具千里之概、杯水见万顷之势;"境生于象外",则要求富于"韵外之致""味外之旨",即"含不尽之意见于言外",能引起读者的丰富联想,使其既体味到形象本身的美感,又触摸到诗人潜伏于其中的感情脉络,借助自己的想象和再创造,进入另一隐秘的境界。因此,它既是对设境的要求,也是对造语的要求。刘禹锡的这一类论述,不仅包蕴于其中的理念是独具匠心、富于新意的,而且表达的方式也是独出机杼、不落俗套的,可以说,在在处处都映射着思想的光波。

第五章
刻在岭南大地上的坚实足印

一、因诗得咎

在沅湘之滨谪居十年之后，元和九年（814）十二月，刘禹锡终于接获了朝廷召回他与柳宗元等人的诏书，时年四十三岁。

手捧诏书，刘禹锡百感交集。政治上将近十年的沉沦，消耗了他一生中最富于激情与创造力的岁月，使他痛感自幼怀抱的辅时济世、澄清天下的理想也许已无法实现。但重回朝廷，毕竟可以结束眼下这孤寂愁苦的谪居生活，获得再次展示自己的才干抱负的机会，这又使他不无庆幸。因此，对他来说，这道诏书无异于一个姗姗来迟的福音。

让他不胜唏嘘的是，他的爱妻薛氏已经不能与他同归了！就在前一年，以羸弱的身躯勉力相夫教子的薛氏，在耗尽生命的最后一点余温后与世长辞了。她给刘禹锡留下两男一女。长男名咸允，乳名孟郎；次男名同廙，乳名仑郎。在刘禹锡心目中，薛氏不仅是生死相依、安危与共的生活伴侣，也是肝胆相照、心息互通的人生知音——薛氏的父亲薛謇为权倾天下的宦官头目薛盈珍之族人，一度过从甚密。薛氏本可利用这条通道，为刘禹锡疏通关系，使他早日脱离谪籍。但她深明大义，不欲与丈夫深恶痛绝的宦官有染，便废弃了这条通道，并在刘禹锡面前绝口不提此事。这让刘禹锡对她益加敬重。

薛氏辞世后，刘禹锡连续创作了《伤往赋》和《谪居悼往二首》等作品，洒下一掬伤心之泪。《伤往赋》有自撰小序，明言此赋为悼念亡妻而作，希望读者更加珍惜伉俪之情、善待结发之人。赋文以低回的旋律和哀婉的词句曲折有致地抒发了作者对亡妻的缱绻深情：

第五章 刻在岭南大地上的坚实足印

　　叹独处之邑邑兮，愤伊人之我遗。情可杀而犹毒，境当欢而复悲。人或朝叹而暮息，夫何越月而逾时！太极运乎三辰，转寒暑而下驰。有归于无兮，盛复于衰。犹昧爽之必暮，又安得而怨咨？我今怨夫若人兮，曾旭旦而潜晖。飘零日及之萼，倏忽蜉蝣之衣；川走下而不还，露迎旸而易晞。恩已甚兮难绝，见无期兮永思。

斯人已去，而音容宛在、遗迹犹存。作者无论"行其野"，还是"复虚室"，抑或"入寝宫"，都能真真切切地感受到亡妻的存在，都免不了触景生情、睹物伤怀。所谓"目凄凉兮心伊郁，心伊郁兮将语谁"，充满无人可诉衷肠的憾恨，见出他对亡妻的依赖之深和怀想之烈。

　　《谪居悼往二首》不以"悼亡"为名，却和元稹的《遣悲怀三首》一样，是地地道道的悼亡诗。"潘岳悼亡犹费词"——自从潘岳首创"悼亡"一体后，"悼亡"便成为中国古典诗学中的一个专有名词，特指"悼念亡妻"之作。《谪居悼往二首》其一写道：

　　邑邑何邑邑，长沙地卑湿。
　　楼上见春多，花前恨风急。
　　猿愁肠断叫，鹤病翘趾立。
　　牛衣独自眠，谁哀仲卿泣。

诗人嗟叹亡妻和自己一样时运不济，命途多舛，恰如那风雨飘摇中无力自保的花枝。因此，凝想花前，他多么痛恨那无端而至的狂风。诗人唯有日复一日地看那病鹤在愁猿的哀鸣声中缓缓起舞，聊以排遣寂寞。尾联"牛衣"二句更将诗人的痛失良偶、自伤孤独之情渲染得淋漓尽致。诚然，就诗论诗，其经典程度不及元稹的《遣悲怀三首》远矣，却同样脍炙人口。而且，诗人虽然没有像元稹那样发出"惟将终夜常开眼，报答平生未展眉"的自誓，其后却未再正式婚娶。直到长庆四年（824）由夔州转任和州途经武昌时，才纳"鄂姬"为妾。其时，距薛氏逝世已有十一年之久。较之后来元稹在婚姻问题上屡遭讥评的不严肃态度，刘禹锡此诗更真实地撼写了自己的心声。

这种悲伤抑郁的情绪伴随着刘禹锡踏上返京的驿道，直到与柳宗元会合后才得以缓解——他们两人事先约定结伴同行，然后分别从朗州和永州出发。他们会合于何时何地，史无明载，但从他们途中的唱和之作看，至少在襄阳宜城，他们已经开始联镳并驰了。因为在襄阳宜城他们曾一起投宿善谑驿，并共同拜谒淳于髡墓，赋诗酬唱。首唱的刘禹锡有《题淳于髡墓》诗，柳宗元则有题为《善谑驿和刘梦得酹淳于先生》的奉和之作。淳于髡是战国时齐国的大夫，以博学、滑稽、多智、善辩著称。他曾多次用隐言微语的方式劝谏齐威王居安思危。齐威王刚当政时，"好为淫乐长夜之饮"，群臣都不敢进谏。淳于髡针对齐威王好隐语的特点，对齐威王说："国中有大鸟，止王之庭，三年不飞又不鸣，王知此鸟何也？"齐威王明白他的用意，便也用隐语回答说："此鸟不飞则已，一飞冲天；不鸣则已，一鸣惊人。"从此振作起来，革新朝政，收复失地，使齐国不断强大。"一鸣惊人"也作为典故流传下来。刘、柳的唱和之作都颂扬了淳于髡的才智与贡献，表达了对客死他乡的先贤的追怀之意。

从此，旅程依然漫长，却不再孤寂。十年了，这两位志同道合的挚友已经将近十年没能聚首了。虽然常有鱼雁传书，并非音问难通，但毕竟不能抵足长谈，把盏共饮，尽吐胸中块垒，何况"一肚皮的不合时宜"一旦形诸文字，很容易授人以柄，不能不使他们在通信时有所顾忌与防范。现在，久别重逢的他们日则同行，夜则同寝，朝夕相处，形影相伴，欢度着一生中最值得怀念的"蜜月期"。

柳子厚像

韓愈之碑同榮爛羅池英
靈民所懼我欲讚公霖可
讚

嘉慶辛酉月端午後一日龍眠姚元之繪像并述讚

元和十年公徙柳州刺史
南方為進士者走數千里
從公游公漫柳人懷之訊
言降于州之堂人齊慢去
卹死庸于羅池公之靈
吳勤人如七晃尹記

〔清〕姚元之　柳子厚像圖

时光荏苒，当年，他们离京分赴贬地时，刚过而立之年；十年蹉跎，如今，他们重返京城，已逾不惑之岁。而他们"经冬复历春"的心境，此时确也已"不惑"了。重整旗鼓、再战沙场的想法容或有之，却不敢指望重登台辅、再占要津，复现当年叱咤风云的身姿。见面之初，两人相互审视良久，各自感慨不已，因为他们分明看到对方已两鬓霜华、满脸沟壑，尽管雄心犹在、英风尚存，但映现在两人眸子中的再也不是当年朝气蓬勃的青年才俊，而是因饱经沧桑而略显身心疲惫的中年汉子了。当两双本来有可能扭转乾坤的大手紧握在一起，低声互唤"子厚""梦得"时，随行者看到了他们眼中闪烁的泪光。

　　相形之下，刘禹锡对政治前途的研判要更加清醒些、冷静些，柳宗元则多少还抱有一丝不切实际的幻想。行至汨罗江边，突遇狂风大作，波涛汹涌，不能行船。柳宗元写下《汨罗遇风》一诗，直抒行程受阻的憾恨："南来不作楚臣悲，重入修门自有期。为报春风汨罗道，莫将波浪枉明时。"希望能早日"重入修门"，因而恳请汨罗江神不要兴风作浪，以免耽误了他们的行期、辜负了"明时"。为国效力的心情显得十分迫切。诗中既曰"春风"，又云"明时"，显然以为命运已发生根本性的逆转。柳宗元的乐观情绪多少感染了刘禹锡。他的心情也渐渐开朗起来。不过，对不可预测的未来，他依然不敢轻言成败，而仅仅在柳宗元的影响下，不动声色地保持着谨慎的乐观。

　　此时，他们都没有想到入京后会因刘禹锡愤而赋写《元和十年自朗州承召至京戏赠看花诸君子》一诗，忤怒权贵，再次遭到贬谪。（参见本书引言）作为这首诗最早的读者，柳宗元讽咏再三，感到莫大的快意，因为那深蕴讥刺的感慨，正道出了他们的共同心声。他知道，刘禹锡回京后其实一直在隐忍。新的任命迟迟不见下达，渴望尽早为国效力的他们都已经有些迫不及待了。刘禹锡《阙下口号呈柳仪曹》一诗说："彩仗神旗猎晓风，鸡人一唱鼓蓬蓬。铜壶漏水何时歇？如此相催即老翁。"是啊，时不我待，只争朝夕，他们多么希望能早日履新、一展抱负啊！可是，有一股势力却依然在为他们设置障碍。对此，他们早就有所察觉了。以刘禹锡嫉恶如仇、睚眦必报的生性，不可能毫无反应。柳宗元觉得，这首玄都观看花诗正是刘禹锡作出的一种过激的回应。他既为之拍手称快，又隐隐有些担心：这首诗若流传出去，会不会授人以柄，给敌对势力提供攻讦的口实呢？

二、远贬连州

果然，柳宗元的担心不是多余的。读到这首诗后，执政者大为震怒。诗中的芒刺不仅深深地刺痛了那些"对号入座"的朝官，而且大大地激怒了以逼宫方式登基的唐宪宗。刘禹锡后来在《谢中书张相公启》中形容当时的情况是"一坐飞语，如冲骇机"。《旧唐书·刘禹锡传》记载说："元和十年，自武陵召还，宰相复欲置之郎署。时禹锡作《游玄都观咏看花君子诗》，语涉讥刺，执政不悦，复出为播州刺史。"这一记载，本自与禹锡约略同时的唐人孟棨的《本事诗》。《本事诗·事感第二》说，刘禹锡看花诗"传于都下，有素嫉其名者，白于执政，又诬其有怨愤。他日见时宰，与坐，慰问甚厚。既辞，即曰：'近者新诗，未免为累，奈何？'不数日，出为连州刺史"。两书在细节的描述上有些差异，却都肯定刘禹锡是因诗得咎、以诗获罪。唐代本来极少文字狱，像清代诗人那样不慎在诗中使用了"明""清"等统治者视为大忌的字眼（如"明朝期振翮，一举去清都""清风不识字，何故乱翻书"）便身首异地，甚至诛戮九族，在唐代简直是不可思议的事情。所以，玄都观诗案在基本没有文字狱发生的唐代就显得格外吸引世人眼球了。

本来，朝廷的主要官员中不乏同情刘禹锡遭遇并欣赏其才干者，如御史中丞裴度、刑部尚书权德舆、礼部尚书李绛、户部侍郎崔群等，均与他有旧且交好，正在为他的复出而斡旋。然而，这首诗中的芒刺被别有用心之徒刻意放大之后，他们很难为刘禹锡辩护，只能在内心埋怨他不够冷静，逞一时之快，而误一生之计。确实，由于意象本身的丰富性，"玄都观里桃千树，尽是刘郎去后栽"，极易被加以曲解，而扩大其打击的层面，使许多本来了无干涉的朝官误以为自己也成了被嘲讽的对象，从而站到了刘禹锡他们的对立面。众口铄金，当这首诗被舆论认定为政治讽刺诗之后，曾经一手制造"八司马"事件的唐宪宗觉得自己的尊严遭到亵渎，权威受到挑战，是可忍孰不可忍！一怒之下，便听从了武元衡等人的撺掇，下诏将刘、柳等人再度贬逐出京：

虔州司马韩泰为漳州刺史；
饶州司马韩晔为汀州刺史；
台州司马陈谏为封州刺史；
永州司马柳宗元为柳州刺史；
朗州司马刘禹锡为播州刺史。

诏令一出，朝野震惊，因为集体召回而又逐出，这在有唐一代历史上几乎是绝无仅有的特例。在这起所谓"诗案"的酿成过程中，时任宰相的武元衡发挥了呼风唤雨、推波助澜的作用。刘禹锡等人返京时，他居相位既久，羽翼已成，炙手可热。对刘、柳等革新志士，他本有宿怨，而刘禹锡的看花诗又透露了永贞党人并没有冰释前嫌的消息，他痛感如果让他们重回郎署，会构成对自己的严重威胁。于是便借机发难，抓住刘禹锡的看花诗大做文章。再贬的诏令虽然代表了宪宗的意志，但与武元衡上下其手、多方鼓动实在不无关系。事实上，早在十年前，他就与刘禹锡等革新志士势同水火，即使没有玄都观看花诗，他也不会坐视永贞党人卷土重来，早晚要寻衅滋事，将他们逼入绝境。刘禹锡的这首诗只不过给了他一个堂而皇之的借口，成为永贞党人再度被逐的直接导因。如果真的把这当作一桩诗案来处理，不会株连如此之广，导致所有的"叔文之党"都被贬窜遐荒。合理的解释是，由于武元衡的反复进谏，宪宗已深自后悔将刘、柳等人召回，但成命难收。正在犹豫不决之际，武元衡就看花诗事件，再次向他播弄是非，终于使他痛下决心对幸存的永贞党人大动干戈。于是，刘禹锡的看花诗就成了压垮骆驼的最后一根稻草！

因为刘禹锡是这首"反诗"的作者，所以他遭到了比柳宗元等人更严厉的处分，被贬到最偏远、最荒凉的播州。他当然知道被贬逐的真正原因是政治信念的碰撞和政治利益的冲突，但自己激于义愤而创作的玄都观看花诗毕竟是引爆冲突的导火索，所以他不能不引咎自责。他自责，与其说是因为一时冲动而断送了一己前程，不如说是因为柳宗元等志士仁人受到株连而必须"万死投荒"。他没有想到的是，柳宗元对他不仅没有丝毫怪罪之意，反而在他最困难的时候，一如既往地向他施以援手。播州（今贵州遵义），在唐代属于荒凉至极的"下州"，州民总数不足五百户，经济落后，民生凋敝，道路遥艰。当时，刘禹锡的母亲已届风烛残年，体弱多病，根本无法承受跋山涉水、远赴播州的旅途劳顿。就在此时，柳宗元毅然决然地挺身而出，主动恳请与刘禹锡交换贬所，即把条件相对较好的柳州让给刘禹锡，自己去最为艰苦的播州上任。这是何等纯洁的友谊、何等崇高的品格啊！据韩愈《柳子厚墓志铭》记载，柳宗元当时动情地说："播州非人所居，而梦得亲在堂，吾不忍梦得之穷，无辞以白其大人。且万无母子俱往理。"短短一番话语，既表现了柳宗元对挚友所处困境的体察之微和谅解之深，也体现了他为解救挚友于水火倒悬之际而不惜自我牺牲的大无畏精神。

后来，因御史中丞裴度等出面向宪宗求情，宪宗才收回成命，改贬刘禹锡为连州刺史。对这一过程，除《资治通鉴考异》据《宪宗实录》详加叙录外，赵璘《因话录》亦记之甚明："宪宗初征柳宗元、刘禹锡至京。俄而以柳为柳州刺史，刘为播州刺史。柳以刘须侍亲，播州最为恶处，请以柳州换。上不许。宰相对曰：'禹锡有老亲。'上曰：'但要与恶郡，岂系母在？'裴晋公进曰：'陛下方侍太后，不合发此言。'上有愧色……刘遂改授连州。"

赴任途中，刘、柳又结伴而行。"行行重行行，与君生别离。"（《古诗十九首》）行至衡阳回雁峰前，两人必须分手了。前路茫茫，生死安知？两人这时有太多的不舍、太多的离愁别恨！除了诉诸诗歌，再也找不到别的恰当的表达方式。柳宗元《衡阳与梦得分路赠别》一诗写道：

> 十年憔悴到秦京，谁料翻为岭外行。
> 伏波故道风烟在，翁仲遗墟草树平。
> 直以慵疏招物议，休将文字占时名。
> 今朝不用临河别，垂泪千行便濯缨。

诗中有无辜被贬的不解与不平，有泣别挚友的无尽感伤，当然，也有对不甘示弱于政敌的刘禹锡的劝导。"直以""休将"云云，显然隐括了玄都观看花诗引发的风波，意在委婉地劝说刘禹锡不要"逞才使气"，以"文字"惹来不测之祸，既深见挚友之情，又恪尽诤友之责。

刘禹锡答以《再授连州至衡阳酬柳柳州赠别》一诗：

> 去国十年同赴召，渡湘千里又分岐。
> 重临事异黄丞相，三黜名惭柳士师。

归目并随回雁尽，愁肠正遇断猿时。
桂江东过连山下，相望长吟有所思。

首联呼应柳宗元原唱，抒发连遭贬黜的悲慨和对翻云覆雨的朝廷的怨愤。颔联以"黄丞相"自况，而以"柳士师"喻指柳宗元。连州刺史恰好是刘禹锡十年前第一次被贬时所授的官职，但未及到任，便又被追贬为朗州司马，是谓"重临"。"黄丞相"，指西汉循吏黄霸，他曾两度出任颍川太守，后官至丞相。尽管刘禹锡与他同属重临旧地，但一为朝廷贬斥的戴罪之臣，一为朝廷器重的股肱之臣；一为远离京都的南方小邑，一为邻近京畿的中原大郡，是谓"事异"。"柳士师"指春秋时鲁国的柳下惠。"士师"是执掌刑狱的官员。因正道直行，他曾多次受到贬黜，却毫无悔吝之意。这里，刘禹锡以柳下惠指代同为柳姓的宗元，意谓：同样多次被贬，柳宗元的崇高声望与品德却令我深愧不如。这既是自谦，也见出他对"愿以柳易播"的柳宗元的感佩。颈联与尾联发挥诗题中的"赠别"之意，极写难以排遣的离情别绪：雁行阵阵，猿鸣声声，使分手在即的他们愁肠百结。稍可自慰的是，蜿蜒流淌的桂江宛如一根纽带，把柳州和连州连结在一起，他们日后尚可彼此怅望江水，遥寄相思之情。全诗穿越时空，一气盘旋，语淡情浓。

柳宗元读后，意犹未尽，又赋《重别梦得》一诗：

二十年来万事同，今朝岐路各西东。
皇恩若许归田去，晚岁当为邻舍翁。

从昔日的共同遭遇，说到今后的共同选择，既烘托了知己之感，又流露出归隐之意，同时还表达了晚年结邻而居、朝夕往还的愿望，宣示了友谊的久而弥笃、至死不渝。

刘禹锡奉答说：

弱冠同怀长者忧，临岐回想尽悠悠。
耦耕若便遗身世，黄发相看万事休。

"临岐回想"，他觉得自己和柳宗元一样，从青少年时代起就忧劳国事，不敢稍息，却屡屡罹祸，历尽坎坷，实堪伤怀。但所有的荣辱尽成悠悠前尘往事。若得恩准，能与柳宗元相偕隐居，"耦耕"度日，则此生于愿足矣！这是他们此时的真实想法，却也是在政治高压下的一种迫不得已的选择。因此，当后来政治处境改善后，刘禹锡放弃这一选择也就是情理中的事了。

柳宗元再展翰墨，续作《三赠刘员外》一诗：

信书成自误，经事渐知非。
今日临岐别，何年待汝归？

感慨以往过于书生意气，一味迷信书本，不知世事之艰、政事之险，乃致遭人暗算，自误一生。期望今日揖别后，能早日被朝廷一同放归，重新聚首至永远。

刘禹锡自然迅即酬答：

年方伯玉早，恨比《四愁》多。
会待休车骑，相随出尉罗。

依循宗元既定的抒情旋律，倾吐了同样的一生相伴相随的心声。

他们早就读过王勃的《滕王阁序》，知道自己和历代才人志士一样，必定"时运不齐，命途多舛"，因此，在"临岐"分手的此刻，他们难免瞻望前程，不寒而栗，无法用"海内存知己，天涯若比邻"（王勃《送杜少府之任蜀州》）和"莫愁前路无知己，天下谁人不识君"（高适《别董大》）之类的豪迈诗句来慰勉对方，但正当盛年的他们，此时绝对没有想到，这一别竟成永诀！

三、以民为本

刘禹锡于元和十年（815）五月十一日抵达连州。

告别柳宗元后，他因为心情极度抑郁的缘故，"自发郴州，便染瘴疟"，但身负朝命，"不敢停留"，依然风雨兼程。这样，抵达连州时，他的身体已极虚弱。不过，风尘未洗，他就以病躯投入待理的诸多公务。

连州位于五岭南麓、连江上游，是中原前往南粤的主要枢纽。境内崇山峻岭，逶迤连绵。山峦间的低矮谷地为历代交通要道和行军路线。连江流经县境，注入北江。西汉初年立县，称桂阳县。隋朝开皇十年（590）建州，称连州。除刘禹锡及其友人韩愈一度谪居连州外，北宋哲学家周敦颐，南宋宰相张浚、学者张栻，明代诗人屈大均，清代学者翁方纲等文人雅士也曾涉足此地，并留下诗文、墨迹和碑记。连州又是古代兵家必争之地，汉代伏波将军路博德、晚唐起义领袖黄巢、南宋著名将领岳飞都曾驻守连州。连州有州民十余万人，濒江临海，物产尚丰，而且境内画山绣水，景色优美，适合文人雅士修身养性和抒情写意。刘禹锡后来在《送曹璩归越中旧隐诗》中说，"剡中若问连州事，唯有千山画不如"，可见对其景色是高度赞赏的。

作为一名关心民瘼、治郡有方的官吏，到任后，刘禹锡首先调查了连州的山川、地形、物产、气候、常见疾病等情况，写成《连州刺史厅壁记》，为出台有关政令提供依据。实地踏勘后的连州，在刘禹锡眼中开始变得可亲可爱了。宋人张邦基《墨庄漫录》称道说，"予少年在湘阳，曾弦伯容云：唐人能造奇语者，无若刘梦得作《连州厅壁记》"。在这篇充满"奇语"的《连州刺史厅壁记》里，刘禹锡以热情赞美的笔墨对连州的自然环境和人文景观作了详尽的描摹，揭示出它的以下特点：

一是习近湘楚。"此郡于天文与荆州同星分，田壤制与番禺相犬牙，观民风与长沙同祖习，故尝隶三府，中而别合，乃今最久而安，得人统也。按，宋高祖世始析郴之桂阳为小桂郡，后以州统县，更名如今，其制谊也。郡从岭，州从山，而县从其郡。"意思是说连州历史上曾经分属荆州、长沙，习俗上和荆楚、沅湘相近。

二是钟灵毓秀。东面有顺山，"由顺以降，无名而相歃者以万数，回环郁绕，迭高争秀，西北朝拱于九疑"；城下有湟水，"由湟之外，支流而合输以百数，沦涟汨㴉，擘山为渠，东南入于海"。"故境物以丽闻。"

三是物产丰饶。"山秀而高，灵液渗滩，故石钟乳为天下甲，岁贡三百铢。"连州钟乳石被唐代人视为名贵药材，每年要向朝廷进贡；而且，"纻蕉为三服贵，岁贡十笥"，"林富桂桧，土宜陶旐"。

四是气候宜人。"环峰密林，激清储阴，海风驱温，交战不胜，触石转柯，化为凉飔。城压赭冈，踞高负阳，土伯嘘湿，抵坚而散，袭山逗谷，化为鲜云。"山林密布，生态良好，不见南蛮之地的湿热。

五是代有清官。"既视事，得前二千石名姓于壁端，宰臣王畯、幸卿刘晃、儒官严士元、闻人韩泰金拜焉。或久于其治，功利存乎人民；或不之厌官，翘禹载于歌谣。""肇武德距于今，凡五十有七人，所举者四君子，犹振裘之于领袖焉。"禹锡从连州的贤吏中拈出四位加以评说，表示自己愿"从群公之后"，励精图治，有所作为，以期"功利存乎人民"。

总括以上印象，刘禹锡将连州定义为"荒服之善部""炎裔之凉地"。这较之他当年的看法，已有很大调整——十年前，刘禹锡初贬连州，半道作《赴连州途经洛阳诸公置酒相送张员外贾以诗见赠率尔酬之》一诗："谪在三湘最远州，边鸿不到水南流。如今暂寄樽前笑，明日辞君步步愁。"据载，唐时，连州距都城长安三千四百一十五里，以当时的交通条件，确实路途遥远。但他当初对连州的印象只是间接得来的。真的亲临并逐渐融入连州后，原来先入为主的印象顿然改变。他多次在文章中称连州为"善部""善地"。如《谢门下武相公启》说"俾移善地，获奉安舆"；《谢中书张相公启》说"移莅善部，载形纶言"。诚然，这类谢恩的表章难免夸大其词，但可以肯定，连州的方方面面显然要优于他原先的估计。《连州刺史厅壁记》用词更严谨些、审慎些，称之为"荒服之善部"，在"善部"前颇有深意地加上了"荒服"这一定语。何谓"荒服"？古代将京畿以外的地方，每五百里划为一服，由近及远，依次分为甸服、侯服、绥服、要服、荒服。连州离长安如此之远，自然属于"荒服"了。以"荒服之善部"形容连州，实在是很贴切的。

刘禹锡在连州的身份虽未脱离"谪籍"，但毕竟是一州主官，与当年在朗州担任的司马闲职大不相同。他可以按照自己的理念来施政，在权力所及的范围内兴利除弊。所以，一向以民为本的他暂时淡忘了刚刚遭遇的政治迫害，倾全力为州民造福。

他在连州的业绩之一是重教兴学，开启了连州"科举甲通省"的时代。赴任连州数年之后，他重教兴学的成效开始显现，连州历史上第一个进士刘景闪亮登场。刘禹锡赋诗《赠刘景擢第》予以祝贺：

湘中才子是刘郎，望在长沙住桂阳。
昨日鸿都新上第，五陵年少让清光。

后来，刘景之子刘瞻又高中进士，并在唐懿宗咸通九年（868）官至宰相。在刘禹锡的策划与引领下，连州文风蔚然，吸引了荆楚吴越的诸多儒生纷纷前来求学。湘南儒生周鲁儒、吴越儒生曹璩都是刘禹锡的得意门生。有唐一代，广东共有进士四十八名，连州就有十二名；北宋时期，广东共有进士一百二十七名，连州就有四十三名，时称"连州科第甲通省"。清乾隆间编撰的《连州志·名宦传》说："吾连文物媲美中州，禹锡振起之力居多。"

刘禹锡在连州的业绩之二是在画山绣水间构建人文景观。他将京都的山水艺术引入岭南，开创了岭南园林艺术先河。在连州期间，他疏浚修缮了海阳湖，为其增置吏隐亭、梦丝瀑等亭台水榭，新添景点十余处，使连州的旅游资源更趋丰富、旅游设施大为改善。他治下的海阳湖不但是岭南园林艺术的典范，也是中原文化在岭南的物象载体。他还亲自为吏隐亭、切云亭、云英潭、玄览亭、裴溪、飞练瀑、蒙池、梦丝瀑、双溪、月窟等十处最具代表性的景点各赋诗一首，合为《海阳十咏》，全方位、多角度地描状了海阳湖周边的秀丽景色。其中，《吏隐亭》写道：

> 结构得奇势，朱门交碧浔。
> 外来始一望，写尽平生心。
> 日轩漾波影，月砌镂松阴。
> 几度欲归去，回眸情更深。

状难写之景如在目前，含不尽之意见于言外。而这些隽美诗篇正是使海阳湖得以声名远播的重要媒介。

刘禹锡在连州的业绩之三是编修医书，惠及八方百姓。他对医学颇有研究，从十六七岁就开始研读《小品方》《本草》《素问》等书，并留意搜集各种流传于民间的单方、验方、秘方及焙药技术。

在连州期间，鉴于疫病流行而良医匮乏，他决意编辑一部实用的方书，以应州民不时之需。他知道一己闻见有限，便将想法诉诸同样爱好医学的友人，请他们襄助其事。元和十二年（817），柳宗元给他寄来治霍乱盐汤方、治疗疮蜈螂心方、治脚气杉本汤方等三个经过自身检验的良方；元和十三年（818），道州刺史薛景晦给他寄来《古今集验方》十卷。于是，他便把自己数十年积累下来的药方，连同柳宗元、薛景晦寄来的单方一起，编成《传信方》。他在《传信方述》中写道：

> 医拯道贵广，庸可以学浅为辞？遂于箧中得已试者五十余方，用塞长者之问。皆有所自，故以《传信》为目云。

《传信方》十分重视将普通药物与简单易行的治疗方法相结合。如用芦荟治湿癣，以大蓝汁加雄黄治蜘蛛咬伤，以大豆、生姜治腹胀等，简单易行，因而深受民众欢迎，迅速得以流传，最终不仅贻惠于整个岭南地区，还漂洋过海，传到了日本、朝鲜等地，如日本的《医心方》、朝鲜的《东医宝鉴》等都收录了《传信方》中许多行之有效的方剂。可惜原书在国内业已失传。

刘禹锡在连州的业绩之四是重土爱民，对少数民族亦一视同仁。他情系州民，心忧黎庶，经常深入民间，体察民情，适度为他们减轻租税负担，并尽可能为他们排忧解难。对当地民众，包括瑶族瑶民的生活，他始终高度关注。连州位于湘、粤、桂三省交界处，隋朝时境内就有瑶族聚居区。刘禹锡在连州期间写下了《莫徭歌》《蛮子歌》《连州腊日观莫徭猎西山》等三首诗，不仅对瑶族的语言服饰、风俗习惯以及耕作狩猎场景进行了栩栩如生的刻画，而且对瑶族人民的勤劳、勇敢、质朴、善良充满着赞许之意。他是我国历史上首次以诗歌的艺术形式描写瑶族的诗人。而作为一州刺史，如此写诗赞许瑶族，客观上无疑可以收到加强瑶、汉民族团结的效果。

刘禹锡在连州还留下了许多流传遐迩的逸闻趣事，"纶隐处"即为其一。相传连州有一个称作"君子池"的水塘，水色清冽，绿树倒影，常有骚人墨客徜徉于此。一天，刘禹锡偕友同游燕喜山，傍晚时分返经君子池旁。二人酒后微醺，余兴未了，以水为镜，顾影自怜。忽然一阵夜风刮过，把刘禹锡手中的帽子吹落池中，刘禹锡躬身去探捞，只见水中身影与水底帽子相叠，竟似帽子仍然戴在头上一般。由帽子失落联想到仕途失意，刘禹锡不胜感慨。随后题"纶隐处"三字，命匠人刻于石上。至今该石刻犹清晰完好。

刘禹锡是被迫来到连州的，受命之初不免怀有抵触情绪。然而，连州的风土人情欣然接纳了他，而他也很快就拂开迷蒙的岭南烟云，投入了连州那奇异而又不失温馨的怀抱，一点点消释胸中的块垒，舒展腹中的经纶，终于与连州融为一体。

四、笔走龙蛇

公务之余，刘禹锡依旧醉心于诗歌创作。有那么强的意愿要表达，那么深的情愫要抒发，那么多的理念要阐发，他怎能不呕心沥血地从事创作呢？把谪守连州时期与贬居朗州时期相比较，可以发现，刘禹锡不断将探求的触角伸向新的题材领域：如果说朗州十年，他用力最勤的是揭露政敌的讽刺寓言诗，以《百舌吟》《聚蚊谣》等为代表的话，那么，连州五年，最具特色的则是歌颂平藩胜利的政治诗，以《平蔡州三首》和《平齐行二首》为代表。

是的，谪守连州期间，刘禹锡很少创作鞭挞邪恶、伸张正义的寓言诗。现在可以确认写于连州的诗作中，只有《飞鸢操》一首算得上是严格意义上的讽刺寓言诗。但这并不意味着在纷至沓来的打击下，刘禹锡已销铄了他的锋芒，而是因为形势发生了他意想不到的变化——就在诗人谪守连州的第三年,久未奏克获之功的平藩战争取得了重大胜利:裴度、李愬率军一举攻占蔡州,捣毁了淮西叛军的老巢,生擒了盘踞蔡、光、申三州三十年之久的叛军头目吴元济。时隔一年,又传来了平定淄青的消息。在欢庆胜利之际,刘禹锡对朝廷的宿怨有所消解。为了祝贺淮西和淄青大捷,始终感应时代潮汐的刘禹锡泼墨如注,相继写成《平蔡州三首》《城西行》《平齐行二首》等一系列诗篇。这样,他的创作重点便很自然地由揭露政敌的讽刺寓言诗转移到歌颂平藩胜利的政治诗。这种转移既是为他的创造精神所驱使,多少带有开拓新的艺术领域的主观意图,更是由于风起云涌的国家形势的推动。时代给他提供了新的题材、新的驰骋才力的天地,于是他便暂时藏掖起那犀利的锋芒,用充满热情的歌喉,与时代精神取得和谐的共鸣。

刘禹锡自己对《平蔡州三首》等歌颂平藩胜利的政治诗是非常看重的。当时,几乎所有的文坛高手都曾试手这一题材。韩愈写有《平淮西碑》,柳宗元写有《奉平淮夷雅表》。刘禹锡认为,"韩碑""柳雅""刘诗"可以并传不朽。的确,刘禹锡这组歌颂平藩胜利的政治诗是独具匠心、耐人寻味的。诗人准确地把握住了"典型环境"和"典型人物"的关系,将淮西、淄青大捷放在广阔的时代背景上加以表现,巧妙运用以虚衬实、以小见大、化浓为淡等艺术辩证法,以夸张之笔渲染平藩将士的声威,以空灵之笔描绘叛区生民的欢欣,以精警之笔揭示平藩之捷的意义,既讴歌现实的胜利,又展示理想的画图,从而达到了现实主义史笔与浪漫主义诗笔的高度统一。

《平蔡州三首》其一说:

> 蔡州城中众心死,妖星夜落照壕水。
> 汉家飞将下天来,马棰一挥门洞开。
> 贼徒崩腾望旗拜,有若群蛰惊春雷。

> 狂童面缚登槛车，大帛天矫垂捷书。
> 相公从容来镇抚，常侍郊迎负文弩。
> 四人归业闾里闲，小儿跳踉健儿舞。

这是写收复蔡州的经过，用笔生动、凝练而又略事夸饰。前六句写奇袭蔡州，以"贼徒"的惊惧反衬李愬的勇武。后六句写镇抚蔡州，以"四人"的怡悦烘托裴度的从容。所谓"两两相形，以整见劲"，或许正是指这种笔法。这里，写得最有气势的还是"汉家飞将"以下四句：马鞭挥时，高城崩缺；军旗指处，群贼乞降。这既暗示用兵的神速，又见出平藩将士的赫赫声威和正义力量的势不可当。我们可将它与《平齐行二首》中的"春来群乌噪且惊，气如坏山堕其庭"和"帐中房血流满地，门外三军舞连臂"加以比照并观。

《平蔡州三首》其二说：

> 汝南晨鸡喔喔鸣，城头鼓角音和平。
> 路傍老人忆旧事，相与感激皆涕零。
> 老人收泣前致辞：官军入城人不知，
> 忽惊元和十二载，重见天宝承平时。

"汝南"二句寓奇崛于平易：雄鸡啼鸣，象征着蔡州生民终于重见天日；鼓角平和，则昭示着蔡州城内的安宁。这是"兴而比"也。一场战事过后，不仅没有给蔡州带来任何破坏，反倒使它呈现出一派升平景象，这不能不归功于李愬的指挥得当，所以这两句也是"尽李愬之美"（《苕溪渔隐丛话》引《隐居诗话》）。"路傍老人"以下则是从前一首结尾"四人归业闾里闲，小儿跳踉健儿舞"的典型场面中推出的一个特写镜头。在欢庆胜利之际，路旁老人痛定思痛，竟情不自禁地泣而涕下。可见藩镇作乱给百姓带来的灾难有多深重，百姓要求平定叛乱的愿望有多强烈！诗人通过这一细节，生动地启示人们：削平藩镇，不仅有利于国家统一，而且能使百姓安居乐业，符合广大民众的根本利益。这正是诗人主张平藩的原因，也正是平藩之捷的意义。

《平蔡州三首》其三说：

> 九衢车马浑浑流，使臣来献淮西囚。
> 四夷闻风失匕箸，天子受贺登高楼。
> 妖童擢发不足数，血污城西一抔土。
> 南峰无火楚泽闲，夜行不锁穆陵关。
> 策勋礼毕天下泰，猛士按剑看常山。

这里，不仅时间已大大向前推移，地点也由蔡州转换为车水马龙的京城。那献囚阙下和妖童伏诛的盛大场面，虽然同样出于诗人的想象和虚拟，却有声有色，历历如见。但诗人的主要意图还不是表现这些，而在于由此引出淮西之捷的深远影响。"四夷闻风失匕箸"，仅此一笔，便将藩将们的惊慌失措之态披露无遗；而由他们的惊慌失措，又不难看出淮西之捷巨大的威慑力量。"南峰无火"以下三句写淮西之捷初步奠定了全国一统、天下归安的局面，各路藩将再不敢据险作乱，轻启战衅。这仍然是从侧面揭示淮西之捷的影响，其中不无理想主义的成分。结句笔锋一转，又生发出新的意蕴。当时，只有驻兵常山的承德军节度使王承宗企图负隅顽抗。这里，诗人写平藩将士按剑怒视常山之敌，期待着新的征伐命令，实际上是劝谏朝廷：应趁眼前的大好时机，一鼓作气，荡平藩镇。这样，全诗就不仅是胜利的颂歌，同时也成为催征的号角。这正是它不同凡响的地方。所以，清人翁方纲《石洲诗话》认为，"叙淮西事，当以梦得此诗为第一"，并称赞它"以竹枝歌谣之调，而造老杜诗史之地位"。

《平齐行二首》笔调相似,而篇幅略事增广,更见淋漓顿挫。《城西行》则聚焦于被押赴城西行刑的叛军将领,刻意渲染"中使提刀出禁来,九衢车马轰如雷"的狂热场面和"守吏能然董卓脐,饥乌来觇桓玄目"的惨厉细节,与韩愈的《元和圣德诗》有异曲同工之妙,且同样稍嫌血腥。

诸如此类的"颂诗"都创作于平藩告捷、举国欢腾之后。这之前,刘禹锡仍不免写作一些"怨诗"与"愤诗",而其抱怨和泄愤的对象则是当朝宰相武元衡。刘禹锡与武元衡的关系十分微妙。他们彼此视对方为政敌,必欲除之而后快,有机会下手时绝不留情。但从表面上看,却并不剑拔弩张,并没有撩开温情脉脉的面纱,因为他们既是传统意义上的文人,需要保持温良恭俭让的表征,又是具有较为丰富政治经验的官员,讲究斗争策略,擅长虚与周旋的官样文章。他们的政治主张并不完全一致,却也没有什么根本的分歧,至少在抑制藩镇势力、限制宦官权力等问题上,他们其实可以达成共识。然而,就像两颗在不同轨道上运行的星宿一样,他们属于不同的政治营垒,信奉不同的思想体系,因而有着不同的政治利益诉求。他们各自的沉浮,直接关系到两股政治势力的此消彼长。所以,阻遏对方的政治前途,乃至剥夺对方的政治生命,就不仅仅是个人之间的竞争,而且也是出于对政治集团的根本利益的维护。同时,性格本身的差异,又使他们不喜对方的行事风格和话语方式,讨厌与对方共处,但因为彼此都是一举一动都备受公众关注的政治人物,故而又必须进行礼节性的交往,包括诗歌酬唱。这就不能不克制从生理到心理本能的厌恶。这种厌恶积淀到一定程度,就会产生强烈的反弹,以一种近于极端的方式表现出来,即使不酿成公开的指斥,也会化为含蓄的讥刺。

此外,他们还都是驰骋于文坛的著名写手。元和十年(815)前后，刘禹锡已因实际的创作成就而被视为文坛泰斗，而武元衡也因特殊的政治地位而被奉为文坛盟主。在文学圈里，他们都是振臂一呼、应者云集的风云人物。平心而论，武元衡也有着很高的文学造诣，因此，晚唐张为的《诗人主客图》把他列为"瑰奇美丽主"，刘禹锡反倒屈居"上入室一人"。这当然反映了张为一叶障目的偏见，却也表明在许多后代诗论家心目中，武元衡的诗坛地位不低。只是政治上的志得意满和位高权重，在很大程度上影响了他的创作，当刘禹锡在沅湘之滨体验"穷愁著书"的创作快感时，他却碌碌于政务的处理，汲汲于权力的追逐，无暇亦无意把诗歌创作作为生活的主要内容，当然也就不可能用亲身经历来验证"诗穷而后工"的定律了。而且，很快他就遭遇不测，死于非命，过早地结束了政治生命和创作生命，其创作实绩自然就远逊于刘禹锡了。不过，既然都是受追捧的文坛领袖，他们凭借不同的砝码成为重量级人物（刘是"人以文贵"，武是"文以人贵"），难免濡染"文人相轻"的习气，在主观上不自觉地放大自身的优势，而睥睨对方的创作弱项。这也加深了他们之间的隔阂，终于导致势同水火，互不相容。

作为形式上的僚友与文友，刘禹锡和武元衡共同在朝为官时虽然算不上过从甚密，但也时有往还，维持着表面的热络。刘禹锡有《和武中丞秋日寄怀简诸僚故》一诗，即为当时的酬唱之作。诗中自抒抱负说，"感时江海思，报国松筠心""风物清远目，功名怀寸阴"。贬居朗州期间，两人之间的文字联系依然没有中断。元和九年（814），刘禹锡写有《上门下武相公启》，自诉"某久罹宪网，兀若枯株。当万类咸悦之辰，抱穷途终恸之苦"，希望武元衡能对自己网开一面："傥重言一发，清议攸同，使圣朝无锢人，大冶无废物，自新之路既广，好生之德远彰。群蛰应南山之雷，穷鳞得西江之水。"再度被贬连州后，明知是武元衡从中作祟，刘禹锡却佯装不察，写下《谢门下武相公启》，先悲悯自身之不幸："某一坐飞语，废锢十年。

昨蒙征还，重罹不幸。诏命始下，周章失图。吞声咋舌，显白无路。"然后感谢对方在关键时刻援手救助："岂谓乌鸟微志，恻于深仁。恤然动拯溺之怀，煦然存道旧之旨。言念觳觫，慰安苍黄。推以恕心，期于造膝。重言一发，睿听克从。回阳曜于肃杀之辰，沃天波于蹭蹬之际。俾移善地，获奉安舆。"这除了显示出政治斗争的复杂性和政治人物的多面性以外，还说明刘禹锡固然嫉恶如仇，对敌对势力不肯稍屈，却同样长于斗争艺术和斗争策略，必要时也懂得韬光养晦。

刘禹锡在谪守连州期间创作的唯一一首讽刺寓言诗《飞鸢操》，其指向便是武元衡：

鸢飞杳杳青云里，鸢鸣萧萧风四起。
旗尾飘扬势渐高，箭头砉划声相似。
长空悠悠霁日悬，六翮不动凝飞烟。
游鹍翔雁出其下，庆云清景相回旋。
忽闻饥乌一噪聚，瞥下云中争腐鼠。
腾音砺吻相喧呼，仰天大赫疑鹓雏。
畏人避犬投高处，俯啄无声犹屡顾。
青鸟自爱玉山禾，仙禽徒贵华亭露。
朴樕危巢向暮时，毰毸饱腹蹲枯枝。
游童挟弹一麾肘，臆碎羽分人不悲。
天生众禽各有类，威凤文章在仁义。
鹰隼仪形蝼蚁心，虽能戾天何足贵。

这首诗由《庄子·秋水》演绎生发而来。《庄子·秋水》中的记载为："南方有鸟，其名曰鹓雏……夫鹓雏发于南海而飞于北海，非梧桐不止，非练实不食，非醴泉不饮。于是鸱得腐鼠，鹓雏过之，仰而视之曰：

吓！"庄子以"鸱"影射位居梁国相位、唯恐他人取而代之的惠子。应该说，这本身就是一则讽刺寓言。然而，一经采纳到刘禹锡笔下，不仅情节更为生动曲折，主角也换成了"飞鸢"。这只"飞鸢"展翅于"杳杳青云里"，是那样威风凛凛，目空一切。然而，遗憾的是，"忽闻饥乌一噪聚"，它便全然不顾自己的威仪，"瞥下云中争腐鼠"，不仅欣喜若狂地"腾音砺吻相喧呼"，而且虚张声势地"仰天大赫疑鹓雏"。刘禹锡将手中的诗笔锻炼为犀利的解剖刀，撕破了它的"鹰隼仪形"，使它竭力掩盖的"蝼蚁心"暴露于光天化日之下。显然，诗人正是着眼于飞鸢的"鹰隼仪形"，才选择它来担任自己导演的讽刺剧的主角。诗人所要讽刺的政敌，大多是表里不一、外强中干的伪君子，因而以飞鸢作为托讽材料较鸱枭更为合适。这首诗写于元和十年（815）武元衡遇刺身亡后，联系当时的政治背景，大致可以确认它是为讽刺武元衡而作。不过，如果将诗中的生动描写与武元衡的实事一一加以比附，却未免忘记了这是艺术创作而非生活实录。与此诗约略写于同时的《代靖安佳人怨二首并引》及《有感》也暗寓对武元衡的讽刺之意。

事实上，对武元衡遇刺这一在朝野掀起轩然大波的突发事件，刘禹锡的态度是复杂的。一方面，武元衡一直反对姑息养奸、养虎遗患，主张对藩镇采取强硬态度，必要时无妨兴师讨伐。在这一点上，他与刘禹锡不谋而合。如今，藩将李师道胆敢冒天下之大不韪，派刺客进京暗杀对其不利的当朝宰相，表明其气焰已嚣张到了极点。对此，刘禹锡在震惊之余，是切齿痛恨的。只是身在谪籍，动辄得咎，不便像白居易那样在事件发生后迅即上书言事，"急请捕贼"。另一方面，李师道所刺杀的武元衡毕竟又是永贞党人的宿敌，在弹压刘禹锡等革新志士时一向无所不用其极。他的遇刺身亡，在客观上不仅为刚刚在"玄都观诗案"中遭遇暗算的刘禹锡报了一箭之仇，而且无异于为刘、柳等人日后的重出江湖扫除了一大政治障碍。从这一意义上说，又是值得庆幸的。处于矛盾中的刘禹锡在诗中没有正面表达自己对这一事件的看法，甚至没有一字一句涉及这一事件本身，他有意淡化作品的时代背景和政治色彩，而仅仅从侧面渲染武元衡的可悲下场，并对其予以不无辛辣的嘲讽。这是他的特殊处境和特定性格决定的。

　　刘禹锡谪守连州期间，身居海隅而心系国事、情牵百姓。他多次聚焦于当地的风土人情和百姓的生产生活，为其传神写照。就创作题材领域而言，他所致力描写的农业劳动场景是盛唐山水田园诗派几乎未曾涉笔的。也许可以说，在陶渊明之后，唯有刘禹锡虽鲜少"躬耕"的体验，却能将平凡的春种秋收劳动作为乐于驾驭的题材。如果说他当年在朗州创作的《采菱行》尚属沿用乐府旧题而在前人已经拓荒的畛域中驰骋的话，那么，写于连州的《插田歌》则该属于他"开边拓土"的新尝试和新创获了——

冈头花草齐，燕子东西飞。
田塍望如线，白水光参差。
农妇白纻裙，农夫绿蓑衣。
齐唱田中歌，嘤伫如竹枝。
但闻怨响音，不辨俚语词。
时时一大笑，此必相嘲嗤。
水平苗漠漠，烟火生墟落。
黄犬往复还，赤鸡鸣且啄。
路傍谁家郎，乌帽衫袖长。
自言上计吏，年初离帝乡。
田夫语计吏：君家侬定谙，
一来长安罢，眼大不相参。
计吏笑致辞：长安真大处，

省门高轲峨,侬入无度数;
昨来补卫士,唯用筒竹布,
君看二三年,我作官人去。

诗以花鸟起兴,寥寥几笔,便勾勒出一幅色彩绚丽、春意盎然的画面,并逐渐由远景推为中景、近景。活动在画面上的是正忙于插田的农家夫妇。他们时而齐声歌唱,时而互相嘲谑,那动听的旋律和爽朗的笑声,犹如画外音一般缭绕在读者耳际。这种不畏困苦的乐观精神,无疑会使诗人受到感染。"水平"两句暗示天色向晚,插田已毕。于是,全诗过渡到诗人所精心设计的另一场面,引出收工之际农夫与计吏的对话。农夫的话中充满对计吏的鄙薄和揶揄,而计吏却全然不觉,依旧恬不知耻地吹嘘自己。这就更从反面衬出农夫的淳厚和质朴。从结构上看,前后这两个场景是紧相衔接、互为补充的。诗人试图以"纳须弥于芥子"的笔力,通过这"一斑"来传达连州的风土人情,凸显底层民众的淳朴品质和乐观精神。

把这首《插田歌》放到唐诗发展史上来考察,可以看到,它不是像盛唐的王维、孟浩然的诗歌那样借描写田园生活和农村风光来抒发闲适情调和隐逸意趣,而是对插秧劳动的场景作近距离的审美观照,生动、活泼地展示了田家的劳动热情和生活态度。其中,农夫与计吏的对话,既缓解了紧张的劳动气氛,也给诗人精心绘就的插田图增添了诙谐、幽默之趣。全诗糅写景、叙事、抒情为一体,可谓在田园诗的艺术园地里辟一新境。宋代杨万里的《插秧歌》对田家勤劳、艰辛的程度也许表现得更为真切,但就题材而言,却是承袭此诗;而其运用人物对话来打造清新灵动、诙谐幽默之趣的笔法,也与刘禹锡此诗有着一目了然的渊源关系。

值得注意的是,诗前有引言说:"连州城下,俯接村墟,偶登郡楼,适有所感,遂书其事为俚歌,以俟采诗者。""以俟采诗者",说明刘禹锡希望此诗能够像乐府诗一样得到朝廷采风人员的吸纳，最终上达圣听，对朝政有所匡补。诗中通过计吏与田夫的对话，披露了计吏赴京行贿得逞的事实，而这恰好从一个小小的侧面反映了吏治的腐败。作者"遂书其事为俚歌"，正是为了引起朝廷的重视。这样，此诗的写作也就带有某种政治意图，而不仅仅是对眼前的劳动生活场景进行实录了。

刘禹锡还把镜头对准岭南特有的少数民族——莫徭族，将他们与众不同、此前也鲜为人知的生活状态和精神风貌再现于字里行间。《连州腊日观莫徭猎西山》一诗记录了当地莫徭族冬日集体狩猎之盛况：

　　海天杀气薄，蛮军部伍嚣。
　　林红叶尽变，原黑草初烧。
　　围合繁钲息，禽兴大旆摇。
　　张罗依道口，嗾犬上山腰。
　　猜鹰屡奋迅，惊麝时踢跳。
　　瘴云四面起，腊雪半空销。
　　箭头馀鹄血，鞍傍见雉翘。
　　日暮还城邑，金笳发丽谯。

"莫徭"，即今天的瑶族。中唐时期，由于国力衰弱、国库空虚，朝廷诛求无度，各级地方官员更是竭泽而渔，乃致民不聊生，饥民纷纷揭竿而起。岭南少数民族亦多次群起反抗。据史书记载，广德年间，"溪洞夷"及"西南夷"曾攻陷与连州毗邻的道州。贞元年间，"黄洞蛮"的叛乱不仅延续多年，而且波及多个州郡。元和三年（808），"溪洞夷"再度因不堪重压而啸聚山林，对抗官府。黔州观察使窦群镇压不力，遭到朝廷贬黜。这些惨痛的历史教训，成为刘禹锡治郡的重要鉴戒，促使他拟定了对莫徭族关爱有加的治郡方略，而他也受到了莫徭人的真诚拥戴。这首观猎诗以赞赏的笔调对莫徭人的一次大规模狩猎活动进行了全程追踪与摄录。虽然诗中也以"蛮军"来称呼莫徭人的狩猎队伍，却不带有任何轻蔑与歧视的意味，而只是采用当时的习惯称谓，反倒透出几分亲切感。诗开篇即着力渲染当地的风物特征和杀气弥漫天地的狩猎氛围，为下文描写莫徭猎民的骁勇彪悍张目。"原黑草初烧"，并不是说莫徭人尚处在刀耕火种的原始蒙昧状态，而是交代他们正式狩猎前的一个重要步骤——烧掉荒原上高大茂密的野草，使猎物失去遮蔽之所，无从隐身或遁形。这正昭示了莫徭猎民丰富的狩猎经验。在刘禹锡笔下，他们不仅经验丰富，而且技巧娴熟，配合默契。不是吗？当合围完成后，他们便不再鸣金击鼓，改以摇动旌旗的方式来调度部伍，显示出桴鼓相应的协同能力。而他们使用的狩猎工具除了罗网、弓箭外，还有训练有素的猎犬猎鹰。于是，矫捷的飞禽走兽——喋血猎场，成为莫徭人的囊中之物。整个狩猎过程，策划周密，步伐协调，井然有序，诗人不能不由衷地为之赞叹。

《莫徭歌》则落笔于莫徭人的生活习俗，包括起居、婚姻等——

> 莫徭自生长，名字无符籍。
> 市易杂鲛人，婚姻通木客。
> 星居占泉眼，火种开山脊。
> 夜渡千仞溪，含沙不能射。

与汉族相比，莫徭人的生活环境相对闭塞，生活条件也相对艰苦。长期以来，"不占名籍"的他们在这块贫瘠的土地上繁衍生息，过着自生自长、自给自足的半农耕、半渔猎生活。闭塞却不失自由，艰苦却未绝欢乐。诗人用近距离的特写画面，为勤劳、朴素、勇敢的莫徭人作生活实录，每一笔画，都渗透着他对自己管辖下的这群特殊子民的关切之情。

谪守连州期间,刘禹锡与柳宗元诗书往来频繁。他们一起讨论哲学、文学、医术、书法,涉及的话题极为宽泛。就中,两人谈论书法的几组赠答诗,内容独特,构思别致,不仅是诗歌苑囿中的奇花异卉,而且为中国书法史提供了珍贵的史料。

刘、柳都酷爱书法艺术,而柳宗元尤甚。据说,他们都曾受业于当时的书法名家皇甫阅。相形之下,柳宗元用力更勤,进步更快。为了激励刘禹锡急起直追,共擅其美,柳宗元连续采取动作:先是手书了张衡的《西京赋》送给刘禹锡观摩,接着寄赠砚台一方,然后又以《殷贤戏批书后寄刘连州并示孟仑二童》一诗相激励:

书成欲寄庾安西,纸背应劳手自题。
闻道近来诸子弟,临池寻已厌家鸡。

"殷贤",是对刘家子弟的统称。"孟仑二童",指刘禹锡的儿子孟郎和仑郎。转瞬间,刘禹锡的子女已经到了应该习字作文的年龄。刘禹锡除了亲自辅导他们外,还希望柳宗元能予以指点。"殷贤戏批书后"是"戏批殷贤书后"的倒装句,指刘家子弟寄书向柳宗元求教,柳宗元在书后戏题一诗。观其诗意,与其说是教诲孟、仑,莫若说是鞭策其父。诗中的"庾安西"云云,用的是晋代安西将军庾翼的典故:庾翼精通文墨,亦善书法,家中藏有书圣王羲之的书帖,在其纸背上题字若干,隐然有挟技自负之意。但其儿辈偏偏不以其父为法,而独喜王羲之书风。于是,他在信中不无遗憾地告知友人:"小儿辈贱家鸡,皆学逸少(王羲之字)书。"柳宗元在这里以庾翼喻指刘禹锡,大意是说,刘家子弟已经厌习刘字而爱习柳字。以如此自得的口吻出之,激将之意是十分明显的。

在读到《殷贤戏批书后寄刘连州并示孟仑二童》一诗后,刘禹

锡不禁为之粲然,迅即写下《酬柳柳州家鸡之赠》:

> 日日临池弄小雏,还思写论付官奴。
> 柳家新样元和脚,且尽姜芽敛手徒。

同样托之典故,显示了作者对书法史之熟谙。"官奴",原指王羲之的女儿玉润。作者以王羲之比喻柳宗元、玉润比喻柳宗元的女儿(柳宗元当时还没有儿子,书法只能传给女儿)。全诗充满了对柳宗元出类拔萃的书法技艺的赞美与欣羡之意。前两句说,柳宗元不仅自己天天弄墨,而且认真辅导女儿练习书法,堪称勤学苦练的楷模。后两句称赞柳宗元的书法艺术在元和年间独创一格,别开生面。"姜芽",据朱翌《猗觉寮杂记》卷上引《相书》,可用来比喻好手。"且尽"云云,意思是说,当代的书法好手看到柳宗元的作品后无不自愧不如,为之搁笔。称美之余,显然亦有自愧之意。

这首酬答诗让柳宗元得到极大的心理满足,更加激起了他谈论书法的欲望。于是,围绕同一话题,他又写下《重赠二首》:

> 其一
> 闻道将雏向墨池,刘家还有异同词。
> 如今试遣隈墙问,已道世人那得知。
> 其二
> 世上悠悠不识真,姜芽尽是捧心人。
> 若道柳家无子弟,往年何事乞西宾?

其一引用刘向、刘歆父子和王羲之、王献之父子的典故,意在强调刘禹锡与其子弟可能有不同的爱好、不同的认知,因而也可能有不同的成就。其二要表达的意思有两层:前两句接过刘禹锡有关"姜芽"的话题，对当世的"姜芽"表示不屑——他们犹如东施效颦一样，只知机械模拟。后两句示意他虽然膝下无子，却并不意味着无人可传其书法。至于他收刘家子弟为徒，那是因为对方主动拜他为师。自信中夹杂着几分调侃，颇具幽默诙谐之趣。

　　刘禹锡得诗后倍感温暖与亲切，犹如严冬中沐浴暖阳，通体舒泰，一时淡忘了依然身居谪籍。他的回赠诗也是两首，分别为《答前篇》和《答后篇》。《答前篇》说：

　　　　小儿弄笔不能嗔，涴壁书窗且赏勤。
　　　　闻彼梦熊犹未兆，女中谁是卫夫人？

前两句描绘儿子勤于走笔的情形，这实际上是代儿子向柳宗元这位名师汇报学业，暗示"孺子可教也"。后两句是说柳宗元虽然暂无子嗣，女儿必将克绍箕裘，成为书法名家。这里连用了"梦熊"和"卫夫人"两个典故。卫夫人是晋代著名书法家，王羲之少时曾从其学书，故而历来被视为"书圣"的启蒙老师。杜甫《丹青引赠曹将军霸》一诗中说："学书初学卫夫人，但恨无过王右军。"这里，刘禹锡援引"卫夫人"的典故，多少包含着安慰柳宗元的苦心。

　　《答后篇》说：

　　　　昔日慵工记姓名，远劳辛苦写西京。
　　　　近来渐有临池兴，为报元常欲抗行。

诗中坦率地承认自己早年并未勤练书法。确实，刘禹锡原先对书法的重视程度远不及柳宗元。他曾写过《论书》一文，虽然也劝告世人勿轻书法，却将书法的地位置于"文学之下，六博之上"，表明在他心目中，书法的重要性与文学不是同等的。但在这首诗中，他却明确表示，为了回馈好友盛情相勉，自当努力练习，以期日后与柳宗元齐名。"元常"，指三国魏时的书法家钟繇，其正楷书法独步当时，后人评价极高。这里，刘禹锡把柳宗元比作钟繇，有心追步其后，扬名书坛。

这几组集中讨论书法的唱和诗，彼此调侃、戏谑，又相互劝勉、激励，亦虚亦实，亦庄亦谐，是两人谪守连州和柳州期间难得一见的快诗，犹如满天阴霾中的一缕亮色，又如以哀婉为主旋律的乐章中飘逸出的几个愉悦的音符。但快意中未绝憾恨，轻松中亦见沉重。取譬甚小，而寓意甚深；看似有趣，而实则无奈。因此不宜视之为以游戏笔墨和娱乐感官为宗旨的庸常的唱和赠答之作。

刘禹锡在连州创作的散文有《连州刺史厅壁记》《含辉洞述》《吏隐亭述》《与柳子厚书》《与刑部韩侍郎书》《答连州薛郎中论书仪书》《答道州薛侍郎论方书书》《传信方述》《佛衣铭》《问大钧赋》等。它们有的模山范水，有的抒情言志，有的钩玄提要，有的论道问学，大多有感而发，有为而作，笔力雄劲，意蕴丰饶。当然，也有的属于应景文字，虽能见出作者精于尺牍、工于表章，却只是按照既定格式敷衍成篇，既鲜见真情实感，亦罕有真知灼见。其中，《问大钧赋》直抒胸臆，径披肝胆，是这一时期最能映现作者心底波澜的作品。

《问大钧赋》与在朗州创作的《谪九年赋》抒情旋律相似，而篇幅稍增。全文仿屈原《天问》笔法，以"问大钧"的方式谴责王道不行、世道不公，充斥于其中的依然是忠而见逐、不为时用的忧愤。赋中的抒情主人公梦中来到无何有之乡，得遇自称"大化之一工"的"威神"，遂向他一吐胸中郁积。"威神"认真倾听后，断言他郁郁寡欢的原因在于"名肠内煎"，便启迪以"凿窍太繁，天和乃泄。利径前诱，多逢覆辙"的哲理，并向他提出"韬尔智斧，无为自伐""刓去刚健，纳之柔濡"的建议。梦醒后，抒情主人公茅塞顿开，决意重塑自我：

"始厚以愚，终期以寿。忘上问之罪，灌已然之咎。"有人据此认定作者开始萌生明哲保身的思想，有心装愚守拙，敛抑锋芒，学会妥协。其实，这是一种言在此而意在彼的曲笔，一种不露锋刃而深植芒刺的反讽，其真实的用意是抨击朝廷弃智用愚、远贤近奸，致使自己这样的智者、贤者沉沦多年，不见天日。他的态度并没有改变，改变了的只是表达态度的方式。

作为古人心目中的蛮乡瘴地之一，岭南的上空时见云雾漫漫，烟雨蒙蒙，而当时的政治局面也是云障雾罩，烟幕重重。在岭南烟云的环抱下，刘禹锡不息地奋斗着，不断地思考着，不绝地痛苦着，不停地写作着，不住地期盼着，思想变得更加成熟，性格变得更加深沉，人生也变得更加丰富多彩！

第六章 巴山夜雨中的探索与耕耘

一、感念旧谊

　　时间会给身处逆境而心力交瘁的失意者以度日如年的错觉，使他们在日甚一日的寂寞和企盼中咀嚼现实的苦难，却不会停下它伴随日升日落而迁移的既定步伐。从另一角度看，时间脚步的每一次迈动，又都牵系着失意者的敏感神经，让他们自悲流年、自伤不遇，感叹壮心徒耗、壮志成空。时间真是一根不停拨弄世人神经的魔杖啊！

　　弹指之间，刘禹锡已在连州生活了五个春秋，即将迈入"知天命"之年的门槛了。斗转星移，逝者如斯，在看不见尽头的谪居生活的磨砺下，他对时间的感觉渐渐变得迟钝了。但"一叶落而知天下秋"，自然界的花开花谢、草荣草枯，依然会搅起他心底的波澜，引发他盛时不再、夙愿难酬的感慨。

　　量移无望，而新的打击又接踵而来：元和十四年（819），刘禹锡年近九十的老母亲在历尽颠沛流离之苦后去世了。尽管她已属高寿，但如果生活安定而又舒适的话，她本可更为长久、更为恬静地颐养天年。这不能不让刘禹锡再度感到内疚，就像当年爱妻薛氏病故于朗州时那样。按照当时的礼制，他立即上表朝廷，请求卸任回洛阳原籍守丧。

　　获准后，刘禹锡扶柩登程，且行且泣。他一直企盼返回中原腹地，却极不希望采用这样一种方式。更让他始料不及的是，同年十一月，途经衡阳时，他又接到了柳宗元去世的讣告。既丧慈母，又失良朋，这突如其来的双重打击，使刘禹锡悲痛无法自制，乃至一改平日的庄重斯文，"惊号大叫，如得狂病"。在这凄极痛绝之际，他以长歌当哭，写下《祭柳员外文》和《重至衡阳伤柳仪曹并引》，寄托自己深沉的哀思。

第六章　巴山夜雨中的探索与耕耘

《祭柳员外文》说：

　　呜呼子厚！我有一言，君其闻否？惟君平昔，聪明绝人。今虽化去，夫岂无物！意君所死，乃形质耳。魂气何托，听余哀词。

　　呜呼痛哉！嗟余不天，甫遭闵凶。未离所部，三使来吊。忧我哀痛，谕以苦言。情深礼至，款密重复。期以中路，更申愿言。途次衡阳，云有柳使。谓复前约，忽承讣书。惊号大叫，如得狂病。良久问故，百哀攻中。涕洟迸落，魂魄震越。伸纸穷竟，得君遗书。绝弦之音，凄怆彻骨。初托遗嗣，知其不孤。末言归祔，从祔先域。凡此数事，职在吾徒。永言素交，索居多远。鄂渚差近，表臣分深。想其闻讣，必勇于义。已命所使，持书径行。友道尚终，当必加厚。退之承命，改牧宜阳。亦驰一函，候于便道。勒石垂后，属于伊人。安平宣英，会有还使。悉已如礼，形于其书。

　　呜呼子厚！此是何事？朋友凋落，从古所悲。不图此言，乃为君发。自君失意，沉伏远郡。近遇国士，方伸眉头。亦见遗草，恭辞旧府。志气相感，必逾常伦。顾余负衅，营奉万里。犹冀前路，望君铭旌。古之达人，朋友制服。今有所厌，其礼莫申。朝晡临后，出就别次。南望桂水，哭我故人。孰云宿草，此恸何极！

　　呜呼子厚！卿真死矣！终我此生，无相见矣。何人不达？使君终否。何人不老？使君夭死。皇天后土，胡宁忍此！知悲无益，奈恨无已。子之不闻，余心不理。含酸执笔，辄复中止。誓使周六，同于己子。魂兮来思，知我深旨。呜呼哀哉！尚飨。

字里行间弥漾着一片手足深情，既有"凄怆彻骨"的哀思，也有不负重托的誓词。刘禹锡的母亲辞世后，柳宗元曾三度派人前来吊唁慰问。因而，他的病逝是毫无前兆的。在当年挥手作别的衡阳故地，全然没有思想准备的刘禹锡，"忽承讣书"、"百哀攻中"，如痴如狂。他一时也忍不住呼天抢地、捶胸顿足，用略显夸张的动作与语言来宣泄内心的巨大痛苦。但他并没有彻底丧失理智。不是吗？在这篇一唱三叹、百转千回的祭文中，他已经明确表示将肩负起料理好友后事和完成其遗愿的重任。柳宗元临终前留下遗书，拜托刘禹锡为他抚养遗孤和编集遗稿。和刘禹锡一样，柳宗元妻子早逝，稚子名曰周六，年方四岁。刘禹锡发誓要视同"己子"，将其培养成才。不仅如此，他还告知饮恨九泉的柳宗元，他已分别向李程、韩愈、韩泰、韩晔等人报讯，并恳请已赢得文坛领袖地位的韩愈为柳宗元撰写墓志铭，"勒石垂后"。他断定，这些"勇于义"、笃于情的好友必将迅速响应，共同告慰柳宗元的亡灵。全文字字从肺腑中流出，时见波澜开合，却又一气旋折。如泣如诉的笔调，循环往复的旋律，将作者"此恸何极"的哀悼之情表现得淋漓尽致。

《重至衡阳伤柳仪曹并引》说：

> 元和乙未岁，与故人柳子厚临湘水为别，柳浮身适柳州，余登陆赴连州。后五年，余从故道出桂岭，至前别处，而君没于南中，因赋诗以投吊。
>
> 忆昨与故人，湘江岸头别。
> 我马映林嘶，君帆转山灭。
> 马嘶循故道，帆灭如流电。
> 千里江蓠春，故人今不见。

当年在衡阳握别时，柳宗元曾倾吐过"皇恩若许归田去，晚岁当为邻舍翁"(《重别梦得》)的心愿。时隔五年，言犹在耳，他竟已溘然长逝。临岐回想，分别时那"伤心惨目"的情景分外清晰地映现在刘禹锡的脑海里，使他欲哭无泪。"千里江蓠春，故人今不见"两句有多少曲折、多少感喟！

刘禹锡终于离开位于岭南的连州了，他带走的固然也有对连州山水和连州政事的温情记忆，但在连遭两重丧事的此时此刻，他更多地向读者展示的是一身创痛、满腔悲愤。

返回洛阳后，刘禹锡在家"丁忧"（守丧）两年多时间。"梦想旧山安在哉，为衔君命且迟回。"（高适《封丘作》）重新投身于多少回魂牵梦萦的故乡怀抱，历尽沧桑的刘禹锡真想唱一曲荡气回肠的《游子吟》！然而，"寸草心"未改，"三春晖"已逝。对于从小生长于江南的刘禹锡来说，失去了养育他、教诲他并一直与他相依为命的母亲，故乡就淡化为一个伦理学中的概念，更多的是理智上的认同，而不是情感上的依恋。尽管如此，较之地处蛮荒的朗州和连州，作为唐王朝东都的洛阳，依然让他找到一种亲切的归属感。在刘禹锡内心深处，故乡的概念与东都的概念其实是叠印在一起的。在一个游子对故乡的思念中，融入了太多的一个罪臣对亚政治中心东都的向往。

可是，丁忧期间是无缘参与政事、介入政务的。刘禹锡后来在《夔州谢上表》中形容自己这时的生活是"甘于畎亩，以乐皇化"。这意味着他或许有了躬耕的体验，切身感受到稼穑之艰辛。"甘于"云云，则未必发乎衷肠，很可能是故作姿态的场面话，因为始终渴望用世的诗人此时尚不可能以力耕于"畎亩"为满足。这样的生活持续了将近三年的时间，它使刘禹锡疲惫的身心得到了休整与调适。但休整与调适后的刘禹锡，济世的渴望却变得更加强烈。在"甘于畎亩"的表象下，他观察着政局的变化，等待着时机的到来。

政局终于有所变化：元和十五年（820）正月，唐宪宗为宦官陈弘志所弑，享年四十三岁。变故骤起之际，穆宗李恒得以即位。次年改年号为长庆。穆宗登基后，为了巩固自己的统治根基，必然要依循历代封建帝王的惯例，进行政治利益格局的调整和权力的再分配。他与永贞党人历史上素无恩怨，现实中也没有直接的利害关系，因此不可能像宪宗那样对他们采取绝不姑息的敌视态度。而朝廷内部的主要矛盾此时业已演变为朝官与宦官、牛党与李党的斗争。随着时过境迁，"永贞革新"已不再是十分敏感、人人忌讳的话题。长庆元年（821）冬，已能初步掌控政局的穆宗任命行将丁忧期满的刘禹锡为夔州（今重庆奉节）刺史。在此前后，其余幸存的永贞党人也获得量移：漳州刺史韩泰量移为郴州刺史，汀州刺史韩晔量移为永州刺史，循州刺史陈谏量移为道州刺史。虽然境遇并没有得到根本性的改善，但朝廷毕竟已经释放出了有意改善的信息。

长庆二年（822）正月初二，刘禹锡抵达夔州。夔州雄踞长江上游，扼夔门之首，锁三峡之喉，地当要冲，形势险峻，在军事意义上显得比较重要。但就政治、经济地位而言，在初唐、盛唐时期本属下州。不过，到中唐时其地位有所擢升，已经"秩与上郡齿"（《夔州刺史厅壁记》）了。因此，来夔州履新，大概算得上是"量移善地"。至少刘禹锡自己也这样理解。

一如既往，刘禹锡对治理夔州倾注了大量心血。下车伊始，他照旧认真考察地理、调查民情，努力掌握治郡的第一手资料。他先后向朝廷进呈了《夔州论利害第一表》《夔州论利害第二表》，细析形势，详解利弊，具陈方略。由此又不难推知，刘禹锡一度降至冰点的用世热情此时开始回暖与升温，尽管它很快又复归于低迷。

刘禹锡本来就具有"治大国若烹小鲜"的宰辅之才，曾经出入台阁，分管一国"钱谷"，又多年主政地方，熟谙治道。所以，处理夔州一地的公务，对于他来说，自是游刃有余，无需耗费全部精力。这样，他就有较多的时间来从事文学创作。而与自身创作同等重要，甚至更重要的事情便是对挚友柳宗元一生的创作进行整理编辑。

这是一项需要旁搜远绍、去伪存真、分门别类、赏奇析疑的艰巨工程，既耗时日，又费心力。但刘禹锡却无怨无悔地独任其劳，因为在他看来，这既是悼念亡友的一种极好的方式，也是自身寻求精神慰藉的一种恰当方式——阅读亡友的遗作，仿佛其音容笑貌浮现在字里行间，正与他作亲切的晤谈。于是，他不再感到孤独无依。这项工程告竣后，他才如释重负。他在《唐故尚书礼部员外郎柳君集纪》中说：

> 子厚始以童子有奇名于贞元初，至九年，为名进士，十有九年，为材御史，二十有一年，以文章称首，入尚书为礼部员外郎。是岁，以疏隽少检获讪，出牧邵州，又谪佐永州。居十年，诏书征，不用，遂为柳州刺史。五岁不得召，病且革，留书抵其友中山刘某，曰："我不幸，卒以谪死，以遗草累故人。"某执书以泣，遂编次为三十通，行于世。

关于编辑过程，仅述以淡淡数语，无一字道及其中艰辛，这既昭示了禹锡不矜其功、不炫其劳的性格特征，也足以见出他的笃于友谊、忠于嘱托。借助这篇集纪，刘禹锡还披露了他对时代与文学关系的思考与认知：

> 八音与政通，而文章与时高下。三代之文至战国而病，涉秦、汉复起。汉之文至列国而病，唐兴复起。夫政庞而土裂，三光五岳之气分，大音不完，故必混一而后大振。初，贞元中，上方向文章。昭回之光，下饰万物。天下文士争执所长，与时而奋，粲焉如繁星丽天，而芒寒色正，人望而敬者，五行而已。

这里，刘禹锡所要表达的观点是，时代的治乱和国家的分合对文学的盛衰起着决定性作用。所谓"政庞而土裂",是指国家因政出多门而处于分裂状态。刘禹锡认为,值此之际,必然"大音不完",即一定会有不和谐的杂音。须俟"混一而后大振",即只有回归天下一统的局面,文学才能趋于繁荣。这一看法是有着某种程度的偏差的。因为把文学繁荣的原因完全归结于政治的稳定和经济的振兴,未免忽略了文学自身的特殊发展规律。禹锡由此得出"三代之文至战国而病"的结论,显然与历史事实有一定的出入。但之所以产生这一偏颇,或许是身处藩镇拥兵自重、图谋叛乱的现实背景下,刘禹锡有意借讨论文学的机会,表达他渴望统一、反对分裂的政治诉求。同时,刘禹锡还指出,最高统治者的重视与倡导也有助于文学的繁荣。他特别提到贞元年间以文学为尚的情形。唐代以诗赋取士,科举制度又极盛于贞元之世,所以,"上方向文章"的说法倒是符合实际情况的。最高统治者的重视与倡导,无疑会鼓舞与激励"天下文士",使他们"争执所长,与时而奋",从而推动文学的发展。贞元、元和之际,文学之所以能再度呈现出"彬彬乎其盛"的局面,这也是原因之一。因而刘禹锡的这一论断是可以成立的。

在为柳宗元编辑文集的过程中,刘禹锡不时为英年早逝的亡友扼腕叹息,对他的思念也与日俱深。《伤愚溪三首并引》抒发了刘禹锡炽热的心声:

故人柳子厚之谪永州,得胜地,结茅树蔬,为沼沚,为台榭,目曰愚溪。柳子没三年,有僧游零陵,告余曰:"愚溪无复曩时矣!"一闻僧言,悲不能自胜,遂以所闻为七言以寄恨。
溪水悠悠春自来,草堂无主燕飞回。
隔帘唯见中庭草,一树山榴依旧开。

草圣数行留坏壁,木奴千树属邻家。

第六章　巴山夜雨中的探索与耕耘　　165

　　唯见里门通德榜，残阳寂寞出樵车。

　　柳门竹巷依依在，野草青苔日日多。
　　纵有邻人解吹笛，山阳旧侣更谁过？

引言中诗人明言"柳子没三年"，可知这组七言绝句创作于他谪守夔州期间。诗人将怀念亡友的缱绻深情尽皆融化在精心构置的景物中，致力于表达一种景物依旧而斯人长逝的深沉憾恨，试图造成"不着一字，尽得风流"的艺术效果。虽是尺幅短章，却不仅具有广阔的情感回旋空间，而且极尽借景传情、托物寄意以及风云变化、波澜翻转之能事，充分显示出刘禹锡驾驭七言绝句这一体式的精深功力。

　　刘禹锡的笃于友谊、怀念旧交，不仅表现在为柳宗元编辑文集，还表现在对远道前来投谒的裴昌禹和韦绚的收容与襄助。

　　裴昌禹是刘禹锡儿时的玩伴。其人一生沦落，半世潦倒，常年作客风尘，萍漂江湖。但刘禹锡对这位地道的"发小"始终不离不弃，多次在他生计无着时予以接济，欣然为他提供遮风避雨的场所和安身立命的空间。《送裴处士应制举》一诗记录了两人的交往：

　　裴生久在风尘里，气劲言高少知己。
　　注书曾学郑司农，历国多于孔夫子。
　　往年访我到连州，无穷绝境终日游。
　　登山雨中试蜡屐，入洞夏里披貂裘。
　　白帝城边又相遇，敛翼三年不飞去。
　　忽然结束如秋蓬，自称对策明光宫。
　　人言策中说何事，掉头不答看飞鸿。
　　彤庭翠松迎晓日，凤衔金榜云间出。
　　中贵腰鞭立倾酒，宰臣委佩观摇笔。

古称射策如弯弧，一发偶中何时无。
由来草泽无忌讳，努力满挽当云衢。
忆得童年识君处，嘉禾驿后联墙住。
垂钩斗得王馀鱼，踏芳共登苏小墓。
此事今同梦想间，相看一笑且开颜。
老大希逢旧邻里，为君扶病到方山。

作品聚焦于两人交往的三个片断：童年时在嘉兴结邻而居，共同经历了"垂钩"与"踏芳"的奇遇；中年时在连州联袂出游，又一起体验了"登山"与"入洞"的欢乐；而今，两人再度相聚夔州，在白帝城边畅饮友谊的甘泉。"敛翼三年不飞去"，说明客居夔州的裴昌禹并没有寄人篱下之感，已然安于刘禹锡的庇护，把巴山深处当成了自己修养身心的归宿地。字里行间，刘禹锡对这位落魄的友人极为敬重，仅以"久在风尘里"五字含蓄地概括了其一生沦落不偶的遭际，尽量避免伤害其自尊——此时裴昌禹身上所剩的也就只有一点可怜的自尊了。基于同样的用心，在描写两人的交往时，除了叙相聚之欢、同游之乐外，刘禹锡只字不提对方的困窘境遇，甚至把对方前来投奔的事实也虚饰为白帝城边的巧遇，遣词用字略无居高临下的"接济""施舍"之意。这不是政治、经济地位已经发生严重不平衡的朋友间都能做到的。

而尤为难得的是，刘禹锡还深知这位狷介之士尽管尚无科名，潦倒不堪，内心深处却依然渴望用世，企盼登上政治舞台一试身手，所谓"疏狂"其表，而"进取"其里也。所以，当机会来临时，刘禹锡便劝导他放手一搏。长庆四年（824）朝廷诏令各州举荐"贤良"，刘禹锡当即鼓励裴昌禹莫失良机，赴京应试。《送裴处士应制举》一诗便因此而作。篇末点明自己乃抱病相送，对裴昌禹此去寄予厚望，而鞭策之意亦渗透其中。

韦绚则是刘禹锡故人之子——其父韦执谊与禹锡志同道合，曾一起推动永贞革新。革新失败后，韦执谊被远贬为崖州（今海南琼山）司马，不久便病卒于贬所。当时，韦绚还在总角之年，可以说是幼岁失怙。长庆二年（822），长大成人的韦绚听说刘禹锡转任夔州刺史，钦慕其道德文章，欣然前来投靠。一番接谈之后，刘禹锡便对这位满腹经纶的故人之子刮目相看。所以，这以后他对韦绚的呵护，就不仅仅是顾念旧谊，也包含了怜才、惜才、爱才之意。而长期缺少父爱的韦绚，在来到刘禹锡身边后，才找到了"家"的感觉，体验到"父爱"的况味。从此，他不仅结束了居无定所的漂泊生活，开始享受一生中难得的安逸时光，而且同时拥有了督学的严师和垂爱的慈父，觉得身后已矗立起一座可以倚靠的高山。

在韦绚的记忆中，刘禹锡对他视如己出。他的饮食起居，刘禹锡都亲自过问，待遇同"诸子"无异，有时比"诸子"犹有过之。至于学问之道，刘禹锡更是悉心教诲。而韦绚这个"有心人"居然将刘禹锡的每一次谈话都记录下来，在多年后整理成《刘宾客嘉话录》，为中国文学史保存了一份弥足珍贵的第一手文献资料。这部回忆恩师言论之作在艺术上有两个突出特点：一是所记录的许多故事除了具有表层的认识作用外，往往还寄寓了某些生活哲理，十分耐人寻味；二是尽管多数故事的文学色彩不算浓郁，但有些故事也因为移植了传统散文写景状物的笔法，而显得波澜起伏，引人入胜。由于该书载录了诸多与刘禹锡相关的官场逸事、文坛掌故及民间传闻，所以具有不可低估的史料价值，不仅甫一问世即为"论者称美"（见范摅《云溪友议·序》），宋人欧阳修、宋祁等人在编修《新唐书》时也对该书多有采用。不过，这是不求回报的刘禹锡始料未及的。

二、思古幽情

除了裴昌禹和韦绚以外，刘禹锡在夔州接待的宾客是极其有限的——事实上，裴氏与韦氏，一为故人，一为故人之子，刘禹锡并没有将他们归置于宾客的行列。对于严格意义上的宾客，刘禹锡这一时期是多少有些简慢的，因为他不想让迎来送往的酬宾活动占用自己的创作时间。范摅《云溪友议·中山诲》条记载说：

> 中山刘公曰："顷在夔州，少逢宾客，纵有停车相访，不可久留。"而独吟曰："巴人泪逐猿声落，蜀客舟从鸟道来。"忽得京洛故人书题，对之零涕，又曰："浮生谁至百年，倏尔衰暮，富贵穷愁，实其常分，胡为嗟惋焉！"

由此可知刘禹锡此时虽不至闭门谢客，但待客的热情大减。他更喜欢的是独处与独吟，尤其是在他渐渐发现穆宗并非他心目中的"明主""贤君"之后。政治诉求的难以实现，使他更坚定地把诗歌当作心灵的栖居地，更执着地试图在诗歌创作的苑囿中多多耕耘、多多收获，以弥补在政治领域里无所作为的人生缺憾。

的确，诗歌可以为人们提供心灵的慰藉。当寂寞的灵魂在现实中感到孤独无依时，无妨把诗歌当作休憩的驿站。一旦契合于诗歌那高邈的意境，你的心灵就会得到安抚与安顿，宠辱不惊，陶然忘机，不再纠结于仕途的失意或其他种种人生的不快，至少在创作或吟咏的瞬间。刘禹锡早已体会到这一点，而此时的感受尤为深刻。在透迤起伏的巴山深处，在绵延不绝的夜雨声中，他与诗歌至死不渝的情缘得到了固化与强化。

咏史怀古，是刘禹锡这一时期诗歌创作的重要题材之一。

"咏史"之名，起自东汉班固。但班固的《咏史》只是将"缇萦救父"的历史故事连缀成诗，因而被钟嵘《诗品》讥为"质木无文"，萧统《文选》亦弃而未录。其后王粲、曹植等人的咏史之作虽然不乏文采，却鲜有寄托。直至西晋左思，才跳出传统的窠臼，将一己情怀挽入咏史诗中，开创了借咏史以咏怀的先河。刘禹锡不仅在咏史与咏怀的结合上效法左思，而且继杜甫之后，将咏史诗导向"怀古""述古""览古""咏怀古迹"的方向，从历史胜迹和地方风物起笔来评论史事、抒发感慨，因而其取材更为广泛。同时，他还常常借古人之针砭，刺现实之痼疾；征前代之兴亡，示不远之殷鉴。这样，他对题材的发掘，也就较前人及时人更深一层。

且看他创作于夔州的《蜀先主庙》：

天下英雄气，千秋尚凛然。
势分三足鼎，业复五铢钱。
得相能开国，生儿不象贤。
凄凉蜀故妓，来舞魏宫前。

"蜀先主庙"，即蜀汉先主刘备庙，位于夔州境内。诗中通过鲜明的盛衰对比，将欲挽狂澜的热情与国势日颓的忧思交织在一起，抒发了深沉而又浓烈的兴亡之感。首联发唱警挺，气象雄浑。"天下英雄"，暗用《三国志》所录曹操语"今天下英雄，唯使君与操耳"。虽属用典，却不见用典痕迹。最妙的是添一"气"字，使巍巍庙堂气象跃然纸上。而"天下"与"千秋"对举，又使时空得以拓展而变得浩浩无垠，刘备之"英雄气"也就随之而鼓荡于宇宙、磅礴于古今。如此开篇，笔力若有千钧。颔联盛赞刘备功业，将"英雄气"落到实处。"势分三足鼎"，化用孙楚《为石仲容与孙皓书》中语："自谓三分鼎足之势，可与泰山共相终始。"刘备戎马半生，创业维艰，奠定三分，实非易事。"势分"句一笔概尽其间之曲折过程，积淀极为丰富，意蕴极为深广。"业复五铢钱"，巧借钱币为喻，对刘备力图振兴汉室、统一中国的勃勃雄心深表钦羡与崇敬。"五铢钱"，是汉武帝铸行的一种钱币，钱面上有"五铢"二字。王莽篡汉后废止不用。东汉初年，光武帝刘秀又恢复其流通。刘禹锡于诗题下自注"汉末童谣：黄牛白腹，五铢当复"。因此，"业复五铢钱"，显系喻指兴复汉室。两句各有出典，殊难牵合，但一经诗人运思，即铸为工对，颇具浑成自然之致。功力之深，令人叹服。颈联感叹刘备虽得良相辅佐，成就帝业，却因生子不肖，功败垂成，以致最后江山易主，鹿死人手。语意一正一反、一扬一抑，不惟寄慨遥深，转接之妙，亦堪称赏。尾联借歌舞场面之特写，承前指责刘禅不恤祖业、忘怀国耻、但求逸乐。"魏宫"，指曹魏的宫殿。据《三国志》《华阳国志》记载，刘禅于蜀汉炎兴元年（263）投降曹魏，次年举家东迁洛阳。又据《汉晋春秋》记载，司马昭设宴，令"蜀故伎"歌舞，观者皆感叹唏嘘，唯独刘禅嬉笑自若。司马昭问："颇思蜀否？"刘禅答："此间乐，不思蜀。"尾联本此。字里行间既渗透着嗟叹刘备事业后继无人之情，亦隐约可见慨叹唐王朝日薄西山、国势危殆，执政者昏庸无能、亲佞远贤之意，所谓"婉言寄讽"也。

联系这篇咏史怀古之作的现实创作背景，明眼人不难看出，诗中几乎不假掩饰地予以指斥的刘禅实际上是影射当时君临天下的唐穆宗。刘禹锡对穆宗的态度是有着前后的变化的。但变化的过程十分短暂，短暂到连刘禹锡自己也为之吃惊的地步。穆宗刚登基时，曾将包括刘禹锡在内的永贞党人量移至"善地"，这一度使刘禹锡产生了朝政或将有所刷新、穆宗或将有所作为的错觉，随着贬谪生活的旷日持久而不断衰减的政治热情又开始上涨起来。正因为这样，他才会在《夔州谢上表》《夔州论利害第一表》《夔州论利害第二表》中劝谏穆宗"照烛无私"，开塞纳听。当然，劝谏的方式极其婉转与隐曲。因为饱经风霜的刘禹锡此时在政治运作上已相当成熟与老练，不会轻易涉险。这实际上相当于先试放出一只政治气球，来探触穆宗的政治底线。但刘禹锡的苦心进谏就如同对牛弹琴，根本无法触动穆宗早已被酒精麻痹的神经。这之后，再也没有看到穆宗采取任何试图改善朝政的动作，甚至再也不见其表现出一丝一毫的励精图治的意愿。相反，不断传来的是有关他穷奢极欲的消息。过度地纵情声色，过早地损害了他的健康，使他不到而立之年就因"风眩"而卧床。病入膏肓而犹不知摄生，依然极度愚昧地把服食烈性的金石之药当作延年益寿的不二法门，一次次把自己弄得命悬一线，徘徊于鬼门关前。显然，这是一个荒淫、昏聩的帝王，不仅无能，而且无耻。因为一开始曾对他抱有希望，所以，刘禹锡后来的失望也就比常人更深一层了。

　　刘禹锡不能不表达他的失望。那么，如何表达？当然不能直抒胸臆、放言无忌，而只能托古讽今、婉言寄慨。于是，当地的名胜古迹"蜀先主庙"便成为他托讽的材料。诗的落点其实是"生儿不象贤"这一句。在刘禹锡心目中，贤与非贤，是判别明主与昏君的标准。"不象贤"，貌似发语轻淡，实则已对酷肖刘禅的穆宗彻底加以否定，将无法抑制的失望之情和盘托出。当然，对"生儿不象贤"这一句不能作胶柱鼓瑟般的机械理解，误以为作者在嘲讽穆宗的同时对宪宗多少有褒扬之意。那样就与事实相悖了。如果说这里是以刘禅来影射穆宗的话，那么无妨理解为作者是批评穆宗缺乏先祖的雄才大略，不能像先祖那样辨别贤愚、亲贤远佞，以致自己也身居"不贤"之列。所以，不能拘泥于"生儿"两字，否则就是将历史记录与文学创作混为一谈。

　　另一值得注意的怀古咏史之作是《观八阵图》：

　　　　轩皇传上略，蜀相运神机。

> 水落龙蛇出，沙平鹅鹳飞。
> 波涛无动势，鳞介避馀威。
> 会有知兵者，临流指是非。

"八阵图"，指三国时蜀相诸葛亮创制的一种阵法。《三国志·蜀志·诸葛亮传》有"（亮）推演兵法，作八阵图"的记载。后人考其遗迹而绘成图形。八阵图的遗址，史载有三处，其中一处即在夔州。兼具文韬武略的刘禹锡在治理夔州期间，自不免经常视察八阵图遗址，从中揣摩诸葛亮的军事思想和变幻莫测的用兵技巧。这首诗以"观八阵图"为题，着意突出一个"观"字，正折射出诗人时而远眺、时而近览、时而俯视、时而仰望的观察过程和观赏神态。全诗将历史传说与眼前景物杂糅起来，以虚实互幻、略带夸张的笔墨，将"龙蛇""鹅鹳""波涛""鳞介"等物象一一驱遣入阵，相互生发，相互激荡，各自张目，各自造势，从而渲染出八阵图的精妙，借以表达诗人对诸葛亮的将略兵机的无限向往和景仰之情。然后再拉开历史

第六章　巴山夜雨中的探索与耕耘　　173

的帷幕，走入现实的舞台，慨然以"知兵者"自命，表示有心踵武蜀相诸葛，指点江山，明断是非，建立煌煌功业。然而，现实又怎么可能给他排兵布阵的机会？刘禹锡充其量只能在诗中一骋快想而已。这本身又是何等悲哀啊！

刘禹锡这一时期创作的咏史怀古之作还有《鱼复江中》和《巫山神女庙》。

相形之下，这两篇作品停留于咏怀古迹，而没有寄寓更多的现实感慨，所以显得不够深沉与厚重。《鱼复江中》说：

扁舟尽室贫相逐，白发藏冠镊更加。
远水自澄终日绿，晴林长落过春花。
客情浩荡逢乡语，诗意留连重物华。
风樯好住贪程去，斜日青帘背酒家。

〔元〕赵孟頫　行书出师表卷

鱼复为夔州旧名——秦汉所置县曰鱼复，东汉公孙述占据蜀地后易其名为白帝，三国时蜀主刘备改称永安，晋初复名鱼复，西魏改为人复。唐贞观二十三年（649）改曰奉节，且复置信州，以奉节归其节制。信州旋又改名夔州——这就是从鱼复到夔州的历史沿革。八阵图遗址在鱼复江边，所以，后人习惯于称其为"鱼复八阵图"或"鱼复江八阵图"。明代茅元仪《武备志》即载有《诸葛亮鱼复江八阵图》。鱼复八阵图是正史中唯一明确记载由诸葛亮所设置的八阵图。但或许已有《观八阵图》一诗吟咏诸葛不世功业的缘故，这首诗跳过历史传说，而仅就眼前景物加以铺陈。眼前景物的美好，又在很大程度上稀释了作者的怀古之幽情。于是，全诗也就异化为毫无深意和新意的景物写生了。

《巫山神女庙》一诗亦以景物描写见长：

巫山十二郁苍苍，片石亭亭号女郎。
晓雾乍开疑卷幔，山花欲谢似残妆。
星河好夜闻清佩，云雨归时带异香。
何事神仙九天上，人间来就楚襄王？

巫山，在重庆巫山县东。上有神女峰，下有神女庙。神女庙最早见于文字是在宋玉的《高唐赋》中。赋中写楚怀王游高唐，怠而昼寝，梦见神女自荐枕席，临别时称自己"旦为朝云，暮为行雨，朝朝暮暮，阳台之下"。楚怀王"旦朝视之，如言，故为立庙，号曰朝云"。从战国至唐代，文学作品中提及的巫山神女庙都是指阳台之侧的朝云庙。例如最早以巫山神女故事入咏的南齐王融的《巫山高》，通篇都是想象在阳台山上与神女心神相会的情景：

想象巫山高，薄暮阳台曲。

> 烟霞乍舒卷，蕙芳时断续。
> 彼美如可期，寤言纷在属。
> 怃然坐相思，秋风下庭绿。

隋代李孝贞的《巫山高》也化用朝云暮雨的美丽传说，抒写阳台之上的感受："枕席无由荐，朝云徒去来。"

但宋玉的《高唐赋》乃文学创作，多为想象之辞，朝云庙是否实有其址殆难稽考。后代文人墨客前往游历并吟咏的巫山神女庙，系唐仪凤元年（676）所建（清光绪《巫山县志》据《元统志》）。此庙建于神女峰对岸飞凤峰麓，庙后有神女授书台，即传说中大禹接受神女授符书之处。其地距巫山县东四十里，名曰青石。此后人们所称道的巫山神女庙，通常就是指青石的神女庙。因为它位于纤丽奇峭的神女峰下，乃上下航行必经之地，便于人们瞻仰、祭拜和游赏，于是声名日隆、游客日众。

一个有趣的现象是，到此顶礼膜拜的文人墨客留下了浩如烟海的诗歌作品，却大多选择《巫山高》这一乐府旧题来驰骋才思。《巫山高》本为汉鼓吹铙歌十八曲之一（郭茂倩《乐府诗集》中存有《巫山高》古辞）。此类《巫山高》诗，表现出骚客们对传统的近乎偏执的依循，无一能跳出宋玉《高唐赋》《神女赋》之窠臼，翻来覆去，总是不脱巫山神女"朝云暮雨"之情境。出自唐代诗坛名家的作品亦复如此：

> 巫山望不极，望望下朝氛。
> 莫辨啼猿树，徒看神女云。
> 惊涛乱水脉，骤雨暗峰文。
> 沾裳即此地，况复远思君。
>
> ——卢照邻《巫山高》

碧丛丛，高插天，大江翻澜神曳烟。
楚魂寻梦风飕然，晓风飞雨生苔钱。
瑶姬一去一千年，丁香筇竹啼老猿。
古祠近月蟾桂寒，椒花坠红湿云间。

——李贺《巫山高》

这两首同题之作，在遍布巫山神女庙的即兴题咏中已属上乘，却难称精品。卢诗沿用乐府旧题，却以五言律诗为载体，而五言律诗本非其所长（"初唐四杰"中，王勃、杨炯擅长五言律诗，卢照邻、骆宾王擅长七言歌行），通观全篇，属对固然工切，韵律则多有未协。中间的写景状物和篇末的思君怀人也缺乏新意。"徒看神女云"一句更显得过于直白，了无余韵。李诗保持着其固有的想象奇谲、遣词生冷、造句拗折、着色秾艳的风格特征，写作手法倒是不落俗套，把神女称作"瑶姬"也透出几分骨子里的俏皮，且意境的凄迷亦契合于历史传说的特定氛围。但除了炫示技巧外，作者并没有给读者提供更多的值得长久回味的东西。

和诸葛八阵图一样，巫山神女庙也是刘禹锡经常流连的当地名胜。据说，他曾细细阅览题刻于庙中的数千首诗歌，品其高下，鉴其优劣。出人意表的是，他独对沈佺期、王无竞、皇甫冉和李端四人的《巫山高》评价甚高，誉之为"绝唱"。这四首诗的共同特征是均以宋玉的《高唐赋》作为形象思维的基点，紧扣楚怀王与神女的本事加以生发，但又不过多地黏着于那令人欣羡的艳遇本身，而将主要笔墨用于刻画景物和渲染环境氛围。这种刻画与渲染既深度切合眼前的独特风光，传写出景物的神韵和环境的特质，又处处照应优美动人的历史传说，带有浓重的感情色彩。这就难怪刘禹锡要对它们垂青了。

既然游览巫山神女庙的文人墨客几乎都要挥毫染翰、留下作品，刘禹锡自也不免技痒，何况闻见之间他确有所感。这就有了《巫山神女庙》一诗。他本无意与前贤时彦竞技，但题于壁、刻于碑、书于廊的名篇佳作历历在目，不能不成为他写作时参照的标杆，而以其争强好胜的习性，当然不甘拾人牙慧、步人后尘。这就必须在命意谋篇、状物写景、遣词造句等方面有所创新、有所突破。不过，要想突破前人苑囿又谈何容易？以李白才情之卓绝千古，当年登览黄鹤楼时尚因读到崔颢的《黄鹤楼》诗而不胜感叹："眼前有景道不得，崔颢题诗在上头。"他自觉难以超过崔颢而干脆搁笔。这实在是不失明智的。而今，刘禹锡已品评前人作品于先，自己所作如不能高出一筹，岂非贻笑世人？没有充分的把握，他哪里会轻易出手？既然出手，自必不凡！

　　刘禹锡同样从有关巫山神女的传说起笔，但其想象力和表现力都迥然拔乎侪类，达到匪夷所思的地步。仰望巫山十二峰，无不挺拔秀美，郁郁葱葱，何以唯独其中一片石头被人视为"神女"？它究竟有什么不同寻常的灵异之处？诗人便就此"片石"展开想象的翅膀，以一系列精妙而又贴切的比喻，点染出"神女"的绰约风姿：清晨雾霭散去，犹如神女在闺中卷起了洁白的罗帐；暮春时分即将凋谢的山花，则好似神女尚未卸尽的残妆。在星月交辉、银汉灿烂的夜晚，仿佛能听见神女出行时环佩的清响；雨霁云收之后，依稀可以闻到神女归来时通体散发的异香。就中，"晓雾"二句尤见精工：不仅将眼前景物加以人格化，一一驱遣到以神女为主角的历史舞台上来，参演这一融合古今、穿越时空、打通人神的活剧，而且赋予其浓重的浪漫和传奇色彩。其风貌一似作者晚年创作的《忆江南》词中的佳句："弱柳从风疑举袂，丛兰裛露似沾巾。"同样以细致入微的观察力和出人意料的想象力，生动地传写出景物之精神和人物之风韵。或许诗人自己也视其为妙手偶得的神来之笔，所以后来才会重复这一取譬造句方式。走笔至此，虽然尚无一字正面描写神女，但神女清极丽绝的形象已呼之欲出。于是，诗人笔锋一转，以感慨作结：如此清丽不可方物的神女本当无视人世间的凡夫俗子，为什么要从"九天上"翩然降临，与人间王侯缔结一段巫山云雨之情呢？这一故作不解的怅问，既多少带有戏谑成分，使情感旋律更趋活泼，又增加了作品的悬疑意味，留下无穷余韵。同时，这还在一定程度上体现了诗人的好古、疑古精神。因此，看似漫不经心的一问，实际上凝聚了诗人覃思精微的匠心。

从总体上看，这首《巫山神女庙》诗主要以想象取胜，而想象本身则呈现出渐次提升、逐层推进的态势。开篇处明言号为"女郎"者乃"片石"也，点出吟咏的对象其实是"片石"而非"女郎"，女郎不过用以形容片石而已。三、四句则已轻轻撇开片石，而仅就女郎来发挥奇妙的想象，将"晓雾""山花"想象成"卷幔""残妆"，但仍着以"疑""似"二字，使意境介乎虚实之间。五、六句又推进一层，从听觉和嗅觉两方面为神女传神写照，依然是想象之词，不过已化虚为实，着力以环佩的清响和奇异的香味来淡化神女的虚幻色彩，强化她的现实属性。结尾二句更对其加以诘问，将神女峰完全人格化。诗人在历史与现实的交会处拓展出一片充满诗性的空间，而让想象的翅膀尽情地遨游和回旋于其中，激荡起时隐时显的情感波澜，挥洒出令人寻味无尽的审美意象。在汗牛充栋的巫山神女诗中，刘禹锡此诗虽不能推许为翘楚之作，却绝对可以厕身上乘之列，至少较之刘禹锡自己推崇的四篇作品毫不逊色。当然，和《鱼复江中》一样，这首诗因为没有政治寄托和政治感慨，不可能达到《蜀先主庙》和《观八阵图》那样的思想高度、感情深度和语言力度，但在咏史怀古之作中，它亦足自备一格。

三、采风民间

最能反映刘禹锡这一时期的创作实绩的，是他在夔州独创（或曰首创）的民歌体乐府诗。

刘禹锡主动从民歌中汲取营养始于谪居朗州时期。永贞革新的失败，一方面给他带来了长期被放逐的厄运，另一方面却也使他获得了取之不竭的创作源泉，逐渐找到了最适合自己驾驭的诗歌形式——民歌体乐府诗。如果说朗州十年是其民歌体乐府诗的奠基时期、连州五年是其民歌体乐府诗的拓展时期的话，那么，夔州三年则是其民歌体乐府诗创作的集大成时期。

夔州是流播遐迩、绵延古今的《竹枝词》的故乡，其地歌风之盛，较朗、连二州尤甚。刘禹锡《踏歌词》记其民俗说："自从雪里唱新曲，直到三春花尽时。"生活在这样的歌风驰荡的环境里，渴望融合文人诗与民歌的刘禹锡如鱼得水。他不仅亲自观摩郡人"联歌竹枝"的盛会，而且刻苦学习《竹枝词》的演唱技巧，达到了能使"听者愁绝"的高妙境界——白居易《忆梦得》诗于"几时红烛下，闻唱竹枝歌"句下自注："梦得能唱《竹枝》，听者愁绝。"在深入民间采风的过程中，他对巴渝民歌所独具的歌词、音乐、舞蹈三位一体的艺术形式由陌生到熟谙，由熟谙到模拟，由模拟到改造，终于成功地创作出以《竹枝词》《踏歌词》《浪淘沙词》为代表的一组又一组脍炙人口的民歌体乐府诗。

在《竹枝词九首引》中，刘禹锡曾自述其创作经过与动机：

四方之歌，异音而同乐。岁正月，余来建平，里中儿联歌《竹枝》，吹短笛，击鼓以赴节。歌者扬袂睢舞，以曲多为贤。聆其音，中黄钟之羽，其卒章激讦如吴声。虽伧伫不可分，而含思婉转，有淇濮之艳。昔屈原居沅湘间,其民迎神,词多鄙陋,乃为作《九歌》,到于今荆楚鼓舞之。故余亦作《竹枝词》九篇,俾善歌者飏之,附于末,后之聆巴歈,知变风之自焉。

诗人以屈原的后继者自许。在他看来,其《竹枝词》诸章是堪与屈原的《九歌》相比并的。确实,刘禹锡写于夔州的民歌体乐府诗是深得《九歌》之风神的。它们都在某种程度上吸收了当地民歌健康朴素的思想感情和丰富多彩的表现手法,并将它与文人诗的写作技巧糅合起来,或多或少地达到了风景画与风俗画的融合、人情美与物态美的融合、诗意与哲理的融合、雅声与俚歌的融合。

风景画与风俗画的融合,不仅表现在同一组诗中风景篇与风俗篇的并存,而且表现在同一首诗中风景图与风俗图的交会。诗人善于将秀丽的风景与淳朴的风俗糅为一体,使它们在相互映照中蔚为风采独具的大观。如《竹枝词九首》其三:

江上朱楼新雨晴,瀼西春水縠文生。
桥东桥西好杨柳,人来人去唱歌行。

雨后彩虹,斜挂朱楼;一江春水,微动涟漪;长桥东西,柳丝飘拂——这彩绘一般的明丽风景,配之以行人路歌、声韵相和的风俗,显得那样气象氤氲。这是一幅有声的立体画,一部有画的交响乐。生活的重压没有使喜讴的夔州生民改变积习,他们以历代沿袭的方式,借助对歌来抒发积郁在内心的不平或五谷丰登的怡悦。这里,"人来人去唱歌行",绝不是诗人的刻意粉饰,以示治下清平、治郡有方,而确系其人其地的习俗。这是使诗人怎样迷恋和沉醉的一种习俗啊!在这种习俗的熏陶下,诗人又怎能不诗兴勃发,欣然启开自己的歌喉,加入那雄浑有力的合唱呢?

第六章　巴山夜雨中的探索与耕耘

在表现手法上，诗人有时将风景画与风俗画叠印起来，造成一种令人目眩神迷、叹为观止的意境，有时则以风景起兴，先略事渲染，必要时亦不惜敷粉着色，然后再把精心绘制的风俗画推至幕前。这里，风景画只是对风俗画的一种不可或缺的烘托和铺垫。如《竹枝词九首》其一：

> 白帝城头春草生，白盐山下蜀江清。
> 南人上来歌一曲，北人陌上动乡情。

不难看出，诗的一、二句与三、四句是两幅连环的图画。诗人以茂密的春草和清冽的蜀江起兴。乍看，这幅自然图画与下文似无直接联系，实际上它却恰到好处地渲染了环境氛围。对"南人"来说，这幅图画饱含乡土气息，殊觉亲切；对"北人"来说，这幅图画则颇具异乡情调，略感陌生。因而它无疑起着兴起下文的作用。同时，"更行更远还生"的春草和浩荡东去的江水，又暗示出时间的流逝、歌声的悠扬和归途的遥远，对下文的"南人上来歌一曲，北人陌上动乡情"都是巧妙的烘托。当读者还在对它进行欣赏和玩味，努力领略其意蕴时，诗人已将连环画翻到了下一页。于是另一幅折射出当地风土人情的图画映入了读者的眼帘。画面上，"南人"引吭高歌、深情缱绻，"北人"低头徘徊、乡愁缭乱。显然，这两幅图画是前后关合、互为补充、相得益彰的。苏轼对这首诗推崇备至，感叹说："此奔轶绝尘，不可追也。"黄庭坚也称赞包括这首诗在内的《竹枝词九首》说："词意高妙，元和间诚可以独步。道风俗而不俚，追古昔而不愧。比之杜子美'夔州歌'，所谓同工而异曲也。"（胡仔《苕溪渔隐丛话》引黄庭坚语）

刘禹锡笔下的风景画与风俗画往往设色秾丽。这种"丽"不是来自华美辞藻的雕饰和高深典故的堆砌，而是来自对绘画三原色的合理调配和精心涂抹，来自诗人寓浓于淡、化平为奇的艺术功力。如《踏歌词四首》其一：

　　春江月出大堤平，堤上女郎连袂行。
　　唱尽新词欢不见，红霞映树鹧鸪鸣。

这里，风景画与风俗画已融合为一。画面上，不仅荡漾着欢快活泼的旋律，而且流动着鲜艳欲滴的色彩。诗人从理想的调色板上汲来浓墨重彩，不断点染这画面，涂抹这画面，深化这画面。于是，我们看到：傍晚时分，"金乌"未落，"玉兔"已升。那火红的晚霞、清幽的月光，与那堤上女郎艳如桃花的笑脸、五光十色的绣袂，以及参天大树那古铜般的枝干、苍翠的叶片，鹧鸪那黑白相间的羽毛、橙黄的双足交相辉映，显得那样绚烂、那样明媚！月光、晚霞、大树、鹧鸪等，都是常见的景物，无甚出奇之处。然而，一旦被诗人捕捉到笔底，按其特殊配方加以排列组合，使之相互作用，便幻化出如此艳丽而又和谐的奇观。

　　刘禹锡的民歌体乐府诗有风景篇、风俗篇，亦有风情篇。诗人不无兴味地关注着当地青年男女的爱情生活，并深深地为他们的忠诚和坚贞所感染，情不自禁地在诗中加以讴歌，细腻而又婉转地传达出他们在恋爱过程中所经历的欢乐、痛苦、彷徨以及种种"欲说还休"的微妙心理。在这些诗中，往往映射着纯洁心灵的光波，闪烁着健康思想的火花。它们的抒情主人公多为失意女子。在表现她们的怨尤时，诗人除了以拟人化的手法赋物态以人情外，还以感物起兴的手法，借物态写人情。前者与后者的区别在于：前者只出现物，不出现人；后者人与物一起出现。前者的"物"是人格化了的"物"，直接带有人情；后者的"物"则仅仅起一种触媒作用，其使命在于导出人情。诗人往往让自己所喜爱和同情的女主人公面对美好的自然风物，勾起内心的隐忧，产生痛苦的联想。而她的一片痴情便流溢在这痛苦的联想中。如《竹枝词九首》其二：

> 山桃红花满上头，蜀江春水拍山流。
> 花红易衰似郎意，水流无限似侬愁。

那鲜艳夺目的"山桃红花"和奔流不息的"蜀江春水"一下子就触动了女主人公敏感的神经，拨响了那根紧绷在她心灵深处的悲剧之弦。她想到，当初相恋时，自己的爱情犹如江水一般深沉，而"他"的热情也曾像山花一样奔放。然而花有衰时，水无尽期。"他"的热情很快便和山花一起衰谢了，使得她愁满春江，不胜悠悠。这真是伤心人别具眼目，断肠人另有意会。读着这哀婉的文字，谁能不和作者一样感其真情、哀其不幸呢？这里，诗人将山花和江水作为女主人公触景生情的"景"、睹物伤怀的"物"，兼用了比兴二法。以红花喻美女，已成陈陈相因的俗套。诗人避熟就生，抓住"花红易衰"的特点，以之比喻男子的负心，这就推陈出新、别具风貌了。全诗物态人情，各极其致。又如《浪淘沙词九首》其四：

> 鹦鹉洲头浪飐沙，青楼春望日将斜。
> 衔泥燕子争归舍，独自狂夫不忆家。

诗中的女主人公的感情同样是纯真而热烈的。她独登"青楼"，凭栏终日，盼夫心切。然而，"落花有意，流水无情"。终于，那日暮归舍的春燕撩拨起她的满腹怨恨，使她发出"独自狂夫不忆家"的嗔语。"狂夫"一词表达了女主人公对负心者又气、又思、又恼、又爱的复杂心理，颇堪玩味。这里，诗人也是借助物态的触媒作用来抒写人情的。

人情美与物态美的融合，还表现在刘禹锡刻画热恋中的女主人公形象时，不仅注意挖掘并展示其潜在的美的素质，而且往往结合对物态的描写，采用一种似露非露、欲吐还吞的抒情方式，纡曲有致地表现她们乍阴乍晴、欲喜还忧的特定心理。较之"直说"，这自当更富艺术魅力。这里所需要的是深刻的观察、细腻的笔触和传神的词汇。如广为传诵的《竹枝词二首》其一：

> 杨柳青青江水平，闻郎江上唱歌声。
> 东边日出西边雨，道是无晴还有晴。

诗的抒情主人公显然是一位情窦初开的女子，其内心世界是微妙而又丰富的。尽管她早已情有所钟，对方却尚未明确表态，所以她一点芳心不免多方揣度。诗人巧妙地采用融人情于物态的手法，将其复杂心理生动而又曲折地显现在字里行间。首句渲染环境：杨柳绽青，江水平堤，见出这是撩人情思的早春季节。环境若此，季节若此，无怪女主人公要产生缠绵悱恻的"怀春"之情了。次句借歌声为媒介，揭出女主人公心理活动的指向——"郎"，这无疑便是她朝思暮想的心上人。在这般充满诗情画意的环境、季节中，渴望着爱的甘霖的她忽然听到了"郎"那动听而又令人费解的歌声。她苦苦地思索和琢磨：这歌声究竟表达了什么呢？能不能据此断定他对自己一往情深，恰如自己对他那样呢？答案是："东边日出西边雨，道是无晴还有晴。"这似乎纯系刻画景物，其实正是对人物特定心理的一种巧妙折射。明人谢榛认为这两句"措词流丽，酷似六朝"（《四溟诗话》）。所谓"六朝"，是指六朝乐府民歌。六朝民歌多用谐音双关语来表达恋情，如以"莲"谐"怜"、以"碑"谐"悲"、以"篱"谐"离"等。的确，诗人这里是效法六朝民歌，以天气的"无晴"与"有晴"谐人物的"无情"与"有情"。春末夏初之际，南方的天空中常常出现如是的奇景：这边白云翻卷、雨帘高挂，那边却红日朗照、一片晴明。诗人便以这一气候特点来写照女主人公的心境——她的始而惊喜、继而疑虑、终而迷惘，都融合在这"道是无晴还有晴"的物态中。她多么希望心上人的态度能更加明朗些，源源不断地向她发射爱的信息。然而，也许为了考验她的耐心，对方的歌声偏偏如此暧昧，害得她忐忑不安、费尽猜详。这些，虽然作者并没有直接表述出来，读者却不难意会。正因为采用这种移情入景、欲吐还吞的抒情方式，全诗显得情思宛转、余味无穷。这里，"物态"是美的，"人情"也是美的。

诗意与哲理的融合，也是刘禹锡创作的民歌体乐府诗的特点之一。巴渝等地的民歌中不乏富有哲理的议论。在巴山深处自给自足的生民们将自己弥足珍贵的生产和生活经验加以提炼和概括，使之上升到哲理的高度，然后融入歌词、付诸管弦，以口耳相传的方式灌输给后代。这样，他们所创作的民歌便具有诗意化的形象与哲理性的议论相融合的特点。这一特点也为刘禹锡的民歌体乐府诗所汲取。他的这类诗中的哲理，不是抽象的说教，也不是空洞的信条，总是附丽于诗意化的形象，从具体、生动的景物或事物中自然而然地萌发和跳跃出来，使人感到它是诗人所描摹的景物或事物的特有内涵，而不是从外部硬贴上的标签。这正是刘禹锡比某些宋代诗人高明的地方。生活赋予他一双洞烛幽微的慧眼，回过头来，他又运用这双慧眼来观察生活，从平凡中发现不平凡，从合理中发现不合理，并把这种发现毫无保留地揭示给读者，让他们也跟着一起去观察、去发现。把玩他的民歌体乐府诗，我们看到，诗人所乐于从事的一道工艺是：敲碎那些寻常事物的外壳，取出其不寻常的哲理内核。如《浪淘沙词九首》其六：

日照澄洲江雾开，淘金女伴满江隈。

美人手饰王侯印，尽是沙中浪底来。

这首诗描写淘沙取金的劳动场面，这是遵循"题中应有之义"。淘金这一劳动本身并无不寻常之处，淘金者自己也绝不会意识到它有什么特别的意义。或许，他们只是把它当作维持生计的一种手段。然而，别具慧眼的诗人却看到了它与"美人手饰王侯印"的联系，从而揭示出这样足以给人启迪的真理：金钿、金印等统治阶层用以相互夸耀的美好东西，都来源于底层民众的艰苦劳动；劳动中蕴藏着美，劳动更创造了美；离开了底层民众的创造，统治阶层的"奢华"便无从谈起。诗人着意表现了淘金劳动的艰苦卓绝：不仅要早出晚归，披雾带霜，而且有葬身"浪底"之虞。而这样艰苦的劳动竟是由女性来担负的。这就含蓄地点出：统治阶层的奢华生活是建筑在底层民众的苦难之上的。诗的后两句隐隐流露了诗人对这种不合理的社会现实的不满。这里，哲理渗透在诗意中，诗意又包含在哲理内。

刘禹锡的民歌体乐府诗大多是可以入乐演唱的。其创作的本来目的便是"俾善歌者飏之"，因此，不仅在当时，而且直到宋代，"犹有能传刘氏之声者"（邵伯温《邵氏闻见录》）。胡仔《苕溪渔隐丛话后集》记载说：

《竹枝歌》云："杨柳青青江水平，闻郎江上唱歌声。东边日出西边雨，道是无晴还有晴。"予尝舟行苕溪，夜闻舟人唱吴歌，歌中有此后两句，余皆杂以俚语。岂非梦得之歌，自巴渝流传至此乎？

传唱如此之久，除了内容本身富有生命力和吸引力以外，自当还有其音韵和语言上的特点。为了便于传唱，诗人一方面将民歌的浏亮音节吸收入诗，另一方面又参酌取用文人乐府诗的婉转曲调，形成雅声和俚歌的融合，使自己的作品不仅富于画面美、人情美、哲理美，而且也富于音乐美。以《竹枝词》为例：《竹枝词》在民间有现成的音调曲谱，这由《竹枝词九首引》所说的"聆其音，中黄钟之羽"可知。"黄钟之羽"是一种比较高亢激越的音调，与民歌的奔放情绪适相契合。但诗人在依曲填词的过程中，却参考文人乐府诗的发声技巧和平仄要求，对它作了适当的改造，柔曼其调，低昂其节，浏亮其音，使之"圆美流转如弹丸"。《竹枝词九首》及《竹枝词二首》全押平声韵，无一例外，这与《竹枝词》的固有音韵虽不甚相合，却显得更加轻快悠扬，适于曼声歌唱。在平仄安排上，首句多以仄声起音，先造成一种激厉、昂扬之感。第二句则改为平声起落，舒缓其势，节奏顿变。第三句有意与上句失粘，复用仄声起音，形成中顿转调，又由舒曼转入高亢。最后再以平声收束全篇，归于悠扬婉转。这样便使得全诗的音调活泼流畅，跌宕多变，时而如行云流水，时而如骤雨狂风，时而如洞箫横吹，时而如金钹齐鸣。这对表达复杂的思想感情是颇为适宜的。

  雅声与俚歌的融合，不仅表现在音韵方面，也表现在语言方面。刘禹锡民歌体乐府诗的语言介乎雅俗二端之间，近雅而不远俗。既然要披之管弦，自必要求语言既生动形象、耐人寻味，又顺口易唱、浅切易懂。清人王士禛《师友诗传录》引录了这样一段友人评语："唐贞元中，刘梦得在沅、湘，以其地俚歌鄙陋，乃作新词九章，教里中儿歌之。其词稍以文语缘诸俚俗，若太加文藻，则非本色矣。"这里所谓"稍以文语缘诸俚俗"，正可以概括刘禹锡民歌体乐府诗在语言上的特点：诗人一方面努力使自己的作品带有俚歌色彩，另一方面又对俚俗语言进行筛选与提炼，益以文藻，去粗取精，化俗为雅，使之更趋规范，更富意蕴，更具魅力。这样，出现在诗人笔下的语言往往声情并茂，音色俱佳，雅俗共赏。如《竹枝词九首》其三中的"江上朱楼新雨晴，瀼西春水縠文生"，这个"生"字不仅音节浏亮，朗朗上口，而且意蕴深厚，耐人咀嚼。"生"，在这里可以理解为"萌生"的"生"，也可以理解为"生动"的"生"，还可以理解为"生熟"的"生"。晏殊认为作"生熟之生"讲，"语乃健"（吴景旭《历代诗话》引）。细细玩味，这个"生"字确有新鲜、活脱之意，它既写出了春水的特点，也写出了人们的感觉，诚所谓"一字妥帖，则全篇生色"（陶明濬《诗说杂记》）。

正因为刘禹锡创作的以《竹枝词》为代表的民歌体乐府诗具有如此鲜明的特色，所以很快便不胫而走，传唱四方，成为受京都之人追捧的流行歌曲。孟郊《教坊歌儿》诗有句：

　　去年西京寺，众伶集讲筵。
　　能嘶竹枝词，供养绳床禅。
　　能诗不如歌，怅望三百篇。

可知佛家讲经的时候，有伶人演唱《竹枝词》以娱乐听众、调节气氛。伶人以能唱《竹枝词》而得到丰厚的供养，致使蹭蹬科场的孟郊产生巨大的心理落差，感慨自己能诗，现实境遇反倒不如能歌的伶人。其主旨是痛惜诗道的没落，却也反证了《竹枝词》在当时的风靡。孟郊另有《自惜》诗说：

　　倾尽眼中力，抄诗过与人。
　　自悲风雅老，恐被巴竹嗔。

这是说他不顾老眼昏花，把自己的诗抄送给朋友看，却又担心它们还保持着风雅的传统，只怕在世俗之人眼里已经过时，反而会被巴州的《竹枝词》嗔笑。孟郊的愤慨完全可以理解，其间之是非却涉及读者审美选择的嬗变，很难加以评判。但这一案例同样表明《竹枝词》是当时备受大众推崇的作品。

刘禹锡本来就已是享有盛誉的诗坛名家，朗州十年和连州五年的辛勤笔耕业已奠定他在群雄逐鹿的中唐诗坛的尊荣地位，而创作于夔州的以《竹枝词》为代表的民歌体乐府诗，又高度契合了读者阶层追求新变的审美趣尚，从而极大地提高了他在受众层面的知名度和影响力。无论作品本身的艺术成就还是作品以外的社会评价，都激发着同时代的其他诗人试手民歌体乐府诗的创作热情，当时学作《竹枝词》并有作品留存至今的诗人就有顾况、白居易、李涉以及稍后的皇甫松、孙光宪等人。

刘禹锡在夔州采风民间而创作的民歌体乐府诗，以描写风土人情为主，但也有一部分篇章属于表现稼穑之艰的农事诗和感慨世道之险的政治诗。这类作品，既袭用了民歌体乐府诗外在的艺术形式，又具有农事诗和政治诗的内在品质特征。

涉及农事的作品有《竹枝词九首》其九和《畬田行》等。《竹枝词九首》其九摄录下了当地土著从事农耕的场面：

山上层层桃李花，云间烟火是人家。
银钏金钗来负水，长刀短笠去烧畬。

诗人以漫山开放的鲜花和缭绕在蓝天白云之间的缕缕炊烟作为农耕的自然背景。在这一背景上，点缀并活动着汲水为炊的妇女和以刀耕火种的原始方式在田间播种的男子。他们继承祖辈的衣钵，各尽所能，劳作不辍。这里，诗人运用借代的修辞手法，以"银钏金钗"指代妇女、"长刀短笠"指代男子，使全诗具有更鲜明的地方色彩、更浓烈的异乡情调。如果说这首诗还只是对巴渝生民的农耕场面作鸟瞰式的观照和粗线条式的勾勒的话，那么，《畬田行》则是作纤毫毕现的精雕细刻了：

何处好畬田，团团缦山腹。
　　钻龟得雨卦，上山烧卧木。
　　惊麏走且顾，群雉声咿喔。
　　红焰远成霞，轻煤飞入郭。
　　风引上高岑，猎猎度青林。
　　青林望靡靡，赤光低复起。
　　照潭出老蛟，爆竹惊山鬼。
　　夜色不见山，孤明星汉间。
　　如星复如月，俱逐晓风灭。
　　本从敲石光，遂至烘天热。
　　下种暖灰中，乘阳坼牙蘖。
　　苍苍一雨后，苕颖如云发。
　　巴人拱手吟，耕耨不关心。
　　由来得地势，径寸有馀阴。

　　诗人以生动逼真的画面，循序渐进地展示了巴人畬田劳动的全过程，从畬田前对地点和时间的煞费苦心的选择，到畬田时烈焰腾空、灿若云霞乃致走兽惊蹿、飞禽骇鸣的景象，再到畬田后新芽得力于春雨滋润，拱土而出、拔节猛长的结局，无不详尽铺叙，刻意形容。自然，最为壮观的还是畬田时的景象。诗人以虚实结合的笔法，不遗余力地渲染火势风威，不仅将"惊麏""群雉"驱入画面，而且引来神话传说中的"老蛟""山鬼"，让它们在巴人放火烧荒的巨大声势面前惶恐不知所措。这就反衬出人类征服自然的伟力。诗中的畬田者，虽然为时代和地理条件所限，未能完全摆脱原始和蒙昧的状态，却显示出不畏艰难困苦的气概和在改造荒山野岭的过程中所积累起来的聪明才智。对此，诗人是赞赏多于叹惋的。如此全方位、多层次、立体化地观照并描绘农耕场面，在古代的农事诗中是不多见的。当然，在刘禹锡的民歌体乐府诗中也是不多见的。

在一部分民歌体乐府诗中，刘禹锡还寄托了自己作为一个政治上的失意者的别样怀抱，或愤慨人心不古，或自伤身世不幸，可以把它们视为借题发挥的政治诗。如《竹枝词九首》其六、其七：

其六

城西门前滟滪堆，年年波浪不能摧。
懊恼人心不如石，少时东去复西来。

其七

瞿唐嘈嘈十二滩，此中道路古来难。
长恨人心不如水，等闲平地起波澜。

由滟滪堆的挺立中流、坚不可摧，想到人心的见异思迁、反复无常；又由瞿塘峡的水流湍急、舟行不易，想到人心的无端生衅、风波迭起——故而触物感兴，辗转生发，言近旨远，寄慨遥深。这可以理解为一个爱情受挫女子的怨恨，也可以理解为政治上受到排挤和打击的诗人自己的愤慨。诗人久历宦海风波，对官场内部的明争暗斗、尔虞我诈有深刻的体验。作为无辜的受害者，他"长恨"统治者的凭空构陷、滥施淫威；作为坚定的守志者，他又"懊恼"变节者的朝秦暮楚、趋炎附势。诗中的"懊恼"之词和"长恨"之语，虽然出自抒情主人公之口，实际上却是诗人自己内心的不平之鸣。看得出，诗人故意自托为失意女子，借其酒杯，浇己块垒。《竹枝词九首》其八则是自伤身世之作：

巫峡苍苍烟雨时，清猿啼在最高枝。
个里愁人肠自断，由来不是此声悲。

〔元〕盛懋　三峡瞿塘图页

诗中的"愁人"虽然不仅仅是指诗人自己，却无疑包括诗人自己。它是所有爱情或政治上失意者的统称。"愁人"柔肠寸断，却不是悲秋，非关猿声，这就说明他"别有幽愁暗恨生"。是啊，猿声本无可悲，可悲的是为猿声所鸣穿的身世的不幸和被猿声再度啼破的心灵的创伤。显然，这里不仅是在抒写思妇的离愁，也融入了诗人对自己几遭贬黜、久滞巴蜀遭遇的感慨和嗟叹。

刘禹锡这一时期以民歌体乐府诗为载体创作的政治诗，有自伤，也有自励。《浪淘沙词九首》其八就是一首用以自励的作品：

莫道谗言如浪深，莫言迁客似沙沉。
千淘万漉虽辛苦，吹尽狂沙始到金。

诗人以淘金为喻，生动地揭示了从自身遭际中悟出的真理：正如"狂沙"终究掩不住真金的光辉一样，任何美好的事物经过一番痛苦的"淘""漉"后，终将战胜邪恶，赢得世人的认可和本该属于它的荣誉。永贞革新失败后，诗人被诬陷为"掩人以自售""近名以冒进""欺谩于言说""沓贪于求取"的小人，"始以飞谤生衅，终成公议抵刑。句朔之间，再投裔土"（《上杜司徒书》）。此诚所谓"谗言如浪深""迁客似沙沉"也。然而，诗人"身沉心不沉"。诗的前两句于句首冠以"莫道""莫言"，构成反复句式，表现了诗人对谗言的蔑视和对播迁的达观。后两句则以"狂沙"状政敌、真"金"喻自己，暗示挫折只能磨炼自己的意志，最终被历史长河中的大浪淘去的是那些"狂沙"般的进谗者。这种昂扬、乐观的情绪与民歌是相通的。无妨认为，正是民歌固有的明朗风格和欢快旋律给刘禹锡以情绪上的感染，进而给他的政治抒情诗注入了高亢的元素。这种高亢的元素与其始终保持的刚强不屈的性格相融合，便形成了诗中掷地有声的金石之音。这是一个沉沦已久的失意者身处逆境时的自我激励，也是一个永不消沉、永不屈服的有志者对沉冤终将昭雪的未来的热切期盼。

　　刘禹锡对自己创作于夔州的作品从未正面进行过评骘。但"文章千古事,得失寸心知"(杜甫《偶题》)。其实他最看重的也许还是追步屈原《九歌》而又试图超越《九歌》的民歌体乐府诗,尽管《蜀先主庙》《观八阵图》等咏史怀古诗也是他的得意之作。因为后者更多地体现的是立意的高远、思想的深刻和技巧的精湛圆熟,而前者除了兼具上述优长外,还突破了传统的创作路径,展示了体式上的创新。刘禹锡离开夔州时吟成的《别夔州官吏》一诗透露了其间的消息:

> 三年楚国巴城守,一去扬州扬子津。
> 青帐联延喧驿步,白头俯伛到江滨。
> 巫山暮色常含雨,峡水秋来不恐人。
> 唯有《九歌》词数首,里中留与赛蛮神。

　　临别之际,自称别无所馈,只有苦心创作的与屈原《九歌》一脉相承而又变化生新的民歌体乐府诗,可以留给巴山儿女,供他们在"赛蛮神"时尽情演唱。只字不提治理夔州的一系列政绩,而以民歌体乐府诗作为唯一值得自豪的留赠,正说明它在诗人心目中的分量之重和地位之高。

四、哲思隽永

　　当然,刘禹锡在夔州的创作领域同样是宽广的,创作成就也同样是全面的。民歌体乐府诗及咏史怀古诗创作成就的突出,或许有可能一时遮蔽人们对其散文创作实绩的关注,却终究掩盖不了其散文创作亦有所斩获的事实。

刘禹锡在巴山深处写作的散文中,最富于思辨色彩,因而也最发人深省的是《因论》七篇。《因论》七篇包括《鉴药》《讯甿》《叹牛》《儆舟》《原力》《说骥》《述病》等七个寓言小品。它们彼此独立而又相互支撑、相互映衬,着重从事物的两个相反方面(祸福、大小、利钝、声实等)探讨其相互关系和发展变化,系统而又深入地阐述了作者不断成熟、不断深化的朴素辩证法思想,洵为用笔精警的传世之作。

刘禹锡在《因论》七篇的引言中谈到其写作目的:

> 刘子闲居,作《因论》。或问其旨曷归欤?对曰:"因之为言有所自也。夫造端乎无形,垂训于至当,其立言之徒;放词乎无方,措旨于至适,其寓言之徒:蒙之智不逮于是。造形而有感,因感而有词,匪立匪寓,以因为目。《因论》之旨也云尔。"

所谓"因论",是指事有所由、言有所指、因事而发的议论。他自认为,这些叙事与议论相结合的小品文既不同于"立言"者随意发端、旨在正面垂训的政论作品,也不同于"寓言"者任意想象、旨在侧面寄讽的虚构故事,而是"造形而有感,因感而有词,匪立匪寓,以因为目"的一种特殊文体。由此可以得知,作者把写作这组小品文当作一次文体实验,这正反映了他在文学创作中始终保持的探索与开拓精神。而从哲学的视角看,刘禹锡在《天论》中曾提出"以目而视,得形之粗者也;以智而视,得形之微者也"的观点,认为形有粗、微之分,人的认识有"以目而视"和"以智而视"之别。两相联系,或许可以说,所谓"造形而有感"尚属基于形体、"以目而视"的感性认识,所谓"因感而有词"则是脱略形体、"以智而视"的理性认识。从中我们可以捕捉到的信息是，以唯物论作为认识论的基本前提，刘禹锡已经接触到并且比较辩证地梳理了感性认识与理性认识的关系问题。因此，这组小品文的贡献是双重的、跨界的，在文学与哲学两个领域都可以彪炳后世。

《因论》七篇，无一例外都属于亲闻亲历之际"有感而发"的作品，在写作技巧上，采用一事一议、夹叙夹议的笔法，将感性认识寄寓在叙事中、理性认识升华在议论中。而尤其值得注意的是，尽管作者自己声称这组作品有别于"立言"者议论政事的文章，但其实它们不仅没有回避现实政治，反而颇多指陈时弊的笔墨，只不过在表现形式上迥异于传统的政论文而已。这也就意味着作者是将阐发哲理、评点政事、实验文体这三重目的糅合在一起的。承载着如此多的功能与使命，《因论》七篇所负者重矣！

在结构上，《因论》七篇都可以析为两段：上一段叙事，下一段议论。叙事时，大多以"刘子"领起，以示所叙之事非得之传闻，乃亲身所历。如《讯甿》上一段记叙说：

> 刘子如京师，过徐之右鄙。其道旁午，有甿增增，扶斑白，挈羁角，赍生器，荷农用，摩肩而西。仆夫告予曰："斯宋人、梁人、亳人、颍人之逋者，今复矣。"予愕而讯云："予闻陇西公畅彀之止，方逾月矣。今尔曹之来也，欣欣然似恐后者，其闻有劳来之簿欤，蠲复之条欤，振赡之格欤？硕鼠亡欤，瘈狗逐欤？"曰："皆未闻也。且夫浚都，吾政之上游也。自巨盗间衅，而武臣颛焉。牧守由将校以授，皆虎而冠；子男由胥徒以出，皆鹤而轩。故其上也子视卒而芥视民，其下也鸷其理而蛑其赋，民弗堪命，是轶于它土。然咸重迁也，非阽危挤壑，不能违之。曩者虽归欤成谣，而故态相沿，莫我敢复。今闻吾帅故为丞相也，能清静画一，必能以仁苏我矣；其佐尝宰京邑也，能诛锄豪右，

第六章　巴山夜雨中的探索与耕耘

必能以法卫我矣。奉斯二必而来归,恶待事实之及也!"

"甿",同"氓",指百姓。文章精心设计了作者与道旁百姓的对话,通过举家西迁的百姓不堪诛求的倾诉,揭露了各级官府严赋重税、罔顾百姓死活的施政弊端。"其上也子视卒而芥视民,其下也莺其理而蛘其赋",上下均无爱民之心、悯农之意,把百姓视同草芥,非但不施仁政、不行善举,反倒刻意盘剥、竭泽而渔。于是,"民弗堪命",除了"轶于它土"外别无选择。写到这里,作者又加重语气强调说:"然咸重迁也,非阽危挤壑,不能违之。"不是吗?华夏一族的子民在传统文化的浸润下历来"安土重迁",不到"阽危挤壑"的地步,绝不会擅离故土。而今选择举家西迁,岂不是说明他们在故土已无法生存?尽管西迁后依然有可能转死沟壑,而且西迁本身也有可能是一条不归之路,但毕竟可以给他们带来生存的希望。所以,西迁是他们仔细权衡生死利弊后所做的一种迫不得已的决断。这样措辞,抨击苛政之意已呼之欲出。不过如果仅仅停留于抨击苛政,文章的题旨实与柳宗元的《捕蛇者说》相近,并无太多新意,而《捕蛇者说》十多年前即已写成,假使作者就此搁笔,则显然未能跳出柳文的窠臼。至于以人物对话的方式来揭示题旨,亦属于陈陈相因的手法。从远处说,汉赋及汉乐府已肇其端;从近处说,诗如杜甫的《兵车行》,文如柳宗元的《捕蛇者说》,也都充分展示了运用对话来刻画人物和表现主题的高超技巧。因此,作者若想推陈出新,就必须另辟蹊径,使文章峰回路转,呈现新境。于是,就有了后一段深蕴哲理的议论:

予因浩叹曰:"行积于彼而化行于此,实未至而声先驰,声之感人若是之速欤!然而民知至至矣,政在终终也。"尝试论声实之先后曰:"民黠政颇,须理而后劝,斯实先声后也。民离政乱,须感而后化，斯声先实后也。立实以致声，则难在经始；由声以循实，则难在克终。操其柄者能审是理，俾先后终始之不失，斯诱民孔易也。"

作者由百姓对陇西公闻声向慕而纷纷迁居其管辖之地的现实景象，引申出"声"与"实"这一组矛盾的对立统一体，从哲学抽象的层面辨析它们之间的关系及其转化的条件与规律，启发执政者正确处理"声"与"实"的相互关系，在适当的条件下及时促成其转化。这就不仅给文章涂抹上了浓郁的思辨色彩，而且将感性认知推衍为理性归纳，提升了其理论高度。在作者看来，执政柄者只要处理好"声"与"实"之间的关系，做到"先后终始之不失"，就能深得民心。那么，"声"与"实"作为同一事物的两个不同方面，究竟应该孰先孰后？作者认为，应根据不同的民情与政况灵活处理："民黠政颇，须理而后劝，斯实先声后也。民离政乱，须感而后化，斯声先实后也。"前者的难度在"经始"，后者的难度在"克终"。这里，作者是在论述其对政事的独到见解，还是在阐发其对哲理的独特感悟，实在难以分辨，因为它们已融为一体。

《叹牛》的结构方式与表现手法与此相同。前半部分记叙作者与一位手牵跛足之牛的老叟的对话，由此展开故事情节：

刘子行其野，有叟牵跛牛于蹊。偶问焉："何形之瑰欤？何足之病欤？今觳觫然将安之欤？"叟揽縻而对云："瑰其形，饭之至也；病其足，役之过也。请为君毕词焉。我僦车以自给。尝驱是牛，引千钧，北登太行，南至商岭，掣以回之，叱以耸之。虽涉淖跻高，毂如蓬而辀不偾。及今废矣，顾其足虽伤而肤尚腴，以畜豢之则无用，以庖视之则有赢。伊禁焉莫敢尸也。甫闻邦君饩士，卜刚日矣。是往也，当要售于宰夫。"

第六章 巴山夜雨中的探索与耕耘

> 余尸之曰:"以叟言之则利,以牛言之则悲。若之何?予方窭,且无长物,愿解裘以赎,将置诸丰草之乡,可乎?"叟鞿然而哈曰:"我之沽是,屈指计其直,可以持醪而啗肥,饴子而衣妻,若是之逸也,奚事裘为?且昔之厚其生,非爱之也,利其力;今之致其死,非恶之也,利其财。子恶乎落吾事?"

老叟当年役牛无度,驱使它"北登太行,南至商岭","掣以回之,叱以耸之",凭借它保证一家温饱。而今它身已老羸,又兼跛足,再也不能负重涉险,为主人赚取资财。老叟便想将它"售于宰夫",以其一身皮肉换取妻儿衣食。作者闻言深悲牛之遭际,慨然表示愿意"解裘以赎",将它"置诸丰草之乡",使其得以安度晚年。但老叟却一口拒绝,并坦白了自己当年养牛、如今卖牛的动机:"昔之厚其生,非爱之也,利其力;今之致其死,非恶之也,利其财。"这种只顾自己、不恤他人(物)的实用主义、功利主义态度,引发了作者的感慨与联想,于是文章自然过渡到后半部分的议论:

> 刘子度是叟不可用词屈,乃以杖扣牛角而叹曰:"所求尽矣,所利移矣。是以员能霸吴属镂赐,斯既帝秦五刑具,长平威振杜邮死,垓下敌禽钟室诛:皆用尽身贱,功成祸归,可不悲哉!可不悲哉!呜呼!执不匮之用,而应夫无方,使时宜之,莫吾害也。苟拘于形器,用极则忧,明已。"

作者思接千载,视通古今,由现实生活中这一"所求尽"则"所利移"的案例,联想到历史上居功赫赫却惨遭最高统治者屠戮的伍子胥、李斯、韩信等名臣名将,在为他们深致不平的同时,总结出"用尽身贱,功成祸归"这一永远无法打破的历史定律,昭示了以帝王为代表的政治人物的冷酷无情。这中间,毫无疑问也寄托了作者的身世之感。文章如果以此收束，已足具警世功用。但作者尚不满足，篇末又顺势引出一番有关"用"与"藏"的评说：应当"执不匮之用，而应夫无方"，而不应当"拘于形器"，从而使文章上升到哲学思辨的高度。

值得注意的是，《因论》七篇中的《鉴药》和《述病》专就医药问题立论，从中既能感触到刘禹锡的政治思想和哲学思想，也能体会到他的医学思想。在这两篇作品中，作者尤其注重把握矛盾的对立与转化，恰当地使用了阴与阳、利与钝、毒与效、过当与不及等矛盾对立概念，将有关治病服药的哲理揭示给读者。

《鉴药》一文在《因论》七篇中排序第一。所谓"鉴药"，是指从服药中吸取教训。"鉴"是引以为鉴的意思。作者自述了一次生病服药的经历：平日"食精良弗知其旨"，久而乃致"血气交诊，炀然焚如"，身体极度不适。于是前往就医。医生"切脉观色聆声"后，诊断说这是"兴居之节舛，衣食之齐乖"所导致的结果。便专门为他配制了药丸，叮嘱说"服是足以瀹昏烦而鉏蕴结，销蛊慝而归耗气"，但其中有毒，切切不可多服，因为"过当则伤和"也。药丸果然有效，作者服用后"涉旬而苛痒绝焉，抑搔罢焉。逾月而视分纤，听察微，蹈危如平，嗜粝如精"，几乎已经康复。遗憾的是，作者此时却未遵医嘱，而听信了昧于药理的好事者的劝诱，为了巩固疗效，延时服用该药丸，并加大剂量。结果，"再饵半旬"后，"厥毒果肆，岑岑周体，如痁作焉"，不得不再度求医。又经过医生一番调理，才恢复如初。由此，作者领悟到：

善哉医乎！用毒以攻疹，用和以安神，易则两踬，明矣。苟循往以御变，昧于节宣，奚独吾侪小人理身之弊而已？

作者以治病用药必须剂量适中为喻，说明处理任何事情都必须把握好分寸，如果超过一定的度，事情就会走向反面，所谓"过犹不及"也。文章的主旨可以用"过当则伤和"一语来概括。"和"者，阴阳平衡之谓也。"和"的对立面是"不和"或"伤和"。"和"与"伤和"这一对矛盾存在的条件不是固定不变的。"和"是相对的，"不和"是绝对的，它们之间的矛盾运动，贯穿于疾病发生、发展、治疗、康复的全过程。由"不和"到"和"，表明其矛盾运动已实现动态的平衡；由"和"到"伤和"，则意味着原有的平衡又被打破。这里，作者虽未明言阴阳，但其实质是通过阴阳的变化来说明用药务求其本——阴阳之"和"。文章中叙述的三个阶段的病变均为阴阳失"和"所致，所以，必须始终依据阴阳调和这个"本"来决定用药服药的时限与剂量，以求达到新的不同层次的平衡。这也就是说，必须辨证用药、辨证施治。无疑，作者的这番议论，正是其朴素辩证法思想在医学上的具体运用。

刘禹锡在《鉴药》一文中还特别强调治病服药不能"循往以御变"。他认为，事物是始终处于运动变化状态的，具体问题要具体对待，不能一味依赖既往的经验，执一而求，胶柱鼓瑟，否则就难以适应新的变化，无法做到因病施治、对症下药。譬如，"用毒以攻疹，用和以安神，易则两踬，明矣"。其实，又岂止治病服药是如此？治理社会及驾驭生民同样不能"循往以御变"。作者故意在篇末反诘说："苟循往以御变，昧于节宣，奚独吾侪小人理身之弊而已？"其真实意图正是为了将借鉴意义推而广之，使为政者也能从中受到启发。

《述病》一文也触及事物的矛盾运动，特别是矛盾发展程度与事物运动状态的关系。文章据以立论的现实因缘是：作者与仆人同因暑热而患病，一开始作者的症状轻而仆人的症状重。但因为作者不注意调理，"口不能忘味，心不能无思"，所以症状虽轻、服药虽多，反倒迟迟不能痊愈。仆人则限于条件，"虽饮食是念，无滑甘之思"，

且不以病患为意,"被病也,兀然而无知;有间也,亦兀然而无知",结果竟早于作者康复。这当然也引发了作者的议论:

> 予喟然叹曰:"始予有斯仆也,命之理畦则蔬荒,主庖则味乖,颛厩则马瘠,常谓其无适能适。乃今以兀然而贤我远甚,利与钝果相长哉!仆更矣。"刘子遂言曰:乐于用则豫章贵,厚其生则社栎贤。唯理所之,曾何胶于域也?

这位仆人平时在蔬菜种植、饮食烹调、马匹喂养等方面都显得十分笨拙,但患病时表现出的那种"兀然而无知"的超脱姿态,却让作者自愧不如。于是,他悟得了利与钝之间可以相互转化的道理:病症的轻重与痊愈的快慢并不存在完全对应的关系,患者的不同体质以及对待疾病的不同态度、服用药物的不同方法,都可能影响治疗效果,导致疗程长短的改变。这一独特认知和独特表述,既在一定程度上体现了中国古代医学思想中的"整体观念"和"变化观念",也从哲学的层面上论析了利与钝的矛盾关系——事物运动的缓急是与矛盾发展程度紧密联系着的,当利与钝的矛盾处于胚胎形态时,运动尚比较平缓;当矛盾演变到白热化的程度时,运动就会加剧,而矛盾双方也就有可能各自向相反的方向转化。

基于这一"利与钝果相长"的认知,作者在篇末正面托出了"乐于用则豫章贵,厚其生则社栎贤"的政治见解。"豫章"为传说中的异木的名称。《神异经·东荒经》记载说:"东方荒外,有豫章焉。此树主九州。""社栎"则喻指无所可用的"不材之木",语出《庄子·人间世》:"散木也,以为舟则沉,以为棺椁则速腐,以为器则速毁,以为门户则液樠,以为柱则蠹,是不材之木也,无所可用,故能若是之寿。"这里,作者所要表达的观点是,正因为利与钝之间的关系是可以转化的,所以应当采取有效手段,努力使得钝者变利而利者更利。如果"乐于用","豫章"那样的奇异之材固然可以更显名贵；假使"厚其生","社栎"那样的无用之材也未尝不能彰其贤能。关键是要因材施工，量才为用，激发其潜能，促使其向好的有利的方向转变。这既是行医之道，又何尝不是为政之道？

作为一种推陈出新的艺术载体，《因论》七篇的艺术渊源可以一直追溯到先秦诸子。在《因论》七篇中作者皆以"刘子"自称，显然有模仿先秦诸子的意味。宋人洪迈曾指出《因论》中的《儆舟》一文成功模仿了《荀子·成相篇》，并说明其成功之处在于，能够在模仿的同时形成自己的行文节奏，使得文章音节浏亮、富于韵律，因而给人焕然一新之感。明人杨慎则认为《叹牛》一文中的"员能霸吴属镂赐，斯既帝秦五刑具，长平威振杜邮死，垓下敌禽钟室诛"以及《儆舟》一文中的"越子膝行吴君忽，晋宣尸居魏臣怠，白公厉剑子西哂，李园养士春申易"等句发源于《韩非子·内储说下》中的"门人捐水而夷射诛"六句。《因论》所记述的一个个寓言小品，亦与先秦诸子散文所载录的寓言故事有着同样的精神命脉。至于汉代辞赋，无论其主客问答的手法，还是其铺采摛文的技巧，都在《因论》七篇中留下了痕迹。尽管如此，《因论》七篇的创作仍不失为一次极富创造性的艺术实践。

从民歌体乐府诗及咏史怀古诗的新探索，到寓言小品文的新开拓，刘禹锡谪守夔州期间的文学创作一如既往地保持着连年丰收。巴山一带的气候特点是潮湿多雨。但刘禹锡在巴山深处的生活却并不总是凄风苦雨，也有丽日晴空、鸟语花香。他坦然接受命运的安排，体验着新的风土人情，同时也不断抒写着新的见闻感受。他习惯于在雨声淅沥中写作。适时而来的巴山夜雨，不仅给静谧的夜晚增添了生趣，也将他的文思牵引到浩渺无垠的艺术太空，在自由的翱翔中，源源不断地生发出丰沛的灵感，挥洒出灿烂的篇章。当唐代另一位优秀诗人来到这里，深情缱绻地唱出"君问归期未有期，巴山夜雨涨秋池"(李商隐《夜雨寄北》)的相思曲时,刘禹锡早已在深受巴山夜雨滋润的艺术世界中完成了一次华丽的转身。

第七章 皖东生活的新元素与新色调

一、旅途抒怀

长庆四年（824）夏，刘禹锡奉调转任和州（今安徽和县）刺史。《子刘子自传》及新、旧《唐书·刘禹锡传》都没有注明其移官的具体时间，不过依据刘禹锡《谢差中使送上表》中所说的"伏以发自巴峡，至于南荒。涉水陆湍险之途，当炎夏郁蒸之候"云云，应该是在夏季。

这一年正月，荒淫而又昏庸的唐穆宗驾崩了。匆匆继位的是史称敬宗的李湛。穆宗共有五子，其中居然有三个先后登基为帝，即唐敬宗、唐文宗、唐武宗，这在唐朝历史上是绝无仅有的。由于每个皇子君临天下后都把自己的生母追尊为皇太后，所以穆宗先后有三个皇后和他配享太庙，这在唐朝历史上亦属罕见。凡此种种，折射出一个信息，在穆宗御宇时（其实从宪宗朝起就已显露端倪），唐朝的皇位继承已日趋复杂与诡秘，影响它的因素更加多元，表现形式更加多样，而皇室自身的操控能力则更加削弱，甚至连皇帝本人的生命安全也变得毫无保障。通常认为，中唐以后，最高统治者渐渐陷于大权旁落的境地，而大权旁落的最为突出的表现，便是皇位废立的权力已不再掌握在皇室手中。

李湛为穆宗长子，初封为鄂王，后徙封为景王。穆宗健康状况恶化后，他以太子身份监国。穆宗于长庆四年（824）正月暴崩后，他于同月丙子日继位，时年十六岁。第二年改年号为"宝历"。皇权的嬗替，必然相应带来人事关系的适度变化。刘禹锡奉调和州，是在敬宗登基后半年左右，也算是新朝试图重新布局其统治阵营的诸多动作中的一个。

和州地处皖东，左挟长江，右控昭关，依六朝故都金陵，濒九州米市芜湖，向为江淮水陆之要冲。其地名一直在"历阳"与"和州"

之间交替。若论其地形，也许不及夔州险要，但物产之丰饶、交通之便利，却又远过于夔州。因此，由夔州转任和州，意味着境遇的进一步改善，尽管依旧"未脱谪籍"。

对于被朝廷"弃置"已久的刘禹锡来说，境遇的每一点细微的改善，都会如同掠过原野的春风一样，吹开他心底希望的蓓蕾。调任和州，是否表明改组后的朝廷正有意向自己伸出橄榄枝呢？是否可以视其为自己即将重履康庄的预兆呢？他不敢妄测，但他相信，这无论如何是一个友善的信号。

唯其如此，他是带着恬淡中不失愉悦的心情奔赴和州的。沿途游览名胜古迹，并应宣歙观察使崔群（字敦诗）的盛情邀约，在宣州（今安徽宣城，古称宛陵）宴游多日。以其骚人墨客之习性，自必"登山则情满于山，观海则意溢于海"，一路吟唱，一路讴歌，留下不少可与山水名胜相媲美的华章秀句，如《自江陵沿流道中》《西塞山怀古》《武昌老人说笛歌》《登清晖楼》《九华山歌并引》《秋江早发》《秋江晚泊》《晚泊牛渚》等。

其中，《武昌老人说笛歌》是一首叙事诗，旨在替一位历尽沧桑的吹笛老人传写心声。诗人虽然没有作为抒情主人公直接亮相，读者却仍能触摸到其耿介情怀：

  武昌老人七十馀，手把庚令相问书。
  自言少小学吹笛，早事曹王曾赏激。
  往年镇戍到蕲州，楚山萧萧笛竹秋。
  当时买材恣搜索，典却身上乌貂裘。
  古苔苍苍封老节，石上孤生饱风雪。
  商声五音随指发，水中龙应行云绝。
  曾将黄鹤楼上吹，一声占尽秋江月。
  如今老去语犹迟，音韵高低耳不知。

>气力已微心尚在，时时一曲梦中吹。

诗人此时的年龄已五十有三，按照古人的看法，已是去日苦多、老境将至的"知天命"之岁。诗人当然也意识到这一点，而不免产生时不我待的焦灼感。但他雄心犹在，依然期盼为世所用，得酬平生之志。因而，他完全按照自己理想中的状态来勾勒武昌老人的精神世界。诗人笔下的武昌老人是那样执着、坚毅！"商声五音随指发，水中龙应行云绝"已见其绝技，"气力已微心尚在，时时一曲梦中吹"更见其壮心。这位不服老迈、身羸志坚的武昌老人岂不正是身届暮年而犹自强不息的诗人的化身？

《秋江早发》也是笔力雄健、情调豪迈的作品：

>轻阴迎晓日，霞霁秋江明。
>草树含远思，襟怀有馀清。
>凝睇万象起，朗吟孤愤平。
>渚鸿未矫翼，而我已遐征。
>因思市朝人，方听晨鸡鸣。
>昏昏恋衾枕，安见元气英。
>纳爽耳目变，玩奇筋骨轻。
>沧洲有奇趣，浩荡吾将行。

孤立地审视这首诗，或许还难以发现它的超群拔俗之处，但如果将其与温庭筠的《商山早行》加以比照并观，就不能不感佩诗人胸襟的阔达与情调的豪迈了。温氏的《商山早行》是同一题材的作品：

>晨起动征铎，客行悲故乡。
>鸡声茅店月，人迹板桥霜。

槲叶落山路，枳花明驿墙。
因思杜陵梦，凫雁满回塘。

温诗写于唐宣宗大中十三年（859）诗人由国子助教被贬为隋县尉时。这是一曲深婉的游子吟。诗中充满独自颠沛于山路之上、转徙于风霜之中的怨尤。颔联为千古名句，后人备加揄扬，殊不知它其实是由刘禹锡《秋日送客至潜水驿》中的"枫林社日鼓，茅屋午时鸡"脱胎而来的。虽然比刘诗更为工致，融入其中的感情却是那样凄怆！欧阳修《六一诗话》评论说："道路辛苦、羁旅愁思，岂不见于言外乎？"这虽是称赞其含蓄蕴藉，却也告诉我们：温诗所抒写的只是"道路辛苦"和"羁旅愁思"，如此而已。刘禹锡这首诗的创作早于温诗三十五年。同样是"弃置身"，同样是失意人，同样是拂晓时孤身远行，刘禹锡却不仅没有悲叹，反倒因独自领略到大自然的壮丽晨景而感到欣幸。是的，他也不免有些微的"孤愤"，但它很快便在"朗吟"声中为"渚鸿未矫翼，而我已遐征"的豪情所取代。面对自然界的蓬勃生机，他只觉心旷神怡、耳聪目明、体健身轻，从而吐出了"昏昏恋衾枕，安见元气英"这一前无古人的快语。全诗洋溢着浩荡而行、一往无前的英伟气概和不以"道路辛苦"为意的昂扬情调，恰与温诗形成鲜明的对照。岂止是温诗，其他所有诗人的早行之作，相形之下，都显得"精锐不足"。

自然，刘禹锡创作于履新途中的诗歌里面，最为脍炙人口、传唱不衰的还是《西塞山怀古》和《九华山歌并引》。前诗为离开夔州不久后所作，后诗则是即将抵达和州时所作。

西塞山，在今湖北省大冶市东，是长江中游的军事要塞之一。刘禹锡途经其地时即景骋怀，油然兴感，吟成《西塞山怀古》：

王濬楼船下益州，金陵王气黯然收。

千寻铁锁沉江底，一片降幡出石头。
人世几回伤往事，山形依旧枕寒流。
今逢四海为家日，故垒萧萧芦荻秋。

三国时，东吴曾以西塞山为江防前线，恃险固守。但吴主孙皓于此设置的拦江铁锁，并没能挡住晋军的凌厉攻势。这是诗的前四句所描述的史实，也是诗人"怀古"的具体内容。但平实的史料一经攫入诗人纵横捭阖的诗笔，顿时化为生动而遒炼的形象。一、二句以晋军的浩大声势反衬东吴的衰飒气运，见出战争双方的强弱不侔。"下益州"，是说晋益州刺史王濬率师由益州沿江而下，直发金陵。"金陵"为东吴都城，其后，东晋及宋、齐、梁、陈亦建都于此，因而有"六朝故都"之称。"王气"，指关乎国运的祥瑞之气。古人相信望气之术，认为帝王所在之地有"王气"缭绕，国兴则气盛，国亡则气收。这里，"王气黯然收"，意谓东吴国运告终，败亡之象昭然可见。益州与金陵远隔千里，但在诗人艺术地再现当年的战局时，其空间距离被压缩到最小限度：一"下"即"收"，何其速也！这样的措辞，不仅揭示出上下句之间的因果关系，而且给人两地近在咫尺、二事前后踵武之感。三、四句专就东吴方面着笔。东吴曾以铁锁横截江面，"又作铁锥，长丈余，暗置江中"，企图借此负隅顽抗。然而，道高一尺，魔高一丈。"濬乃作大筏数十，亦方百余步。缚草为人，被甲持杖，令善水者以筏先行。筏遇铁锥，锥辄著筏去。又作火炬，长十余丈，大数十围，灌以麻油，在船前，遇锁，然炬烧之。须臾，融液断绝，于是船无所碍。"（《晋书·王濬传》）"千寻"句即隐括这一由抗拒到失去抗拒条件的过程。"一片"句则写出战争的结果：吴主孙皓眼见败局已定，只好在石头城上竖起投降的旗帜。这两句借史实以明事理，于虚实相间、胜败相形中揭示出终归统一的历史潮流，不失为精警之笔。其中，"千寻"与"一片"、"铁锁"

与"降幡",分别构成多与少、重与轻的逆反,不仅在前后两种意象之间形成顺逆相荡、富于张力的冲激,释放出更强烈的美感效应,而且不动声色地赋予诗歌一种辛辣的嘲讽意味——嘲讽东吴统治者恃险固守,只能是枉抛心力。而诗人之所以从众多的史事中拈出西晋灭吴一事加以吟咏,正是为了从反面阐明"兴实在德,险亦难恃"的深刻思想。

如果说前四句侧重于叙往古之事的话,那么,后四句则侧重于发怀古之思。五、六两句笔锋由"往事"折回到眼前的山川风物,将历史与现实沟通起来。"人世几回伤往事",将包括东吴在内的六朝一笔括过,视野宏通,情思悠长。一个"伤"字,既带有反思历史所产生的感慨,又饱含审视现实所引起的忧虑。"几回",点出建都金陵、雄踞江东而终于亡国的情形非东吴独有。这就将诗境又向深处拓进一层。"山形依旧枕寒流",将诗题中的"西塞山"摄入画面。朝代沦替而山形依旧。作为六朝兴亡的见证者,西塞山始终屹立于江流之中,无改其固有的雄伟、竦峭,这就更衬出人事变化之频繁。着一"寒"字,不仅与篇末的"秋"字相照应,点明时令,而且渲染出一种吊古伤今时不免产生的悲凉之感。就技巧而论,如果说前一句可证诗人用笔之简练的话,那么,这一句则足见诗人用笔之圆熟。最后两句在讴歌天下一统局面的同时,借渲染历史的陈迹,揭示现实的隐患。既然四海归为一家,旧日的营垒自然早已废弃不用,今日西塞山下,但见芦荻萧萧、秋风瑟瑟。从表面上看,这似乎是在为"今逢"太平盛世而欣幸,但如果联系当时的政治局势及走向来透视其深层结构,则不难发现诗人的真实用心——唐王朝的平藩战争虽已初奏克获之功,但叛乱的潜在危险依然存在。因此,诗人着力渲染"故垒萧萧"的悲凉陈迹,一方面固然是警告那些妄图恃险割据的藩镇不要轻举妄动,重蹈历史的覆辙;另一方面又何尝不是告诫唐王朝的统治者,尤其是登基不久的唐敬宗,不要在暂时的局部胜利面前忘乎所以，而应继续保持对意欲割据者的警惕呢？用笔如此深曲，难怪清人汪师韩《诗学纂闻》要感叹说："至于芦荻萧萧，履清时而依故垒，含蕴正靡穷矣。"

这首《西塞山怀古》诗在刘禹锡的创作生命史和政治生命史上都具有非同一般的意义。

在创作生命史上，它将刘禹锡咏史怀古诗的创作提升到新的更高的水准。较之创作于夔州的《蜀先主庙》《观八阵图》等篇，它不仅意蕴更加丰厚，感慨更加深沉，而且手法更加丰富，技巧更加纯熟。从此，唐代的咏史怀古之作才真正独具风貌。正因为这样，后人对这首诗备极颂扬。清人薛雪《一瓢诗话》说它"似议非议，有论无论，笔著纸上，神来天际，气魄法律，无不精到，洵是此老一生杰作，自然压倒元、白"。清人施补华《岘佣说诗》认为"虽少陵动笔，不过如是，宜香山之缩手"。而在当时，它也被誉为"绝唱"。《鉴诫录》和《古今诗话》等书都记载了这样一个传说——

元稹、韦应物、刘禹锡、白居易这四位名高望隆的诗人，聚会在白居易家中，同赋《西塞山怀古》诗。这一举动本身多少有些一较短长、一决雌雄的意思。或许事先还约定了若干游戏规则。四人都冥思苦索，务欲胜出。结果，刘禹锡率先成篇。白居易取过玩赏一番后，叹服道："我等四人共探骊珠，而今骊珠已为梦得所获，所余鳞角何用？"于是黯然罢作。另二人阅后亦甘拜下风。

这一传说其实是出于后人的附会。从《西塞山怀古》的创作时间及四人的活动踪迹看，当时他们不可能有"同会乐天舍"赋诗的机会。前人已辨其讹误。但由这一传说却不难看出，刘禹锡的《西塞山怀古》曾怎样令人叹为观止！

这首诗在刘禹锡政治生命史上的意义也是显而易见的。刘禹锡从青少年时代起就怀有宏伟的政治抱负、高迈的政治理想和旺盛的政治热情，渴望辅时济世，澄清天下，实现唐王朝的复兴。那充满

第七章　皖东生活的新元素与新色调

魅惑而又机弩四伏的政治舞台欣然接纳了他，让他参演了一幕幕令人惊心动魄的历史活剧，而他的命运也随之起起伏伏，变幻不定。永贞革新的适时推行，使他从政治权力的边缘一下子置身于政治权力的核心，得以在几乎超出他预期的政治空间内游刃有余地施展自己的政治才干，体验到政治生命力瞬间爆发的极度快感。但爆发之后的陨落却接踵而来。革新的短命而终，导致了"二王八司马"这一耸人听闻的政治迫害事件的发生，也意味着"刘柳"等迅速升空的政治新星的集体陨落。这以后，他一直身在"谪籍"，名曰"罪臣"，在远离政治中心的边荒之地蹉跎岁月。中途虽曾承召回京，却又因诗获咎，再遭放逐。因而在将近二十年的时间里，其政治生命始终处于"冰冻""尘封"状态。但他不甘沉沦，也不愿沉寂。严酷的现实环境可以窒息他的政治诉求，却没有也不可能摧毁他的政治理想、扼杀他的政治热情。检视他的文学创作，无论是斥责政敌之激切、指陈时弊之剀切，还是关心民瘼之深切、剖白心迹之挚切，无不表明他始终在进行有可能是徒劳的困兽之斗，无不表明他内心的理想之火一直在燃烧。虽然风狂雨骤之际，其火焰或许会有些摇曳，但始终没有熄灭，更没有化为灰烬。他被剥夺了在国家层面"参政"的机会，却从来没有停止过"议政"，只不过"议政"的方式会伴随艺术探索的推进而有所调整：在朗州更多地以讽刺寓言诗婉曲议政，在连州更多地以歌颂平藩胜利的政治诗直接议政，在夔州则更多地以咏史怀古诗含蓄议政。必须指出的是，写于夔州的《蜀先主庙》《观八阵图》等咏史怀古诗虽然同样采用了含沙射影、借古讽今的手法，但更多抒发的是一种泛泛的感慨——或慨叹今上不肖，缺乏先祖的英雄气魄，致使朝政每况愈下；或感喟再也没有诸葛亮那样的人物横空出世，指点江山。而创作于赴任途中的这首《西塞山怀古》诗则具有更强的现实针对性：它由具体的历史事件切入具体的现实隐患，揭示了凯歌高奏之际不易为人觉察的潜在危机。而这又说明：

随着境遇的一点点改善（哪怕是极其有限的改善），诗人的政治视角更加开阔，政治触觉更加灵敏，对现实政治中的敏感问题更加关注，对如何进行政治危机干预的思考也更加深入。蕴蓄在他体内的本已支离的政治生命力此时正悄然积聚，期待着再一次爆发。这就是它在刘禹锡的政治生命史上的意义。

《九华山歌并引》体现的是另外一种艺术风貌：它凭借雄奇的想象，构筑成壮阔的境界，烘托出豪迈的胸怀：

> 九华山在池州青阳县西南，九峰竞秀，神采奇异。昔予仰太华，以为此外无奇；爱女几、荆山，以为此外无秀。及今见九华，始悼前言之容易也。惜其地偏且远，不为世所称，故歌以大之。
> 奇峰一见惊魂魄，意想洪炉始开辟。
> 疑是九龙夭矫欲攀天，忽逢霹雳一声化为石。
> 不然何至今，悠悠亿万年，气势不死如腾仚。
> 云含幽兮月添冷，日凝辉兮江漾景。
> 结根不得要路津，迥秀长在无人境。
> 轩皇封禅登云亭，大禹会计临东溟。
> 乘槎不来广乐绝，独与猿鸟愁青荧。
> 君不见敬亭之山黄索漠，兀如断岸无棱角。
> 宣城谢守一首诗，遂使声名齐五岳。
> 九华山，九华山，
> 自是造化一尤物，焉能籍甚乎人间？

九华山在今安徽省境内，为佛教四大名山之一。但在唐代，其声名却远逊"五岳"。诗人对它极尽描摹之能事，既是为了使其声名远播，也是为了寄托自己磊落不平的胸怀。这种磊落不平的胸怀，

第七章　皖东生活的新元素与新色调

是借助雄奇的想象跌宕有致地抒发出来的。起笔两句如银瓶乍破、铁骑突出，以诗人高山仰止的极度惊讶，痛快淋漓地渲染了九华山的伟岸和险峻。接着便展开"若垂天之云"的想象之翼，进一步揭示九华山不同凡响的形象特征。"疑是九龙"二句，意象、气势、笔力，都可以与李白《蜀道难》中的"地崩山摧壮士死，然后天梯石栈相钩连"相伯仲。九华山，原名九子山，因李白曾喻之以九朵莲花而更名。（见李白《改九子山为九华山联句》）莲花不媚俗波，飘逸则飘逸矣，但终觉纤弱。诗人这里喻之为九条巨龙，便要雄奇、豪健得多。要言之，李白驰骋想象时着眼于其"秀"，刘禹锡驰骋想象时则着眼于其"壮"。"疑是九龙夭矫欲攀天"，以"夭矫"形容九龙屈伸自如的体态、"欲攀天"表现九龙志在腾飞的意念，都给人活灵活现、惟妙惟肖之感。而"忽逢霹雳一声化为石"，则写出九龙中道受遏、化为山石的悲剧性结局。但其身虽败而其志未衰。尽管化石迄今已不知经历了多少回寒暑变易，它们仍不甘屈从于造化强加给自己的永劫不复的命运。如果说"忽逢"句是化动为静的话，那么，"气势不死如腾仚"一句则又破静出动，显示了九华山那蕴藏在沉静的外表下的顽强的生命力和百折不挠的反抗精神。出人意表的想象，使九华山直摩苍穹、动静相宜的雄姿跃然纸上。"云含幽兮"二句用骚体句式渲染环境氛围，笔调稍见衰飒，为下文的不平之鸣蓄势。纳入句中的"云""月""江"，都是与九华山长相依偎或长相照映的景物，它们的出现固然给环境氛围带来了清丽之色，但着以"幽""冷"二字，又分明融入了苍凉之意。采用这种笔法，正为顺应它所担负的承上启下的使命。"结根不得"以下六句为九华山地处偏远而"名不见经传"深致叹惋，其中，遣词造句颇多化用典籍或征引故实者。九华山"神采奇异""势拔五岳"，本当名震华夏，招来络绎不绝的登临者和顶礼膜拜者，然而，仅仅因为它"结根不得要路津"，便与所有的荣遇无缘，不论"轩皇封禅"，还是"大禹会计"，都远离其境。

这样，它便既看不到接踵而来的"乘槎"，也听不到悠扬的"广乐"，只能与猿鸟为伴，同愁于月明之夜——这段糅合着想象的拟人化描写，不仅一气贯注，摇曳多姿，而且抹上了浓重的感情色彩，其中分明有某种按之弥深的寓意在。

涉笔至此，旋律似乎已由高亢转为低沉。"君不见"以下四句别出心裁地将享有盛名的敬亭山与"不为世所称"的九华山加以对比，益见愤慨不平之意。"敬亭山"，又名昭亭山，在今安徽宣城市北。谢朓《游敬亭山诗》有句："兹山亘百里，合沓与云齐。隐沦既已托，灵异居然栖。"似乎亦颇壮观。但在刘禹锡心目中，它只不过是一座不具棱角、荒凉至极的土丘。庸常若此，本无足形诸笔墨，然而，凭借当年宣城太守谢朓的揄扬，它竟声望日隆，终得与五岳齐名。两相比较，敬亭山得到了它所不该得到的，九华山则失去了它所不该失去的。天道之不公，造化之弄人，一至于此。或许，这正是促使诗人为九华山"歌以大之"的动因。结尾四句再作顿挫，在对九华山的深情礼赞中呼出郁积已久的耿介之气。"九华山，九华山"，两句相叠，既造成强烈的语感和顺流直下的语势，同时也表明诗人感情的结穴所在。"自是造化一尤物，焉能籍甚乎人间"，显系以反语寄愤，尤见其心潮激荡，难以自抑。"尤物"，通常指杰出的人物或珍贵的物品，这里则是称赞九华山的卓异不凡。"籍甚"指声名远播。在诗人看来，九华山既然是天地灵气之所钟，迥然拔乎世俗之外，那么，又岂能为世俗之人所爱赏以至名播遐迩呢？这既是一种苦心孤诣的解释，更是一种不甘湮没无闻的诘问。不难看出，腾跃于诗人笔下的九华山的形象显然是其情志的一种物化，而诗人写作这首诗的目的正在于托物寄意。诗中那壮阔的境界和雄奇的想象，说到底，缘于诗人磊落不平的情怀。

从夔州到和州，一路山水迢递，一路诗兴勃发。这是一次赏心悦目的山水之旅，也是一次抒情写意的诗歌之旅。此前，刘禹锡有过多次转任、赴任的经历，也曾一路游历，一路放歌。但名篇佳作之多，却无过于此时。这一现象的发生绝不是偶然的。它至少表明，经过朗州、连州、夔州三地的生活积累和创作积累，刘禹锡的诗歌创作技艺已更加成熟，不吟则已，一旦铿锵发声，即便不能成为绝唱，也必有悠长余响。

二、借古鉴今

经过一番游兴与诗兴相伴的长途跋涉后，刘禹锡大约在宝历元年（825）八月至十月间抵达和州。其时，正值和州遭遇严重的旱灾。一眼望去，在茫茫千里赤野中，土地龟裂，禾苗枯焦，昭示着年景的凄凉——即便不至于颗粒无收，也将严重歉收。随之而来的必然是赋税的滞纳、抗纳以及生民的衣食无着、流离失所。这使诗人的心情一下子变得沉重起来。就像原先还是一片晴明的天空中，忽然又乌云密布，风雨欲来。刘禹锡迅即拟定了赈灾、救灾的方案，全身心地投入扶危济困的事业中。等到灾情缓解，已近年底。这时，刘禹锡才从纷繁的事务中脱身出来，得以重新审视自己的现实处境和朝廷的政治局面。这一审视，又使他陷入深深的失望。

正如穆宗的即位曾给刘禹锡带来希望和信心，但事实很快便将它击为齑粉一样，敬宗登基后的所作所为，让刘禹锡再一次体验了由希望到失望的心路历程。

在刚到和州时，刘禹锡对敬宗还是充满热望的。在《和州谢上表》中，他不吝使用对敬宗的溢美之词：

> 伏惟皇帝陛下，丕承宝祚，光阐鸿猷。有汉武天人之姿，禀周成睿哲之德。发言合古，举意通神。委用得人，动植咸说。理平之速，从古无伦。微臣何幸？获睹昌运。

敬宗当时"年方二八",对这样一个因种种机缘凑巧而有幸登基的少年期许如此之高,不排除其中掺杂了官场中人难以尽免的"谀上"陋习,但作者竭诚希望敬宗能"光阐鸿猷"的良苦用心却也可见一斑。作者还特别称赞敬宗"委用得人",目的是企盼他能捐弃前嫌,唯才是举,将自己拔擢到应有的职位。所以,接下来便进行自我表白和自我推荐:

> 臣业在词学,早岁策名。德宗尚文,擢为御史。出入中外,历事五朝。累承恩光,三换符竹。在分忧之寄,禄秩非轻;而素蓄所长,效用无日。臣闻一物失所,前王轸怀。今逢圣朝,岂患无位?

作者反复申诉自己目前仍处于不能效其"所长"的境地,表达了希望敬宗能对自己予以擢用的强烈意愿。"今逢圣朝,岂患无位?"纵无"逼宫"之意,亦属"激将"之法,为的是敦促敬宗对包括自己在内的贤才做出更适当、更合理的人事安排。

但他又一次"遇人不淑"。敬宗根本就不是他能寄予厚望的明主圣君。其游乐无度较其父穆宗有过之而无不及。即位后的第二个月,敬宗便溺于宫中百戏:第一天到中和殿击球,第二天又转到飞龙院击球,第三天则在中和殿大张宴席,尽欢而罢。就连皇帝例行的早朝,他也全然不在意。三月的一天,群臣来到朝堂准备入阁议事,然而,直到日上三竿,犹不见敬宗上朝。大臣们为赶朝会往往拂晓便踏霜而行,路途稍远的甚至半夜就要起床准备,外在的为人所羡的风光其实难掩内在的不为人知的辛劳。在苦苦等候的过程中,颇有因体力不支而当场晕倒者。对新君的这一有悖祖制的行为,谏议大夫李渤犯颜直谏、催促再三,敬宗才满心不情愿地驾临朝堂。退朝后,左拾遗刘栖楚再次厉言进谏,头叩龙墀,

第七章　皖东生活的新元素与新色调

血流不止。敬宗当时似乎也有所感动，过后却依然故我，朝会总是姗姗来迟，后来甚至恶性发展为每月难得上朝两三次，表现出十足的顽童心性。

与此同时，其玩乐的花样却不断翻新。宝历元年（825）十一月，敬宗突然提出想去骊山游幸，大臣们闻言大惊失色，便以史为镜，列举周幽王、秦始皇、唐玄宗及唐穆宗等历代帝王游骊山而致败亡的惨痛史实，试图阻止他的胆大妄为。结果反倒引发了他更大的兴趣："骊山居然如此凶险？朕务须亲往验证一番。"他同样喜欢到鱼藻宫观龙舟竞渡，一天诏令盐铁使修造竞渡船二十艘，所需木材由各地运送至京师。这一项花费即耗去当年国家转运经费的一半。他不仅自己喜欢打马球，还要禁军将士、三宫内人悉数参与其中。宝历二年（826）六月，他在宫中举办了一场包括马球、摔跤、散打、搏击、杂戏等诸多项目在内的体育比赛，官人、军人、伶人、宫人等各色人等踊跃参加，欢声雷动，盛况空前，一直折腾到深夜方才罢休。敬宗还喜欢打猎。他觉得白天出猎缺乏创意，便别出心裁地发明了"打夜狐"的游戏，即在深夜带人出宫捕猎狐狸以取乐。乐极生悲。宝历二年（826）十二月初八，敬宗又一次外出"打夜狐"，收获颇丰。还宫后兴致盎然，又与宦官刘克明、田务澄以及击球军将苏佐明、王嘉宪等二十八人饮酒作乐，浑然不知死神正悄然来临。酒酣耳热之际，敬宗入室更衣。这时，原先亮如白昼的大殿上灯烛忽然熄灭。等到室内复明时，敬宗已命赴黄泉——早已对他心怀芥蒂的刘克明与苏佐明等合谋将其害死，时年仅十八岁，大大刷新了其父穆宗"三十而卒"的纪录。除了唐末亡国之君哀帝十七岁遇害以外，敬宗是唐朝皇帝中享年最短的了。

当然，刘禹锡此时尚难预知敬宗后来的悲剧性结局，但从各种渠道得到的消息很快使他意识到自己的希望注定又要落空了。他已经具有良好的心理调控能力，但伴随着皇权的频繁转移，心中还是难免产生剧烈的波动，不断经历希望、失望，再希望、再失望的心理循环过程。在这过程中，他的政治热情渐渐冷却，虽然不至于心如没有半点火星的"槁木"或微波不兴的"死水"，却也鲜见火焰熊熊或波涛滚滚了。

让刘禹锡失望的不仅是当朝的敬宗，还有因敬宗无力亦无意掌控而变得更加不堪收拾的政局。敬宗即位不久，大明宫内便又上演了一出刀光剑影的闹剧。闹剧的主角既不是权倾天下、专横跋扈的宦官，也不是拥兵自重、图谋不轨的藩镇将领，而是寻常的"引车卖浆者流"——一个是染坊的役夫张韶，另一个是卜卦于长安街头的江湖术士苏玄明。这场闹剧很快便以张、苏等人的伏法而告终，它本身并不能撼动唐王朝的统治根基，也不可能对整个社会的运行造成实质性的影响，但它不仅暴露了封建统治机器中的某些重要部件的松动，而且表明：同封建帝王对制度的带头漠视与破坏相呼应，目无法制、恣意妄为的群体正逐渐扩大，蚕食着唐王朝衰弱不堪的肌体，并动摇着有识之士及广大民众对王朝未来的信心。

远在和州的刘禹锡或许不可能得知整个事件的详细过程，但这一事件的发生，必然使他内心对朝政的失望又加深一层。失望中，他只有像过去一样把诗歌当作心灵的栖居地，在诗歌创作中获得唯一的精神慰藉。除去了诗歌，他的生活一片苍白。

咏史怀古诗仍然是刘禹锡这一时期的创作重点。他不仅继续将深沉的历史感和强烈的时代感同时灌注于诗中，熔铸成古今交会的思想磁场，而且更加追求用笔的曲折空灵和技巧的圆转流美，锻造出情景交融的艺术化境。《金陵五题》是其中最杰出的代表。

刘禹锡在创作《金陵五题》时所采用的谋篇手法是：对发生于金陵的某一史实偶有所感，从一点生发开去，精骛八极，神游千载，撷取丰富的意象资料；然后因意遣词，即小见大，既力求想象的新奇，又力求感受的真切。他在《金陵五题》的"引言"中说：

第七章 皖东生活的新元素与新色调

> 余少为江南客,而未游秣陵,尝有遗恨。后为历阳守,跂而望之。适有客以《金陵五题》相示,迫尔生思,欻然有得。它日,友人白乐天掉头苦吟,叹赏良久,且曰:"《石头》诗云,'潮打空城寂寞回',吾知后之诗人不复措词矣!"馀四韵虽不及此,亦不孤乐天之言尔。

可知诗人写作《金陵五题》时,尚未实地考察过那六朝故都。因此,这组诗全凭想象虚构而成。诗人有感于六朝旧事,胸中先"立定一篇主意",然后运以穷尽幽冥的想象力,铸造生动可感的形象。这就是所谓"迫尔生思,欻然有得"。且看"引言"中提到的《石头城》:

> 山围故国周遭在,潮打空城寂寞回。
> 淮水东边旧时月,夜深还过女墙来。

诗人要表现的是石头城的荒凉与寂寞,全诗正是根据这一寓意来驱驾词藻、熔铸意境的。诗人的高明在于:不从正面直接说破自己的感觉,而把它赋予潮水和明月,让潮水来感知其寂寞、明月来窥见其荒凉。首句中的"山围",点出金陵的地理形势:群山环绕,确有"龙盘虎踞帝王州"的森严气象。"故国",既令人想见其作为六朝故都的光荣历史,又暗示其历史荣光已成"故"迹。因而它本身便蕴含着一种盛衰兴亡之感。而次句中的"空城"一词,则将这种盛衰兴亡之感渲染得更加强烈与深长。既为"空城",则意味着不仅当年市列珠玑、户盈罗绮的繁华景象已消失殆尽,而且连昔日的舞榭歌台和巍峨宫阙也已难觅踪影。偌大的金陵城,如今竟空空如也,"家"徒四壁。涉笔至此,其荒凉、孤寂之状已宛然在目。但诗人意犹未尽，复又匠心独运地将"空城"置于江潮的拍击下。如果说"潮打空城"尚无多少深意的话，那么，续以"寂寞回"三字，则使深意毕现、境界全出：连潮水光顾石头城后亦觉索然无味而掉头折回，可知它已荒凉、孤寂到何等程度。"淮水东边"二句更引出"旧时月"加以烘托。"月"前冠以"旧时"，分明寓有"今月曾经照古人"之意。"旧时月"阅尽人间沧桑，自不失为金陵由盛而衰、六朝由兴而亡的历史见证。在诗人笔下，只有它多情如故，于夜深时分照进城内。这岂不也是在暗示石头城荒凉已甚，因而鲜有前来问津者？正如《谢叠山诗话》所称道的那样，全诗"意在言外，寄有于无"，深具"风人遗意"。沈德潜《唐诗别裁集》也曾揭示其言外之旨："只写山水明月，而六代繁华富贵，俱归乌有，令人于言外思之。"

在因意遣词的过程中，诗人善于运用典型化的手法，即小见大，观微知著。如《乌衣巷》：

朱雀桥边野草花，乌衣巷口夕阳斜。
旧时王谢堂前燕，飞入寻常百姓家。

这里，朝代沦替、富贵不常的重大主题是通过燕子筑巢这一特写镜头凸显出来的。乌衣巷是晋代王导、谢安等世家豪族的居所。当时，王、谢二族的声势何等煊赫！然而，昔日在王、谢堂前栖息的燕子如今却飞入寻常人家衔泥作巢，这就含蓄地告诉读者：随着时光的流逝，王、谢二家的华贵宅第已沦为普通百姓的住房，旧时的"王谢风流"已荡然无存。因此，以富贵自恃者当知自警。首句即深蕴今昔异貌、繁华成空的沧桑之感：昔日朱雀桥上车马喧腾、冠盖往还；如今却只有野草闲花自生自灭、徒开徒落。可知朱雀桥一带已趋冷僻、荒凉。着一"野"字，荒僻之意顿然弥漫纸上。次句亦具象外之致：当年豪族聚居的乌衣巷口，而今再也不见玉辇纵横、金鞭络绎的景象，但见夕阳西沉，暮色苍茫。"夕阳"，历来是衰败的象征；续一"斜"字，则更强化了日薄西山的惨淡氛围。而"夕阳"与"野草"相映衬，景色又该是何等萧飒、凄凉！两句中，不仅"夕阳斜"与"野草花"（"花"作动词解，犹"开花"）堪称对偶工切，而且"朱雀桥"与"乌衣巷"亦属佳句天成：既切地理史实，又具诗情画意，极易诱发读者的联想。三、四句仍致力于刻画景物，通过燕子筑巢这一高度典型化的细节，进一步以小见大地折射出发生在金陵的沧桑巨变：燕子依旧筑巢，房屋却已易主。这里，"王谢堂"与"百姓家"相比照，同样令人抚今思昔、慨然兴叹。当然，诗人如此着笔，不仅仅是为王、谢的没落结局而叹惋，更欲借以警示日趋没落的中唐统治者：殷鉴不远，好自为之！全诗言约意丰，词浅境深，颇具含蓄蕴藉之美。前人对此交口赞誉。施补华《岘佣说诗》指出：

> 若作燕子他去，便呆。盖燕子仍入此堂，王、谢零落，已化作寻常百姓矣。如此则感慨无穷，用笔极曲。

唐汝询《唐诗解》认为：

> 不言王、谢堂为百姓家，而借言于燕，正诗人托兴玄妙处，后人以小说荒唐之言解之，则索然无味矣。

何文焕《历代诗话考索》则说：

> 妙处全在"旧"字及"寻常"字。四溟云："或有易之者曰：'王谢堂前燕，今飞百姓家。'点金成铁矣。"谢公又拟之曰："王谢豪华春草里，堂前燕子落谁家？"尤属恶劣。

皆可谓知者言。诗人这里所运用的以个别反映一般的典型概括法，不断地为后代诗人所袭用，晚唐诗人杜牧的《赤壁》等诗就明显带有师承刘禹锡的痕迹。

《金陵五题》以意运法，不蹈故常，所属各章亦自具玄机，神明于规矩之中，变化于法度之外，因而面目各异，绝不雷同。既有含蓄蕴藉如《乌衣巷》《石头城》者，也有明白直露若《台城》者：

台城六代竞豪华，结绮临春事最奢。
万户千门成野草，只缘一曲后庭花。

"台城"，指代六朝皇宫，故址在今南京市鸡鸣山北、玄武湖畔。六朝的皇帝以奢侈荒淫著称，而末代帝王陈后主尤甚。他曾在台城修建结绮、临春、望仙等三座高达数十丈的楼阁，门窗全用珍贵的檀木和沉香木做成，又镶金缀玉，极尽奢华。他自己成日倚翠偎红，不理朝政，还自谱新曲《玉树后庭花》，并为其填写歌词。岂料笙歌未彻，隋军已兵临城下。金粉南朝就在这靡靡之音中灰飞烟灭。因为《礼记·乐记》有"亡国之音哀以思"的说法，唐人便以《玉树后庭花》作为亡国之音的代称。杜牧《泊秦淮》有句："商女不知亡国恨，隔江犹唱后庭花。"《金陵五题》中的这篇作品，就以古都金陵的核心——台城这一六朝帝王起居临政的地方为题，寄托其吊古伤今的无穷感慨。首句是一幅浓缩了六朝风云的历史鸟瞰图。"六代竞豪华"，一笔贯穿六朝三百多年历史及"你方唱罢我登场"的近四十位帝王。着一"竞"字，入木三分地勾画出历代帝王斗富夸豪、穷奢极欲的荒淫本性。次句中的"事最奢"是承上"豪华"而发的议论。结绮、临春等楼阁之"奢"为六朝之"最"，可谓登峰造极，那么，陈后主的奢侈程度及可悲下场，也就不难想象了。第三句绾合今昔，让眼前野草丛生的荒凉与当年"万户千门"的繁华形成鲜明的对比，给读者带来强烈的视觉冲击。结句揭示陈后主败亡的缘由，改从听觉及视觉两方面来加以渲染：在"万户千门成野草"的凄凉场景中，仿佛可以听到《玉树后庭花》的音符仍在空中飘逸，令人眼前隐隐约约地浮现出当年歌吹沸天、蜂乱蝶狂的场面。"只缘"二字，将前因后果直接指点给读者，径下论断，毫无忌讳，风格与前篇判然有别。

刘禹锡的咏史怀古诗绝大部分是有所寄托的。但这并不意味着每篇都有一番微言大义隐寓其中，需要读者细心寻绎。事实上，诗人某些咏怀古迹的作品只是抒发一种怀古之幽情而并不含有讽今或示志的宗旨。这类作品往往刻意布置一种肃穆、迷茫、发人幽思的氛围，虽无寄托，却同样是情景交融的佳作。《金陵五题》中的《生公讲堂》就是这样：

　　生公说法鬼神听，身后空堂夜不扃。
　　高座寂寥尘漠漠，一方明月可中庭。

这是《金陵五题》中的第四首，咏唱金陵的一处佛教古迹。"生公"，是对东晋高僧竺道生的尊称。相传他特别善于宣讲佛法，初到苏州时，因为名望不高，竟无人听讲，只好把石头当成听众，结果连顽石都深受感动，点头赞许。"生公说法鬼神听"，形象地渲染了当时听讲人数的众多和信众的虔诚——连鬼神也厕身于听众之中。但此公生前的煊赫却难掩身后的萧条。后三句由首句的极"热"陡然转为极"冷"，着力表现其身后的萧条：当年的讲堂如今已空空如也，连夜间都无须上锁；那庄严的座席，也已是布满灰尘，无人问津；只有一方明月，不改旧时模样，依然高挂天幕、映照中庭。诗的主要笔墨都用于描写景物。明月、尘埃、空堂、鬼神——从这些互相作用的景物中透露出的，是诗人面对历史陈迹时的怅惘和回溯往古，意识到盛衰无定后的些微感伤。它既非针砭现实，也非借以明志，却显示出驭景造境的高超技巧。

刘禹锡的咏史怀古诗便以这组创作于和州的《金陵五题》为标志而达到登峰造极的地步，足以与同样擅长此体的前贤杜甫和后哲杜牧相颉颃。或许自觉已难以超越《西塞山怀古》和《金陵五题》的创作水准，离开和州后，他便很少致力于咏史怀古诗的创作了。只有在卸任和州官职后不久得以游历向往已久的金陵时，前情激荡，无法自抑，才命笔写下了《金陵怀古》和《台城怀古》，作为《金陵五题》的嗣响：

> 潮满冶城渚，日斜征虏亭。
> 蔡洲新草绿，幕府旧烟青。
> 兴废由人事，山川空地形。
> 后庭花一曲，幽怨不堪听。
>
> ——《金陵怀古》
>
> 清江悠悠王气沉，六朝遗事何处寻？
> 宫墙隐嶙围野泽，鹳鹆夜鸣秋色深。
>
> ——《台城怀古》

二者在创作手法上依循既往屡试不爽的将情景"打成一片"的路径，交替描摹历史的遗迹与现实的景观，在精心提炼的衰飒意象中融入吊古伤今、鉴往知来的哲人情怀。两首诗中出现的"自然"，都是人为的"自然"，诗化了的"自然"，经过妙手斧凿的"自然"。即以《台城怀古》而言：那若隐若现的宫墙所围着的已不是玲珑楼阁，而是草木凋零的野泽；秋风所传来的也已不是婉转歌声，而是鹳鹆凄厉的哀唳。这些景物看似信手拈来，实乃意匠精心组合而成。而诗人悲怀往事的凄凉、萧瑟之感正渗透于其中。

就诗论诗，这两首咏史怀古诗都不失为上乘之作。然而，如果将它们放在刘禹锡的全部创作中加以观照，就会觉得它们只不过是《西塞山怀古》和《金陵五题》的余波回荡罢了——以《金陵怀古》而论，它所要表现的主题是兴亡系于人事而不系于地形。诗人以此告诫唐王朝的统治者：只有努力修明政治，才能长治久安。这当然有足够的警世作用。但这一主题在《西塞山怀古》及《金陵五题》中早已得到揭示。所谓"兴废由人事，山川空地形"，较之《西塞山怀古》中的"人世几回伤往事，山形依旧枕寒流"，新意无多，含蓄反倒有所不及。所谓"后庭花一曲，幽怨不堪听"，较之《金陵五题·台城》中的"万户千门成野草，只缘一曲后庭花"，似乎从创意到措辞也都未脱其窠臼。因此，在这之后，刘禹锡罢手咏史怀古诗的创作，实在是仔细权衡利弊得失后的一种明智选择。

三、守望理想

抒写情志、剖白心迹是贯穿刘禹锡一生的诗歌创作的主旋律。这一循环往复而又不断变奏的主旋律，在诗人谪居朗、连、夔、和四州期间时而表现为高亢入云的繁音促响，时而表现为凄怆入骨的浅吟低唱。但不管情绪如何起落以及抒情的方式如何变换，始终如一的是诗人对理想的守望和对节操的守护。创作于和州的抒情言志之作也是如此。

在刘禹锡创作于和州的抒情言志之作中，既有《历阳书事七十四韵》那样的长篇巨制，也有《望夫石》那样的尺幅短章，它们以不同方式袒露了诗人当时希望与失望相踵的心态和婉曲与直率相间的心声。

刘禹锡一生中先后创作过四首篇幅为"五十韵"以上的抒情长诗，分别为《韩十八侍御见示岳阳楼别窦司直诗因令属和重以自述故足成六十二韵》《武陵书怀五十韵》《游桃源一百韵》《历阳书事七十四韵》。其中,《韩十八侍御见示岳阳楼别窦司直诗因令属和重以自述故足成六十二韵》写于贬赴朗州的途中,《武陵书怀五十韵》《游桃源一百韵》写于朗州,《历阳书事七十四韵》则写于和州。这以后,刘禹锡再也没有从事过这类直抒胸臆的长篇巨制的创作。在这四首抒情长诗中,《历阳书事七十四韵》的篇幅仅次于《游桃源一百韵》。全诗由铺陈和州的历史沿革脉络和风土人情特点起笔:

一夕为湖地,千年列郡名。霸王迷路处,亚父所封城。
汉置东南尉,梁分肘腋兵。本吴风俗剽,兼楚语音伦。
沸井今无涌,乌江旧有名。土台游柱史,石室隐彭铿。
曹操祠犹在,濡须坞未平。海潮随月大,江水应春生。
忆昨深山里,终朝看火耕。鱼书来北阙,鹢首下南荆。
云雨巫山暗,蕙兰湘水清。章华树已失,鄂渚草来迎。
庐阜香炉出,澧城粉堞明。雁飞彭蠡暮,鸦噪大雷晴。
平野分风使,恬和趁夜程。贵池登陆峻,春谷渡桥鸣。
骆驿主人问,悲欢故旧情。几年方一面,卜昼便三更。
助喜杯盘盛,忘机笑语訇。管清疑警鹤,弦巧似娇莺。
炽炭烘蹲兽,华茵织斗鲸。回裾飘雾雨,急节堕琼英。
敛黛凝愁色,安钿耀翠晶。容华本南国,妆梳学西京。
日落方收鼓,天寒更炙笙。促筵交履舄,痛饮倒簪缨。
谑浪容优孟,娇怜许智琼。蔽明添翠帟,命烛柱金茎。
坐久罗衣皱,杯频粉面骍。兴来从请曲,意堕即飞觥。
令急重须改,欢冯醉尽呈。诘朝还选胜,来日又寻盟。
道别殷勤惜,邀筵次第争。唯闻嗟短景,不复有馀酲。
众散扃朱户,相携话素诚。晤言犹亹亹,残漏自丁丁。
出祖千夫拥,行厨五熟烹。离亭临野水,别思入哀筝。

第七章 皖东生活的新元素与新色调

接境人情洽，方冬馔具精。中流为界道，隔岸数飞甍。
沙浦王浑镇，沧洲谢朓城。望夫人化石，梦帝日环营。
半渡趋津吏，缘堤簇郡甿。场黄堆晚稻，篱碧见冬菁。
里社争来献，壶浆各自擎。鸱夷倾底写，粔籹斗成□。
采石风传柝，新林暮击钲。茧纶牵拨剌，犀焰照澄泓。
露冕观原野，前驱抗旆旌。分庭展宾主，望阙拜恩荣。
比屋惮嫠孳，连年水旱并。退思常后己，下令必先庚。
远岫低屏列，支流曲带萦。湖鱼香胜肉，官酒重于饧。
忆昔泉源变，斯须地轴倾。鸡笼为石颗，龟眼入泥坑。
事系人风重，官从物论轻。江春俄澹荡，楼月几亏盈。
柳长千丝宛，田塍一线绠。游鱼将婢从，野雉见媒惊。
波净攒凫鹥，洲香发杜蘅。一钟菰蒋米，千里水葵羹。
受谴时方久，分忧政未成。比琼虽碌碌，于铁尚铮铮。
早忝登三署，曾闻奏六英。无能甘负弩，不慎在骑衡。
口语成中遘，毛衣阻上征。时闻关利钝，智亦有聋盲。
昔愧山东妙，今惭海内兄。后来登甲乙，早已在蓬瀛。
心托秦明镜，才非楚白珩。齿衰亲药物，宦薄傲公卿。
捧日皆元老，宣风尽大彭。好令朝集使，结束赴新正。

这首被宋人吕本中《童蒙训》誉为"语意雄健，后殆难继"的抒情长诗，至少有以下几点值得读者注意：

其一，在曾经驻足或留迹于和州的历史名人中，诗人特别提到"力拔山兮气盖世"的楚霸王项羽和渴望实现"周公吐哺，天下归心"（《短歌行》）的政治理想的魏武帝曹操，说明他是心仪这类志存高远、不甘平庸的英雄人物，并时时以之激励自己的。

其二，对自己长期流徙于巴山楚水间的不幸遭际，诗人虽然还不能淡然视之，却也没有在诗中刻意渲染，仅仅用"云雨巫山暗，蕙兰湘水清""骆驿主人问，悲欢故旧情"几句轻轻带过，示人以一种貌似云淡风轻的境界。但细细品味，"悲欢"二字中又该隐含了多少曲折和多少难以言表的辛酸往事？

其三，对驻节宣州的宣歙观察使崔群的盛情款待，诗人历久难忘，铭感殊深，以至在诗中以较多的笔墨加以描写。"促筵交履舄，痛饮倒簪缨"云云，不带任何夸饰，纯用写实手法，却足以令人想见主宾间的纯真友谊。同时，对宴饮场面的不厌其烦的铺叙，或许还透露出一个消息：久滞巴楚的诗人来到经济相对发达、生活相对富裕的江淮地区后，对久违了的美酒佳肴和轻歌曼舞表现出浓厚的兴趣。

其四，虽然已被"量移善地"，但诗人对自己的现实处境并不满意，因为这不仅与他的期望相去甚远，更重要的是，他十分清楚，自己此时依然置身在"左迁"者的行列中，并没有真正告别贬谪的状态。在《和州谢上表》中，他就称自己"远守藩服，不获拜舞阙庭"。主牧和州，而犹称"远守藩服"，说明诗人心理上始终没有驱散"贬窜遐荒"的阴影，依旧认为自己被排除在"主流"之外，而非主流的标志就是"不获拜舞阙庭"。在这首诗中，他也毫不讳言自己"受谴时方久，分忧政未成"。长期处于遭受谴责和放逐的境地，过去如此，现在仍然没有改变。这就是诗人对自己生活现状的体认。既然如此，治国平天下的才干就得不到用武之地，想要更多地为朝廷"分忧"也成为被人嗤笑的一厢情愿。这使得诗人无论如何努力也不能保持心态的平和。

其五，和州刚发生的旱灾让他忧心如焚。诗中描述了和州连年遭受水灾或旱灾的情形："比屋惸嫠辈，连年水旱并。"面对如此严重的灾情，诗人的态度是："退思常后己，下令必先庚。"他决心把个人的一切（包括荣辱得失）置之度外，将为灾民筹集粮食作为当务之急，以防止饥民铤而走险。为此，他迅速发布了拊循抚慰的政令，在力所能及的范围内解民困于水火倒悬之际，从而迥然拔乎历史上那些或麻木不仁，或救济乏术，或趁火打劫的地方官员之上——据《旧唐书·敬宗纪》以及《旧唐书·穆宗纪》记载，距此时不久的长庆二年（822），和州乌江县的饥民曾揭竿而起，攻进县衙，杀死县令，将官仓中的储备粮洗劫一空，酿为血溅长街、波及邻畿的大型暴乱。诗人不仅在理智上把这一事件看作前车之鉴，在情感上也不能容忍这类极端事件的发生。

其六，诗人坚信自己志趣高洁、节行无亏，虽久遭弃置，而用世之心、恋阙之情未尝稍减。诗中既云"望夫人化石，梦帝日环营"，复云"比琼虽碌碌，于铁尚铮铮"。前两句以"望夫石"的传说，来映衬自己重回帝京、参与朝政的强烈愿望。从他每天的梦境都环绕着帝京迤逦展开，可知他从未放弃理想、放弃对未竟的革新事业的坚定守望和执着追求。当年贬居朗州时，他曾在《武陵书怀五十韵》中表达自己对于重获起用、再入庙堂的迫切心愿："就日秦京远，临风楚奏烦。南登无灞岸，旦夕上高原。"如今，时过廿载，诗人还在"远守藩服"，却固执地让渺茫的回京梦始终与自己同在，如影随形，如响应声。这是何等难得！后两句则以"琼"和"铁"来写照自己的节操。诗人自感长期不为时用乃致碌碌无为，实非琼玉之比；但一生正道直行，不媚流俗，不阿权贵，不畏贬黜，堪称铁骨铮铮。这既是于大节无亏的自白，也是守志不移的自誓。类似的自我剖白还有"心托秦明镜，才非楚白珩。齿衰亲药物，宦薄傲公卿"四句。才非楚璧，无缘用世；心如秦镜，有缘鉴世。这一以谦虚口吻出之的自我评价，于低调中见出高度自信。而"齿衰"二句所要表达的意思是：尽管我体力日衰，不免要经常与药物为伴，但傲骨犹存，绝不会因沉沦下僚而"摧眉折腰事权贵"，改变睥睨王侯的固有作风，正所谓"老当益壮，宁移白首之心；穷且益坚，不坠青云之志"（王勃《滕王阁序》）。

这种对理想的执着守望和对节操的坚决捍卫，也表现在尺幅短章《望夫石》中：

> 终日望夫夫不归，化为孤石苦相思。
> 望来已是几千载，只似当时初望时。

有关望夫石的历史传说有许多版本，因而被认定的遗址也有多处。刘禹锡这首诗所吟咏的"望夫石"，在今安徽省当涂县西北，唐时隶属于和州，所以诗题下原注"正对和州郡楼"。这处望夫石遗址，系由"大禹治水，三过家门而不入"的故事衍化而来。当然，历史文献中有关望夫石的记载不一而足。古今诗人都乐于吟咏望夫石，此前李白、王建、孟郊、武元衡等唐代诗人都有同题之作：

> 仿佛古容仪，含愁带曙辉。
> 露如今日泪，苔似昔年衣。
> 有恨同湘女，无言类楚妃。
> 寂然芳霭内，犹若待夫归。
> ——李白《望夫石》

> 望夫处，江悠悠。化为石，不回头。
> 上头日日风复雨，行人归来石应语。
> ——王建《望夫石》

> 望夫石，夫不来兮江水碧。
> 行人悠悠朝与暮，千年万年色如故。
> ——孟郊《望夫石》

> 佳名望夫处，苔藓封孤石。
> 万里水连天，巴江暮云碧。
> 湘妃泣下竹成斑，子规夜啼江树白。
> ——武元衡《望夫石》

李诗对望夫石的描写形神俱肖，中间两联连用四个贴切而又生动的比喻，勾勒出其形态、神态及心态，极见艺术功力。王诗用明白浅切的口头语、家常话，刻画望夫石的生存环境，点出无论风雨如何肆虐，它都不会选择"回头"，以此凸显其盼归意念的坚定。作者还由昔日"人化为石"的传说引发出他年"石化为人"的想象：等到她朝夕盼望的"行人"回到身边，她该会重启朱唇、尽诉款曲吧？孟诗也采用古乐府的形式，语言质朴，节奏明快。任凭行人悠悠过往、时间缓缓流逝，望夫石都不改其原有的颜色。这是作者所要强调的重点，也是作者的用笔独到之处。武诗着力渲染环境氛围，在诸作中笔力最弱，但设色秾丽，意象的构置也颇费心力。综观这四篇作品，虽然各具特色，却都固守传统的相思主题，在思想内涵上并没有拓展与深化。

相形之下，刘禹锡的这首《望夫石》诗则有所拓展与深化。宋人陈师道《后山诗话》认为："望夫石在处有之。古今诗人共用一律。惟刘梦得云：'望来已是几千载，只似当时初望时。'语虽拙而意工。"的确如此。如果说刘禹锡作于夔州的《巫山神女庙》诗在历代有关巫山神女的题咏中尚不足视为扛鼎之作的话，那么，作于和州的这首《望夫石》诗则可以在所有描写望夫石的作品中毫无愧色地居于翘楚地位。而它之所以能享有盛誉，主要得力于对传统主题的深化以及炉火纯青、似拙实工的语言技巧。在中国文学史上，有许多为历代作家递相沿袭而又光景常新的文学主题，如伤春主题、悲秋主题、叹老主题、嗟卑主题、别离主题、相思主题等。这些传统主题都有着较为固定的情感演进逻辑和思想运行轨迹，使人们往往自觉或不自觉地为其所拘囿。作为别开生面的一代诗豪，刘禹锡在表现这些传统主题时，则力图对它们进行必要的"深化"与"反拨"，以求显示自己的独特面目。所谓"反拨"，是指故意违逆传统主题既定的情感指向与思想趋向，力图从相反的方向对其偏颇之处有所匡补或拨正，以显示作者前无古人的胸襟气魄和迥异于流俗的卓越识见。这在刘禹锡诗中突出表现为：一反"悲秋"的传统主题，不畏"衰节"，唱出意气豪迈的秋歌；一反"嗟卑"的传统主题，不惧"播迁"，唱出正气凛然的壮歌；一反"叹老"的传统主题，不服"老迈"，唱出朝气蓬勃的暮歌。代表作有写于此前的《秋词二首》《学阮公体三首》以及写于此后的《酬乐天咏老见示》等。所谓"深化"，则是指虽然依循传统主题既有的思维定式和情感指向，作顺向的引申与推阐，却力图深化其原有的情感内涵，强化其原有的思想力度，从而使之升华到新的更高层次。《望夫石》即属于这一类型的代表作品之一。

此诗所表现的是传统的相思主题。但诗人并没有泛泛地直抒相思之情，而是用拟人化的笔法，借助对"望夫石"的吟咏，曲折有致地显示了抒情主人公的相思之深与盼归之切。不仅如此，更值得称道的是，诗人着意强调其守望之态千载如一，从而既写出了抒情主人公对爱情的执着专一，又别有寄托地宣示了自己的忠于理想、守志不移，硬是将一首咏物诗改造升华为自抒情志、自明节操的作品。这样措笔，虽未跳脱出相思主题的传统模式，却在很大程度上扩大与深化了其原有的内涵，具有了"新变"的意义。可以说，在同类作品中，此诗的命意之深是无与伦比的。

就语言技巧而言，通篇紧扣诗题中的"望"字做文章，由"望"字翻转直下，一气呵成。"望"字前后出现三次，而诗意也随之逐层推进。一、二句从"望夫石"的传说入题。"终日望夫"，着以"终日"二字，点出"望"者无论晨昏、不计寒暑，成天以"望夫"作为唯一的生活内容，可见其一往情深。"终日望夫"而"夫不归"，是女子化为孤石的原因。宁肯化石也不愿"回头"，这是汲取王建诗中"化为石，不回头"之意。但续以"苦相思"三字，则又使诗意得到了新的提升：化石后犹自相思无已，她对爱情该是何等忠贞！在遣词造句上，首句叠用"夫"字，形成句中顶真格，使得意转声连，音韵悠扬。

次句以"苦"字修饰"相思",暗示了相思之情对女子身心的折磨之深、摧残之烈。三句"望来已是几千载"在时间的维度上继续拓展,用意比"终日望夫"更进一层。伫望山头,栉风沐雨,几千年来从不动摇。她对爱情又该是何等执着!这是无怨无悔的苦恋,也是刻骨铭心的痴恋!涉笔至此,"望夫"的题意已尽现纸面。但诗人意犹未尽,结句在"望"字上再生波澜:"只似当时初望时。"在以"几千载"写其"久望"之后,突然以逆转之笔推出"初望"二字,既出人意表,又令人叫绝。"初望"一如初恋,往往最为热烈、最为迫切。诗人写这位女子"久望"只如"初望",将"初望"之态加以恒久定格,这就进一步揭示了其相思之情的真挚和深切。因此,诗人不避重复,让"望"字在诗中一再出现,实是一种深化诗意和提升诗境的反常而又超常的艺术手段。其间,"已是""只似"等虚词的巧妙勾连与呼应,也为表现诗的既定主题充分发挥了语言层面的辅助作用。至于这首诗的深刻寓意,《历阳书事七十四韵》中的"望夫人化石,梦帝日环营"二句已经作了最好的注脚,那就是对理想的坚持不懈的守望。

四、陋室生辉

和州地处江、淮之间,既有车马争驰之通衢,也有舟船竞渡之巨流,交通便利,信息畅达。因刘禹锡与白居易、令狐楚、李德裕、崔玄亮、元稹、张籍等诗友时有鸿雁往还,唱和诗也就成为他这一时期的创作重点之一。难得的是,刘禹锡并没有把这类唱和诗看作一般的奉酬应答之作而率意援笔,漫不经心地敷衍成篇。相反,他都以严肃、认真的创作态度,精心构思,苦心经营,力求赋予它们新的内容和新的形式,使它们能自具面目、不落俗套。

在皖东生活期间,刘禹锡对散文创作相对用力不多。传世的作品中，只有《祭韩吏部文》以及系于他名下的《陋室铭》受到文学界和史学界的关注。

《祭韩吏部文》是为悼念一代文宗韩愈而作：

> 高山无穷，太华削成。人文无穷，夫子挺生。典训为徒，百家抗行。当时勃者，皆出其下。古人中求，为敌盖寡。贞元之中，帝鼓薰琴。奕奕金马，文章如林。君自幽谷，升于高岑。鸾凤一鸣，蜩螗革音。手持文柄，高视寰海。权衡低昂，瞻我所在。三十余年，声名塞天。公鼎侯碑，志隧表阡。一字之价，辇金如山。
>
> 权豪来侮，人虎我鼠。然诺洞开，人金我灰。亲亲尚旧，宜其寿考。天人之学，可与论道。二者不至，至者其谁？岂天与人，好恶背驰？昔遇夫子，聪明勇奋。常操利刃，开我混沌。子长在笔，予长在论。持矛举楯，卒不能困。时惟子厚，窜言其间。赞词愉愉，固非颜颜。磅礴上下，羲农以还。会于有极，服之无言。（逸数字）
>
> 岐山威凤不复鸣，华亭别鹤中夜惊。畏简书兮拘印绶，思临恸兮志莫就。生刍一束酒一杯，故人故人歆此来。

韩愈（768—824），字退之，河阳（今河南孟州南）人，与柳宗元同为"古文运动"倡导者，并称"韩柳"，生前身后享有"文章巨公"和"百代文宗"等盛名。宋代苏轼称他"文起八代之衰"，明人推他为唐宋八大家之首。其实，他不仅是中国文学史上的一代宗师，也是中国思想史上的一代魁首。在宋儒眼中，孔、孟之下，便是韩子。他在儒学式微、释道盛行之际，力排佛、老，汲汲于儒学复兴大业。他所倡导的古文运动，实际上是他毕生致力的儒学复古运动的副产品和衍生物——他提倡"单行散句"、自由灵活、言之有物的古文并身体力行，根本目的是为了更自由、更畅达地宣传儒学复古的主张。

韩愈的文学成就当然主要表现在散文创作方面。他提出了"文以载道"和"文道结合"的主张，反对六朝以来的骈偶之风。他创作"古文"善于推陈出新、因难见巧，文章内涵深厚，语言丰富，章法腾挪多变，风格雄辩恣肆，为后人树立了文章典范。而韩愈的诗歌也极具创造性和表现力。他在《调张籍》一诗中，一方面对李白、杜甫的诗歌成就怀有高山仰止之情，另一方面又颇欲与之并驾齐驱——"我愿生两翅，捕逐出八荒"，表现出不甘人后的勃勃雄心。他力图突破传统诗歌的风格与技法，通过以文为诗的风格，追求非诗之诗；通过化丑为美的技法，追求不美之美。他有意把诗写得奇崛拗折，在李杜之后开创了一种奇险诡谲的新诗风，为后来宋诗的变革"导夫先路"。严羽认为宋人"以文字为诗、以才学为诗、以议论为诗"（《沧浪诗话·诗辨》），实可溯源至韩愈。

韩愈于长庆四年（824）十二月病故于长安。其时，刘禹锡到达和州未久。噩耗传来后，刘禹锡虽不像当年听到柳宗元的死讯时那样五内俱崩、痛不欲生，却也如丧考妣，长恸无已。不必讳言，刘、柳与韩愈并不是政治上的志同道合者。综观他们之间的政治关系，既有误会又有谅解，既有分歧又有合作。除政治立场不尽一致外，他们在哲学思想上也曾发生过碰撞。刘禹锡贬居朗州期间就曾与柳宗元站在同一阵营，围绕天人关系，和韩愈展开哲学论争。但这并没有使他们之间的友谊蒙尘。他们都把对方看作不可多得的知交。韩愈《赴江陵途中寄赠王二十补阙李十一拾遗李二十六员外翰林三学士》一诗中说："同官尽才俊，偏善柳与刘。"说明在为数众多的僚友中，他独对刘、柳青眼相向。尽管他一度也对刘、柳有过不恰当的猜疑，但很快便涣然冰释。出于政治上的成见，他对永贞革新从总体上是否定的，甚至有些极端地把它视为一出"小人乘时偷国柄"的历史丑剧。不过，他又竭力为身陷其中的刘、柳二人开脱，试图

前度刘郎今又来：诗豪刘禹锡的快意人生

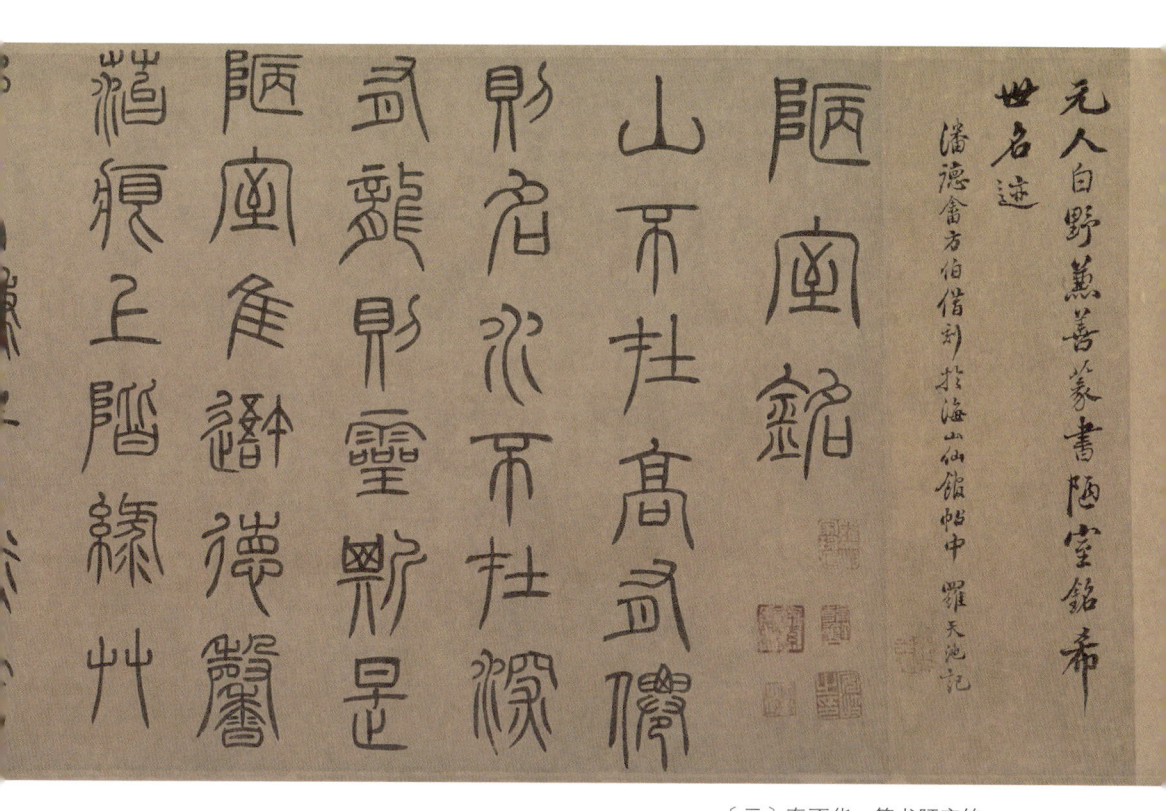

第七章　皖东生活的新元素与新色调

〔元〕泰不华　篆书陋室铭

把他们从王叔文阵营中剥离出来:"数君匪亲岂其朋""郎官清要为世称"。韩愈并没有因曾经产生过的嫌隙而对他们落井下石,像当时的那些翻云覆雨的政客那样。这是让刘禹锡深受感动的。更让刘禹锡感动的是,在初赴贬地、行经江陵时,韩愈给予他这个人人唯恐避之不及的罪臣以最热情的款待和最恳切的慰勉。促膝长谈之际,他们仿佛又回到了推心置腹的青年时代。而对于已经受尽世人冷眼的刘禹锡来说,韩愈适时表现出的真挚友情犹如沙漠中的甘泉、酷暑时的凉风,是他最需要也最珍惜的东西——这时,哪怕是一声轻轻的问候,甚至一个同情的眼神,也会让他感激涕零!正是在韩愈的鼓励下,他坚定了为自己"辩诬"的决心,这才有了后来以"辩诬"为主题的《上杜司徒书》《上杜司徒启》《韩十八侍御见示岳阳楼别窦司直诗因令属和重以自述故足成六十二韵》《武陵书怀五十韵》等作品。因此,刘禹锡对韩愈一直是心存感激的。其后发生的哲学上的论争并没有销蚀或冲淡这种感激之情。

中国古代品格方正的文人往往都是这样,他们把"公理"和"私谊"区分得十分清楚,却很少采取非此即彼的极端态度,而常常折中于其间,一般不会昧公理而就私谊,基本上也不会从公理而弃私谊。此即所谓"中庸"也。为了维护心目中的公理,他们会因彼此仁智相左而面折廷争,或者以文字开战,但与此同时,他们又会小心翼翼地呵护其私谊,不在政治以外的领域作无谓的意气之争,也不会涉及人身攻击,更不会在日后挟嫌报复。因为他们共同秉持一个原则:我不赞同你的观点,但我尊重你的人格、珍惜你我的友谊。这样,两个政治上的"宿敌",仍无妨维持私交甚笃的人生格局。这就是君子之道!那些一言不合便反目成仇、睚眦必报的人物,即便不能归于"小人"之列,恐怕也永远与"君子"无缘了。遗憾的是,这后一类人物在每个朝代都大行其道。

如今,韩愈的辞世,带给刘禹锡的悲痛是双重的——在痛失良朋的同时，他还为失去一位文坛领袖和政坛精英而忧伤。于公于私，他都不能沉默。于是，在无人请托的情况下，他主动撰写了《祭韩吏部文》以表达自己的哀思。

文章首先充分肯定韩愈的文坛领袖地位，高度评价他变革文体的历史功绩："君自幽谷，升于高岑。鸾凤一鸣，蜩螗革音。手持文柄，高视寰海。"以振聋发聩的"鸾凤之鸣"，给文坛带来盎然生意和蓬勃生机，从而使得原先喧闹一时的蜩螗般的悲吟哑然失声，归于沉寂，这正是韩愈的功绩之所在。作者以形象化的笔墨把过程曲折、头绪纷纭的文学史实描绘得活灵活现。

作者在这篇祭文中也简要概述了自己与韩愈的交往，一方面以谦逊的姿态感谢韩愈对自己的启迪——"常操利刃，开我混沌"，强调其先知、先觉、先行作用；另一方面又当仁不让地表示自己与韩愈在古文创作上各有所长："子长在笔，予长在论。"这实际上是含蓄地点出自己的古文创作成绩较之韩愈也"未遑多让"。确实，刘禹锡在唐代古文运动中的地位与贡献固然要逊于韩、柳，却同样功不可没。宋人谢采伯《密斋笔记》卷三指出："唐之文风，大振于贞元、元和之时，韩、柳倡其端，刘、白继其轨。"其实，将刘禹锡视为韩、柳的继轨者并不妥当。韩愈的门生李翱便认为："翱昔与韩吏部退之为文章盟主，同时伦辈，惟柳仪曹宗元、刘宾客梦得耳。"（《唐故中书侍郎平章事韦公集纪》）可知刘禹锡的古文写作是与韩、柳同时起步的。事实上，他写于贞元十年（794）的《献权舍人书》就是一篇严格意义上的古文，而韩愈提倡古文运动则是两年后的事情。所以，"予长在论"云云，与其说是自负，不如说是深谙知己知彼之道的作者表现出来的一种高度契合事实真相的自信。

文章中还不为贤者讳，采用史家的"春秋"笔法，对韩愈颇遭世人訾议的"谀墓"行为略致微词："公鼎侯碑，志隧表阡。一字之价，辇金如山。"韩愈享有"文章巨公"的盛誉后，挟巨资贿求他撰写碑志的王公贵族纷至沓来，几乎让他应接不暇。而曾经耽于贫困并一直憎恶贫困的韩愈，也就欣然把这当作一种合法的敛财手段。为了获取丰厚的酬金，他不惜为墓主涂脂抹粉、文过饰非。"一字之价，辇金如山"，用笔虽有些夸张，却距离事实不远。据说，他在撰写《平淮西碑》时，因为故意突出了时任淮西诸军行营都统的韩弘的功绩，得韩弘赠绢五百匹。五百匹绢是个怎样的概念呢？按照当时的物价来折算，五百匹绢大约相当于四百贯钱，是韩愈年薪的十六倍，可以购买八百石大米，供一百人食用一年。而碑文中涉及韩弘的仅寥寥数字而已。据《新唐书·韩愈传》载，韩门弟子刘叉，曾偷偷拿走韩愈的黄金数斤，被发现后还说了一通俏皮话："此谀墓中人得耳。"宋代通儒司马光对韩愈推崇备至，却也承认他"好悦人以铭志，而受其金"（《颜乐亭颂》）。这里，刘禹锡在祭文中说他"一字之价，辇金如山"，看似称羡，实则暗含微讽之意。而这也正表现了作者"不虚美，不隐恶"的"良史"精神。

刘禹锡这一时期创作的散文，相传还有一篇名高千古却颇多争议的《陋室铭》：

> 山不在高，有仙则名。水不在深，有龙则灵。斯是陋室，惟吾德馨。苔痕上阶绿，草色入帘青。谈笑有鸿儒，往来无白丁。可以调素琴，阅金经。无丝竹之乱耳，无案牍之劳形。南阳诸葛庐，西蜀子云亭。孔子云："何陋之有？"

明末清初，坊刻各种古文选本多收录《陋室铭》一文，且皆署刘禹锡作。《全唐文》卷六百零八载录《陋室铭》时，亦系于刘禹锡名下。但传世各种刻本之《刘梦得文集》《刘宾客文集》等，却无一载其文者。刘禹锡曾于元和十三年（818）自编诗文为四十通，又裁取四分之一为《集略》，惜已不传。《新唐书·艺文志》载《刘禹锡集》

四十卷，但此书至宋初已亡佚十卷。宋敏求钩沉稽逸，编成《外集》十卷，不过与晚唐传本已有出入。宋晁公武《郡斋读书志》著录《刘梦得集》三十卷、外集十卷。陈振孙《直斋书录解题》则著录《刘宾客集》三十卷、外集十卷。现存刘集古本有清避暑山庄旧藏宋绍兴八年（1138）董氏刻本（题为《刘宾客文集》）、日本平安福井氏崇兰馆所藏宋刻本（题为《刘梦得文集》）等，均未见《陋室铭》一文。

因此，从宋代起，其冠名权便一直存在争议。南宋嘉定、宝庆年间王象之编纂的《舆地纪胜》卷四八《淮南西路·和州》有三处提到《陋室铭》，且均将著作权归于刘禹锡。《景物》条说："陋室，唐刘禹锡所辟。又有《陋室铭》，禹锡所撰，今见存。"《官吏》条说："刘禹锡为和州刺史，有《和州刺史厅壁记》及《陋室铭》。"《碑记》条说："唐刘禹锡《陋室铭》，柳公权书，在厅事西偏之陋室。"

但在此之前，已有人对刘禹锡能否拥有《陋室铭》的著作权提出质疑。北宋释智圆所著《闲居编》即指出："俗传《陋室铭》，谓刘禹锡所作，谬矣！"《闲居编》成书于宋真宗大中祥符九年（1016），当时，《陋室铭》已盛传于世。据《闲居编》载："昧者往往刻于琬琰，悬之屋壁。"这让智圆大为不快而决意辨伪。他认定《陋室铭》乃托名于刘禹锡的伪作的理由之一是，其文体与"铭"的体裁不合："夫铭之作，不称扬先祖之美，则指事以戒过也。出此二涂，不谓之铭矣。称扬先祖之美者，宋鼎铭是也；指事戒过者，周庙金人铭是也。俗传《陋室铭》，进非称先祖之美，退非指事以戒过，而奢夸矜伐。"理由之二是，其内容与刘禹锡为人为文的风格不合："以仙龙自比，复曰'惟吾德馨'。且颜子愿无伐善，圣师不敢称仁。禹锡巨儒，心知圣道，岂有如此狂悖之辞乎？陆机云'铭博约而温润'。斯铭也，旨非博约，言无温润，岂禹锡之作邪？"

这一看法得到了当代著名学者卞孝萱先生的赞同。在《刘禹锡年谱》（中华书局上海编辑所1963年版）一书中，他列举了《陋室铭》

断非刘禹锡所作的三点理由:"1. 禹锡勤于治事。如果《陋室铭》真是禹锡在和州刺史任内所撰,不应有'无案牍之劳形'的论调。2. 禹锡工书,其自撰自书之碑刻,今犹有存者。如果在和州撰《陋室铭》,不必远道求柳公权书写。3. 在禹锡诗文中,未有与柳公权来往的痕迹,说《陋室铭》是公权所书,有假托之嫌。"后来,在收入学术随笔集《冬青书屋笔记》的《〈陋室铭〉非刘禹锡作》一文中,他又援智圆之余绪,补充了若干论据:其一,该铭与刘禹锡文章的整体风格不类。刘禹锡撰写的九篇碑铭,"或四言,或七言,句式整齐",而该铭则语言参差,句式杂乱,殊不类刘禹锡风格。其二,该铭与刘禹锡文章的总体水平不类。历代称颂刘禹锡"用笔端凝,谙金石之体","矜炼雅健,金石文之正规","言言精确","字字稳切"。但该铭中却有许多语句自相矛盾。如开篇"山不在高,有仙则名。水不在深,有龙则灵"云云,便与文化常识相抵牾。盖仙必居于灵山洞府之中,龙必游于深水大泽之内也,"岂有仙居于矮山,龙游于浅水之理?"又如,"苔痕上阶绿",说明居处幽僻荒凉,人迹罕至;但"谈笑有鸿儒,往来无白丁",则又似乎交游频繁,宾客纷至。这岂不也自相矛盾?至于"调素琴"与"无丝竹之乱耳",其乖悖之处更是一目了然。

那么,《陋室铭》作者到底是谁呢?今人段塔丽博士指为唐人崔沔。《新唐书·崔沔传》说他"纯谨无二言,事亲笃孝,有才章,擢进士……沔俭约自持,禄禀随散宗族,不治居宅,尝作《陋室铭》以见志"。但《新唐书》所记崔沔事迹,尚非第一手材料。崔之生平及作《陋室铭》事,始见于颜真卿所撰《博陵崔孝公宅陋室铭记》(《四部备要》本《颜鲁公集》卷五):"为常侍时,著《陋室铭》以自广。"此当为《新唐书》所本。后来,《全唐文》在崔沔小传中提及他曾著"《陋室铭》以自广",亦当据此。不过,《全唐文》并未刊载崔沔的《陋室铭》,就连所记载的崔沔生平事迹也十分简略。由此似乎只能推定崔沔也写过《陋室铭》，但并不能证明今传《陋室铭》为其所作。吴小如先生《〈陋室铭〉作者质疑》（《文学遗产》1996年第6期）一文便力辩崔沔与今传《陋室铭》并无干系。

因此，《陋室铭》的作者究竟是刘禹锡还是崔沔，抑或后代某位佚名文人，人们无妨依据现有的文献资料，作出各自的解读和推断，但在找到更加确凿的证据之前，恐怕还难以定论。所以只能说《陋室铭》的著作权归属问题至今还是一件悬案。不过，在民间，尤其是在和州民间，人们对《陋室铭》为刘禹锡所作的传说深信不疑，好事者甚至附会出充满善意却破绽百出的创作逸闻——

永贞革新失败后，刘禹锡被贬到和州当一名小小的"通判"。按规定，通判应入住"县衙"。但势利的和州"知县"见他戴罪在身，便故意刁难，安排他在城南面江而居。谁知刘禹锡非但没有怨言，反而乐得其所，自撰一副对联贴在门上："面对大江观白帆，身在和州思争辩。"知县得知后十分羞恼，吩咐衙役把刘禹锡的住处从城南迁至城北，面积也由原来的三间减少到一间半。刘禹锡仍不计较，照样意态从容，且于大门上自书心境说："垂柳青青江水边，人在历阳心在京。"知县益加恼怒，再次逼迫刘禹锡搬迁。这回，将他安置于城中的一间仅能容纳一床、一桌、一椅的斗室。然而，刘禹锡身居"陋室"，依旧悠然自得，不以为忤。作为对知县的卑劣行为的回应，他写下了这篇超凡脱俗、情趣高雅的《陋室铭》，并请人刻碑立于门前。

稍具唐代官制及行政区划常识的读者，都不难看出其中的荒谬。但对于追怀刘禹锡高风的和州古今生民来说，却是宁可信其有，不愿信其无，因为这可以为和州曾经辉煌的文化史添上浓墨重彩的一笔。这就是今日和州城内刘禹锡的"陋室"及《陋室铭》仍被作为古迹和典籍加以保存和保护的原因。

平心而论，《陋室铭》的文本尽管如专家们所指摘的那样存在一

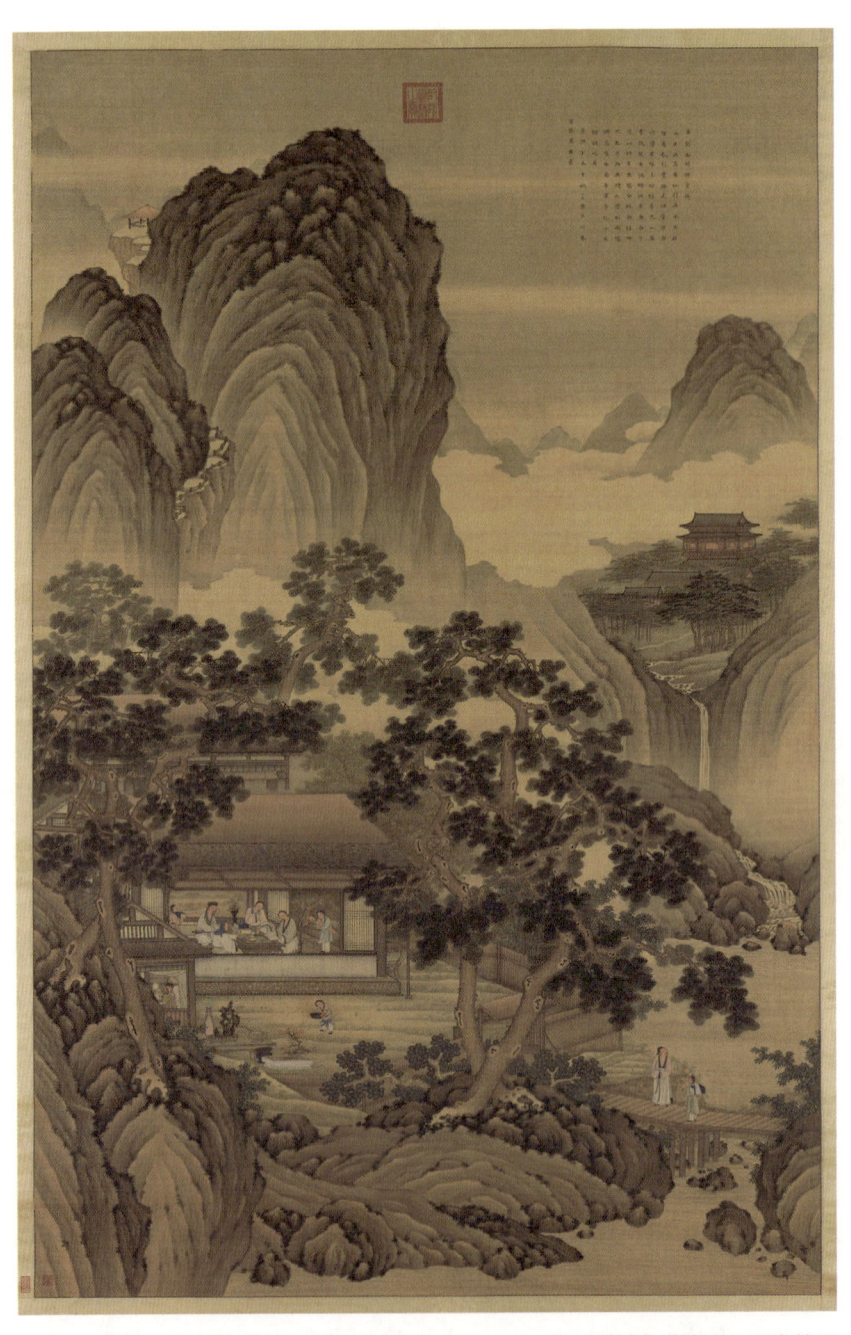

〔清〕黄应谌　陋室铭图

些瑕疵，但从总体上看，仍不失为一篇耐人寻味的铭文。千百年来，它之所以受到读者的普遍喜爱，并被收入《古文观止》等经典选本，除了有赖于托名刘禹锡的"借力"作用外，也与文本本身独有的"感人也深，移人也远"的艺术魅力密不可分。换言之，即使它真的不是出自刘禹锡的手笔，也无妨它以自身的思想艺术价值跻身于名篇佳作之林。

"铭"，本是古代刻于金属器具或石碑上用以叙述生平事迹的赞颂或鉴戒性的文字，后来逐渐发展演变为一种独立的文体。它的特点是体制短小、文字简约、寓意深刻。根据古文体的分类，"铭"属于应用文。"陋室铭"，即对陋室进行歌颂。作者极力形容陋室不陋，借以表现自己洁身自好、不慕荣利、安贫乐道的高尚情怀。

作者采用反向立意的方式，以衬托手法托物言志。全文只字不提陋室之"陋"，只写陋室"不陋"的一面。而"不陋"是因为"德馨"，这就自然而然地袒露出一种达观而又充满哲理的人生态度：生活的清贫绝不妨碍精神的富有，只要你拥有了高洁的情操与广阔的胸怀，也就拥有了充实而又瑰丽的精神家园。于是，原本清贫的物质世界便会对你绽开别样的色彩，一片青苔，一抹草色，一缕清风，一丝琴音，都具有了凡夫俗子所体会不到的圣洁的意味，把你的精神家园点缀得更加迷人。一个在这样的精神家园中自由徜徉、乐而忘返的人，其居所又"何陋之有"？

就写作技巧而言，《陋室铭》不仅将写景、抒情、议论糅合在一起，景中显情，事中见理，而且在区区八十一字内综合运用对比、白描、隐寓、用典等多种艺术手法，来显现"陋室"恬静、雅致的环境和主人高洁的生活情趣。其句式以骈句为主，而又能做到骈散结合；重在五言，间以四言、六言，从整齐中见出参差错落之美。文章节奏明快，音韵和谐，读来有视觉和听觉的双重快感。

身居陋室，而情系黎庶，心忧天下，自古以来就是仁人志士推崇的高风亮节。《陋室铭》承载着这样一种人生宣言，其本身又是通体散发着魅力的艺术载体，它能受到宋以后历代选家及读者的推崇，就绝不是偶然的了。虽然它的著作权极有可能并不属于刘禹锡，但伪托者将它系于刘禹锡名下，至少说明一点：在他以及他所代表的一大批文化人心目中，刘禹锡的情操与作品的抒情主人公完全契合，因而是最理想的托名对象。

在地处皖东的和州大地上，刘禹锡只生活了两年时间。但这个略带传奇色彩的人物，不仅给和州人民留下了进行文学想象与创作的空间，以至产生了有关《陋室铭》的不朽传说，而且还以他的种种惠民行为和不断推陈出新的文学业绩，在历史的空谷中留下了经久回响的足音。千年之后，其足音依然清晰可闻，并与仰慕者的心弦发生着和谐的共鸣！

第八章
重回庙堂后的无奈际遇

一、刘、白初逢

　　唐敬宗宝历二年（826）秋天，刘禹锡在几乎望眼欲穿时接获了返回洛阳待命的诏令。这意味着他有可能重入庙堂，回归疏离已久的政治权力中心，更好地履行辅时济世的职责，以一生绝学，为社稷开万世太平，为苍生谋百代福祉。这不能不让他感到振奋！

　　这样，离开和州时的心情比两年前辞别夔州时又多了几分期待、几分憧憬，因为彼时只是"量移善地"，而此时则是"重回庙堂"。虽然能否一如己愿执掌政要还很难预料，但毕竟可以脱离禁锢他二十余年的"谪籍"啊！这本身的意义不就非同小可吗？

　　此前他多次吟咏过六朝故都金陵（又称"建康""秣陵"），足迹却从未涉及。为了弥补这一缺憾，他特意经由金陵观赏其山水胜景和历史胜迹。《罢和州游建康》一诗说：

　　　　秋水清无力，寒山暮多思。
　　　　官闲不计程，遍上南朝寺。

　　金陵的历史胜迹中包括南朝遗留下来的诸多寺庙。金陵不仅是古代中国最早出现佛教活动的城市之一，而且一直是中国佛教文化的传播中心。南朝时，宋、齐、梁、陈各代都鼎力提倡和支持佛教，佛教得以进入广泛传播和迅速发展的阶段。如果说在三国、东晋时期，全国佛教的重镇是北方的长安和洛阳的话，那么，到了南朝，金陵已成为全国佛教的中心。刘禹锡本来就信奉佛教、赞赏佛教文化，眼下又处于饶有余裕的"待命"状态，也就兴致盎然地"遍上南朝寺"了。当然，他不仅仅是为了游览，还试图从中得到文化的沾溉和思想的启沃。"寒山暮多思"，以"多思"来形容寒山，恰好说明诗人自己一直沉浸在思考中。

结束金陵的游历后,刘禹锡行程的下一站是扬州。他与因病罢苏州刺史的白居易约定在扬州会合,然后结伴返回洛阳。扬州对于刘禹锡的特殊意义,不仅在于它是这次返程的第二站,更在于它是刘禹锡一生仕途的第二站。贞元十六年(800),丁父忧期满,刘禹锡曾应淮南节度使杜佑的征辟,入其幕府任掌书记,在扬州生活了将近两年时间。那时的他"少年负志气,信道不从时"(《学阮公体三首》其一),是那样的意气风发、才华横溢,哪里会想到有后来仕途的大起大落、倏荣倏枯?所以,故地重游,刘禹锡不免抚今思昔,感慨万端。

让他感到欣慰的是,白居易如约前来聚首。刘禹锡与白居易交往已久。白居易元和二年(807)十一月担任翰林学士后,与刘禹锡时有书信往还及诗歌酬唱。刘禹锡元和三年(808)春写有《翰林白二十二学士见寄诗一百篇因以答贶》一诗:

> 吟君遗我百篇诗,使我独坐形神驰。
> 玉琴清夜人不语,琪树春朝风正吹。
> 郢人斤斫无痕迹,仙人衣裳弃刀尺。
> 世人方内欲相寻,行尽四维无处觅。

对白居易诗洗尽铅华、不事雕饰的艺术风格极为推崇,对白居易清如玉琴、穆如春风的人格魅力也极为神往。如今,当两双蕴蓄着治国平天下的无限能量的大手穿过历史的风尘紧紧握在一起时,他们心里都涌起一股灼人的热流。这是他们的第一次见面!多少年的闻声相思,多少年的鸿雁传情,如今终于可以在扬州亲闻謦欬、对诉衷肠了,这该是何等快意的事啊!但回首前尘,他们都只剩下历尽坎坷的劫后余生,灯下对视,个个两鬓风霜,苍然老翁矣。这又不能不使他们悲从中来。因此，他们"初逢"的心情是悲喜交集的。

酒酣耳热之际，白居易即兴赋诗一首，诗题为《醉赠刘二十八使君》：

> 为我引杯添酒饮，与君把箸击盘歌。
> 诗称国手徒为尔，命压人头不奈何。
> 举眼风光长寂寞，满朝官职独蹉跎。
> 亦知合被才名折，二十三年折太多！

诗中对刘禹锡的坎坷遭遇深怀不平。作者早已与刘禹锡以文字订交。既往的唱酬经历，使他深深折服于刘禹锡的才具。颔联即由赞美刘禹锡起笔。"诗称国手"，意味着对刘禹锡的诗坛盟主（或曰霸主）地位的充分认可。续以"徒为尔"，叹惋之意立见，而其中当然也渗透着怨愤与同情。"命压人头不奈何"，看似把刘禹锡的不幸归结为命运的不公，矛头所向实乃将不幸命运强加给刘禹锡的当权者。颈联慨叹刘禹锡挟王佐之才却长期沉沦下僚、蹉跎岁月，在寂寞中耗尽壮心。这是进一步为诗友鸣冤叫屈。"满朝官职独蹉跎"，既是抨击"斯人独憔悴"的不公现象，也有针砭"黄钟毁弃，瓦釜雷鸣"的现实政治之意。尾联再作波澜开合。"亦知合被才名折"，是说自古才命两相妨，刘禹锡因才名太大而难免蒙受挫折，这本在情理之中。但"二十三年折太多"，居然将他流徙二十三年之久，则实在过为已甚！这是不动声色的谴责，也是无可奈何的喟叹。

这首旨在为刘禹锡伸张正义并充满同情与慰勉的赠诗，既显示了白居易的真率与坦诚，也披露了作者与刘禹锡的深厚友情。它犹如"吹皱一池春水"的清风，搅起刘禹锡内心道道涟漪。他何尝不愤恨命运的不公和当政者的冷酷无情？何尝不因华年已逝、盛时难再而痛心疾首？但他不想无谓地怨天尤人，不想让感伤的潮水毫无节制地漫过心堤、自由宣泄，不想在日复一日的自我悲悯中变得意志消沉、精神委顿，他愿意向前看，把不得意、不如意、不快意的过去尽甩身后，振作起精神，等待机会作最后的奋力一搏！因此，在答诗《酬乐天扬州初逢席上见赠》中，他努力表现出比白居易开朗和达观的情调：

> 巴山楚水凄凉地，二十三年弃置身。
> 怀旧空吟闻笛赋，到乡翻似烂柯人。
> 沉舟侧畔千帆过，病树前头万木春。
> 今日听君歌一曲，暂凭杯酒长精神。

首联概写自己谪守巴楚、渡尽劫波的经历。"巴山楚水"，泛指作者先后贬居的朗州、连州、夔州、和州等地。朗州在战国时属楚地，夔州在秦汉时属巴郡。巴郡多山，楚地多水，故称"巴山楚水"。"凄凉地""弃置身"，固然语含哀怨，却既非呜咽唏嘘之状，亦非消沉颓唐之态，堪称感伤中不失沉雄，凄婉中犹见苍劲。颔联感叹旧友凋零、今昔异貌。"闻笛赋"，指晋人向秀的《思旧赋》。向秀为"竹林七贤"之一，经过亡友嵇康、吕安的旧居时，有感于邻人笛声，写成此赋，寄托怀念旧侣之情。"烂柯人"，指晋人王质。据《述异记》载，王质入山砍柴，见二童子下棋。观棋至终，发觉手中斧柄已烂。回到家乡，才知已过百年，同辈人皆已亡故。两句借典寄慨，耐人寻味。如果说前者包蕴着诗人对亡友缱绻难已的怀念之情的话，那么后者不仅暗示了自己贬谪时间的长久，而且表现了世事的变迁以及回归后恍若隔世的特殊心态。颈联以"沉舟""病树"自喻，虽有自感哀沧、自叹落伍之意，但"千帆过""万木春"所展示的却是生机勃勃的景象，其中应当寄寓了新陈代谢的进化思想和辩证看待一己困厄的豁达襟怀。在结构上，它与白诗中的"举眼风光"一联相呼应，却摈弃了前者的晦暗色彩和低沉旋律，而出以相对明朗、亢奋的笔墨。在手法上，它将诗情、画意、哲理熔于一炉，以形象的画面表现抽象的哲理，旨趣隽永，情韵悠长，因而向为人们所传诵。尾联顺势而下，吁请白氏举杯痛饮，借以振奋精神，共同走向未来、创造明天，从而使其坚忍不拔的意志和永葆劲直的情操更加清晰地呈现在读者眼前。

为刘禹锡的乐观情绪所感染，白居易的脸色渐渐由阴转晴。尽管他对未来朝政的走向及个人的政治前景已不抱太大的信心，但他由衷地希望禹锡此去能时来运转，收获一个沉甸甸的晚秋。同时，他也对刘禹锡迥然拔乎流俗之上的人品与诗品心悦诚服，暗自感叹：有诗若此，真乃"诗之豪者"也！他突然萌生一个想法：要在合适的时候把"诗豪"这顶至今无人享有的桂冠加诸刘禹锡，因为他觉得，古往今来，似乎只有刘禹锡对这顶桂冠受之无愧！

因为与白居易携手同行，所以刘禹锡返洛的旅途并不寂寞。这两位相见恨晚的诗友一路指点江山、切磋诗艺、畅谈人生，但觉风光无限，乃至完全淡忘了"羁旅行役"之苦。只是偶尔忆起当年与柳宗元联镳共游的情景，刘禹锡不免有些黯然神伤。

《同乐天登栖灵寺塔》一诗是刘禹锡创作于返洛初程的作品，足见诗人当时情绪的高涨：

> 步步相携不觉难，九层云外倚栏干。
> 忽然笑语半天上，无限游人举眼看。

后两句既是实写登临高塔的情景，也未尝不是借以抒发一种重登高位、引人瞻仰的愿望。这种愿望一直珍藏在诗人心中，只不过此前因返京无期，它显得有些虚幻和缥缈，而今则由于返洛在即，要变得贴近与切实多了——至少诗人此时作如是观。这就难怪他会吟出这样飘飘然的诗句了。

同样创作于返洛途中的《罢郡归洛途次山阳留辞郭中丞使君》一诗也流露出他恬然自适的心情：

> 自到山阳不许辞，高斋日夜有佳期。
> 管弦正合看书院，语笑方酣各咏诗。
> 银汉雪晴褰翠幕，清淮月影落金卮。
> 洛阳归客明朝去，容趁城东花发时。

诗中的抒情主人公以"洛阳归客"自命，与友人把盏之际，神情闲雅，谈笑风生，虽然绝无志得意满的轻狂之态，却也看不出太多的忧郁和感伤。这固然与诗人固有的旷达、开朗性情有关，但主要还应归因于其处境的改善。庶几作于同时的《令狐相公俯赠篇章斐然仰谢》一诗则说：

> 鄂渚临流别，梁园冲雪来。
> 旅愁随冻释，欢意待花开。
> 城晓乌频起，池春雁欲回。
> 饮和心自醉，何必管弦催？

"旅愁"已涣然冰释，而"欢意"则将与花同发。"饮和心自醉"，说明诗人至少在觥筹交错之际，心境是平和的、恬适的。显然，终于告别了"巴山楚水凄凉地"这一诗人企盼已久的结果，使他如去枷锁、如出囹圄，身心俱为之一快。此时的诗人似沉浸在命运逆转之初的那种忘乎所以的惊喜中，尚未及进入痛定思痛的反思阶段，重新咀嚼与感受既往所蒙受的不幸和痛苦。

256　前度刘郎今又来：诗豪刘禹锡的快意人生

春台明月

平流涌瀑

第八章 重回庙堂后的无奈际遇 257

万松叠翠

平岗艳雪

〔清〕袁耀 扬州四景图

二、宦况清冷

唐文宗大和二年（828）春，刘禹锡抵达洛阳。这时的东都洛阳还弥漫着一种新君登基后的躁动而又不安的氛围——就在刘禹锡返回洛阳的途中，长安又经历了一次由宦官主导的宫廷政变，最终唐文宗被拥立为帝。

唐文宗李昂（809—840），为穆宗之子、敬宗之弟。原名李涵，即位后改名为李昂，改元为大和。文宗在位期间的行为举止，与其父兄相比，简直有天壤之别。他去奢从俭，勤于政务，以励精图治的明君自期。他曾经放归宫女三千多人，裁汰冗官一千二百余人。但他有回天之心，而无回天之力；有帝王之道，而无帝王之术。在积弊已深的情况下，他既受制于宦官，又受制于朋党，再受制于藩镇，根本不能有所作为。开成五年（840）正月初四，在沉重的新年钟声刚刚敲响时，积郁成疾的他便抱憾而终。

这时的刘禹锡尚不能对在刀光剑影中被拥立为新君的文宗作出整体的研判，当然，也无法预知文宗后来如何试图铲除宦官，以致酿成血流漂杵的"甘露之变"，令政治局面更加难以收拾。他只能依据有关传闻来梳理对文宗的点滴印象。来自长安的传闻说，文宗与敬宗每月仅上朝两三次不同，他几乎雷打不动地每逢单日就上朝。为此，他要求把各种节假日尽量安排在双日，以免因法定假日而辍朝。每次上朝时间都很长。举凡军国大事，从朝廷用人到地方用兵，从水旱灾害到水陆交通，从国库储藏到百姓赋税，他无所不问，无所不议。而且，无论大的施政方针，还是小的赈灾措施，他都详与宰相及主管官员认真商讨。这些"只鳞片爪"的传闻，给刘禹锡带来了他绝对不是他父兄那样的昏君、庸君的感觉。于是，他对否极泰来的前景又增添了几分信心。

第八章　重回庙堂后的无奈际遇

然而，白居易不久便被征为秘书监，赴长安履新，刘禹锡的任用文件却迟迟不见下达，只能继续留在洛阳待命，心有不甘却又无可奈何地安于赋闲生活。《罢郡归洛阳闲居》一诗是对他当时的心境的写照：

十年江外守，旦夕有归心。
及此西还日，空成东武吟。
花间数盏酒，月下一张琴。
闻说功名事，依前惜寸阴。

"十年江外守"，是指他主政连、夔、和三州期间的生活。在那段守卫江头海角的日子里，他归心似箭，无时不指向长安这一靶心。可是，苦苦期盼的"西还日"真的来临后，却又被投闲置散。"空成东武吟"，将失望之情、濩落之意和盘托出。南朝刘宋诗人鲍照有《代东武吟》一诗，假托汉朝退役老兵的自白来讽谏当时的君主。在这位老兵的形象中显然叠印着怀才不遇的作者的投影。后代的诗人便常常借用"东武吟"来抒发功成见弃、不为时用的悲慨。这里，刘禹锡将"东武吟"这一典故镶嵌入诗，用意正相仿佛。"花间"二句，点染自己时下的赋闲生活。花前举杯，月下抚琴，逍遥则逍遥矣，却未惬诗人之夙志。"花间数盏酒"，颇有李白《月下独酌》"花间一壶酒，独酌无相亲"之意，闪闪烁烁地在自叹寂寞、自怜幽独。"闻说"二句乃"卒章显志"。一听到有关功名的谈论，诗人便振奋不已，像过去一样惜时如金，不愿虚度片刻的光阴。这一点睛之笔将渴望用世、不甘赋闲的主旨披露无遗。

《罢郡归洛阳寄友人》一诗题旨相同，而用笔更为显豁：

远谪年犹少，初归鬓已衰。

门闲故吏去,室静老僧期。
不见蜘蛛集,频为僵句欺。
颖微囊未出,寒甚谷难吹。
濩落唯心在,平生有己知。
商歌夜深后,听者竟为谁?

开篇即不胜感慨:最有创造力,同时也最富于生命激情的青壮年时光已在"远谪"的苦涩日子里悄然流逝,而今已届两鬓斑白的暮年岁月,却依然独处静室,门庭冷落,找不到用武之地。"颖微囊未出,寒甚谷难吹",自谦才能不够突出,以致迟迟得不到拔擢机会。细加把玩,这实际上是以反语寄愤,批评朝廷堵塞贤路,不让才能卓异者用得其所。而诗人渴望像战国贤士毛遂那样脱颖而出的迫切心情也流溢在字里行间。"濩落唯心在,平生有己知。"这是剖白心迹:尽管沉沦失意已久,报国之心和用世之志却从未改变;平生的抱负以及为实现抱负所付出的种种努力、经受的种种挫折,只有自己最为清楚。"商歌夜深后,听者竟为谁?"深夜犹自高歌不已,可知其心潮难平、心结难解。但怅问听者"为谁",又见出其深憾赏音者少,仍是自怜孤独之意。"商歌",本指哀怨悲凉的歌曲,但这里的"商歌"似乎还有更深的用意。据《淮南子·道应训》载:"宁戚饭牛车下,望见桓公而悲,击牛角而疾商歌。桓公闻之,抚其仆之手曰:'异哉,歌者非常人也。'命后车载之。"后以"商歌"比喻自荐求官。因此,刘禹锡这里遣用"商歌"一词,既是自伤,也是自荐。

　　焦灼的等待是最容易让人情绪失常、心理失衡的。这时的刘禹锡看似悠哉游哉,其实,他所承受的心理煎熬也许并不亚于谪守远郡时。终于,朝廷的任命下达了,不出所料,与刘禹锡原先的期望相距甚远——新的职务是东都尚书省主客郎中。东都不比西京,充其量只是陪都而已,很多机构不过"虚应文章",形同摆设,并没有什么真正的军国要务需要处理,也很少有突发事件需要作危机干预。而主客郎中一职隶属于礼部,掌管少数民族及外国宾客接待之事。这是个无所事事、宦况清冷的闲职,通常用来安置"退居二线"的官员。假如想就此颐养天年,这倒是个不错的归宿,问题是,用世情切的刘禹锡一心期盼能"失之东隅,收之桑榆",在老境将至前,释放出蕴蓄了二十多年的潜力与后劲,为振兴大唐而叱咤风云。这就必然产生严重的心理落差了。

《为郎分司寄上都同舍》透露了这一消息:

籍通金马门,身在铜驼陌。
省闼昼无尘,宫树远凝碧。
荒街浅深辙,古渡潺湲石。
唯有嵩丘云,堪夸早朝客。

首联已暗含幽怨之意。"金马门",是汉代宫门。唐代诗人习以金马门指代宫廷。刘禹锡刻意在"金马门"前精心修饰以"籍通"二字,暗示所占官籍仅仅是通向金马门而已,可知依然身在朝廷之外。"身在铜驼陌",更坐实这一微词。"铜驼陌",指洛阳的铜驼街。强调"身在铜驼陌",分明是说自己虽然身为朝廷命官,却居家洛阳,不得要津。颈联着意渲染上朝路径的荒凉,借以折射宦况的冷落。尾联依然采用移情入景的笔法,以人格化了的"嵩丘云"来烘托诗人苍凉、孤寂的心境。"唯有"二字,将无人伴其孤独、解其寂寞的叹惋尽皆漾出。

同时创作的《分司东都蒙襄阳李司徒相公书问因以奉寄》一诗也披露了作者的牢骚与不平:

> 早忝金马客，晚为商洛翁。
> 知名四海内，多病一生中。
> 举世往还尽，何人心事同？
> 几时登岘首，恃旧揖三公？

诗题中的"李司徒"，指时任山南东道节度使的李逢吉。作品以"金马客"和"商洛翁"对举开篇，凸显出今昔境遇的反差：当年参与朝政，执掌枢要；而今却闲居商洛，无所作为。以"商洛翁"自称，说明他并不认为自己仍在"金马客"之列，并不觉得自己已被重新起用。"知名"两句还是采用对比手法来宣示内心的不平。"知名四海"与"多病一生"，再次构成命运的逆反，吁出才高见弃的志士之痛。"多病一生"，实非指身体上的疾患，而是指历尽政治上的挫折，蹉跎半世，坎壈一生。"何人心事同"，仍是"斯人独憔悴"的嗟叹。一同返回洛阳的白居易已被召至长安，恢复了"金马客"的身份，只有他依旧赋闲商洛，虚度年华。这样，他的"心事"又有何人与共，何人能懂？结尾两句变直抒胸臆为借典言志。刘禹锡以"岘首""三公"收束全篇，并以一个满怀期待的诘问煞尾，意在向读者表明，他虽有不平，却犹未灰心，依然渴望成为朝廷的辅弼之臣，像羊祜那样造福百姓，垂名青史。

这种企求重入庙堂、不甘尸位闲职的磊落情怀，由《鹤叹二首》亦可窥得：

其一

> 寂寞一双鹤，主人在西京。
> 故巢吴苑树，深院洛阳城。
> 徐引竹间步，远含云外情。
> 谁怜好风月，邻舍夜吹笙。

其二

丹顶宜承日，霜翎不染泥。
爱池能久立，看月未成栖。
一院春草长，三山归路迷。
主人朝谒早，贪养汝南鸡。

诗人以鹤自况，感叹幽居深院，久遭"主人"疏远，不得高翔云外。"徐引竹间步，远含云外情。"虽然受制于环境，眼下只能缓步于"竹间"，但展翅于九霄云外的憧憬却始终埋藏在内心深处。"爱池能久立，看月未成栖。"望月怀想，有多少心事难以言说，乃至彻夜无法栖息。这是写鹤，也是状人。"主人朝谒早，贪养汝南鸡。"对重"鸡"而轻"鹤"的"主人"婉致批评。"汝南鸡"，为古代汝南所产之鸡，以善鸣而著称，屡见于古代诗词。主人"贪养汝南鸡"而置鹤于不管不顾，这与朝廷在用人问题上的偏颇行为何异？因此，这两句当属言此意彼，婉言寄讽。

既然宦况冷落，形同闲居，刘禹锡自有较多的余暇与宦游异地的诗友相酬唱。这既是他倾泻才情的方式，也是他排解寂寞的手段。在这些诗友中，经常互动的不外乎白居易、令狐楚、杨敬之等人。

身在长安的白居易始终牵挂着禹锡的生活状况，尤其是其心理健康。他当然知道，在"众芳摇落独暄妍"的状况下，刘禹锡很难保持心态的平和，因此，即使在奉使江南的途中，他也不忘以诗代笺，适时地送达问候。而刘禹锡也经常为这份历久弥笃的友情深深地感动。《答乐天临都驿见赠》一诗说：

北固山边波浪，东都城里风尘。
世事不同心事，新人何似故人？

所谓"新人何似故人",取意于古诗《上山采蘼芜》"将缣来比素,新人不如故",而用以肯定故人情深,见出酬唱双方对旧谊的笃守。正是这种故人间的深情,将白居易途经的"北固山"与刘禹锡栖身的"东都城"这两个相隔千里、本不相干的意象牵系在一起,使它们不仅仅具有地理意义。在形式上,这首诗采用诗人以往很少尝试的六言体,也不失为一种新的有益探索。

刘禹锡这时的唱酬之作中,篇幅最长的是奉答杨敬之的《酬杨八庶子喜韩吴兴与予同迁见赠》:

早遇圣明朝,雁行登九霄。文轻傅武仲,酒逼盖宽饶。
舍矢同瞻鹄,当筵共赛枭。琢磨三益重,唱和五音调。
台柏烟常起,池荷香暗飘。星文辞北极,旗影度东辽。
直道由来黜,浮名岂敢要?三湘与百越,雨散又云摇。
远守惭侯籍,征还荷诏条。颓容唯舌在,别恨几魂销。
满眼悲陈事,逢人少旧僚。烟霞为老伴,蒲柳任先凋。
虎绶悬新印,龙舆理去桡。断肠天北郡,携手洛阳桥。
幢盖今虽贵,弓旌会见招。其如草玄客,空宇久寥寥。

"杨八庶子",即杨敬之。他元和初擢进士第,文宗时调任国子祭酒,不久兼太常少卿。奉诏兼职的当日,适逢其子杨戎、杨戴进士及第,时人不胜欣羡,称为"杨家三喜"。其人最大的优长是乐于举荐贤能、奖掖后进。江东人项斯,先前诗名不为人知,便将近作进呈杨敬之。杨敬之阅后,大为推许,遂赋《赠项斯》一诗:"几度见诗诗总好,及观标格过于诗。平生不解藏人善,到处逢人说项斯。"在他的力荐下,项斯于会昌年间得中进士,从此"说项"便成为推荐贤能的著名典故。正因为他一向与人为善,且善解人意,刘禹锡觉得在他面前完全可以披肝沥胆,放言无忌,所以在今日"携手洛阳桥"之际,也就一吐胸中块垒,将"直道由来黜""颢容唯舌在"之类的感愤之词不加掩饰地挥洒在诗中。

刘禹锡这时创作的最为脍炙人口的作品则是《洛中逢韩七中丞之吴兴口号五首》：

其一
昔年意气结群英,几度朝回一字行。
海北天南零落尽,两人相见洛阳城。

其二
自从云散各东西,每日欢娱却惨凄。
离别苦多相见少,一生心事在书题。

其三
今朝无意诉离杯,何况清弦急管催。
本欲醉中轻远别,不知翻引酒悲来。

其四
骆驼桥上蘋风起,鹦鹉杯中箸下春。
水碧山青知好处,开颜一笑向何人？

其五
溪中士女出笆篱,溪上鸳鸯避画旗。
何处人间似仙境？春山携妓采茶时。

"韩七中丞",指"八司马"中的韩泰。"二王刘柳"谋夺神策军兵权时,他曾不顾安危,只身独闯军营。虽然铩羽而归,其勇可嘉。革新失败后,他被贬为虔州（今江西赣州）司马。累迁漳州、郴州、常州刺史等职。这一年七月,他离京出任湖州刺史,途经洛阳,得以与刘禹锡畅叙契阔之情。在当年参与革新的旧友凋零殆尽的情况下,这两位幸存者的重逢就有了复杂的意味。而这五首"口号"诗正渗透着这种复杂的意味。

　　首章在嘤鸣声中托出旧交零落、盛会难再的沧桑之感。"两人相见洛阳城",固然不无久别重逢的喜悦和大难不死的庆幸,但反照昔日"几度朝回一字行"的情景,又怎能不唏嘘无已?笔调若悲若喜,而悲多于喜。第二、三章直抒离愁别恨,虽然风神稍逊,但结构上跌宕有致,开合自如,极具章法。"一生心事在书题",点出自己终其一生都心系昔日的革新事业、情牵旧时的革新同人。难怪在稍前所作的《分司东都蒙襄阳李司徒相公书问因以奉寄》一诗中他会发出"举世往还尽,何人心事同"的浩叹了。两相参读,怀抱尽见。第四章仍致力于渲染世罕知己、生乏欢趣的落寞之感,全以景物烘托,笔法为之一变。蘋风、箬下、碧水、青山,景色何其秀美,却未能博得诗人"开颜一笑",此正王夫之所谓"以乐景写哀"也。第五章熔风俗、风景、风情于一炉,暗示自己有心退隐世外,在"携妓采茶"的逸乐生活中了此劫后余生。诗人晚年放歌洛阳时表现出的绮靡之风,由此可见端倪。各章既自具经纬脉络,可以独立成篇,又有条不紊地从不同维度表现了历尽劫难的诗人在与故友猝然相遇时所滋生的苍茫百感,差可契合为一个互相引发、前后承启的艺术整体。"口号"之作,而能臻于如此境地,洵属难能可贵。

三、政坛多诡

　　就在刘禹锡自觉重回庙堂的梦想快要破灭时,重回庙堂的机会真的来了!大和二年(828)春,由于宰相裴度、窦易直和淮南节度使段文昌等人的力荐,刘禹锡终于冲破重重阻碍,调回朝廷就任主客郎中。

　　同样是主客郎中,在洛阳是有名无实,在长安则是名副其实,因而宦况不可同日而语。旧友新知纷纷前来致贺,以至"壶觞盈门"(《谢裴相公启》)。刘禹锡深知机会来之不易,所以对不避嫌疑、竭力汲引他的裴度、窦易直、段文昌无任感荷。《谢窦相公启》以"荐延有渐,拯拔多方。六律变幽谷之寒,一丸销弥年之疹。杀翮将举,危心获安"等语概述了他的感知与感受,而铭谢之情也尽在其中。他满以为从此可以"重忝清贯"、再履康庄,但令人沮丧的是,后来的事实证明这只是一种盲目的乐观——重回庙堂的狂喜之情一时模糊了刘禹锡的视线,也影响了他的判断,使这位"经冬复历春"的志士仁人居然表现出与他的经历极不相称的天真。

他曾赋写《再游玄都观并引》,抒发劫后重生的快慰,并表达对当年屡屡迫害自己及其他革新志士的敌对势力的蔑视,为塑造中国文学史上独具风采的"刘郎"形象添加了浓墨重彩的一笔。诗中也流露出他重临长安后对玄都观今昔异貌的讶异。(参见引言)其实,京城中发生明显变化的又岂止是玄都观呢?沉浸在胜利者自豪中的"前度刘郎",很快就发现京城的整体变化实在太大了,宫苑的瑰丽和街市的繁华倒在意料之中,让他感到有些陌生的是弥漫于京城的纸醉金迷气息和比当年更为严酷的政治氛围。一切的一切,似乎都不是理想中的模样。他在《初至长安》一诗中说:

> 左迁凡二纪,重见帝城春。
> 老大归朝客,平安出岭人。
> 每行经旧处,却想似前身。
> 不改南山色,其馀事事新。

抚今思昔,乃人之常情。有幸以"老大"之龄、"平安"之身重新回到京城,刘禹锡自是百感交集。每当"行经旧处"时,往事历历,俱上心头。但除了往事外,眼前的一切就都不是他所熟悉的了。"不改南山色,其馀事事新。"诗人说只有南山的色彩依然如故,既是为了烘托一种时移世迁、恍若隔世之感,也是为了表示对京城政局及人事变化的极度感慨。"事事新",似乎并不含有"万象更新"或"革故鼎新"一类的称赏之意,而只是说一切已无复旧貌。对此,刘禹锡是事先估计不足的,或者说是缺乏充分思想准备的。写于由洛阳赴京途中的《途次华州陪钱大夫登城北楼春望……》一诗说:

城楼四望出风尘,见尽关西渭北春。
百二山河雄上国,一双旌旆委名臣。
壁中今日题诗处,天上同时草诏人。
莫怪老郎呈滥吹,宦途虽别旧情亲。

诗人登楼望远时兴致勃勃,用笔亦不失苍劲。虽有怀旧之情,却并不感慨连连,总体上还是喜悦多于感伤的。字里行间闪现的是一位雄视河山、蓄势待发的抒情主人公形象。两诗一作于将至长安时,一作于初至长安后,间隔的时间不长,而基调已发生嬗变,说明所见所闻颇有让刘禹锡感到不适、不悦,甚至不安者。

刘禹锡就在这既熟悉又陌生的环境里开始了他重回庙堂的生活。这时的他是孤独的、寂寞的,甚至是有些感伤的,因为昔日的同道者大多没能走过那段苦难的岁月,和他一起笑傲人生。于是,对旧侣的怀念,几乎占据了他这时的全部情感空间。每当听到宫廷音乐或宫中旧人演唱的歌曲,他都心潮澎湃,情不能已——

曾随织女渡天河,记得云间第一歌。
休唱贞元供奉曲,当时朝士已无多。
————《听旧宫中乐人穆氏唱歌》
二十余年别帝京,重闻天乐不胜情。
旧人唯有何戡在,更与殷勤唱渭城。
————《与歌者何戡》

第八章　重回庙堂后的无奈际遇

这两首以怀旧为主题的七言绝句借听曲以兴叹，既糅合了长期流放的悲慨和重闻天乐的庆幸，也融入了对柳宗元、王叔文等早已亡故的旧侣的深深思念。这时的刘禹锡也是谨慎的，收敛的，善于自我克制的。即以《与歌者何戡》等诗而言，尽管诗人内心情潮激荡，宣泄在字里行间时却显得很有节制，因为诗人将它强行纳入了既定的渠道，不让它纵横泛滥。诗中抒发的似乎不仅仅是人生沧桑之感，还有更深层次的东西，但诗人不想将它揭破。在友人的告诫下，他暂时收敛起过去那种大刀阔斧的作风，而小心翼翼地等待再露锋芒的合适时机。《阙下待传点呈诸同舍》一诗说：

　　禁漏晨钟声欲绝，旌旗组绶影相交。
　　殿含佳气当龙首，阁倚晴天见凤巢。
　　山色葱茏丹槛外，霞光泛滟翠松梢。
　　多惭再入金门籍，不敢为文学《解嘲》。

在传写重列朝班的新鲜感的同时，也透露了自己开始谨言慎行的消息。《解嘲》，是汉代扬雄创作的一篇与《解难》齐名的辞赋，通篇以自我解嘲的笔法言志抒情，在自申抑郁怀抱和高蹈意愿的同时，暗寓讽世之意。"不敢为文学《解嘲》"，是自道此时写作诗文已不敢像扬雄的《解嘲》那样恣意挥毫泼墨，而心存顾忌，有所收敛——这收敛起的其实正是早年的锋芒。这是由于友人再三告诫，而他自己也再三反省所形成的一种自我约束。愿意自我约束，表明一向不愿屈己从人的刘禹锡这时已"现实"了些、"世故"了些，开始作一些必要的妥协与让步。但这究竟是一种进化还是退化？恐怕很难说清。

不久，在裴度的斡旋下，刘禹锡兼任集贤殿学士。裴度的本意是想为他拓宽施展才干的空间，创造获得重用的机会。对此，圈内人都看得很明白。时任刑部侍郎的白居易在《和集贤刘学士早朝作》一诗中已预期刘禹锡的美好前程：

> 吟君昨日早朝诗，金御炉前唤仗时。
> 烟吐白龙头宛转，扇开青雉尾参差。
> 暂留春殿多称屈，合入纶闱即可知。
> 从此摩霄去非晚，鬓边未有一茎丝。

他觉得，刘禹锡"暂留春殿"，当然多有委屈，但"合入纶闱"，必是指日可待的事情。就像敛翼已久的雄鹰，他终将"摩霄"而去，展翅云天。刘禹锡自己也以为灿若云锦的前程已迤逦展开，命运的转机或将翩然降临。《早秋集贤院即事》一诗说：

> 金数已三伏，火星正西流。树含清露晓，阁倚碧天秋。
> 灰琯应新律，铜壶添夜筹。商飙从朔塞，爽气入神州。
> 蕙草香书殿，槐花点御沟。山明真色见，水净浊烟收。
> 早岁忝华省，再来成白头。幸依群玉府，有路向瀛洲。

诗人笔下的秋景显得那样清新、明洁，和写于洛阳的《为郎分司寄上都同舍》笔调全然不同。"爽气入神州"，既是刻画秋景，也是轩露自己神清气爽的情态。"山明真色见，水净浊烟收。"同样情融景中，见出其心情的开朗。"幸依群玉府，有路向瀛洲。"庆幸自己列名集贤院中，仕途或将通达。显然，刘禹锡这时已或多或少地恢复了对前途的自信。

然而，他实在有些过于自信了，或者说，他实在高估了裴度的能量。在内有宦官专横，外有藩镇跋扈，又兼朋党倾轧无已的情势下，裴度掌控局面的能力被不断弱化，人事安排也受到多方掣肘，根本无法体现他的意图。在刘禹锡的任用问题上也是如此。

裴度（765—839），字中立，河东闻喜（今属山西）人，唐代中后期杰出的政治家，因指挥平藩战争并连获淮西、淄青大捷而声名大振。这位中兴名臣也曾致力于抑制宦官专权，惜乎收效甚微。由于宦官跋扈日甚，唐代中晚期有不少帝王、朝官试图联手铲除这一痈疽，但宦官势力盘根错节，已经很难撼动。往往刚一谋划，宦官便先发制人，结果倒是有心整肃纲纪的帝王和朝官被送上不归之路。如此恶性循环，宦官势力几乎立于不败之地。裴度从未组织过政治利益集团，也没有主动谋划和部署过摧抑宦官的具体步骤，但在执政过程中，他能秉持公心，果断从事，面对骄横的宦官，敢于撄其锋芒、捋其虎须、挫其气焰，所以他在仕途上每次遭受排挤、打击，都直接或间接与宦官有关。

在用人问题上，裴度坚持唯才是举，反对任人唯亲。他屡屡垂青刘禹锡，试图在力所能及的范围内改善其境遇，是因为他从心底觉得刘禹锡德才兼备。在朝纲废弛、朋党日滋的情况下，他能固守举贤任能的用人之道，不结党营私，不随俗俯仰，表现出传统文人的方正品格，这也是他盖棺后好评如潮的原因之一。

但这样一位兼具文韬武略，且习惯于保护他人的政坛耆宿，有时却保护不了自己。元和十五年（820），穆宗即位。由于措置失当，河北藩镇再度叛乱。裴度被任命为镇州行营招讨使，统兵讨伐。因穆宗昏聩、中贵作梗，裴度军前奏请事宜常受阻挠，无法畅其指令，乃致战场失利。最后，裴度被解除兵权，改任位高职闲的东都留守。敬宗、文宗二朝，裴度历任淮南等四道节度使，仅短期入朝为相。而且，为相期间，他还遭到同居相位的李逢吉等人的百般排挤，全然不能按照自己的意愿来进行人事布局。这样，在刘禹锡的任用问题上，他也就只能是心有余而力不足了。

中路受狙，刘禹锡心情的郁闷可想而知。但他隐忍不言，一来

门逕俯清谿 茅簷古
木齐 红尘究不到时有
小舩来 君山久见访海
上寫此為贈裴晋公詩意
图也 丁巳五元三日玄宰

〔明〕董其昌 裴晋公诗意图

不想给裴度增加压力，二来此前屡因言论获咎，他开始告诫自己"三缄其口"。大和三年（829），刘禹锡改官礼部郎中，仍兼集贤殿学士。当时，颇有为他的怀才不遇而鸣冤叫屈者，如远在郓州的天平军节度使令狐楚就在《寄礼部刘郎中》一诗中说：

> 一别三年在上京，仙垣终日选群英。
> 除书每下皆先看，唯有刘郎无姓名。

晋升的机会总是与刘禹锡擦肩而过，众人心目中的首选人物始终榜上无名。刘禹锡内心或不免翻江倒海，表面上却安之若素。在兼任集贤殿学士的将近四年时间里，他先后"供进新书二千余卷"。《题集贤阁》一诗记录了他当时的生活状态：

> 凤池西畔图书府，玉树玲珑景气闲。
> 长听馀风送天乐，时登高阁望人寰。
> 青山云绕栏干外，紫殿香来步武间。
> 曾是先贤翔集地，每看壁记一惭颜。

景象清和，意态安闲，看不出对现状的不适与不满。说明他还是安于书斋生活的，至少从情形上看是这样。诗中亦有励志的成分。"时登高阁望人寰"，或有居高望远之意。"每看壁记一惭颜"，则自愧不及先贤有所作为，摅写了"见贤思齐"的心声。毕竟集贤殿书院是可进可退的贮才场所，谁又能断定机遇会一直与他失之交臂呢？应该说，这时的刘禹锡尽管很不满足，却还不至于绝望。他依然以功名为念，依然憧憬着功成名就的未来。

《庙庭偃松诗》更清晰地展现了他的隐忍与企盼：

势轧枝偏根已危，高情一见与扶持。
忽从憔悴有生意，却为离披无俗姿。
影入岩廊行乐处，韵含天籁宿斋时。
谢公莫道东山去，待取阴成满凤池。

诗前有自序说："侍中后阁前有小松，不待年而偃。丞相晋公为赋诗，美其犹龙蛇……予尝诣阁白事，公为道所以，且示以诗。窃感嘉木之逢时，斐然成咏。"裴度的原诗已亡佚，刘禹锡此诗为奉和之作。它以咏物之名，行咏怀之实。庙庭偃松的际遇恰与刘禹锡相仿佛，因此诗人落笔时，在在处处以庙庭偃松自况，将身世之感"打并入其中"。首联对裴度深致谢忱——在他身处危境、偃塞不起时，是裴度对他鼎力扶持，才使他转危为安、化险为夷。颔联作自我写照：而今的我已抖落既往的"憔悴"，重新焕发出生机，但依旧高标拔俗，不作媚世之态，不阿谀取容。颈联中的"韵含天籁"也有夫子自道之意，标榜自己崇尚自然，吐属皆为天籁。尾联以东晋名臣谢安比喻裴度，劝告他且莫思退隐东山，待得功盖天下、誉满寰区时再作归计。这当然是有感而发。面对积衰动乱的社会现实，又置身于朋党倾轧的旋涡之中，裴度自感回天乏术，已开始萌生退意。刘禹锡隐约感觉到这一点，便有了篇末的劝勉。看来，他不光自己隐忍，还希望裴度也继续隐忍。而之所以隐忍，是因为心存企盼，或者说，是因为梦想尚未彻底破灭。

公务之暇，刘禹锡最钟爱的娱情遣兴活动是诗酒酬唱。二十多年前他在长安为官时，几乎绝迹于这类活动。原因有三：其一，当时的政治局面远不及现在严峻，因而士大夫们也远不像现在这样醉心于文酒之会。其二，当时的他是永贞革新集团的主要成员，执掌政要，日理万机，无意同时也无暇参与这类活动。其三，当时的他诗名未成，交游未广，受邀出席这类活动的概率要小很多。现在不同了，无论是外部环境，还是自身条件，都驱使他成为这类活动的发起者或参与者。在当时，对于包括他在内的许多志士仁人来说，诗酒酬唱，既是消释胸中块垒的一种有效手段，又何尝不是在冷酷的时代氛围里抱团取暖、合力御寒的一种特殊方式呢？

是的，刘禹锡此前谪守远州时，也创作了许多唱和诗。但那时他与酬唱者往往分隔两地，需要鸿雁传书，一唱一和，经常耗时数月，响应极慢。此时则同在一地，可以现场应答、同台竞技。且有酒为触媒，把盏之际，此唱彼和，岂不快哉！所以，此时的诗酒酬唱较之当年的隔空唱和，不仅平添了现场气氛，形式也要丰富得多。遗憾的是，流露在其中的真情实感却大打折扣了。

刘禹锡这一时期的唱和之作由两部分组成：一部分是与白居易、裴度、崔群、李绛、张籍、贾𬤇等人的联句诗，另一部分是与白居易、裴度、令狐楚、李德裕、张籍、王建等人的赠答诗。他们同为朝官，且同为诗坛名家。

刘禹锡与裴度、白居易等人的联句诗，即为后人所艳羡的"杏园联句"。它产生的时间节点是大和二年（828）春末。当时，裴度虽无意培植党羽，但因为位尊、望隆、德劭、名高，在他周围还是不知不觉中聚集了刘禹锡、白居易、崔群、李绛、杨嗣复等正直的朝士。他们大多已过知天命之年，阅历丰富，才识超群，有振兴大唐的强烈愿望，却又受制于现实环境，深感无用武之地。于是转而对文酒之会表现出越来越浓厚的兴趣，借以消愁解忧。在裴度的倡导与引领下，他们在春色将尽时几度同游曲江杏园，极尽诗酒酬唱之欢。这是一次规模空前的联句活动，后来活跃于洛阳的"刘白诗人群"的集体创作活动由此翻开了色彩斑斓的首页，因而具有非同凡响的意义。第二年，白居易将自己与刘禹锡的唱和诗编成《刘白唱和集》。此集分上、下两卷，共收入二人唱和诗一百三十八首。此后又不断扩充，先后编集四次，衍为五卷。白居易在《刘白唱和集解》中，不仅具体描述了两人诗歌唱酬的情形，而且慨然加禹锡以"诗豪"的桂冠：

> 彭城刘梦得，诗豪者也。其锋森然，少敢当者。予不量力，往往犯之。夫合应者声同，交争者力敌，一往一复，欲罢不能。由是每制一篇，先于视草，视竟则兴作，兴作则文成。一二年来，日寻笔砚，同和赠答，不觉滋多。大和三年春以前，纸墨所存者，凡一百三十八首。其余乘兴仗醉，率然口号者，不在此数。

从此，"诗豪"便成为人们对禹锡的创作风格和创作成就的一种定评，而中国诗歌史也就于"诗仙"（李白）、"诗圣"（杜甫）、"诗佛"（王维）之外，又增加了一种得到公认的荣誉称号。

在曲江春游的现场，先后产生的作品有《杏园联句》《花下醉中联句》《春池泛舟联句》《西池落泉联句》等。但刘禹锡这一时期创作的赠答诗显然要比联句诗更富于思想内涵和艺术特色，往还赠答最多的还是白居易。《答白刑部闻新蝉》一诗说：

> 蝉声未发前，已自感流年。
> 一入凄凉耳，如闻断续弦。
> 晴清依露叶，晚急畏霞天。
> 何事秋卿咏，逢时亦悄然？

既然是奉答之作，自不可能像骆宾王的《在狱咏蝉》那样有感而发，寄意遥深。但其中亦可见流年之思。"凄凉耳"，是说耳本凄凉，无关蝉声，但蝉声却使其凄凉更甚。这就暗示了作者内心难以抑制的感伤。

《和乐天送鹤上裴相公别鹤之作》是同时酬答白居易和裴度的：

第八章 重回庙堂后的无奈际遇

> 昨日看成送鹤诗，高笼提出白云司。
> 朱门乍入应迷路，玉树容栖莫拣枝。
> 双舞庭中花落处，数声池上月明时。
> 三山碧海不归去，且向人间呈羽仪。

笔墨涉处，亦鹤亦人，物我交融，比前一首诗更具"离形得似"的咏物之致。尤其是颔联和尾联，既是自我写照，也是自我诫勉，曲折有致地表现了诗人权且栖身朝廷、待机而动的价值取向。"玉树容栖莫拣枝"，有几多感慨，又有几多无奈？它所流露的诗人此时的真实想法是：能重入庙堂安身立命已属不易，又何必计较职位的高低贵贱呢？这是试图安抚自己内心因不得重用而产生的不快与不平。结尾两句进一步申足植根于心底的入世和用世的愿望："三山碧海"纵然景色如画，毕竟过于幽冷，何如展翅人间、亮相宦海？这表明，诗人此时尽管有太多的不如意，却还没有退隐的打算，仍然期待有朝一日能完完整整地呈现自己的"羽仪"。

《和裴相公寄白侍郎求双鹤》一诗与之堪称姊妹篇，虽然其体裁由七言易为五言：

> 皎皎华亭鹤，来随太守船。
> 青云意长在，沧海别经年。
> 留滞清洛苑，裴回明月天。
> 何如凤池上，双舞入祥烟？

诗中的"双鹤"长存腾飞于"青云"之上的意愿，尽管眼下留滞于"清洛苑"中、徘徊于"明月天"下，似乎意有所纠结，情有所迷惘，但它们始终以双舞于"凤池"之上、"祥烟"之中为念。这说明什么呢？

这说明在诗人内心深处，入世、用世之意仍牢牢占据着主导地位。

刘禹锡就在日常的典籍校理和公务之余的诗酒酬唱中看似平静地过着重回庙堂的生活。既无重用之大喜，亦无重谴之大悲。内心充满渴望，表面却甚安详。时时自我激励以求进取，又常常自我宽慰以求超脱。如果客观环境不再恶化的话，他也能满怀憾恨却又波澜不惊地了此余生。但一个不能不承认的现实是，客观环境不仅一直在恶化，而且恶化的速度在不断加快。

大和三年（829）以后，政局险象丛生。宦官的势力已膨胀到正道直行的朝官无法容身的地步。而与裴度同居相位的李宗闵，就以宦官势力为依托，与急欲上位的牛僧孺等人结为朋党，千方百计地剥夺裴度的权力，排斥裴度倚为臂膀而不愿臣服于他们的方正之士。于是，庙堂内外，硝烟四起，纷争不断。曾参加"杏园联句"的崔群出为江陵尹、荆南节度使，李绛出为兴元尹、山南西道节度使。张籍、王建等也纷纷受到外派。位卑如张、王者，虽然在纷繁复杂的政局变幻中很难发挥作用，却构成了裴度得以一呼百应的执政基础。众人被逐后，裴度顿感势孤力单，越来越萌生出独木难撑危局的"式微"之叹。这匹仕历六朝（其中为相四朝）的识途老马，自觉已快到穷途末路之际。

就在裴度去留彷徨时，白居易决定急流勇退了。他上表向朝廷称病，主动要求返回洛阳、分司东都。这当然是出于全身远祸的考虑。身处暴风雨中心位置的裴度充分理解白居易退居边缘地区以求自保的想法，甚至，为这位僚属兼诗友的安危计，他也愿意促成白居易这一想法的实施，但如果连白居易这样的铁血同盟者也放弃理想、绝望而去的话，他还有什么力量可以依靠？乱象中又叠印着险象的政治局面还有什么可以收拾的余地？于是，在经过痛苦的权衡后，自感无力与李宗闵相颉颃的裴度也准备避其锋芒了。他连续上表请求让官，而这些表文都由刘禹锡代笔。所以，刘禹锡对政局的诡谲多变以及裴度当时一筹莫展的困境了如指掌。

文宗并非不明是非、不辨贤愚的昏君，只是皇权旁落，多方受制，无法贯彻自己的意旨。他真心希望裴度能继续留在朝中，作为钳制宦官和朋党势力的股肱之臣。所以，收到刘禹锡起草的《为裴相公让官第一表》后，他御笔一挥，不予批准。裴度深感圣恩，但自度无力逆转局势，徒留无益，便请刘禹锡代拟了《为裴相公让官第二表》，直言自己所犯乃心病。"物议不形，病心自泰"云云，点出其心病乃"物议"，而所谓"物议"，正是指李宗闵之流的恶意诽谤。这位曾率师亲征、冒死克敌的六朝老臣没有在战场上伤于流矢，这时却在官场上伤于流言。

文宗还是不肯放行。他知道裴度心病的症结所在，但在被握有兵权的宦官集团牢牢把住命脉的畸形局面下，他非但没有解除其心病的能力，甚至连致病的原因也讳莫如深。所以在"批答"中只能空洞地予以慰勉。不过，他倒是由衷地希望裴度能弃绝"让官"的想法："台衮之司，倚卿为重。乃累陈退让，殊谓不然。宜体朕怀，即断来表。"细品"宜体朕怀"一句，有多少难言之隐？在国势衰颓、积重难返之际，想当贤臣很难，想做明君也不易啊！

不过，裴度似乎去意已决。于是，刘禹锡又草拟了《为裴相公让官第三表》。老调重弹，但言辞更为恳切。"杯满则溢，月盈则亏。"裴度觉得自己在这群小汹汹的"危惙之时"，如不及早抽身，必罹"满盈之祸"。他援引历史上太宗朝宰相李靖、高宗朝宰相刘仁轨让官获准的旧例，恳请文宗循例放行。字里行间，颇见忧谗畏讥之心。位极人臣尚且如此，可以推想整个政治氛围是何等严酷！

裴度的"一意孤行"，让文宗有些不快了。在"批答"中，他对裴度陈述的理由进行了驳诘。他特别强调：今日之情势与太宗、高宗时完全不同,那时国泰民安,天下大治,宰相想优游余生,悉可自便;如今国窘民困,政局动荡,正需裴度这样的"勋贤"一起挽狂澜于既倒。如此苦口婆心地加以挽留,而且反复至三,文宗对裴度倒真是爱赏有加了。也难怪,像裴度这样鞠躬尽瘁、不谋私利的宰相在当时确是不可多得啊!准确地说,应是不可复得!

四、激流思退

"让官"不成,裴度只好继续在风刀霜剑的侵袭下勉力履职,就像在积雪中负重前行而不免步履维艰的老骥一样。作为最重要的知情者,刘禹锡心头也罩上了浓重的阴影,不能不考虑自己的去留。思来想去,他决定与帮助自己回京的裴度同进退。既然裴度暂时还在相位,就再观察一段时间,或许还会有新的转机。但第六感告诉他,情况已经很不妙了。只是在最坏的结果到来前,他宁愿相信那一切都不会发生。

不过,在他这时创作的诗歌中,落寞之态与失望之情已呼之欲出。《和乐天春词》一诗写道:

> 新妆宜面下朱楼,深锁春光一院愁。
> 行到中庭数花朵,蜻蜓飞上玉搔头。

诗人采用比兴手法,曲折地倾吐了自己怀才不遇的幽怨。他笔下的宫女常年被禁闭在高墙深院之中,生活的优裕难解精神的寂寞。明媚的春光反倒勾起她春风难度、君恩难遇的忧愁。闲极无聊之际,她只有用"数花朵"的机械动作来打发时光。但花朵与人面相映,又该引发她怎样的感慨?偌大的宫院内,只有不知势利为何物的蜻蜓愿意陪伴她的孤独。在这个久遭冷遇的宫女形象中，分明叠印着诗人自己的身影。

《酬滑州李尚书秋日见寄》一诗也袒露了其胸中丘壑：

> 一入石渠署，三闻宫树蝉。
> 丹霄未得路，白发又添年。
> 双节外台贵，洞箫中禁传。
> 征黄在旦夕，早晚发南燕。

担任集贤殿学士已三年有余，却不见任何右迁的动静，裴度当初的计划要么胎死腹中，要么半途夭折。白发又添几许，而通往"丹霄"的路径依然没有出现，或许已经永远不可能出现。诗人满怀热望，如今又只换得一腔失望。

在白居易告病获准返回洛阳时，刘禹锡的心情极为复杂。有为好友远离是非之地而感到庆幸的成分，但更多的还是惋惜。当然，人各有志，他并不强求白居易像他那样守望理想到最后一刻。所以，握别之际，也就多作助兴语，不说扫兴话。且看《刑部白侍郎谢病长告改宾客分司以诗赠别》一诗：

> 鼎食华轩到眼前，拂衣高谢岂徒然。
> 九霄路上辞朝客，四皓丛中作少年。
> 它日卧龙终得雨，今朝放鹤且冲天。
> 洛阳旧有衡茅在，亦拟抽身伴地仙。

谢绝眼前的"鼎食华轩"，拂衣而去，自有其不得已的原因。诗人以语意含糊的"岂徒然"三字略过，呈现出欲言又止的状态，分明也有其苦衷。"四皓丛中作少年"，是一种旨在调节气氛的雅谑。白居易未满花甲便"退居二线",厕身于皓首龙钟的耆耄老人之列,宛若翩翩少年。在这善意的调侃中,似乎夹杂着一丝无奈、一点辛酸。"它日"两句稍见振奋。诗人以鹤冲九天比喻白居易今日之退归,以卧龙得雨比喻白居易他日之复出,表明他内心尚存希望。或者说,表明他明知无望却偏不绝望。"洛阳"二句转写自己亦有退归洛阳、长伴地仙的想法。这又说明他深知好友复出而自己得势的希望极其渺茫!诗的情感演进逻辑多少有些混乱,而这正昭示了诗人内心的矛盾纠结。

  白居易以太子宾客分司东都的名分退归洛阳后,刘禹锡与他思念日深,唱酬不断。这类唱酬之作多以难以排遣的相思之情为主旋律。《叹水别白二十二》一诗写道:

> 水。
> 至清,尽美。
> 从一勺,至千里。
> 利人利物,时行时止。
> 道性净皆然,交情淡如此。
> 君游金谷堤上,我在石渠署里。
> 两心相忆似流波,潺湲日夜无穷已。

不仅以水起兴,而且以水经纬全篇,试图借"流波"传递"两心相忆"的深情。"至清,尽美""利人利物,时行时止",这是对水的评点,也是对彼此品格特征及生命历程的写照。形式上,则采用"一七令",句式从一字到七字逐步增衍,追求参差错落之美,尽管这也带有游戏笔墨的意味。

  《始闻蝉有怀白宾客……》一诗也为怀念白居易而作:

> 蝉韵极清切，始闻何处悲？
> 人含不平意，景值欲秋时。
> 此岁方晼晚，谁家无别离？
> 君言催我老，已是去年诗。

和此前创作的《答白刑部闻新蝉》相比，情绪更见悲凉。非独径直点出"悲"字，连"不平"也现于字面；而且，将这"不平"明确归属于"人"。"人"者为谁？不言自明。在与好友互致拳拳深情时，诗人的情绪几乎失控了——当然，只是在赋诗的瞬间。

或许因为在极其敏感的政治气候条件下，有太多不合时宜的感慨不便入诗，刘禹锡的怀人之作只能连篇累牍地寄情月光，泛言相思。《月夜忆乐天兼寄微之》一诗即然：

> 今宵帝城月，一望雪相似。
> 遥想洛阳城，清光正如此。
> 知君当此夕，亦望镜湖水。
> 展转相忆心，月明千万里。

此诗兼赠时任浙东观察使的元稹（字微之），"亦望镜湖水"，即指元稹而言。望月怀人，是唐代诗人习用的抒情方式。从张九龄的《望月怀远》，到杜甫的《月夜》，再到孟郊的《古怨别》，无不以月光作为离别相思主题赖以生发的意象，而在其内涵和外延上做足文章。相沿既久，想要翻新并非易事。刘禹锡的这首诗便未能跳出南朝谢庄《月赋》首创的"隔千里兮共明月"的窠臼。唯一有些翻新的是，在他笔下，一轮明月，情牵长安、洛阳、浙东三地，将他们三人的"展转相忆心"映照得分外澄明。

《乐天寄洛下新诗兼喜微之欲到因以抒怀也》一诗同样兼酬白居

易与元稹这两位常常被相提并论的诗友：

> 松间风未起，万叶不自吟。
> 池上月未来，清辉同夕阴。
> 宫徵不独运，埙篪自相寻。
> 一从别乐天，诗思日已沈。
> 吟君洛中作，精绝百炼金。
> 乃知孤鹤情，月露为知音。
> 微之从东来，威凤鸣归林。
> 羡君先相见，一豁平生心。

"元白诗派"，一如"韩孟诗派"，在贞元、元和年间声名鹊起。而作为"元白诗派"的主帅，白居易与元稹当年既是诗坛的同盟者，也是政坛的同路人。他们曾一起写作"但伤民病痛，不识时忌讳"（白居易《伤唐衢二首》其二）和"惟歌生民病，愿得天子知"（白居易《寄唐生》）的讽喻诗，也曾并肩与欲行不轨的宦官、藩镇势力相抗衡，结果招致被贬为远州司马的厄运。尽管彼此后来的政治态度与处事方式渐渐出现了一些偏差，但并没有影响到他们的友谊。白居易在《赠元稹》一诗中曾感叹两人友谊之难得——"所得惟元君，乃知定交难"，并强调他们订交的原因"不为同登科，不为同署官。所合在方寸，心源无异端"。而刘禹锡与元稹也订交甚早。他谪居沅湘之滨时，与同样流徙在穷乡僻壤的元稹频繁赠诗互勉，可以说，在他最困顿的时期，元稹给予了他最温暖的慰藉。所以，虽然他对元稹后来依附宦官的"变节"行为采取了保留的态度，却依然愿意维系既往的友谊。这首诗既抒写了自己喜读白居易"洛下新诗"后的感受，也表达了他对元、白二人即将欢聚洛阳的不胜欣羡之情。以"精绝百炼金"形容白居易的"洛下新诗"，说明他对白居易的这组作品极有好感；以"威凤鸣归林"形容元稹的洛中之行，则说明他对元稹的所作所为到目前为止尚无恶感。

当然，刘禹锡对元稹"节行有亏"的人格瑕疵并非无所察觉。以他的政治智慧和生活阅历，其实早就发现了元稹行为中的不检点之处。只不过可能他觉得元稹的本质并不坏，寻求宦官的庇护或许也有其无奈，充其量只是为了自保，尚未至与宦官沆瀣一气、陷害忠良的地步。因此可以说其政治品格不够坚定，却很难说其政治道德已彻底败坏。何况他们曾经"同是天涯沦落人"，他无论如何不愿相信一个不顾安危、犯颜直谏的热血斗士会堕落为见利忘义、出卖同道的冷血政客。出于这样的基本判断，他始终没有改变对元稹的态度，正如元稹也没有改变对他的态度一样。但他对元稹亦有微词。《微之镇武昌中路见寄蓝桥怀旧之作凄然继和兼寄安平》一诗或可为证：

> 今日油幢引，它年黄纸追。
> 同为三楚客，独有九霄期。
> 宿草恨长在，伤禽飞尚迟。
> 武昌应已到，新柳映红旗。

大和四年（830），元稹荣任武昌军节度使，是同侪中唯一的出将入相者。"同为三楚客，独有九霄期"，以称羡的口吻进行婉讽。为什么在众多的江湘逐客中，唯独他能够平步青云？这绝不是偶然的。个中缘由，元稹自己最为清楚。刘禹锡不想揭破它，却又忍不住提及它。提及它的用意既是为了婉言寄讽，更是想引起元稹的反省。紧接着推出的"宿草"二句，喻写同侪身受重创而心怀长恨的现实际遇，意在提醒元稹莫忘初衷、莫弃旧谊，希望他能对命运未能逆转的同侪施以援手。

然而，时也命也，元稹并没有能长享富贵，不久便病卒于武昌，时年五十三岁。当不满其晚年为人的朝官纷纷额手称庆时，刘禹锡却真诚地洒下一掬伤悼之泪。《西川李尚书知愚与元武昌有旧远示二篇吟之泫然因以继和二首》说：

其一
如何赠琴日，已是绝弦时。
无复双金报，空馀挂剑悲。

其二
宝匣从此闭，朱弦谁复调？
只应随玉树，同向土中销！

笔调迥异于武元衡当年遇刺身亡时禹锡所作的《代靖安佳人怨》，没有任何讥诮的成分，有的只是对元稹辞世的无尽哀伤。前诗中的"绝弦时""挂剑悲"，既是暗指元稹文武兼修、琴剑双绝，是经世致用的通才，也包蕴着知音已逝，从此无复闻高山流水之声的叹惋。后诗中的"朱弦谁复调"，再次流露出斯人已去、雅乐难闻的悲慨。这是悼人，又何尝不是自悼？在裴度多次让官、白居易退居洛阳的现实背景下，诗人或许预感到自己"弦断音绝"的日子也已经为期不远了。

刘禹锡这时最担心的是裴度的安危与去留。裴度犹如一棵能够为他遮风挡雨的大树。大树不倒，他尚有立足之地，也无风雨侵袭之虞。然而，在宦官及朋党势力的联手挤压下，这棵大树自身在庙堂中竟也渐渐失去了立足之地，而不得不移栽他处了。就在"让官"风潮平息未久，文宗被迫任命裴度充任山南东道节度使。这也就意味着裴度终于被李宗闵等人排挤出朝了。大树一去，风雨飘摇，刘禹锡顿感不寒而栗。

文宗其实是有心继续重用裴度，并给他以应有的呵护的。但这位连自身安全都得不到保障的傀儡皇帝，实在无力用瘦弱的肩膀为裴度撑起一片蓝天。他不想让裴度辞官退隐，又没有办法顶住压力让裴度留任宰相，只好折中其间，诏令裴度出镇远离京城的山南东道了。或许在他看来，这也是对裴度的一种保护——大概这已经是他所能提供的最大的保护了。

对于裴度来说，首选是彻底归隐，在"无官一身轻"的悠闲自在生活中放松神经，放飞心情；退而求其次，离京外任，远离权力（亦即是非）中心，也是个不错的选择。因此，从世俗的意义上说，这也许是一种放逐，但在决意卷席而去的裴度本人，则无异于一种解脱了。

只是对于尚无意解脱的刘禹锡来说，追随裴度从庙堂抽身，就显得有些艰难了。这时，在他内心纠结着多种难以言说，也难以纾解的情绪。

其一是对裴度遭际的同情。忠而见逐，这虽说是从屈原以来无数贤臣烈士难以走出的生命怪圈，但眼前发生的这一幕，还是让他感到震撼，感到锥心似的疼痛。他不知如何安慰裴度，因为所有能用语言承载的安慰都是那样空洞和苍白。而且，在正不压邪、人人自危的白色恐怖氛围里，事情的真相如何能触及？若不触及，又岂不是隔靴搔痒？所以，在送别裴度时，他只能说些不痛不痒、非虚非实的场面话，就像不久前揖别白居易时那样。《奉和裴侍中将赴汉南留别坐上诸公》一诗便在真相的外围敷衍成篇：

　　金貂晓出凤池头，玉节前临南雍州。
　　暂辍洪炉观剑戟，还将大笔注《春秋》。
　　管弦席上留高韵，山水途中入胜游。
　　岘首风烟看未足，便应重拜富民侯。

这次送别本有其特殊的政治背景，但它在诗中却被淡化到不见痕迹，因而与寻常的送别场景几乎没有差异。唯一有点不同的是，连寻常送别常有的离愁别恨在这首诗中也无觅踪影。这或许是出于不想增加裴度心理负担的善意。他将对裴度的同情与声援融化在貌似平淡的笔墨中，而他的政治立场与是非观念也隐括于其间。"言浅意深"，此之谓也。即以"暂辍洪炉观剑戟，还将大笔注《春秋》"二句而言：从字面上看，只是说裴度暂时不再履行在洪炉中铸剑炼戟的宰相职责，应当可以有更多的时间著书立说。但其深意远不止于此。"大笔注《春秋》"五字，实有其微言深旨。《孟子》中说："孔子成《春秋》，而乱臣贼子惧。"当沧海横流之时，孔子编定《春秋》，寓说理于叙事之中，希望借此提供历史经验，警诫后人。一部《春秋》中，弑君者三十六，亡国者五十二，诸侯奔走不得保其社稷者不可胜数。对此，作者一概秉笔直书。它体现出来的褒善贬恶的政治理性，成为后世所盛赞的"春秋大义"。而它所奠定的"直录"传统也被后世的"良史"代代传承，赢得了"春秋笔法"的美誉。"乱臣贼子"们担心自己的斑斑劣迹被《春秋》所载录而遗臭万年，所以惧怕不已。这里，所谓"大笔注《春秋》"，岂不正是希望裴度作为当事者和局中人，能将亲历的一切如实记录下来，达到"孔子成《春秋》，而乱臣贼子惧"的效果吗？

其二是对李宗闵等翻云覆雨的政客的愤恨。刘禹锡与李宗闵等人其实并没有直接的恩怨，也从无正面的交锋。但"道不同，不相为谋"。对他们朋比为奸、党同伐异的行为，刘禹锡一直十分反感。以他刚肠嫉恶的习性，要在过去，也许早就拍案而起。只是在经历了多次贬黜的不幸后，他已接受友人的告诫，开始改变斗争策略，学会与"道不同"者虚与周旋，而不再旗帜鲜明地表示自己的爱憎好恶。这也是为了避免给荐举自己的裴度带来不必要的麻烦。可是现在，居然连裴度也遭放逐，刘禹锡压抑已久的愤恨一下子就冲破了情感的闸门。然而，当它漫过心堤，向字里行间倾泻时，他又强行将它导入理性的渠道，化为有节制的涓涓细流。写于此际的《视刀环歌》说：

> 常恨言语浅，不如人意深。
> 今朝两相视，脉脉万重心。

"刀环"，亦作"刀环"。高适《入昌松东界山行》一诗有句："王程应未尽，且莫顾刀环。"诗人不赋刀而赋刀环，同样有其深意。清人徐增《而庵说唐诗》解析说："'今朝两相视'，'两'指刀与环而言。'相视'，非梦得视刀环、刀环亦视梦得之谓，是梦得视刀复视环、视环复视刀也。""梦得有极不平事在心，尽用得刀着，然其无柄，见此环念头又顿消歇下去，故不赋刀而赋刀环也。"这是很有见地的。诗人对李宗闵等人的卑劣行径洞若观火，他多想将满腔愤慨不平之气一吐为快！然而，劫后余生的诗人又深知祸从口出，"世间喜开口者多为不开口者所害"（《而庵说唐诗》），故钳舌锁喉，欲说还休。所谓"常恨言语浅，不如人意深"，是说内心之深意多与时相忤、大逆不道，因而能形于言语者甚寡，这就不免使人常以言语之浅薄难副人意之深厚为恨了。"今朝两相视，脉脉万重心。"见出诗人思绪纷繁、心事浩渺，其对现实的种种感愤，尽在不言之中。

不难看出，诗人这时的创作态度、创作倾向以及创作风格都在发生变化。他有意识地敛抑锋芒、销铄锐气、潜匿英风，追求讽托的幽远和寄兴的深微，努力使作品趋于气象老成的艺术境界，而不再像早期那样尽情发泄、咄咄逼人。这尤其体现在他反映现实或抒发对现实的感愤的作品中——这一部分作品不仅很少单刀直入地指斥时弊、抨击执政，给人以锋利洒脱之感，而且在冷眼旁观现实时，连自己对现实中的风风雨雨、是是非非的真实看法也很少直接吐露，而往往含蓄其词、曲折其意。即使在对李宗闵、牛僧孺等人蓄意排挤裴度的行为已经怒不可遏时，也力图摧刚为柔，以柔制刚。如写于裴度见逐后的《与歌者米嘉荣》：

唱得《凉州》意外声，旧人唯数米嘉荣。
近来时世轻先辈，好染髭须事后生。

这是一首深具政治寓意的作品。诗人借反讽轻视"先辈"的"后生"及纵容后生的"时世"，寄寓了对李宗闵、牛僧孺集团排挤裴度及自己等资深朝臣的不满。"米嘉荣"是贞元、元和年间的歌坛翘楚。《太平广记》引《卢氏杂说》称："歌曲之妙，其来久矣。元和中，国乐有米嘉荣。"诗人当年曾多次聆听其美妙歌声。时隔二十余年，在历尽坎坷后，重得于京城欣赏其歌喉，感受自然迥异于当年。诗中称米嘉荣为"旧人"，既是为了兴发怀旧之情，也是暗讽李、牛毫无念旧之意。诗中说只有米嘉荣唱得凉州旧曲，则是借以反衬李、牛的淡忘"旧事"、不恤"前情"——裴度于李宗闵有提携之恩，而牛僧孺当年曾以诗文投谒刘禹锡，得到刘禹锡的悉心指导。无论资历还是声望，裴度和刘禹锡都属于"先辈"。然而，一旦得志青云，大权在握，他们便恩将仇报，把裴、刘视为其结党营私的障碍，必欲去之而后快。忘恩负义，莫此为甚。"近来时世轻先辈"一句，诗人的愤慨之意由隐趋显，似欲刀刃相向；但续以"好染髭须事后生"，却又化刚为柔，将几欲喷薄而出的"怒骂"转化作自我解嘲式的"嬉笑"。统观全诗，柔中有刚，而又不夺其柔，既见出诗人的不平，更见出诗人的无奈。其命意与措辞，都是极为老到的。此诗一题"米嘉荣"，文字稍异："一别嘉荣三十载，忽闻旧曲尚依然。如今世俗轻前辈，好染髭须事少年。"两相比较，同样寄意深微，而题为《与歌者米嘉荣》者更见气象老成。诗人将"怒目金刚"的真实面目掩藏在温柔敦厚的语言外表下,深得雅人之旨。

其三是选择的困惑。随着裴度的外放,不仅裴度本人待机摧抑宦官、整顿纲纪的理想归于破灭,刘禹锡也彻底失去了在裴度汲引下东山再起、重塑辉煌的机会。如果继续留在朝廷,无所作为不说,失去了裴度这把保护伞,恐怕连人身安全都得不到保障。可是,难道就这么离开好不容易才得以重返的庙堂?就这么放弃坚守了多少年的辅时济世、振兴大唐的理想?不!当他真的要决定是否离开和放弃时,又有太多的不甘、太多的不舍。刘禹锡从来没有面临过如此两难的选择,从来没有遇到过这样令人迷惘的选择。就在举棋不定时,他忽然想到,尽管他与裴度、白居易等人纯属道义之交,并没有缔结为实质性的利益集团,但在惯于以小人之心度君子之腹的李、牛等人眼里,他们早已是进退一体的小圈子,一荣俱荣,一损俱损。既然如此,是否与裴度共安危、同进退,就不仅关系到政治前途,而且还关系到政治立场和政治操守了——一旦上升到政治立场和政治操守的高度,刘禹锡就觉得自己已经别无选择了。

于是,刘禹锡主动向朝廷请求分司东都。这是步白居易之后尘。无论从守道固德还是从趋利避害的角度看,这都是比较好的选择。离开了朝廷,却没有离开官场。离开了政治中心,却没有离开政治领域。这或许可以使自己处在可进可退的位置,不至于彻底断绝仕途、抛弃理想。何况那里还有白居易做伴,诗酒相从,岂不快哉?想到这一点,刘禹锡阴冷已久的心情稍稍回暖了些,就像乌云密布的天空中突然闪现了一缕穿过云缝的阳光。

在静候朝廷恩准的日子里,刘禹锡继续用诗歌来抒写心声。在裴度、白居易以及李德裕等知交相继离京后,真的只有诗歌可以慰其寂寞、伴其孤独了。然而,难道所有的心声都能在诗中一泄无余吗?当然不是。开始注意自保的诗人不得不寻找更隐曲的艺术载体和更含蓄的表达方式。试看《吐绶鸟词》：

越山有鸟翔寥廓，嗉中天绶光若若。
越人偶见而奇之，因名吐绶江南知。
四明天姥神仙地，朱鸟星精钟异气。
赤玉雕成彪炳毛，红绡剪出玲珑翅。
湖烟始开山日高，迎风吐绶盘花绦。
临波似染琅玕草，映叶疑开阿母桃。
花红草绿人间事，未若灵禽自然贵。
鹤吐明珠暂报恩，鹊衔金印空为瑞。
春和秋霁野花开，玩景寻芳处处来。
翠幕雕笼非所慕，珠丸柘弹莫相猜。
栖月啼烟凌缥缈，高林先见金霞晓。
三山仙路寄遥情，刷羽扬翘欲上征。
不学碧鸡依井络，愿随青鸟向层城。
太液池中有黄鹄，怜君长向高枝宿。
如何一借羊角风，来听《箫韶》九成曲。

"吐绶鸟"，又名珍珠鸡，产于巴峡及闽、粤山中。刘禹锡不作此类咏物寓言诗久矣——除了谪守连州期间写过一首《飞鸢操》以外，此后再也没有咏物寓言诗问世。而今重操旧技，风格已然不同。将它与诗人创作于朗州的《聚蚊谣》《百舌吟》《昏镜词》《养鸷词》等咏物寓言诗加以比照并观，就可以看出其差异，即诗人并没有像当年那样，将吐绶鸟作为某种丑类或丑恶现象的象征，赋予它深刻而又辛辣的讽刺意义。因而在作品中看不到对现实的猛烈抨击，看不到威慑群小、寒光森然的思想锋芒，甚至也看不到与邪恶势力进行抗争的意愿，看到的只是若隐若现地叠印在吐绶鸟这一罕见有人涉笔的形象中的诗人自己的身影。"翠幕雕笼非所慕，珠丸柘弹莫相猜。"取意略同于张九龄《咏燕》中的"无心与物竞，鹰隼莫相猜"，似乎是表白自己早已淡薄功名富贵之念，寄言朝中权奸莫加猜忌与陷害。这就意味着诗人写作此诗，不是为了讽世干时，而是为了遁世避时。其诗风及诗境，老成则老成矣，却多少有些"雌化"了。当然，由篇末的"如何一借羊角风"两句看，在诗人内心，希望的余烬尚存，只要有合适的条件，仍可迸发出星星点点的火苗，并进而会合成熊熊燃烧的火焰，眼下希求遁世避时只是不得已而然。

因为情绪的空前低落，刘禹锡这时的一部分作品被抹上了阴郁的底色。过去，他不喜欢作"悲秋"之叹。即使贬居沅湘之滨时，也曾一反悲秋的传统主题，唱出《秋词二首》这样意气豪迈的秋歌。而今，在奉和友人的作品中，他竟也抒写悲秋的情思了。《和西川李尚书汉州微月游房太尉西湖》一诗中既说"瑶琴久已绝，松韵自悲秋"，《和令狐相公言怀寄河中杨少尹》一诗中也说"吴宫已叹芙蓉死，边月空悲芦管秋"。岁月沧桑，生命蹉跎，这时的刘禹锡或许雄心犹在、豪气尚存，但似乎已经无复当年逆流而上、勇往直前的精神风貌了。而他对敌对势力的指斥，也少了几分犀利，多了几分婉转。如《和郓州令狐相公春晚对花》一诗：

朱门退公后，高兴对花枝。
望阙无穷思，看书欲尽时。
含芳朝竞发，凝艳晚相宜。
人意殷勤惜，狂风岂得知。

最后两句讽兼比兴，以"狂风"影射肆意摧残正直朝官的敌对势力。但措辞极其含蓄、婉转。"岂得知"，从语气看，不像是一种斥责，倒像是一种幽怨。

不过，刘禹锡毕竟是胸襟气魄有异于常人的一代诗豪，就像当年蒙受不白之冤时他也没有让"悲伤语""颓唐态"长相为伴一样，如今，阅尽人间春色的他更不会过久地沉溺在忧郁和愤懑中。他很快便调整好了心态和情态，在诗中表现出固有的乐观与大度。读一读他与白居易的赠答之作，可以看出，这时都是他在对白居易进行劝慰。如《吟白君哭崔儿二篇怆然寄赠》：

吟君苦调我沾缨，能使无情尽有情。
四望车中心未释，千秋亭下赋初成。
庭梧已有雏栖处，池鹤今无子和声。
从此期君比琼树，一枝吹折一枝生。

白居易刚刚经历了丧子之痛。国事多艰，又迭家门不幸，其心情恶劣到了极点。刘禹锡称其悼念亡子的作品为"苦调"，不仅使自己读后泪下沾襟，而且能让原本无情之人尽归于有情者的行列，足见其感人之深。以此回应白居易的原作后，便转而摹写白居易此际的处境与心境，笔端多有同情之意，但已不再溺于伤感，色彩也不显晦暗。较之同类作品往往如泣如诉的创作风格，已自不同。而更见亮色的是篇末的独特劝慰："从此期君比琼树，一枝吹折一枝生。"比喻的贴切还在其次，最令人感佩的还是渗透于其中的通达、乐观的人生态度和生生不息、代代无已的进化思想。诗人试图以此劝慰老友从痛苦中挣脱出来，勇敢面对和积极创造新的生活。

《答乐天所寄咏怀且释其枯树之叹》一诗所展现的情怀就更加接近"诗豪"的本色了：

衙前有乐馔常精，宅内连池酒任倾。
自是官高无狎客，不论年长少欢情。

第八章 重回庙堂后的无奈际遇

骊龙颔被探珠去，老蚌胚还应月生。
莫羡三春桃与李，桂花成实向秋荣。

白居易原唱中有"枯树"之叹，自觉年老体衰，百事不便，难有作为。刘禹锡认为其过于悲观，于是答诗中连用"探骊得珠""老蚌怀珠""桂花秋荣"等世人熟知的事典和物典，对白居易进行慰勉。是啊，三春时节，繁花似锦，桃花李卉混杂于百花丛中，并不显得特别绚丽夺目。桂花则不同，它在"众芳摇落"的秋日飘香，除了菊花同时傲霜开放外，再没有其他争奇斗艳者，于是它也就成为秋天的宠儿了。世上有"赏桂"之说，何曾有"赏桃""赏李"之称？因此，又何必羡慕三春桃李占得先机？桂花其开也迟，其香也远，古今俱重，官民同赏，才真正值得珍惜。既然如此，在"桂花成实"的人生晚秋，有什么必要发出"枯树"之叹呢？诗人以物寓志，借典明理，含蓄中深蕴锐气，委婉中饱含豪情。

这才是我们熟悉的刘禹锡。遗憾的是，重回庙堂后的刘禹锡更多表现出的却是让我们感到有些陌生的一面。庙堂本身的布局和色彩在变，诗人对庙堂的感受、认知及描绘也在变，或许唯一不变的只有他效力于庙堂的初衷。只是，他效力的机会很快就要被剥夺了！他就要挥别庙堂，像过去一样，只能在很远很远的地方瞻望它了！

第九章 辗转于『上州』之间

一、治郡有方

刘禹锡并没有如愿得到分司东都的职位。大和五年（831）十月，不知是由于当权者从中作梗，还是因为文宗不想让这位重事功、尚实干的老臣就此赋闲，刘禹锡被任命为苏州刺史。

出朝，本是刘禹锡的意愿；但受排挤而出朝，则又别是一番滋味在心头了。算来，这已是他第三次在非正常的情况下被外放为地方官了。十六年前，刘禹锡所作《再授连州至衡阳酬柳柳州赠别》一诗有句"三黜名惭柳士师"。没想到一语成谶，如今果真应验了"三黜"之数。但与前两次相比，刘禹锡这次的心情要明朗、平和得多了。一来离京外任可以如所希望的那样远离党争，免受"池鱼"之殃。二来苏州位于江南富庶之地，名列"上州"，条件优越，或有可为。三来久经沧海，又早有思想准备，当然也就能做到波澜不惊了。

正是"秋风生渭水，落叶满长安"（贾岛《忆江上吴处士》）的时节，刘禹锡踩着一地枯叶，在宫墙外独自踟蹰。暮色渐浓，西风渐烈，夕阳最后一点余晖将宫苑的轮廓投射在地上，形成巨大的阴影，让人感到一种威压。暮鼓声从远处隐隐传来，显得那样有气无力。近处的护城河边，则有孤鹜戏水，昏鸦绕树。环境的凄清与幽冷，自然也影响到刘禹锡的心情。他是来与京城及宫苑做最后的诀别的。他知道，虽然不能完全排除重返的可能性，因为世事往往令人难以预料，局势的逆转有时就发生在某一瞬间的某一偶然事件，但这种可能性实在微乎其微。所以，他已做好一去不返的打算了。那么，就再多看京城和宫苑几眼吧，以后它们只能出现在回忆中了，而随着时间的推移，记忆本身也会模糊的。

送别的场面倒是一点也不冷清。姚合《送刘禹锡郎中赴苏州》一诗述及当时的盛况："云水计程千里远，轩车送别九衢空。"作为诗歌用语，这很可能有些夸张，但送行者甚众却是可以肯定的。而这又说明什么呢？至少说明刘禹锡平时还是注意广结善缘，因而颇得人心的。

送行的人群有几种类型：一类是与刘禹锡的政治立场相同或较为接近的。他们佩服刘禹锡一生铁骨铮铮，忠于理想与抱负，把他视为可以披肝沥胆的同道者，因而平时就过从甚密。另一类是政治上并没有明确的目标与倾向，习惯于随波逐流的。他们认可刘禹锡的道德文章，也同情他屡遭贬黜、历尽磨难的不寻常际遇。但慑于当权者的淫威，平时不敢与刘禹锡过多接触，害怕一不小心会牵累自己。如今，在刘禹锡又一次受到不公正的对待时，他们内心长期被冰封的良知突然解冻，驱使他们通过送别这一方式来表达他们的善意。第三类是政治上另有诉求的。他们不赞同刘禹锡的施政理念和行事风格，与刘禹锡平时没有任何私人交往，却也没有根本的利害冲突。他们加入送别的行列，与其说是顾念同僚之谊，不如说更多是出于官场礼节。此外，还有一类是政治立场与刘禹锡完全相左，政治品质也十分低劣的。他们嫉妒刘禹锡的才干，把刘禹锡看成仕途上的绊脚石和拦路虎，平时也曾参与对刘禹锡的排挤，刘禹锡离京外任其实正中其下怀。但他们是惯于逢场作戏的变色龙，背地里恨得咬牙切齿，表面上却装出和颜悦色的样子，从不撕破脸面，公开与人为敌。因此，他们也虚情假意地前来送行。这几种类型的人物出于不同的目的汇聚到一起，场面就很是热闹了。

刘禹锡赴任途中在洛阳逗留达半月之久。对外宣称的客观原因是冰雪阻断交通，其实这只是一种托词，真正的原因还是主观上与分司东都的白居易难分难舍。这时的白居易差不多已经彻底放弃了政治上"兼济天下"的不切实际的想法，转而将主要（甚至全部）兴趣与精力投注于生活上的"独善其身"。所谓"独善其身"，除了意味着操守的自持、道德的自律外，似乎还意味着对生活品质的追求，意味着在舒适、安逸、欢乐的生活中完善另一种人生，或者说实现另一种自我价值。这种生活需要丰富的色彩，而"红巾翠袖"正可为其增添色彩。于是，他也就像所有半仕半隐的士大夫一样陶醉于"倚红偎翠"的生活了。

不过，他身边的"红巾翠袖"似乎格外迷人。也许是佳人偏爱才子的缘故，诗名日著的白居易对"莺莺燕燕"们有着莫大的吸引力，她们极愿充其私家乐坊，伴随他"朝觞夕咏"，征管逐弦。而白居易当然也愿意在她们的石榴裙下体验另一种人生境界。他的家妓队伍这时已经有些壮观了，其中，最得白居易宠爱的是能歌善舞的樊素和小蛮，白居易曾有诗称赞她们的歌舞技艺："樱桃樊素口，杨柳小蛮腰。"随着这两句诗的广泛流传，"樱桃小口"与"杨柳细腰"也就成了后代衡量美女的一种为大众所认同的标准。

这次，白居易倾其所有来接待禹锡，樊素与小蛮当然也会出场献艺。率先出场的是樊素。她只有十三四岁年纪，不施脂粉的圆脸上还未脱稚气，一双黑瞳却明如秋水。她轻移莲步，从房间一侧徐徐走到刘禹锡面前，体态婀娜，宛如风摆杨柳。那惊人的艳丽，使刘禹锡不敢与其对视。只见她微动樱桃小口，便甩出一串串婉转动人的歌声，而歌词分明就是刘禹锡创作的《竹枝词》。一曲歌罢，她向刘禹锡深深一揖，便转身离去。忽又回眸一笑，仿佛想多看这位备受主人推崇的词作者一眼。那笑容，竟展露出天使般的纯真——至少在刘禹锡看来是这样。当然，打动刘禹锡的不只是她的容颜，更有她的歌声。那歌声时而如花间莺语，时而如草丛蛩吟，时而明媚似阳春，时而阴冷似严冬，跌宕多变，曲尽其情，刘禹锡心中多少款曲都在歌声中一一融化，一一消解。他第一次有了"酒不醉人人自醉"的感觉，而他对白居易的羡慕之情也在这时飙升到了顶点——如果自己也能有这样的佳人朝夕相伴，那么，此生政治上不得显达的缺憾或许就得到某种补偿了。

然而，美女易得，而佳人难求。刘禹锡从来就不认为"美女"与"佳人"是一个概念，两者之间难以画上等号。容貌艳丽，即可号为美女。在"泛美女化"的时代，甚至姿色平平者也被习惯性地称呼为美女。美女几乎成为女人的一种代称。佳人则不同。作为与才子相比并、相匹配的概念，除了容貌艳丽外，还应包括心有灵犀、慧眼识英、妙语解颐等内涵，如此方可称为佳人。而眼前的樊素，正是符合刘禹锡定义的佳人。他不由得久久注目于樊素离去的身影，但随即意识到自己有些失态，努力平抑起伏不平的心潮，与白居易一起观赏后续的歌舞节目。接着登场的小蛮等人也都色艺双绝，但"弱水三千，我只取一瓢饮"，他已属意樊素在先，小蛮等人再也无法搅起他心底的波澜了。只是曾经沧海的他万万没有想到，樊素的倩影会长久地贮藏在他的记忆中，使他到苏州后犹不能忘情，乃至不止一次地形诸歌咏。

刘禹锡于大和六年（832）抵达苏州。天公总是故意给长于治郡的他制造些灾难，以求彰显其抗灾、救灾、赈灾的非凡能力。所以，几乎他每次履新，水旱灾害都会不期而至。这次也不例外。中唐时代的苏州本是远近闻名的富庶之地，百姓安于畎亩，生计无虞。却偏偏在刘禹锡到任之前发生了一场严重的水灾，把苏州数十万生民推入水深火热之中，仿佛要再次考验他，逼迫他释放出全部潜能似的。

于是，刘禹锡权且将个人的得失置之度外，风尘未扫，便全身心投入救灾、赈灾工作。他在多篇进呈给朝廷的表状中描述了当时他亲眼所见的灾情——水灾造成的危害，竟然达到了饿殍"相枕于野"的程度，这样的人间惨剧发生在被誉为"名邦剧郡"的苏州，几乎令人难以置信，但它却是不争的事实。让苏州生民永远感怀的是，刘禹锡直面这场无妄之灾，果断采取一系列应对措施。

首先，深入民间调研灾情，在最大限度地体察民瘼的基础上，制定出切实可行的救灾方案。与此同时，广宣圣恩，将体恤民情的人主的关切与慰问及时送达每一位灾民，给他们以精神上的支撑，提振他们战胜灾难的信心。此即《苏州谢赈赐表》中所说的"询访里间，备知凋瘵"和"奉宣圣旨，阖境老幼，无不涕零"。

其次，调动本州一切可以调动的资源，给灾民以必要的救济，解除他们的冻馁之苦。尽管在中央集权的体制下，地方长官能够动用的财力极其有限，但通过压缩行政开支，仍有一部分资金可以用于救灾，只是对于庞大的需求而言，那无异于杯水车薪。

再次，努力争取外援，尤其是朝廷的救助。此前，朝廷曾有"赐米"的敕文，但迟迟未见兑现。经过刘禹锡的多方斡旋，终于得到落实。《旧唐书·文宗纪》记载说：大和六年（832）二月"戊寅，苏、湖二州水，赈米二十二万石，以本州常平义仓斛斗给"。这是兼概同处太湖流域的苏、湖两地而言的，具体到苏州一地，实际得到国库无偿划拨的大米数量为十二万石，较湖州所得为多。

最后，在征得朝廷同意后，适时宣布减免当年的赋税，使得百姓能将仅有的一点资金用于恢复生产。此外，还出台了其他一些旨在激励州民生产自救的政令。这等于在为他们"输血"的同时，着力增强他们自身的"造血"能力，替他们开拓一条更为广阔的生路。

在一年有余的救灾、赈灾过程中，刘禹锡夙夜忧劳，倾尽心力。后来，他在《苏州谢恩赐加章服表》中仅用"昼夜苦心，寝食忘味"八字来形容自己当时忘我投入的情形，并自谦"才术虽短，忧劳则深"。一个情系黎庶、尽瘁国事的清官廉吏形象跃然纸上。

天道酬勤，在刘禹锡的悉心治理下，灾情迅速得到控制，原先在生死线上苦苦挣扎的灾民看到了重生的希望，也找到了重生的途径，各项生产活动不仅得以恢复，而且呈现出发展的趋势。对此，刘禹锡在表章中先后用"闾里获安，流庸尽复"（《谢分司表》）和"幸免流离，渐臻完复"（《苏州谢恩赐加章服表》）等语加以概述，措辞平和，略无居功之意。但功在人心，作为顶头上司的浙西观察使王璠为彰显他的政绩，年终考课时将他列为"政最"，上报朝廷。朝廷随即优诏嘉奖，特赐紫金鱼袋，向天下昭示其荣宠之意。如果说这尚在意料之中的话，那么后来苏州百姓把他与同样曾造福桑梓的韦应物、白居易并称为"三贤"，特为其兴建"思贤堂"，岁岁祭祀，则是他所始料不及的了。

当然，能得到朝廷的嘉奖，刘禹锡也是深以为幸的。多少年蒙冤受屈，被打入另册、视为异类，远离各种荣誉，久而久之，已是心如死水，自以为能做到宠辱不惊。只是心底终究有太多的不平，时常忍不住要在给朝廷上表之际有所流露。在刚到任时写下的《苏州谢上表》中，他还用较多的篇幅追述生平经历，而将仕途偃蹇的身世之感淡水着盐般地融入其中，反复申诉自己"素无党援""实无朋附"，既是为当年参与永贞革新的行为辩诬，也是试图声明自己并非裴度之党羽，朝中之人大可不必猜忌。这实际上同样意在澄清流言、剖白心迹，表明其内心深怀朝廷极不信任自己的隐忧。即使在朝廷"恩赐加章服"的此际，这种隐忧依然盘旋在他心头。《苏州谢恩赐加章服表》中也有类似的表述。这实际上是无法根除的隐忧所导致的一种近乎病态的絮叨。它所昭示的一个严酷的事实是，诗人经冬复历春的心灵在经受了过于频繁、过于严重的挤压后，已呈现出些微的畸形，而越来越忧谗畏讥，越来越习惯于老生常谈、旧事重提。唯其如此，他其实还是渴望朝廷以"恩赐加章服"的形式对他表示首肯的。所以，当荣宠降临时，他并没有真的做到无动于衷，相反，倒表现出与他的资历及阅历不相匹配的受宠若惊的姿态。《苏州谢恩赐加章服表》中形容说："丝纶褒异，苦节既彰。印绶炜煌，老容如少。望云天而拜舞，岂尽丹诚？视环玦以萦回，空嗟白首。"可以说，诗人当时抑制不住内心的狂喜，乃至容光焕发，产生了返老还童的错觉。望天而"拜"，本是臣子接获恩诏后的常态，无足为奇；

"拜"而"舞"之，就颇有"老夫聊发少年狂"的况味了。但狂喜中又渗透着几分悲苦之情。"苦节既彰"，谓之"苦节"，已见牢愁不平之意。而"空嗟白首"，更将蹉跎岁月、老大无成的感慨披露无遗。因此，刘禹锡当时的心情实际上是悲喜交集的。

这一荣宠的反响，迅速波及刘禹锡的社交圈子。白居易等友人由衷地为他感到高兴，纷纷以诗致贺。白居易《喜刘苏州恩赐金紫遥想贺宴以诗庆之》写道：

> 海内姑苏太守贤，恩加章绶岂徒然。
> 贺宾喜色欺杯酒，醉妓欢声遏管弦。
> 鱼珮茸鳞光照地，鹘衔瑞带势冲天。
> 莫嫌鬓上些些白，金紫由来称长年。

首联既是赞扬禹锡，也有自我称美之意。以"贤"著称的姑苏太守，是包括他自己以及韦应物在内的。因此，给刘禹锡"恩加章绶"，既意味着对刘禹锡今日治郡之业绩的高度评价，也意味着对白、韦等人昔日奠定之基础的充分肯定。所以，他理应分享刘禹锡的喜悦。颔联描写想象中的庆贺场面："喜色"溢满酒杯，"欢声"遏住管弦。当然，按照他的理解和他所习惯的做法，在这样的场面上，不可缺少侑酒助兴的歌姬，于是便有了"醉妓"这一重要配角的出场。不过，如此"刷色"，于大灾过后的庆典氛围，似乎有些不太协调。由此反观作者当时的生活状态，大概已堕入"十丈软红尘"中，因而无论公私宴饮，都有脂粉厕身其间了。颈联以"鱼珮茸鳞"和"鹘衔瑞带"比喻刘禹锡蒙赐章绶，本身并无不当，但后续以"光照地"和"势冲天"，却未免夸大了这一荣宠的现实影响及刘禹锡的发展后劲。当然，这是诗家的惯用伎俩，不必较真。尾联为劝勉之词。"莫嫌鬓上些些白"，即后代苏轼《江城子·密州出猎》"鬓微霜，又何妨"之意。"金紫由来称长年"，是说身佩"金紫"（金鱼袋和紫衣）的贵人必定有长寿与其相称。这一方面是劝告刘禹锡不必以年满花甲为憾，来日方长，大可作为，另一方面也是回应题面，将"金紫"二字适时点出。

刘禹锡的回赠诗题为《酬乐天见贻贺金紫之什》：

久学文章含白凤，却因政事赐金鱼。
郡人未识闻谣咏，天子知名与诏书。
珍重贺诗呈锦绣，愿言归计并园庐。
旧来词客多无位，金紫同游谁得如？

诗人此时的情绪已经比嘉奖令初颁时要平静些了。和《苏州谢恩赐加章服表》一文相比，诗中多了些惕然自省，少了些欣然自得。或许这也与文体有异及阅读对象有别不无关系。诗人把自己定位为"词客"，称自己"久学文章"，尚具文采，但因政事而得赐"金鱼"，却是事先没有想到的，也是他从来不敢期望的。"旧来词客多无位"，一笔概尽历代词客大多沉沦下僚的严酷事实，揭出前人一再为之慨叹的"文章憎命达"（杜甫《天末怀李白》）的历史规律。因此，身为词客，而能与"金紫同游"，就显得极为难得了。"金紫同游谁得如"，这深蕴感慨的诘问，既是为自己独蒙恩宠而感到庆幸，又何尝不是在为才高见弃的同侪深致不平？这时的诗人表现得非常清醒与理智，他对白居易赠诗中"光照地""势冲天"之类的不切实际期许的回应是"愿言归计并园庐"，似乎并不以功名为念，而一心企盼能早日归隐田园，与友人卜邻而居，共学灌蔬。如此低调，恐怕有担心暗中窥伺的政敌嫉妒生衅的因素，而这不也正是清醒与理智的一种表现形式吗？

苏州是风景胜地、文化名城，有足够多的自然景观和人文景观供刘禹锡在公务之余调节身心、陶冶情性,而他当然不会辜负大自然的恩赐,乐于在它温馨的怀抱里暂时远离俗世的喧嚣和官场的污浊,抛却机务,稀释尘心。灵岩边的白云朵朵,太湖上的帆影点点,以及寒山寺的夜半钟声,沧浪亭的无心鸥鹭,都能长时间地吸引他的视听,让他放松身心。然而,当他重新回到俗世与官场,体会案牍之劳形和政务之劳心时,又不免深为没有知己相伴、同道相从而平添萍漂他乡的孤独寂寞之感。于是,他更加追怀与天各一方的白居易、令狐楚、裴度等友人的宴饮之乐和唱酬之欢,更加期望继续以唱酬的方式及时传递彼此的思念、关切与慰勉。这样,唱酬赠答之作也就成为刘禹锡这一时期的创作重点。

自然,与他唱酬赠答最多的诗友还是白居易。苏州是白居易曾经执政的地方,不仅遗爱犹在,而且遗迹尚存,几乎刘禹锡所到之处,都能感觉到白居易的影响,而这又强化了他与白居易以诗为媒、互通声息的愿望。《到郡未浃日登西楼见乐天题诗因即事以寄》一诗说:

> 湖上收宿雨,城中无昼尘。
> 楼依新柳贵,池带乱苔春。
> 云水正一望,簿书来绕身。
> 烟波洞庭路,愧彼扁舟人。

到任未及一日便登楼远眺,可知诗人之勤政。而登楼后首先跃入他眼帘的就是白居易当年的题诗,这一下子又勾引出他的嘤鸣之情而欣然走笔。诗中描绘"宿雨"后的湖上风光和城中景色,着力渲染其特有的清净,用以反衬自己眼下冗乱的官场生活。"云水正一望,簿书来绕身。"弥漾出政务缠身而不得终日骋情于云水之间、栖心于林泉之上的无奈。临当归衙重拾簿领生活之际,诗人不胜留恋地回望湖上，只见一叶叶扁舟正出没于浩渺烟波之中，不由得为自己过于"恋栈"而感到惭愧。是啊，"簿书来绕身"之苦，何如"散发弄扁舟"之乐？当然，这只是渲染自己面对因水灾而导致的困难局势和繁重事务时所产生的一种厌倦，一种希望置身局外、暂得解脱的心灵呼声，并不真的意味着他急于退隐江湖。从另一角度看，"身居魏阙而心存江湖"，也是在士大夫中间普遍存在的一种"围城"现象，并逐渐演变为一种递相沿袭的抒情传统。而刘禹锡之所以在到郡后第一首寄赠白居易的作品中便抒发归隐林泉之思，或许是因为当时闲居洛阳的白居易已处于"半隐"状态。

已届花甲之年的刘禹锡与白居易在其唱酬赠答诗中不止一次以"晚达冬青"为题，表达彼此对桑榆晚景的看法。从总体上看，刘禹锡表现出比白居易更为乐观、旷达的襟怀。《乐天重寄和晚达冬青一篇因成再答》一诗说：

　　风云变化饶年少，光景蹉跎属老夫。
　　秋隼得时凌汗漫，寒龟饮气受泥涂。
　　东隅有失谁能免？北叟之言岂便诬？
　　振臂犹堪呼一掷，争知掌下不成卢？

诗人认为，年少者叱咤风云，老暮者蹉跎光阴，这诚然是一般的规律。但也不尽然。要从不利条件中看到有利的因素：衰秋和寒冬不是反倒为善假于物的雄鹰和神龟提供了翱翔或饮食之便吗？关键是要善于把握时机和利用环境。这已显示出其识见之不凡。但诗人意犹未尽，接着又化用"东隅""北叟"等典故再发高论。东隅，指日出处，即早晨，喻初始。桑榆，指日落处，即夜晚，喻终末。"失之东隅，收之桑榆"，原指在某处先有所失，在另处终有所得。后喻在某一方面有所失败，却在另一方面有所成就。"北叟"，典出《旧唐书·萧瑀传》，后代常以"北叟失马"比喻祸福无定，其意略同"塞翁失马"。这里，诗人所要表达的观点是："失之东隅"，这是人们通常难以避免的事情，大可不必因此而沮丧，因为正如北叟曾经预言的那样，失一马或可得数马，福祸、升沉、荣辱都是可以相互转化的，如果能通过不懈的努力收获灿烂的桑榆晚景，不也是一种成功的人生吗？这一观点，在尾联得到了进一步申发："振臂犹堪呼一掷，争知掌下不成卢？"这里，诗人乃以古代的博彩游戏"呼卢"为喻：游戏共有五子，五子全黑称为"卢"，可得头彩。掷子时，高声喊叫，冀得全黑，即所谓"呼卢"。在诗人看来，只要不隳信念、不改初衷，矢志以求，未必没有良好的结局，就像奋力一掷，未必不能博得头彩一样。因此，一定要有"振臂"的信心与勇气。如此措笔，襟怀之高旷显然超拔于白居易。当然，诗人并不是始终这般旷达，这般乐观，他也时有彷徨，时有犹疑，但在写作时能向友人大声疾呼"不要自伤老暮"，这已属难能可贵。何况他呼出的还是振聋发聩之声，其中又闪耀着朴素辩证法的思想光芒！

同样深蕴哲理、识见卓异的唱酬赠答之作，还有《乐天见示伤微之敦诗晦叔三君子皆有深分因成是诗以寄》：

吟君叹逝双绝句，使我伤怀奏短歌。
世上空惊故人少，集中唯觉祭文多。
芳林新叶催陈叶，流水前波让后波。
万古到今同此恨，闻琴泪尽欲如何！

这首诗以悼念元稹等三位亡友为主题，此前，白居易的原唱已经奠定了哀婉忧伤的主旋律。刘禹锡的奉和之作也不免为友人的相继凋零而洒下一掬伤心之泪。首联既说"吟君叹逝双绝句，使我伤怀奏短歌"，尾联又说"万古到今同此恨，闻琴泪尽欲如何"，可见诗人的情感确实是沉痛的。"世上空惊故人少，集中唯觉祭文多。"这里所抒发的既有对生命流逝的痛惜，也有对知交日稀、寂寞日深的现实境况的感喟。如果全诗就此止笔，便与通常的伤逝篇什没有明显差异，可谓尽入白居易原唱之觳中。值得称道的是，覃思精微的诗人在中间嵌入了"芳林新叶催陈叶，流水前波让后波"一联，顿然使通篇生色。两句于伤悼中融入哲理，表现了新陈代谢、生生不息的进化论思想。陈叶凋谢，方有新叶繁茂；前波消歇，始见后波澎湃。这种从自然及人类整体演进的视角考察生死现象的宏大胸襟，虽不能说"前无古人，后无来者"，至少在当时是冠绝同侪的。"立片言而居要，乃一篇之警策。"（陆机《文赋》）正是因为有了这"警策"之句，原本平淡不足为奇的作品才焕发出夺目的光彩。

刘禹锡与白居易的唱酬赠答诗抒写得最多的还是彼此的相思相忆之情。这种挚友间的相思相忆虽不像情侣般刻骨铭心，却也有些"剪不断，理还乱"，只是表述时要显得含蓄敛抑得多。《秋夕不寐寄乐天》一诗写道：

> 洞户夜帘卷，华堂秋簟清。
> 萤飞过池影，蛩思绕阶声。
> 老枕知将雨，高窗报欲明。
> 何人谙此景？远问白先生。

诗题本身即昭示了作者对白居易的忆念之深：不寐之夜，只有白居易牵系着他的情思；或者说，正是因为思念白居易，他才夜深不寐。但破题后却不道相思情怀，而只描写不寐时视听所及的景色。"萤飞"二句，一从视觉写飞过池塘的萤火虫的掠影，一从听觉写环绕着台阶的蟋蟀的不绝吟唱。感官如此细腻而又敏锐，见出当时诗人的高度清醒。而深夜尚如此清醒，又照应了诗题中的"不寐"之意。"老枕知将雨，高窗报欲明。"观察到曙色在窗前渐次展现，亦暗示了诗人的彻夜无眠。篇末始从正面将白居易牵引出场——"何人谙此景？远问白先生。"白居易当年亦曾居此官署、睹此情景，因而眼前的一切他应当非常熟悉。这就点出，白居易肯定也曾经历这样的相思之苦，也曾这样移情入景、借景抒情。在"远问白先生"的亲密调侃中，烘托出两地同心的知己之感。

如果说《秋夕不寐寄乐天》属于赠诗的话，《答乐天见忆》则属于答诗：

> 与老无期约，到来如等闲。
> 偏伤朋友尽，移兴子孙间。
> 笔底心犹毒，杯前胆不豩。
> 唯馀忆君梦，飞过武牢关。

老境如等闲之事般不期而至，几乎让人毫无察觉。但它带来的心境变化却是可以感知的。在友朋故旧相继凋零的情况下，持卷课子与含饴弄孙便成为其业余时间中兴趣之所系。而作文与饮酒时的心态也已有所不同：下笔时内心再也没有怨恨，仿佛波澜不兴的一池春水；而酒胆则已不足与酒兴相颉颃，举杯时多了几分犹豫不决，唯恐饮之过量，伤身复又伤心。尾联归结到相思之情，以梦魂飞越千山万水答谢"乐天见忆"，使题意豁然轩露——白居易赠诗为《忆梦得》："齿发各蹉跎，疏慵与病和。爱花心在否？见酒兴如何？年长风情少，官高俗虑多。几时红烛下，闻唱竹枝歌？"诗中叩问刘禹锡是否爱花之心依旧、饮酒之兴如常，表现出对知交近况的极度关切。篇末又以询问句式表达了自己对他日重逢的无限期盼。同时，"闻唱竹枝歌"，又点出刘禹锡不仅长于创作，而且精于演唱。白居易特意于句下自注："梦得能唱《竹枝》，听者愁绝。"能使"听者愁绝"，一则说明刘禹锡演唱技艺之高，二则说明其词哀婉、其调凄楚。而昔日聚会时刘禹锡曾多次一展歌喉也不言自明。

毫无疑问，唱酬赠答之作在刘禹锡出牧苏州期间的创作中占有明显的数量优势。但最能体现其创作特色、显示其创作业绩的，还是数量远逊于此的民歌体乐府诗。刘禹锡创作民歌体乐府诗，始于朗州，盛于夔州，而终于苏州。他在苏州模仿吴地民歌的声情，写成《杨柳枝词九首》，并披之管弦，使其流播遐迩。在刘禹锡创作的全部民歌体乐府诗中，写成于苏州的《杨柳枝词》与写成于夔州的《竹枝词》相齐名，堪称最为经典的作品。即使以中国古代所有的民歌体乐府诗为参照系，它们仍然不失其难以逾越的巅峰地位。

《杨柳枝词》起源于汉乐府《折杨柳》曲，又名《柳枝词》，隋唐时为教坊曲名。唐代民间流行的杨柳枝词，大多以杨柳起兴或直接将杨柳作为题材，在写作手法上则通常是托物寄意或借景抒情，曲调新鲜，语言活泼，节奏明快。它独特的风貌，很快便引发了刘禹锡及白居易等人仿作的兴趣。当然，这些习惯于翻新的诗坛耆宿不可能满足于惟妙惟肖的仿作，而必然试图按照自己的艺术趣尚和审美倾向加以改造，使它适度"雅化"，从而实现民歌与文人诗的完美嫁接。这种做法，属于翻唱旧曲，还是另作新歌，已经无从定性，也没有必要定性了。

关于《杨柳枝词》的创作时间，有两种不同说法。旧说作于大和六年（832）至大和八年（834）刘禹锡主政苏州期间。但二十世纪末有人指出，诗中所咏多及长安、洛阳风物，恐怕视其为刘禹锡晚年所作更为适宜。其实，后一种说法似有胶柱鼓瑟之嫌。多以长安、洛阳风物入诗，是因为诗人身在苏州而心系长安、情牵洛阳——长安有他未竟的事业，而洛阳不仅是他的故乡，还生活着与他诗名相埒且频繁唱和的挚友，何况此刻他的挚友也在赋写同一诗题。比较合乎情理的创作缘起或许是：刘禹锡在苏州察访风土人情时，深深陶醉于民间传唱的《杨柳枝词》，正如当年在夔州为《竹枝词》所陶醉一样。兴奋之余，信中说与白居易。而白居易当年镇守苏州时，也曾有过同样的体验。于是，两人一拍即合，相约模仿他们都非常熟悉的《杨柳枝词》的声情，创作了一组民歌体乐府诗。这多少也带有一点同台竞技、较量短长的意味。

最终，刘禹锡与白居易完成的组诗分别为九首和八首。两组诗的第一首均交代创作意图，表现出惊人的相似：

六幺水调家家唱，白雪梅花处处吹。
古歌旧曲君休听，听取新翻杨柳枝。

——白居易

塞北梅花羌笛吹，淮南桂树小山词。
请君莫奏前朝曲，听唱新翻杨柳枝。

——刘禹锡

白诗以"六幺""水调""白雪""梅花"统称众口传唱的"古歌旧曲"，吁请世人不要再听这过时的旋律，而应将全部注意力转移于他们正在努力翻新的《杨柳枝词》。刘禹锡诗中不仅发出了同样的呼吁，而且态度更加鲜明。当然，语言也更为精警动人。首句"梅花"，指汉乐府横吹曲中的《梅花落》曲，其曲调流行后世，南朝以及唐代文人鲍照、吴均、徐陵、卢照邻、沈佺期等都有《梅花落》歌词（见《乐府诗集》卷二十四）。此句意谓起源于塞北的《梅花落》，是用笛子吹奏的乐曲。次句指的是《楚辞》中的《招隐士》篇。相传西汉淮南王刘安的门客"小山"曾作《招隐士》篇来哀悼屈原。其首句为"桂树丛生兮山之幽"，后文又有"攀援桂枝兮聊淹留"等句，所以刘禹锡诗中以桂树指代《招隐士》篇。《招隐士》虽然篇幅不长，但情辞悱恻动人,为后代所喜闻乐诵。就中"王孙游兮不归,春草生兮萋萋"两句尤为后世文人所爱赏。这句意谓,《招隐士》是汉代淮南小山创作的以桂树起兴的歌词。那么,诗人缘何从历代作品中特意拈出《梅花落》和《招隐士》加以评说呢?盖因《梅花落》歌咏梅花,《招隐士》咏及桂树,而《杨柳枝词》则以咏柳为主,它们都以树木为歌咏对象。或许有鉴于这一相同之处,刘禹锡才以这两篇已被奉为经典的作品作为《杨柳枝词》的参照系。但诗人的本意却不是对它们进行揄扬,而仅仅是以之陪衬他所要隆重推介的《杨柳枝词》。因此,三、四句才是诗人所要表达的真实题旨。"请君莫奏前朝曲,听唱新翻杨柳枝。"一笔将《梅花落》和《招隐士》归入"至今已觉不新鲜"的"前朝曲"的行列,恳请世人听他们翻唱的兼具本土色彩、民歌风味和文人情怀的《杨柳枝词》。其实,《梅花落》《招隐士》虽是产生于西汉的作品,在唐代仍不失其经典地位。《梅花落》《招隐士》不仅依然是文人们乐于问津的乐府古题,还时常在其他篇什中被用作典故。如李白诗:"黄鹤楼中吹玉笛,江城五月落梅花。"(《与史郎中钦听黄鹤楼上吹笛》)王维诗:"春草明年绿,王孙归不归?"(《送别》)可知其影响未废、传唱未绝。刘禹锡固然也重视其历史地位及影响,但他更主张文学创作必须不断推陈出新、与时俱进,因为"若无新变,不能代雄"。所以,"请君莫奏前朝曲,听唱新翻杨柳枝"的呼吁,既是为自己的新作张目,多少带有鼓吹之意,更是从文学整体演变进化的视角,标举创新原则,号召同侪弃旧图新。这就具有普泛的启发意义了。从形式上看,全诗由准对偶句构成,似对非对,对中有散,既不失整体的匀称,又尽显流动自然之美。作为组诗的序曲,它除了揭概创作宗旨外,还起到了形式上的示范作用。

将刘禹锡的《杨柳枝词九首》与他早年创作的《竹枝词九首》《踏歌词四首》等相比较,可以看出前者的技巧更为圆熟,也更接近文人诗的风貌。同时也意味着,前者已在一定程度上或有意或无意地减却了民歌的韵味。或许可以说，同样是民歌与文人诗的结合，后者更偏向于民歌，而前者则更偏向于文人诗。清人王士禛在《师友诗传录》中曾揭示《竹枝词》与《杨柳枝词》的区别："《竹枝》泛咏风土，《柳枝》专咏杨柳，此其异也。"其实，这仅仅是从取材的角度指出了二者之间的差异，尚未触及其风格的嬗变。不过，若就题材而言，王士禛的论断倒是深中肯綮。

有别于《竹枝词》的随意取材、不拘一格，《杨柳枝词九首》皆以杨柳为题材。但描写对象的高度聚焦，并不妨碍作者在其中纳入深广而又厚重的内容，使其闪烁出或集束或散射的思想光芒。

组诗的第二首借咏柳以阐发哲理：

南陌东城春早时，相逢何处不依依。
桃红李白皆夸好，须得垂杨相发挥。

诗人所要推阐的哲理是：生活中的美是相辅相成、互生互济的，"红花虽好，尚需绿叶扶持"。这一哲理是通过对杨柳的形象化描写和抽象化议论得以揭示的。诗人化用《诗经·小雅·采薇》"昔我往矣，杨柳依依"句意，刻画出早春垂柳摇曳东风、不胜依依的柔美情态，并将它置于姹紫嫣红的环境中，让它翠绿的枝叶与红艳的桃花、素白的李卉互相辉映，共同构成美丽的春光；然后即景议论，逼出一篇之正意："桃红李白皆夸好，须得垂杨相发挥。"是啊，如果失去绿树默默的映衬，那"桃红李白"的景色该显得怎样单调啊！推而广之，生活中又有什么事物能不与其他事物发生联系、相互作用呢？诗人贯注其中的这一哲理，显然会给读者以启迪。

第三首写杨柳为春游中的长安少年增色助兴：

凤阙轻遮翡翠帏，龙池遥望麹尘丝。

御沟春水相晖映，狂杀长安年少儿。

诗以"凤阙""龙池"对举而起，渲染皇城森严而又秀丽的春日景象。在"凤阙"与"龙池"的烘托下被诗人牵引出场的是春天圆舞曲的主演——"麴尘丝"般的万千杨柳。"麴尘丝"，形容鹅黄色的柳条、柳丝，屡见于唐人咏柳诗。如杨巨源《折杨柳》："水边杨柳麴尘丝，立马烦君折一枝。"又如司空图《杨柳枝寿杯词》其十一："笑问江头醉公子，饶君满把麴尘丝。"柳枝泛青，柳叶吐翠，它们欣欣然与一池春水相映照，孕育出无边春色，而结伴寻芳的长安少年则不禁对此景象一时迷狂，不觉手之舞之、足之蹈之。在刘禹锡看来，春色是容易让人迷狂甚至癫狂的。早年写于朗州的《秋词二首》其二中便说"岂如春色嗾人狂"。而在这首诗中，"狂杀长安年少儿"的春色的主要构建元素就是杨柳。杨柳既是诗人绘就的"长安春游图"的焦点，也是触发长安少年的狂兴与狂态的道具。

第四首由洛阳名士的雅集引申开去，通过比较"桃李"与"垂杨"之短长，揭出更为深刻的哲理：

金谷园中莺乱飞，铜驼陌上好风吹。
城中桃李须臾尽，争似垂杨无限时。

"金谷"是西晋石崇所建的花园，以豪华富丽著称。"铜驼"指洛阳的铜驼街，以道旁存有汉铸铜驼而得名，为古代著名的繁华区域。在昔日金谷园和铜驼街的废墟上，仍有群莺歌舞、东风骀荡。这一衰败中蕴藏生机的景象，是诗人新陈代谢、发展因革思想的艺术投影。它与刘禹锡另诗《故洛城古墙》中的"莫言一片危基在，犹过无穷来往人"，表达了同样的哲理。诗的后两句宕回本题，通过对"垂杨"和"桃李"的褒贬，亮出自己带有哲理意味的审美认识：垂杨没有桃李那惊人的艳丽，也从来无心哗众取宠、独占春光，因此，在阳春三月，它也许并不特别吸引眼球。然而，一旦暮春来临，桃李便凋谢殆尽，只有它依然迎风伫立，长葆青翠，使人们时时看到生命的绿色。诗人力图以此来说明只有不慕荣利的人才经得起时间的考验。诗中"垂杨"的形象，岂不正是诗人的自我写照？这样的作品是情韵、理趣兼备的，读者既能感受到它的诗意美，也能感受到它的哲理美。

第五首也有按之弥深的政治寓意，是咏物与咏怀的完美结合：

花萼楼前初种时，美人楼上斗腰支。
如今抛掷长街里，露叶如啼欲恨谁？

诗中的柳枝酷似一位薄命女子。当年，柳枝被植于花萼楼前，成日伴着美人翩翩起舞，备承看顾。"美人楼上斗腰支"，是说柳枝与美人，一袅娜于楼下，一婷婷于楼上，仿佛在比拼谁的腰肢更为柔软似的。用笔灵动，妙趣横生。但好运不长，或许因为翠色褪尽、韶华不再，如今，柳枝竟被抛掷长街，独对风霜。那凝结在叶片上的露珠，犹如它伤心的泪水。此情此态，很容易使人联想起那些被王孙公子始乱终弃的薄命女子的悲惨遭遇。这里，诗人岂不正是以巧妙的方式在替她们倾诉内心的不平和怨愤？全诗虚实相生，妙语双关，既不脱物态，又刻尽人情。如果从更深的政治层面来透视的话，那么，此诗或许还有批评唐玄宗因迷恋女色而导致政坛剧变的寓意。

第六首同样赋予杨柳兴发沧桑之感和黍离之悲的功能，但锋芒所向换成了比唐玄宗更为荒淫的隋炀帝：

炀帝行宫汴水滨，数株杨柳不胜春。
晚来风起花如雪，飞入宫墙不见人。

隋炀帝在位时穷奢极欲，耗费巨资到处修建行宫，在酒池肉林间，过着烹金馔玉的享乐生活。但曾几何时，他便与行宫中的雕梁画栋一同"灰飞烟灭"，徒然成为后人茶余饭后嗤之以鼻的笑柄。而今，隋炀帝当年修筑于汴水之滨的豪华行宫早已沦为一片人迹罕至的废墟，唯余几株毫无生气的柳树残存在宫墙外、夕阳中，不胜春光的撩拨。看不到任何寻芳的游人，只有雪花般的柳絮在晚风的吹拂下漫天飞舞。诗人刻意渲染这荒废、衰败和凄冷的景象，既是借以揭示逸豫亡国、富贵无常的主题，也是婉讽隋炀帝因荒淫失政而导致身败名裂的可耻结局。全诗以杨柳作为隋朝兴亡的见证者，把厚重的历史内容和深沉的历史感慨浇铸到精心构置的意象中，这又是将咏物与咏史糅为一体了。

第七首聚焦于折柳赠别的习俗，而将其幻化为深情弥漾的特写镜头：

御陌青门拂地垂，千条金缕万条丝。
如今绾作同心结，将赠行人知不知？

诗人显系以柳枝况一多情女子，由柳枝的柔条拂地，可以想见她的温柔性格、缠绵情意；由柳枝的遍体金缕，可以想见她的美丽容颜、鲜艳服饰；而由柳枝的绾结明誓，则可以想见她的坚贞情操、纯洁心灵。这里的"行人"不是泛指过往之人，而是特指这位多情女子即将远行的恋人。风吹柳树，枝条相缠，这本是寻常的自然现象，但一经诗人点化，便成为有情人赠别的生动场面，具有了非同寻常的社会意义。

第八首由特写拉为中景，以杨柳为触媒，在更浩瀚的时空内表现别离主题：

城外春风吹酒旗，行人挥袂日西时。
长安陌上无穷树，唯有垂杨管别离。

在别离文学的意象群中，"柳"出现的频率最高，蕴蓄的离思最深，因而也最为引人注目。"柳"者，留也。这一字音上的联系，已足以使柳获得别离文学作家的青睐，更何况它那长条依依的体形活脱就是一种款款惜别的天然姿势。正是鉴于它在字音上和体形上的这些特征，在唐代，柳不仅成为送别时约定俗成的赠物，更成为别离主题赖以生发的主要意象。前一种荣宠固然经久不废，后一种殊遇更一直延续至今。诗人这里先点明送别的地点与时间，亦即为抒写别离主题布置特定的时空氛围：城外一家幽静的酒馆，春风吹动着旗幡上下摇摆，仿佛也在因离人即将远行而心潮起伏；夕阳西沉，暮色渐浓，行人挥别的身影显得愈加黯淡。在这样的背景下，完全被拟人化了的杨柳悄然登场："长安陌上无穷树，唯有垂杨管别离。"其实，杨柳本身并不带有任何感情色彩，但在诗人笔下，它却是那样多情：通往长安的大道两旁，绿树成荫，品种繁多，就中，只有枝叶低垂的杨柳才在意人间的别离。"管别离"，着一"管"字，不仅化无情为有情，而且点出了杨柳与别离之间的不解情缘，肯定了杨柳作为抒写别离主题的首选意象的特殊地位。

第九首亦采用拟人化手法，所寄寓的则是漂泊沉沦之感：

轻盈袅娜占年华，舞榭妆楼处处遮。
春尽絮飞留不得，随风好去落谁家？

诗人还是将杨柳比拟为一位窈窕女子，她也曾有过美好的青春年华，给人"轻盈袅娜"之感，并曾频繁地在"舞榭妆楼"前留下她的倩影。可惜春光难留，韶华易老，而今只见片片柳絮不由自主地随风飘荡，不知最终会飘落何处——是沉沦于浊流还是融解于清池？诗人在对其不定命运的怅问中，分明也融入了他自己的身世之叹。

同为民歌体乐府诗，《杨柳枝词》不仅比《竹枝词》题材更为集中，并糅入了更多的文人诗元素，而且在艺术表现手法上也与之有一定的差异。如《竹枝词》更多地运用重叠回环的形式，《杨柳枝词》则更多地运用对比烘托的技巧；《竹枝词》更多地以口语入诗，《杨柳枝词》则更多地以典实入诗；《竹枝词》更多地以白描来勾勒生活画面，《杨柳枝词》则更多地以工笔来刻画现实场景。即使同样是采用比兴手法，二者也有细微的区别：《竹枝词》更多地体现为"象喻式"，如"花红易衰似郎意，水流无限似侬愁"；《杨柳枝词》则更多地体现为"拟人化"，如"如今抛掷长街里，露叶如啼欲恨谁"。至于二者在艺术上的共同特点，当然也不一而足，最突出的是都将写景、抒情、议论恰到好处地结合在一起，达到了情、景、理水乳交融的艺术效果。从诗人一生的创作流程看，这两组作品前后辉映，共同将有唐一代民歌体乐府诗的创作推向巅峰，而成为不朽的文学经典。

苏州既是历史名城，也是风景胜地，可供刘禹锡吟咏者众矣。因此，其他各类题材也在其创作中占有一席之地。只是与《杨柳枝词九首》相比，它们的特色就不那么明显了。《西山兰若试茶歌》对采茶、煎茶、饮茶的全过程进行艺术显影，为中国茶文化史提供了一则珍贵史料：

> 山僧后檐茶数丛，春来映竹抽新茸。
> 宛然为客振衣起，自傍芳丛摘鹰觜。
> 斯须炒成满室香，便酌砌下金沙水。
> 骤雨松声入鼎来，白云满碗花裴回。

悠扬喷鼻宿醒散，清峭彻骨烦襟开。
阳崖阴岭各殊气，未若竹下莓苔地。
炎帝虽尝未解煎，桐君有篆那知味？
新芽连拳半未舒，自摘至煎俄顷馀。
木兰坠露香微似，瑶草临波色不如。
僧言灵味宜幽寂，采采翘英为嘉客。
不辞缄封寄郡斋，砖井铜炉损标格。
何况蒙山顾渚春，白泥赤印走风尘。
欲知花乳清泠味，须是眠云跂石人。

"兰若"，为梵语"阿兰若"的省称，意谓寂净无苦恼烦忧之处，此诗中指代寺院。诗人乘兴行至西山的某所寺院，恰值新茶采摘时节，热情的山僧便以新茶款待。采茶、炒茶、煎茶等一系列步骤，他都亲力亲为，且于"俄顷"完成，既显示了他待客的诚恳，也表现了他技艺的娴熟。诗人以"莞然"形容山僧的情态，下笔生动，神余言外。如果说"骤雨"二句是描写沏茶之水的珍稀和盛茶之碗的精美的话，那么，"悠扬"二句则是形容山僧精心煎泡的茶水的功效：始而"悠扬喷鼻"，令人宿醉顿醒，继而"清峭彻骨"，使人忧怀顿开。有茶若此，无怪诗人要为之赞叹了。"炎帝"二句宕开一笔，将茶文化史上的两位重量级人物牵引出场。"炎帝"，号神农氏，与黄帝并称为中华始祖。在传说中，他不仅制耒耜、种五谷、立市廛，而且曾经遍尝百草，"日遇七十二毒，得茶而解之"，但他虽曾食茶，却未解煎茶，没有开发茶叶的饮用功能。唐代茶圣陆羽在《茶经》中说："茶之为饮，发乎神农氏，闻于鲁周公。"其实，神农氏于茶叶乃生嚼，而非煎饮，所以，诗人这里说"炎帝虽尝未解煎"。"桐君"，据《桐庐县志》记载，系"上古黄帝时人，在东山桐树下结庐栖身。人问其名，则指桐树以示，因名"。桐庐县名亦由此而来。桐君一生采药品性，深究医理，后人编成《桐君采药录（箓）》，这是我国有文字记载以来最早的药物著作之一，被《隋书》《旧唐书》列为典籍。但在诗人看来，桐君虽解茶叶之性，却未知茶叶之味、未悉饮茶之妙。如此着笔，不唯见出诗人对古代茶文化史的精熟，更意在为色香味俱全的西山佛茶张目。"木兰"二句便在"色""香"上再做文章：茶的幽香，只有坠露的木兰相似；茶的碧色，比凌波的瑶草还要诱人。篇末"欲知"二句则再度落笔于其"味"，而以"清泠"二字加以概括。诗人强调，这种独特的况味，只有高蹈出尘、略无机心的"眠云跂石人"才能感知，这就又点出此茶绝非俗物了。

在刘禹锡创作于苏州的写景咏物之作中，《八月十五日夜玩月》最为脍炙人口：

> 天将今夜月，一遍洗寰瀛。
> 暑退九霄净，秋澄万景清。
> 星辰让光彩，风露发晶英。
> 能变人间世，倏然是玉京。

此诗的最大特点是遣词造句深蕴骨力。诗题不作"望月"而作"玩月"，已见力度。一个"玩"字，充分显示了诗人戏乾坤万物于股掌之上的气魄。而首联"洗寰瀛"的"洗"字，也堪称一字千钧。着一"洗"字，不仅恰到好处地表现了月光朗照下的大千世界的澄澈和莹洁，而且化无情为有情，点出了月光的神奇魅力，仿佛偌大"寰瀛"的所有污垢都能为它所涤去。如果改用"照""洒"，意境便会迥异。尾联"能变人间世"的"变"，则更刚健有力。它将月光的威力以及诗人对月光世界的热恋都渲染到了极点。如此写月，实属罕见。

《馆娃宫在旧郡西南砚石山上……因赋二章》属于怀古咏史之作：

其一
宫馆贮娇娃，当时意大夸。
艳倾吴国尽，笑入楚王家。

其二
月殿移椒壁，天花代舜华。
唯馀采香径，一带绕山斜。

"馆娃宫"乃春秋时期吴王夫差为宠幸西施而兴建。砚石山为灵岩山之别称，风景秀美，古迹众多。此诗即由咏怀古迹入手，抒发思古之幽情。但它既没有像《西塞山怀古》那样寄寓深刻的哲思，也没有像《蜀先主庙》那样融入深沉的感慨，当然，更没有像《金陵五题》那样铸成高邈而又空灵的意境。前一首中展示的"馆娃"形象倒是有些与众不同。勾践灭吴后，西施的归宿众说纷纭，人们比较认同的一种说法是她与早年的恋人范蠡一同泛舟五湖，过起了神仙眷侣般的"偕隐"生活。（见《吴越春秋》）刘禹锡此处却别出心裁地另作艺术处理："艳倾吴国尽，笑入楚王家。"在诗人笔下，西施成为倾吴之后复又倾楚的一代妖姬，"笑入"二字，将其以倾覆社稷为乐的妖冶本性刻画得惟妙惟肖。这对于传统的西施形象（为了报效故国而不惜忍辱含垢、委身夫差的忠贞女子）不啻是一种颠覆。不过，就其立意而言，这又只不过是发挥"女色祸国"的传统观念，难免平庸了。后一首渲染今日馆娃宫之荒凉：只见一片断壁残垣，早已无从寻觅西施的绮丽居室，而昔日遍植的色彩艳丽的木槿花也为无主自开的野草闲花所取代。保留完整的西施遗迹唯有盘旋山间、曲曲弯弯的"采香径"，让人想象西施当年娉婷地移步其间的绰约风姿。显然，诗人在这里寄托的沧海桑田之感也只是"陈词滥调"，并无新创之处。而说到艺术手法，与《石头城》中的"淮水东边旧时月，夜深还过女墙来"相比,也太着痕迹。因此,后来皮日休的《馆娃宫怀古》和陆龟蒙的《和袭美馆娃宫怀古》反倒比刘禹锡的这两篇作品更耐讽咏,至少比它们更具"史识"。

在出牧苏州的日子里,有一个俏丽的身影始终占据着禹锡的脑海,挥之不去,那就是白居易的家妓樊素。"满堂兮美人,忽独与余兮目成。"(屈原《九歌·少司命》)自从在洛阳的盛宴上与樊素双目对接后,刘禹锡就深深地将她镌刻在记忆中了。他说不清楚樊素吸引他的究竟是什么。是清丽绝俗的容颜,还是天真无邪的笑容?是婉转的歌喉,还是曼妙的舞姿?也许这些融合在一起,才构成了他对她情有独钟的原因。无论风晨雨夕,还是丽日晴天,他都抑制不住对她的苦苦思念,于是有了《寄赠小樊》一诗:

> 花面丫头十三四,春来绰约向人时。
> 终须买取名春草,处处将行步步随。

在刘禹锡眼里,可人的樊素真是如同一朵含苞欲放的奇葩啊!他突然觉得,自己根本不具备形容她的文字能力,根本没有办法用诗笔刻画出她的一笑一颦,而她的神韵气度更是无法在人类的语言仓廪里找到对应的词语加以描摹。所以,他只能心余力绌地用模糊的"花面丫头"来传写她的绰约风姿。"绰约",形容女子柔婉美好的样子,语出《庄子·逍遥游》:"肌肤若冰雪,绰约若处子。"刘禹锡对樊素的全部印象就定格在她"春来绰约向人时"的那一美好瞬间。他多么希望这位深得白居易宠爱的绝代佳人能够更换门庭,与自己长相厮守啊!诗的后两句便倾吐了他内心深处的愿望:总有一天他会从白居易那里将她赎买过来,改名为"春草",无论他的足迹延伸到何处,她始终寸步不离。诗以"寄赠小樊"为题,应当是希望她能读到的,这就给后人留下悬念了:樊素是否真的读到了这篇直抒胸臆的作品，从而明白刘禹锡的心迹了呢？如果确实读到了，她会不会为刘禹锡的一往情深所感动，而作出投桃报李般的回应呢？面对刘禹锡近乎赤裸裸的表白，她又将在刘、白这两位她同样仰慕的偶像之间选择谁作为终身托付的主人呢？而与此有关的另一个悬念是：几乎肯定有机会拜读此诗的白居易，他的"读后感"将会是怎样的呢？他会把这看作老友的一种调侃而一笑了之呢，还是会视之为一种郑重的表态，而考虑要不要忍痛割爱，以成全老友的心愿呢？由于没有相关的作品及文献佐证，这些只能成为千古难解之谜了。唯一可以认定的是，刘禹锡写作此诗时，是绝对没有调侃之意的。换言之，诗中反映的完全是他当时的真实想法，只是这一想法后来并没有付诸行动。是他主动"止乎礼义"了呢，还是遭遇不可逾越的障碍了呢？总之，"终须"云云，到头来只不过是一时的绮念而已，樊素并没有真的成为他夜读时添香的"红袖"。

而他对樊素久久不能忘情也是真的。尽管堂而皇之地"买取"已不存在现实的可能性，但私下里名其为"春草"却是不须他人恩准的，可以全凭诗人自己的意愿。于是，刘禹锡便在诗中径直以"春草"称呼她了。《忆春草》一诗写道：

忆春草，处处多情洛阳道。
金谷园中见日迟，铜驼陌上迎风早。
河南大尹频出难，只得池塘十步看。
府门闭后满街月，几处游人草头歇？
馆娃宫外姑苏台，郁郁芊芊拨不开。
无风自偃君知不？西子裙裾曾拂来。

诗题直接就标作"忆春草"，充分体现了诗人对樊素的思念之切和怀想之深。而略去其本名，始终以"春草"相称，则透露出其初衷未改。巧妙的是，诗人别具匠心地将自然界的春草与他心目中的春草合二为一，使咏草与怀人惝恍难分。起笔"忆春草，处处多情洛阳道"即是如此——"多情"的究竟是草还是人，已无法说清，也无须说清了。不过，诗中有些笔墨则似乎是故意含糊其词，仿佛有难以明言的苦衷。如"河南大尹频出难，只得池塘十步看"云云，似乎是说白居易担心他人觊觎樊素美色，轻易不肯让她出场；偶尔出场，宾客对其也只能遥望而不得近观。"府门闭后满街月，几处游人草头歇"云云，则似乎是说诸多游客慕樊素之名而来白府，却得不到一睹芳容的机会，又不甘心无果而归，便夜宿草丛，期盼翌日能再入白府，得偿夙愿。月光下，府门外，草丛中，竟汇聚了那么多的痴迷者！这或许有些夸张，而且纯属诗人想象之词，但若非如此措笔，又岂能表现樊素那颠倒众生、无可抗拒的魅力？"馆娃宫外"以下四句转从自身着笔，却同样物我两融，亦草亦人，神余言外。"郁郁芊芊拨不开"，既是形容草之茂盛，也是喻写情之郁结。"无风自偃君知不？西子裙裾曾拂来"，既可视之为对美女裙裾拂处春草纷纷倒伏的真实写照，也可理解为诗人对自己拜倒于樊素石榴裙下的隐曲心态的巧妙比况。刘禹锡之所以对樊素倾倒若是，一个重要原因或许是，在与樊素相遇时，他正处于私人情感的空窗期。他的结发妻子薛氏在陪伴他度过了一生中最艰难的一段岁月后，于元和八年（813）病逝于朗州。刘禹锡曾创作《伤往赋》《谪居悼往二首》等作品，表达对她的深切悼念。感念她多年生死相依、安危与共，克尽相夫教子之职，刘禹锡一直未曾续弦，过着孑然一身的鳏居生活，直到长庆四年（824）由夔州转任和州途经武昌时，才在友人的竭力撮合下，纳"鄂姬"为妾。当时，距离原配薛氏辞世已有十一年之久。刘禹锡与鄂姬倒也琴瑟和谐，但伊人同样未能摆脱"红颜薄命"的魔咒——大和四年（830），鄂姬也因病去世，和刘禹锡相依相伴仅六年时间。尽管

其身份只是"侧室",重情笃义的刘禹锡仍悲痛难抑,《有所嗟二首》便为哀悼她而作:

其一
庾令楼中初见时,武昌春柳似腰肢。
相逢相失尽如梦,为雨为云今不知。

其二
鄂渚濛濛烟雨微,女郎魂逐暮云归。
只应长在汉阳渡,化作鸳鸯一只飞。

"庾令楼",即庾公楼,位于湖北鄂州。诗人以"庾令楼"指代镇守鄂州的某位军政长官的宴客场所。由诗人对"初见"情景的描述看,当时的鄂姬应当和后来的樊素一样,属于被主人用以娱宾遣兴的歌姬舞妓一类人物,令久滞巴山楚水的刘禹锡颇有惊艳之感。"武昌春柳似腰肢",虽然只形容了其婀娜的体态,其容颜之艳丽与舞艺之高超却不难想见。"相逢相失尽如梦",点出当年意外相逢的情形已如烟似梦,无法追忆。这就又暗示了其侍宴侑酒的特定身份。唯因其身份特殊,不便明媒正娶,一时意乱情迷的刘禹锡才采取折中办法,纳其为妾。但虽无白首之盟,诗人亦爱之怜之。诗中想象她魂归故里,化作鸳鸯独飞,有不胜怜其孤苦之意。尽管与怀念薛氏的《谪居悼往二首》相比,情感或有浓淡深浅之分,但他因鄂姬去世而产生的悲悯却是真诚的。而他得遇樊素又是在鄂姬辞世一年多以后了。这时,失去宠妾的哀痛已渐渐平复,他需要新的红颜知己来填补感情的空白,安慰"经冬复历春"的疲惫心灵,而"解语花"般的樊素就在此时乘虚而入,一下子就占据他的脑海了。

然而,这是一段注定没有结局的恋情,因为樊素早已名花有主了!即使樊素也已对他情根深种,只要白居易不肯割爱,他就只能徒叹奈何了。最终，这只是困扰了、折磨了他多时的一种近乎单相思的畸恋！幸赖他留下了《寄赠小樊》和《忆春草》这两首可供索隐的诗歌，让我们得以触摸到他当时心灵的驿动和感情的履痕。对此，唐人笔记并无记载。历代笔记中记载的是另三则有关刘禹锡的逸闻，却可以确证为后人以讹传讹的穿凿附会——

据孟棨《本事诗·情感第一》记载，刘禹锡由和州刺史承召回京后，时任"司空"的李绅慕其盛名，邀请他到家中做客，不仅"厚设饮馔"，而且让妙龄家妓一展歌舞绝技。刘禹锡情有所动，即席赋诗说：

鬓鬖梳头宫样妆，春风一曲杜韦娘。
司空见惯浑闲事，断尽江南刺史肠。

似乎久居穷乡僻壤，难得接触美色，故而乍见京都艳姬，一时难抑心猿意马。深谙人情世故的李绅察知其意后，慨然以该女相赠。这个故事曾广为流传，而"司空见惯"也因此成为被广泛应用的成语之一。但此逸事其实并不能成立，岑仲勉《唐史余沈》卷三"司空见惯"条及卞孝萱《刘禹锡年谱》已力辨其妄：刘禹锡回京任主客郎中、集贤学士时，李绅"方贬降居外"，始任江州长史，继迁滁州刺史，寻转寿州刺史。两人根本不可能相会于京都，赠妓之事也就纯属子虚乌有了。

另一则情节相近的逸闻见诸《云溪友议》"中山海"条，系以刘禹锡自述的口吻讲述扬州大司马杜鸿渐赠妓的经过：在去苏州赴任的途中，刘禹锡经由扬州。因杜鸿渐盛情款待，他开怀畅饮，一醉方休。酒醒后，发现身边有两位窈窕女子，大为讶异，问其由来，女子解释说："昨晚刘大人您在酒宴上赋诗，对我俩意有所属，所以杜大人命我俩前来侍寝。"刘禹锡这才依稀记起自己醉意蒙眬中确曾即席赋诗，但所赋为何已是一片惘然了。据其他当事人回忆，诗的内容为："高髻云鬟宫样妆，春风一曲杜韦娘。司空见惯寻常事，断尽苏州刺史肠。"与《本事诗》所录稍有异文，而故事的另一位主人公也换成了杜鸿渐。但钱大昕《十驾斋养新录》卷十六"杜韦娘诗"条早已指出"刘梦得与杜鸿渐不同时"，因而禹锡所赋"杜韦娘诗"乃"传闻之妄也"。《唐史余沈》更具体辨析说："（禹锡）生大历七年，而据《旧纪》十一，鸿渐卒大历四年十一月己亥，禹锡与鸿渐远不相及，且鸿渐固未镇淮南，亦未尝官大司马，此涉于鸿渐之全误者也。"可知这则逸闻也全无凭据。

再一则逸闻出自《太平广记》卷二七三"李逢吉"条引《本事诗》，它记录的是刘禹锡的"夺妓之恨"，而非"赠妓之乐"：李逢吉任东都留守时，刘禹锡以主客郎中分司东都，为李逢吉所节制。听说刘禹锡"有妓甚丽"，极度好色的李逢吉便想"以计夺之"。某日，李逢吉设一饭局，号令属官携"宠嬖"与宴。刘禹锡不知有诈，欣然前往。进门时，"阍吏"拦住刘禹锡，而将其宠姬先行放入。刘禹锡这才意识到情况不妙，却无计可施，只有"惶惑吞声"。第二天，他约了几位同僚一起去拜谒李逢吉，想借机打探被扣留宠姬的消息。李逢吉与他"相见如常，从容久之"，却绝口不提宠姬下落。刘禹锡"叹咤而归，无可奈何"，便模拟张衡的《四愁诗》，"愤懑而作四章"。但这一逸闻的虚诞也是一目了然的，因为它与两位当事人的行踪全然不合：大和元年（827），刘禹锡分司东都时，李逢吉未为留守；大和五年（831），李逢吉留守东都时，刘禹锡未为分司。所以，它同样不足为据。

尽管这些载录于唐宋笔记的传闻都被证实为好事者的杜撰，但它们所反映出的刘禹锡的精神风貌与其本人即便不能完全叠印，却也是不无重合之处的。由刘禹锡对樊素的一见倾心，可知在结束了惨遭放逐二十余年的苦难日子、重新投身于他已经有些陌生的都市生活的温馨怀抱之后，他的生活理念和生活态度开始向世俗化的方向转变，从而对倚红偎翠的声色之欢表现出越来越浓厚的兴趣。这也难怪啊！政治上怀才不遇的愤懑和生活上久居蛮荒的憾恨，都需要化解，需要消释，需要补偿，而世上的"忘忧物"除了酒，便是色啊！他多么渴望问政之余能堕入温柔乡，有一只纤纤素手为他"揾英雄泪"，抚平他脸上及心上的皱纹，把他牵引进没有众声喧哗、只有软语温存的欢乐世界。而樊素正拥有那只他理想中的纤纤素手！可惜她已经不可能属于他了，他只能将她永远珍藏在心灵深处，不时用回味与想象来弥补今生无法牵手的缺憾。

后来，刘禹锡与樊素就缘悭一面了。他获任同州刺史与白居易交接时，或许有过短暂的重逢。《酬喜相遇同州与乐天替代》一诗写道：

> 旧托松心契，新交竹使符。
> 行年同甲子，筋力羡丁夫。
> 别后诗成帙，携来酒满壶。
> 今朝停五马，不独为罗敷。

篇末自注："前章所言春草，白君之舞妓也，故有此答。"这一注释，不仅使《忆春草》一诗可以得到不违诗人本意的解读，也披露了诗人此番解鞍驻足的原因。诗中的"罗敷"即指樊素，"不独为罗敷"，是说另外还有别的缘由，但这分明是"此地无银"的矫饰之词。而且，即便与白居易畅叙别情也是促使他"停五马"的原因之一，其更主要的目的却无疑是"为罗敷"也。他对樊素竟然眷恋到这般地步，庶几也可以成为一段风流佳话了。这种眷恋是以声色之好为基础的，樊素所能吸引诗人的首先是其足以倾国倾城的美色和出神入化的歌舞技艺，但其中是否也包含着心心相印、灵犀相通的成分，就只能听凭读者揣测了。而刘禹锡此行是否得与樊素独处，也只能永远是个可供后人驰骋想象和耗费思量的谜团了。

出牧苏州期间，刘禹锡还创作了另外一些与樊素无关，却涉及艳情的作品，可借以观照诗人此时的趣尚。《和西川李尚书伤韦令孔雀及薛涛之什》是其中的一首：

玉儿已逐金环葬，翠羽先随秋草萎。
唯见芙蓉含晓露，数行红泪滴清池。

薛涛为中唐著名女诗人，久居蜀地，出入幕府，自韦皋至李德裕，历事十一任节度使，皆以诗才受知。韦皋曾奏请唐德宗授薛涛以秘书省校书郎官衔，因限于旧例，未能如愿，但时人仍然尊称其为"女校书"。她曾手制桃红色诗笺，后人称"薛涛笺"。刘禹锡此诗为奉

和之作，循李德裕原唱之体制，既悲孔雀之夭，又伤薛涛之殒。然虽以哀悼为主旨，却着色秾丽，形近艳诗。"金环""翠羽""芙蓉""红泪"等意象，都带有强烈的色彩感，通常为哀悼之作所慎用。而将年入古稀的薛涛呼为"玉儿"，似也多少有些香艳之嫌。

《和乐天消失婢牓者》一诗是游戏笔墨之作，亦与艳情未脱干系：

把镜朝犹在，添香夜不归。
鸳鸯拂瓦去，鹦鹉透笼飞。
不逐张公子，即随刘武威。
新知正相乐，从此脱青衣。

白居易原诗题为《失婢》，旨在嘲讽那些张榜寻找逃失之婢女的富

〔清〕徐扬　姑苏繁华图（局部）

绅显宦:"宅院小墙庳,坊门帖榜迟。旧恩惭自薄,前事悔难追。笼鸟无常主,风花不恋枝。今宵在何处,唯有月明知。"两相比较,刘禹锡的和诗更具戏谑意味,也更加俏皮、更加生动。诗人先以"把镜"与"添香"相呼应,概括尽婢女的日常功课;又以"朝犹在"与"夜不归"相开合,揭示出婢女逃逸之事实。接着,连用鸳鸯拂瓦而去和鹦鹉透笼而飞这两个形象的比喻,将事实进一步固化与强化。然后想象该婢女肯定是私奔而去,容留她的必定是她早已属意的风流公子,此刻,她应当正与"新知"相互调笑、其乐融融呢!这里,既涉笔于主婢关系,又落墨于男女私情,语言不类艳体,内容却庶几近之。

《乐天寄忆旧游因作报白君以答》一诗在对江南春色的描摹中既展示了吴中女郎的迷人风貌,又抒写了"钱塘苏小小"的相思情怀,于调侃老友的同时,也托出自己的绮思艳想:

报白君,别来已度江南春。
江南春色何处好,燕子双飞故宫道。
春城三百七十桥,夹岸朱楼隔柳条。
丫头小儿荡画桨,长袂女郎簪翠翘。
郡斋北轩卷罗幕,碧池逶迤绕华阁。
池边绿竹桃李花,花下舞筵铺彩霞。
吴娃足情言语黠,越客有酒巾冠斜。
坐中皆言白太守,不负风光向杯酒。
酒酣襞笺飞逸韵,至今传在人人口。
报白君,相思空望嵩丘云。
其奈钱塘苏小小,忆君泪黦石榴裙。

诗人以纵横交错的笔法,勾勒出一幅幅气韵生动的江南春色图,而在其中心画面上则活动着吴中女郎健美的影像。她们有的兴高采烈地荡桨于河面,尽情挥洒青春的活力;有的盛装打扮后亮相于桥头,或长裙飘曳,或首饰夺目。她们将江南春色点缀得更加丰富多彩和灵动多姿!接着,诗人又将镜头对准"花下舞筵"的特定场景,让曾经蒙恩承欢于"白太守"的"吴娃"翩然登场,成为画面的焦点。"吴娃足情言语黠",她们不唯多情,而且谈吐中带一点小小的狡黠,工于调笑,长于戏谑,把舞筵的气氛调节得恰到好处,主宾俱欢。这其中,显然也融入了多次亲临其境的诗人的切身体验,或许还糅合了诗人逢场作戏时狎妓的感受。篇末回归题意,以"钱塘苏小小"对"白太守"的深情忆念作结。诗人从少年时代起就对南齐时的钱塘名妓苏小小"心有戚戚焉",这里是以苏小小指代吴地的某位才貌俱佳的风情女子,或许她当年曾经得到过白居易的宠幸,至少也曾经为白居易所激赏,所以,白居易离任后,她沉浸在极度的思念中,经常暗抛珠泪,以致石榴裙上留下泪痕点点。其实,诗人这里要抒发的是自己对白居易的闻声相思之情,但在写法上,却故意不言自己对老友思念已甚,而以"钱塘苏小小"来辗转致意。这样着笔,既化直为曲、化平为奇,又能起到"刷色"作用,而对老友的善意调侃也尽在其中。这样的作品,绝非艳体,却不乏艳情。

二、酬唱为乐

大和八年(834)七月,刘禹锡奉调移任汝州(今属河南)刺史,兼御史中丞,充本道防御史。他对苏州这座自己生活了将近三年的历史名城充满了依恋之情。《别苏州二首》写道:

其一

三载为吴郡,临歧祖帐开。

虽非谢傅桀黠，且为一裴回。

其二
流水阊门外，秋风吹柳条。
从来送客处，今日自魂销。

碧水潺湲，翠柳飘拂，这是典型的送别环境；郡人祖饯，临歧徘徊，这也是典型的惜别场面。诗人寥寥几笔，就传达出自己与这座城市彼此间的深深眷恋。而"从来送客处，今日自魂销"，这直抒胸臆的结句更将诗人的离愁别恨和盘托出。"魂销"，暗用江淹《别赋》"黯然销魂者，唯别而已矣"。此前曾多次来到阊门外送别，却只有今日才真的产生了"魂销"之感。这就将其对苏州的缱绻深情表现得格外真切。

不过，汝州的地理位置靠近东都洛阳和故里荥阳，这又让刘禹锡不无欣慰。在《汝州谢上表》中，他就直陈此番移任之乐："忽降新恩，近乡为贵。"所以，离开三载相依的苏州，他固然心有慊慊，不忍遽去，但与此同时，对履新后有可能发生变化的生活形态，他又满怀期待。这样，赴任途中，他的心情总体上是明朗的。《罢郡姑苏北归渡扬子津》其一说：

几岁悲南国，今朝赋北征。
归心渡江勇，病体得秋轻。
海阔石门小，城高粉堞明。
金山旧游寺，过岸听钟声。

"北征"，既是实写北归的行程，亦有以杜甫的《北征》隐然自况之意。《北征》是杜甫五言古诗中篇幅最长、享誉最盛的作品，它以忧愤国事为主旨，不仅描绘出山河破碎、生灵涂炭的悲惨图景，而且陈述了诗人对时局的分析及其复国之策，表达了对平乱在即、中兴在望的热情期盼。"今朝赋北征"，说明刘禹锡认为自己对国事的关切差可比肩老杜。正因为内心的希望之火再度燃起，所以"归心渡江勇，病体得秋轻"的愉悦之感才会油然而生。

途经扬州时，刘禹锡受到了时任扬州大都督府长史、淮南节度使牛僧孺的接待。但接待过程中的某些细节却让刘禹锡感到齿冷心寒。原来，牛僧孺进士及第前，曾向已在朝为官，且走势良好的刘禹锡行卷。据《云溪友议·中山诲》记载，当时刘禹锡忽略了自视甚高的牛僧孺的感受，当着众多宾客的面，就"飞笔涂窜其文"，牛僧孺表面上唯唯诺诺，连声拜谢，内心却怏怏不快，衔恨终身。《唐语林·文学》也有相关记载：牛僧孺登第后，刘禹锡曾与人谈论他向自己行卷的事，说他初学写诗时，"务奇特之语"，"地瘦草丛短"是其中最典型的例子。第二年秋天再次向自己行卷时，诗艺颇有长进，"求人气色沮，凭酒意乃伸"等句即为明证。刘禹锡提及这段往事，本意在为其延誉。但传到胸襟狭窄的牛僧孺耳中，却又因错会成存心羞辱而耿耿于怀了。而今，其官阶已远远高于刘禹锡，便借宴饮之际重提前事，以报一箭之仇。他即兴赋《席上赠刘梦得》一诗说：

> 粉署为郎四十春，今来名辈更无人。
> 休论世上升沉事，且斗樽前见在身。
> 珠玉会应成咳唾，山川犹觉露精神。
> 莫嫌恃酒轻言语，曾把文章谒后尘。

诗中自负权高威重，咳唾成珠，表现出酒后的极度轻狂。"曾把文章谒后尘"，对刘禹锡当年的奖掖不仅毫无感恩之心，而且无视年辈资望，仅因刘禹锡如今宦冷官薄就称之为"后尘"，竭尽冷嘲热讽之能事，不自觉地暴露出睚眦必报的小人嘴脸。

　　刘禹锡本来早已淡忘了此事，读诗后方才恍然大悟，一时不胜感慨。但渡尽劫波的他已有足够的情感自制能力，在觥筹交错之际，他无意反唇相讥，逞一时发泄之快，而贻日后寻仇之患。所以，在《酬淮南牛相公述旧见贻》一诗中，他刻意放低身段，以平淡的语调强化他与对方今日的尊卑之分，不动声色地向对方示弱与求和：

　　　　少年曾忝汉庭臣，晚岁空馀老病身。
　　　　初见相如成赋日，寻为丞相扫门人。
　　　　追思往事咨嗟久，喜奉清光笑语频。
　　　　犹有登朝旧冠冕，待公三入拂埃尘。

　　诗人采用对比手法来表情达意。首联于今昔对比中揭示自己今日处境之不堪：年已老迈，又兼疾病缠身。颔联既有今昔对比，又有彼我对比：当年曾有幸亲见牛氏挥毫写作，不想今日沦落为替他洒扫庭院的仆从。以司马相如来比况牛氏，有擢高其文学才华之意，而把自己称作"丞相扫门人"，既是一种自嘲，又何尝不是一种暗讽？这种不惜自轻自贱、听任羞辱的笔法，非"百炼刚"化为"绕指柔"的大彻大悟者不能为。颈联继续通过对比来化解宿怨：忆及当年涂改牛氏文章的前尘往事，不胜唏嘘感叹，深悔自己不识深浅、好为人师；所幸牛氏不以自己昔日之冒犯为忤，照样屈尊接谈，言笑晏晏，让自己沐浴于清光之中。尾联貌似更加卑躬屈膝，而实则深蕴气骨：旧日之冠冕虽在，今日之颜面尽失，唯有静待牛氏入相后像拂去尘埃一样将自己罢免。其言外之意是，如果你想挟公权以报私怨的话，尽可以将我罢免，我自岿然不动，静观其变，你最终能奈我何！如果说牛僧孺的赠诗是试图以强凌弱的话，那么，刘禹锡的和诗则在弱者之姿中潜匿着真正的强者之风。

第九章 辗转于"上州"之间

当年自己悉心指点与奖掖对方,对方如今却以怨报德,而自己为息事宁人计,只能忍辱包羞,以德报怨。这一不无惨痛的经历,给刘禹锡留下的教训极其深刻。他特意以此为例告诫子弟咸允、承雍等人说:

> 吾立成人之志,岂料为非!况汉上尚书,高识达量,罕有其比。昔主父偃家为孙弘所夷,嵇叔夜身死钟会之口。是以魏武诫其子云:"吾大忿怒(于)小过失,慎勿学焉。"汝辈修进守忠为上也。

本意在成人之美,不料事与愿违,积是成非。所以,务必以历史上遭小人构陷的主父偃、嵇叔夜等贤达为鉴,慎勿于不知不觉中开罪奸佞之徒。《云溪友议·中山诲》记录的这段肺腑之言如果真是出自刘禹锡的话,说明他确有追悔之意。

汝州,北临古都洛阳,东望黄淮平原,历史悠久,物产丰饶,民生富足,公务亦不及苏州繁冗,所以刘禹锡在汝州的生活相对比较清闲和安逸。这一时期,他的诗歌创作以酬唱赠答为主,而酬唱的主要对象则是获任东都留守不久的裴度和以太子宾客分司东都的白居易。《酬乐天闲卧见忆》一诗写道:

> 散诞向阳眠,将闲敌地仙。
> 诗情茶助爽,药力酒能宣。
> 风碎竹间日,露明池底天。
> 同年未同隐,缘欠买山钱。

诗人先用"散诞"二字形容自己眼下的生活状态,又以一个"闲"字对其加以强化与固化,至于身处这种生活状态,是幸抑或非幸,诗人并未点明。揆以常情，应当是在萧散闲适中又糅合着几分无所作为的不甘与无奈。"诗情茶助爽，药力酒能宣。"看似自得其乐，其实不过聊以自遣。"风碎"一联，造语奇拗，铸境健峭，颇堪玩赏，而诗人自身玩赏"竹间日"与"池底天"的悠然情态也宛然在目。"同年未同隐，缘欠买山钱。"改用谐谑口吻，自嘲之所以尚未归隐，是因为囊中羞涩，缺乏购置山林的资金。全诗笔法多变，摇曳生情。

《奉和裴晋公凉风亭睡觉》一诗写道：

骊龙睡后珠元在，仙鹤行时步又轻。
方寸莹然无一事，水声来似玉琴声。

以"骊龙"与"仙鹤"分别形容裴度的睡姿与行姿，既显示了裴度地位的尊隆与品格的高洁，又展露了诗人对裴度的景仰与企慕之情。而"方寸"云云，则表现了裴度澄怀静虑后所达到的空明境界：心如冰壶，晶莹透明，了无挂碍，因而水声入耳，在他听来绝非尘世俗音，而犹如玉琴鸣响般荡气回肠。如此着笔，既不脱"凉风亭睡觉"之题意，又恰到好处地从一个侧面凸显了裴度其性之真、其心之清。虽然语言明白如话，却饶有底蕴，余味悠远。

不过，在写于汝州的酬唱赠答之作中，最耐人讽咏的还是《答杨八敬之绝句》：

饱霜孤竹声偏切，带火焦桐韵本悲。
今日知音一留听，是君心事不平时。

题下自注："杨时亦谪居。"据《旧唐书·文宗纪》下：大和九年（835）七月，时任户部侍郎的杨敬之受牛李党争之累被贬为连州刺史。连州为刘禹锡谪居旧地，当杨敬之将循他当年之足迹，去岭南烟云深处体验罪臣生活时，种种不堪回首的往事如浪涌潮奔般俱上心头，迫使他重新审视当年的生活与创作。"饱霜孤竹声偏切，带火焦桐韵本悲。"这与其说是对杨敬之原唱的形象概括，不如说是对自己流徙巴山楚水期间创作的艺术写照。换言之，这实际上是"夫子自道"，是借友人酒杯浇胸中块垒。杨敬之的原唱已佚，今日无从把玩，但想来也当是情辞激愤，于是引发了刘禹锡的强烈共鸣，而从语言和思想仓廪中攫取合适的材料，熔铸成"饱霜孤竹"和"带火焦桐"这两个深蕴气骨的意象，寄托自己顾思前尘往事时的耿耿怀抱。"今日知音一留听，是君心事不平时。"诗人自托为知音，甫一倾听，便察见了杨氏原唱中包蕴的无限心事，而所有的心事汇聚到一起，只有蔽之以"不平"二字。这固然是为杨氏鸣冤，又何尝不是为包括自己在内的所有曾经蒙冤受屈的志士仁人发出如"饱霜孤竹""带火焦桐"般悲怆入骨的不平之鸣？

《送廖参谋东游二首》则是这一时期的送别诗中较值得注意的作品：

其一
九陌逢君又别离，行云别鹤本无期。
望嵩楼上忽相见，看过花开花落时。

其二
繁花落尽君辞去，绿草垂杨引征路。
东道诸侯皆故人，留连必是多情处。

前一首以"行云别鹤"比喻各自的宦游生涯，已漾出聚散无定的悲慨。而"看过花开花落时"，既是嗟叹阔别时间之长，也是感慨几经沧桑，看够了人间衰荣。后一首开篇即云"繁花落尽"，一方面是点明时值众芳摇落的暮春季节，另一方面亦暗寓盛世已去、中兴无望的隐忧。和诗人早年的同类作品相比，它们少了一些豪雄之风，而多了几分沉郁之气。

三、"甘露"惊变

大和九年（835）十月，在汝州度过了一年多相对安定的生活后，刘禹锡奉敕改官同州刺史，兼御史中丞，充本州防御长春宫使。本来，这个职位是授予白居易的，但此时的白居易已决意远离政务、闲逸终老，所以托病固辞不拜。他在《诏授同州刺史病不赴任因咏所怀》一诗中坦言："同州慵不去，此意复谁知。诚爱俸钱厚，其如身力衰。可怜病判案，何似醉吟诗？劳逸悬相远，行藏决不疑。徒烦人劝谏，只合自寻思。白发来无限，青山去有期。"表现出大彻大悟后弃绝仕途的坚定意愿。朝廷只好另觅替代人选，于是刘禹锡便进入视野，"李代桃僵"。

刘禹锡之所以欣然接受这一任命，一个重要原因或许是，依然留守东都的裴度新加中书令衔，这让刘禹锡产生了他有可能东山再起、重掌政柄的误判。在去同州赴任途中，刘禹锡经由洛阳，与白居易、裴度、李绅相聚。此时，他犹心存幻想，《两何如诗谢裴令公赠别二首》泄露了其中消息：

其一

一言一顾重，重何如？
今日陪游清洛苑，昔年别入承明庐。

其二

一东一西别，别何如？
终期大冶再熔炼，愿托扶摇翔碧虚。

第一首以"昔年别入承明庐"作结，颇有深意。"承明庐"，本为汉代承明殿之旁屋，乃侍臣值宿时的居所。后代便以"入承明庐"作为入朝为官的典故。唐人李颀《送綦毋三谒房给事》一诗有句："徒言青琐闼，不爱承明庐。"这里，诗人在"陪游清洛苑"之际，刻意提及"别入承明庐"之往事，显然意在勾起裴度对当年叱咤风云的显宦生涯的回忆，使其萌生卷土重来、再战宦海的愿望。如果说这层意思在第一首中还表达得非常含蓄的话，那么在第二首中，它则几乎演变为不加掩饰的直白了："终期大冶再熔炼，愿托扶摇翔碧虚。"他多么希望能再次得到在历史熔炉中冶炼自己的机会，借助裴度出山掀起的政治旋风，扶摇直上，翱翔于九霄之中。其实，他也深知这根本就是一种无法实现的近乎梦幻的愿景，但他还是将它一吐为快，哪怕别人把它当成天真执拗到极点的呓语。

政治经验远比刘禹锡丰富的裴度却早已心如灰烬。如果说刘禹锡尚处在"死火余温""死水微澜"的半明半灭状态的话，那么，裴度内心深处则已燃尽最后一点火花，再也产生不了热能、酝酿不成热望了。他预感到朝廷中有可能爆发更严重的祸乱，所以不得不用他作为一个成熟的政治家独有的方式给刘禹锡降温，使刘禹锡在瞬间上升到沸点的政治热情转瞬又降到冰点。在《刘二十八自汝赴左冯途经洛中相见联句》中，他明确表态说："不归丹掖去，铜竹漫云云。唯喜因过我，须知未贺君。"这等于告知刘禹锡，无论是限于客观条件还是本于主观愿望，他都绝不可能重回朝廷、重振纲纪了。他希望刘禹锡明白他的态度后能变得更加清醒、更加冷静，早日全身而退，加入"洛阳之会"的行列。

果然，如裴度所预见的那样，就在刘禹锡离开洛阳赴同州就任的途中，朝廷中发生了一幕裹挟着血雨腥风、闪烁着刀光剑影的历史惨剧——"甘露之变"。

此时君临天下的唐文宗李昂倒是个见贤思齐、崇尚节俭的仁君。即位之初，他便致力革除奢靡之风，敕令放还部分宫女和教坊乐工，停废"五坊小儿"，禁止各地的额外进献。他自己也身体力行，饮食从不铺张，当各地发生灾荒时，他更是主动减膳。他生日那天（农历十月初十）虽被立为"庆成节"，却从不允许宰杀牲畜，只许食用瓜果蔬菜，而所有的祝寿活动也在严令禁止之列。他平日衣着朴素，曾对臣下标榜自己身上的衣服已经洗过三次。与此相应，他非常反感皇族及臣僚衣着豪华。有位公主在参加宴会时所穿衣裙过于贵重，他就下令对驸马"罚俸二月"以示惩戒。有位官员穿着用桂管布制成的朝服拜见他，此布质地厚重而又粗糙，在文武百官身着的绫罗绸缎中显得格外醒目。文宗大为赞赏，据此判定此人必是个忠正廉洁的臣子。为了褒奖他的俭朴行为，文宗自己也穿起桂管布制作的皇袍，一时之间，文武百官纷纷效仿，乃致桂管布的价格迅速上涨，经销桂管布的商贾获利甚丰。

就个人兴趣而言，文宗不喜欢声色犬马，听政之暇，唯以读书为乐。他曾对身边的人说：若不能甲夜（初更）处理政事，乙夜（二更）观览图书，岂能为人间君主？因为手不释卷，遍观百家，所以文宗见闻广博，常就经书诗赋中的名物询问臣下，臣下往往拙于应对，而亦思博览群书。他精熟古典，对当代诗文名家、名篇也饶有兴趣。某日，他在内殿赏花，忽然向侍臣打听说：现在京城传唱的牡丹诗中，以谁的作品为佳？侍臣回答说：前朝老臣刘禹锡的"唯有牡丹真国色，花开时节动京城"和中书舍人李正封的"国色朝酣酒，天香夜染衣"最为脍炙人口。文宗听后赞叹不已，面露欣羡之色。他平时尤喜读史，尝读《贞观政要》而感怀魏徵，便颁诏寻访到魏徵五世孙魏謩，擢其为右拾遗，命之克绍其祖箕裘，直言进谏，裨补政事。文宗还常把他心目中学富五车的臣子召到宫中谈经论文，翰林学士柳公权就是他最为赏识的承召者之一，有时畅聊至深夜时分，不觉红烛燃尽，星移斗转。他曾与柳公权等五位学士联句，他首唱道："人皆苦炎热，我爱夏日长。"学士们纷纷续诗。而他于诸多续诗中独赏柳公权"薰风自南来，殿阁生微凉"二句，评骘为"词清意足"。盖因柳句揭示了他偏喜夏日的原因，既洞见了其"心画心声"，又吐属自然，余味不尽。

这样一位被史书誉为"恭俭儒雅，出于自然"的仁君却有着先天的严重不足：他由宦官所拥立，登基时即已大权旁落，以后也就处处为宦官所掣肘，根本不能按照自己的意愿来施政。

早在大和二年（828）三月，文宗以贤良方正与直言极谏问策取士。进士刘蕡在对策中直陈宦官专权之弊，将天下倾覆、国家动乱、生灵涂炭尽皆归因于宦官专权；同时，对藩镇割据、朋党倾轧所造成的危害，也放言无忌。一时朝野震惊，群小侧目，掀起轩然大波。文宗颇以刘蕡所论为是，但迫于来自以宦官为首的既得利益集团的强大压力，只得弃用鹤立鸡群的刘蕡，违心地让他落选，但刘蕡向他灌输的治国理念却深深地植入了他的心田。他试图一点一点地积蓄力量，寻找合适的时机，给擅权已久的宦官势力以致命一击。

大和四年（830），文宗与宰相宋申锡合议秘密铲除宦官势力，但因时机尚不成熟，计划胎死腹中。其后，文宗又反复物色可以共谋大计的股肱之臣，终于选定郑注、李训。他们分别以精通医术和熟知《周易》而得以进用，都善于窥测运势、把握机遇、揣度人心，又兼才思敏捷、口齿伶俐，所以深得文宗欢心。在历史翻到大和九年（835）这一页时，误判形势的文宗及郑注、李训以为羽翼已丰、时机已到，便果断地向宦官势力"亮剑"了。第一步，郑注建议文宗剥夺大宦官王守澄的实权并将他毒死，尽管郑注本人当年是因为王守澄的推荐才得到文宗的宠信。第二步，李训建议文宗将担任山南东道监军的大宦官陈弘志召回京城，派人将其杖死于回京途中（宫中一直认为宪宗当年为此人所弑）。第三步，他们试图设局将其余扰乱朝纲的宦官一网打尽。"甘露之变"由此引发。

　　本来，郑注和李训的如意算盘是：在为王守澄举行葬礼时，要求所有宦官前来送殡，然后率领身藏利斧的亲兵将其悉数砍杀。但李训求成心切，决定撇开郑注，抢先下手，独建丰功。是年十一月二十一日，李训提前在宫中设下埋伏，待文宗上朝后，诈称大明宫左金吾仗院之后的石榴树上夜降甘露。百官以为这是祥瑞之兆，纷纷称贺。李训趁机奏请文宗亲临现场观看，文宗便派遣神策军中尉仇士良、鱼弘志等宦官先行巡视。仇士良一行极为警觉，抵达目的地时，隐约听到幕后有兵器撞击声，疑有伏兵，立即返回大殿，挟持文宗向内宫夺路而逃。至此，草率行事的李训的"阴谋"完全败露。仇士良等迅速关闭宫门，调兵遣将，对宰相和朝官痛下杀手，无论是否实际参与谋划此事，只要略有嫌疑，就严惩不贷。李训、郑注及王涯、王璠、贾𬲯等重要朝官全遭诛杀，罹祸者有几千人，其中无辜蒙难者不计其数，包括此前曾创作《月蚀诗》讽刺宦官，却与此事了无干涉的诗人卢仝。这就是唐王朝历史上令文武百官闻风丧胆的"甘露之变"。它以伏诛宦官为初衷，却以屠戮朝官为结局。朝官与宦官的又一次较量，依然以朝官的惨败谢幕，尽管朝官背后有文宗的支持。

　　这次事变后，宦官势力更加权势熏天，盛气凌人，对待文宗的态度日渐恶劣，常常出言不逊，尽失事君之礼。文宗羞惧难当，却无可奈何，随着时间的流逝，不仅摧抑宦官的雄心尽消，而且钳口噤声，委曲求全。他有《宫中题》一诗记录自己孤独凄凉的心境："辇路生春草，上林花发时。凭高何限意，无复侍臣知。"而受制于家奴便成为他内心永远无法抹去的伤痛。时隔多年后，他在延英殿召对的一次间隙，与当直学士周墀有一段意味深长的对话——他问：在你眼中，朕是什么样的君主？周墀答：此事非臣所宜评价，但天下都说陛下是尧舜一样的君主。文宗面呈羞色又问：朕与周赧王、汉献帝相比如何？周墀惶骇跪奏：陛下之德较周代成、康二王及汉代文、景二帝犹有过之，怎可自比那二位衰世君主呢？文宗愤愤道：周赧王、汉献帝不过是受制于强臣，而朕今日却受制于家奴，自以为远远不及他们。言罢，泪洒丹墀，伤感不已。史学家对他的评价是，愿行帝王之道，惜无帝王之才。要言之，他是一个宵衣旰食、忧劳国事的仁君，却不是一个雄才大略、只手擎天的明君。

其实，以仇士良等人为代表的宦官势力本来想株连更多的无辜者，把事态无限扩大，以巩固他们嗜血的威权。只是因为余威尚在的裴度上书抗言以及手握重兵的昭义节度使刘从谏奏请公布一并遇害的王涯等三位宰相的罪状，他们极度嚣张的气焰才有所收敛，不敢过为已甚，再开杀戒。不过，经此一劫，朝官中已鲜见敢捋宦官虎须者，新任宰相李石等人对宦官虽不至俯首帖耳，却也少有违拗。而普通朝官更以明哲保身作为参政议政的基本准则，人人自危，但求避祸。

"甘露之变"的发生，使刘禹锡对政局所抱的最后一丝幻想也彻底破灭，他一方面钦佩裴度不愿重新出山的先见之明，另一方面则庆幸自己因离京外任而免遭无妄之灾。政坛机弩四伏，仕途风险丛生，这时他才意识到白居易托疾辞任同州是多么明智的选择。他真想卸却簪缨，折返洛阳，与早已赋闲的裴度、白居易一同在兴味无穷的"文酒之会"中了此余生。然而，君命岂同儿戏？既已衔命赴任，又怎能中道变卦？刘禹锡只得继续已被他视为"畏途"的同州之旅。但他内心已暗自决定，一旦时机合适，就告病归隐，绝不恋栈。

这时，他的诗歌创作也悄然开始发生变化，有意无意地回避生活中正在发生的政治事件，当实在无法回避时，则竭力遮蔽自己真实的政治态度和政治倾向。就以他对"甘露之变"的反应而言：这一举国震惊的恶性事件，在许多诗人的作品中留下了历史记录，如杜牧的《昔事文皇帝三十二韵》《李甘诗》，李商隐的《有感》《重有感》、白居易的《咏史》《九年十一月二十一日感事而作》，等等。刘禹锡自也不可能在作品中完全回避这一事件。一般认为，他的《有感》一诗即为悼念在"甘露之变"中遇难的朝官王涯、贾𫗧等人而作，但诗意之隐晦、措语之轻淡，与他惯常的风格做派形成较大的反差：

死且不自觉，其余安可论？
昨宵凤池客，今日雀罗门。
骑吏尘未息，铭旌风已翻。
平生红粉爱，唯解哭黄昏。

王、贾都是因"城门失火"而被殃及的"池鱼"。起句"死且不自觉"，意谓王、贾等人对突然降临的杀身之祸毫无预感，依稀有惜其无辜遇害之意，却不敢公开为其鸣冤叫屈。"骑吏"二句写宦官统率的禁军在京城中纵横驰突，尘埃未息，以致出殡的灵幡随处可见。这似乎是谴责，但若非深究细察，其意亦不明显。"平生"二句写王、贾宠妾泣于黄昏时分，若含怜悯，但如果想到他在讽刺武元衡之死的《代靖安佳人怨二首》中有"适来行哭里门外，昨夜华堂歌舞人"的类似描写，其情感指向如何，也难辨别。诗人对"甘露之变"的态度本来是并不暧昧的，但形之于诗，却有些暧昧莫名了。这恰好昭示了其创作倾向开始转变的信息。与此形成鲜明对照的是，时年二十四岁的李商隐的同题之作倒是显得态度明朗，直言不讳：

丹陛犹敷奏，彤庭欻战争。
临危对卢植，始悔用庞萌。
御仗收前殿，兵徒剧背城。
苍黄五色棒，掩遏一阳生。
古有清君侧，今非乏老成。

> 素心虽未易，此举太无名。
> 谁瞑衔冤目，宁吞欲绝声。
> 近闻开寿宴，不废用咸英。

不仅将滥杀无辜的宦官指斥为"兵徒"，而且在余波未平之际重提"清君侧"这一令人闻声色变的话题，显示出初生牛犊的虎虎生气。何焯《义门读书记》认为："唐人论甘露事，当以此诗为最，笔力亦全。"确实如此。而李商隐的奋不顾身、仗义执言，岂不反衬出刘禹锡转型之际的暧昧其词、明哲保身？

不过，早年同样"激切言事"的白居易此时的态度也与刘禹锡相仿佛。他的《咏史》一诗写道：

> 秦磨利刀斩李斯，齐烧沸鼎烹郦其。
> 可怜黄绮入商洛，闲卧白云歌紫芝。
> 彼为菹醢机上尽，此为鸾皇天外飞。
> 去者逍遥来者死，乃知祸福非天为。

将执着用世而惨遭"刀斩"和"鼎烹"的李斯、郦食其与隐居深山、闲卧白云的商山四皓相比照，揭示出两种人生态度与人生结局的巨大差异：一为"菹醢机上尽"，死于非命；一为"鸾皇天外飞"，畅享自由。由此推导出的结论显然是：与其用世而遭祸殃，不如避世而得逍遥。诗题下作者自注"九年十一月作"，分明是借咏史之名，抒发因退居洛阳而免遭"甘露之变"殃及的庆幸之情。诗中略无对这一事件本身的评价，既不"是"此，亦不"非"彼，全然置身局外，政治态度显得十分模糊，与刘禹锡的《有感》如出一辙。两相参照，有理由认为，这群历尽坎坷的老臣在面对又一次政治风波时相约集体噤声，以求全身远祸。

刘禹锡于十二月初抵达同州（今陕西大荔）。同州居晋、陕要冲，命名始于西魏恭帝元年（554），境内三水环流，土地肥沃。但天公作祟，同州偏偏连续四年遭遇旱灾，于是抗灾救灾便又一次成为刘禹锡到任后的当务之急。他从朝廷申请到六万石救济粮及适度减免赋税等其他优惠政策，去其旧弊，立其新规，使民众安于畎亩，免于流离。这与以往治郡时无异。不同的是，此时的刘禹锡对仕宦生涯越来越心灰意冷，越来越怀疑自己固守理想究竟有何意义。他陷入前所未有的迷惘中，而当他走出迷惘时，他已经以决绝的姿态与官场揖别。

在同州未曾任满一年，刘禹锡便于开成元年（836）秋，以足疾发作为理由向朝廷递交了辞呈。朝廷见其去意已决，就遂其所愿，批准他转任闲职，和白居易一样以太子宾客分司东都。

主政同州期间，刘禹锡的诗歌创作虽未间断，但为时既短，又笼罩在"甘露之变"的阴影中，还因赈灾而牵制精力，所以作品的数量与质量都不能尽如人意。而且，几乎都是为酬唱赠答而作——事实上，当酬唱赠答成为唯一的创作动因时，作品的思想饱和度及艺术生命力就必然要打折了。

其中，《酬郑州权舍人见寄二十韵》要算是相对出挑的作品了：

朱户凌晨启，碧梧含早凉。人从桔柣至，书到漆沮旁。
抃会因佳句，情深取断章。惬心同笑语，入耳胜笙簧。
忆昔三条路，居邻数仞墙。学堂青玉案，彩服紫罗囊。
麟角看成就，龙驹见抑扬。毂中飞一箭，云际落双鸧。
甸邑叨前列，天台愧后行。鲤庭传事业，鸡树遂翱翔。
书殿连鸰鹡，神池接凤凰。追游蒙尚齿，惠好结中肠。
铩翮方抬举，危根易损伤。一麾怜弃置，五字借恩光。
汝海崆峒秀，溱流芎药芳。风行能偃草，境静不争桑。

> 转旆趋关右，颁条匝渭阳。病吟犹有思，老醉已无狂。
> 尘满鸿沟道，沙惊白狄乡。伫闻黄纸诏，促召紫微郎。

诗的主要篇幅用于忆旧，但在对旧日情谊的追述中，时时可以察见诗人不经意流露出的身世之感和屈从于残酷现实的无奈喟叹。"铩翮方抬举，危根易损伤。"诗人已有过多次"铩翮"的惨痛经历，而今又处于"势偏根危"的险恶境地，极易受到伤害。融入其中的分明是对随时有可能到来的不测之祸的隐忧。"风行能偃草，境静不争桑。"看似纯属景物描写，实际上讽兼比兴，糅合着诗人从自身遭际中领悟到的人生哲思：劲风吹处，必有草木偃伏；与世无争，才能心境平和。"病吟犹有思，老醉已无狂。"尽管病中吟哦，诗思不减当年，但身入老境，即便醉后也已不会呈现狂态、倾吐狂言。这是自解、自嘲，还是自叹？很难区分，也不必区分，从中感触到的是诗人准备随俗俯仰的不甘与无奈。

《奉和裴令公新成绿野堂即书》一诗以工稳的对句和严密的章法表现裴度的闲适情怀和自己的退隐意向，是这一时期较为引人注目的作品：

> 蔼蔼鼎门外，澄澄洛水湾。堂皇临绿野，坐卧看青山。
> 位极却忘贵，功成欲爱闲。官名司管籥，心术去机关。
> 禁苑凌晨出，园花及露攀。池塘鱼拨剌，竹径鸟绵蛮。
> 志在安潇洒，尝经历险艰。高情方造适，众意望征还。
> 好客交珠履，华筵舞玉颜。无因随贺燕，翔集画梁间。

"绿野堂"，是裴度耗费一生积蓄构筑于洛阳午桥的别墅。据《新唐书·裴度传》载，裴度因宦官专权，"不复有经济意，乃治第东都集贤里，沼石林丛，岑缭幽胜。午桥作别墅，具燠馆凉台，号'绿野堂'，激波其下"。裴度野服萧散，与白居易等为文酒之会，"穷昼夜相欢，不问人间事"。绿野堂初成规模时，裴度欣然赋诗，众人奉和，身在同州、暂时不能躬逢盛会的刘禹锡也以此诗致贺。除尾联外，其余九联均以对偶句构成，"两两相形，以整见劲"。在诗人的想象中，绿野堂应是碧草盈畴，青山弥望，鱼跃池塘，鸟语竹径。因为没有亲历亲见，他只能对绿野堂的布局与设施作粗略的勾勒和浮泛的描摹，诗的大半篇幅用于刻画裴度"位极却忘贵，功成欲爱闲"的高士风范。但与此同时，诗人也有意点出，裴度这种心无机关的极度"潇洒"，并非与生俱来，而是历尽"险艰"后的一种趋利避害的明智选择。这就不动声色地揭示了其"高情"后的隐曲。"无因随贺燕，翔集画梁间。"结尾处憾恨自己不能与春燕一同前往祝贺，在雕梁画栋间一窥其文采风流，将不可抑制的欣羡之情与追随之意一并托出。

四、游弋文苑

在"三任上州"期间，刘禹锡的散文创作也有可圈可点者。虽然其创作重心依然是诗歌，散文只是偶尔涉笔，且大多是《苏州谢上表》《汝州谢上表》《同州谢上表》之类的官样文章，并不刻意经营，却法度森严，技巧娴熟，时有真知灼见，足证刘禹锡一旦游弋文苑，亦必收获满满。其中，诗人为几种文集撰写的序言尤堪品鉴，因为它们不仅体现了诗人的诗学思想和文学理念，而且从一个特殊视角反映了当时的文坛风尚，庶几可列为中国文学批评史上的重要文献。

值得注意的是，这几篇序言都撰写于苏州。想必诗人此时对自己的创作历程和创作思想进行了相对系统的反思与梳理，并由己及人、由小到大，对相关的创作现象和创作态势加以宏观考察，从中抽绎出合乎创作规律的精辟认知。《澈上人文集纪》的写作时间是大和六年（832）：

> 释子工为诗尚矣。休上人赋别怨，约法师哭范尚书，咸为当时才士之所倾叹。厥后，比比有之。上人生于会稽，本汤氏子。聪察嗜学，不肯为凡夫。因辞父兄出家，号灵澈，字源澄。虽受经论，一心好篇章。从越客严维学为诗，遂籍籍有闻。维卒，乃抵吴兴，与长老诗僧皎然游，讲艺益至。皎然以书荐于词人包侍郎佶，包得之大喜。又以书致于李侍郎纾。是时以文章风韵主盟于世者，曰包、李。以是，上人之名由二公而扬，如云得风，柯叶张王。以文章接才子，以禅理说高人，风仪甚雅，谈笑多味。贞元中，西游京师，名振辇下。缁流疾之，造飞语激动中贵人，因侵诬得罪，徙汀州。会赦，归东越。时吴、楚间诸侯多宾礼招延之。元和十一年，终于宣州开元寺，七十有一。门人迁之，建塔于越之山阴天柱峰之陲，从本教也。
>
> 初，上人在吴兴，居何山，与昼公为侣。时予方以两髦执笔砚，陪其吟咏，皆曰孺子可教。后相遇于京、洛，与支、许之契焉。上人没后十七年，予为吴郡，其门人秀峰捧先师之文，来乞词以志，且曰："师尝在吴，赋诗仅二千首。今删取三百篇，勒为十卷。自大历至元和，凡五十年间，接词客闻人酬唱，别为十卷。今也思行乎昭世，求一言羽翼之。"
>
> 因为评曰：世之言诗僧多出江左。灵一道其源，护国袭之。清江扬其波，法振沿之。如么弦孤韵，瞥入人耳，非大乐之音。独吴兴昼公能备众体。昼公后，澈公承之。至如《芙蓉园新寺》诗云："经来白马寺，僧到赤乌年。"《谪汀州》云："青蝇为吊客，黄耳寄家书。"可谓入作者阃域，岂独雄于诗僧间邪？

"澈上人"指诗僧灵澈。灵澈（？—816），俗姓汤，字源澄，律宗僧人，驻锡衡岳寺。著有《律宗引源》廿一卷。除刘禹锡外，与严维、刘长卿、皇甫曾等人亦交往甚密，有诗互赠。刘禹锡这篇序文是应灵澈门人秀峰的请托而撰写，序文中明言其写作时间是"上人没后十七年，予为吴郡"时。这篇序文的重要意义在于以下诸端：

其一，它勾勒出了灵澈的生平风貌，让我们对这位"神龙见首不见尾"的诗僧有了较为深入的了解：他始而学诗于严维，继而受知于皎然，然后见赏于"以文章风韵主盟于世"的包佶、李纾，声名日著，交游日广。但终因"缁流疾之""侵诬得罪"而流徙汀州。这或许与其诗语偶涉讥刺有关。其《东林寺酬韦丹刺史》一诗写道："年老心闲无外事，麻衣草座亦容身。相逢尽道休官好，林下何曾见一人。"讽世之意殊为明显。刘禹锡在行文过程中，既注意展现其身世梗概，又着力揭示其性格特征，"以文章接才子，以禅理说高人，风仪甚雅，谈笑多味"云云，活画出其人的精神风貌。

其二，它追述了自己当年向皎然、灵澈学诗的那段特殊经历，使我们得以察知其创作起步阶段的情形。"昼公"，即指皎然。"与昼公为侣"，点出灵澈与皎然这两位方外莫逆之交当时结伴而居，朝夕相处，一起切磋佛学与诗学。尚在总角之年的刘禹锡拜在他们门下，每日恭执弟子礼，侍候笔砚，"陪其吟咏"。于是，他们牵引刘禹锡步入了风光无限的诗的世界，纵目游览，倾力采撷。在这过程中，刘禹锡不仅逐渐悟得诗家三昧，而且与诗歌结下一生情缘。他们称赞刘禹锡"孺子可教"，既是对其先天卓异禀赋的肯定，也包含着对其后天的艰苦努力和未来杰出成就的鼓励与期望。

其三，它不仅对中唐诗僧的创作情况进行了整体描述，而且对迥然拔乎其间的皎然、灵澈的创作成就与创作风格作了精当的点评。序文中所谓"世之言诗僧多出江左。灵一道其源，护国袭之。清江扬其波，法振沿之"，语极简略而意极明显，不失为一篇中唐诗僧的创作史纲。刘禹锡一方面肯定他们的创作如"么弦孤韵，瞥入人耳"，有着独特的声韵，另一方面也毫不讳言他们的创作"非大乐之音"，尚不足以感人亦深、移人亦远。直到皎然闪亮登场，才"能备众体"，奄有各家之长而又独树一帜。传承其诗脉而成为诗僧中的翘楚人物的则是灵澈。刘禹锡摘取灵澈《芙蓉园新寺》和《谪汀州》中的佳句为例，力证其诗学造诣已登堂入室，不独可以雄视于诗僧间，较之方内高手也毫不逊色。要言之，这篇序文为研究包括皎然、灵澈在内的中唐诗僧提供了弥足珍贵的第一手资料，对于灵澈研究尤有裨助之功。

《彭阳唱和集引》的写作时间是大和七年（833）。是年二月，刘禹锡将他与令狐楚的酬唱诗编为《彭阳唱和集》，并为之作序。序文中对编撰缘起及经过的叙述固然有助于我们把握这对诗友的创作状态，但更能吸引读者眼球的还是刘禹锡对两人，尤其是自身创作特征的揭概。他指出，令狐楚当年是凭借"文章"而得以腾飞的。"怒飞于冥冥"，着一"怒"字，意在凸显其势之盛。而"贵为元老"后，令狐楚依然钟情于诗文，不废吟哦，但风格稍有变化。刘禹锡形容他此时的创作风格"锵然如朱弦玉磬"。喻之以"朱弦玉磬"，既暗示了他的显宦地位和富贵气息，又突出了他的清冷风貌和高远情怀。身为显宦而发声清冷，久居富贵而寄情高远，这就是令狐楚的不同凡响之处。说到自身的创作，刘禹锡特别强调无辜被贬的不幸遭际对其创作的影响：

> 鄙人少时，亦尝以词艺梯而航之，中途见险，流落不试。而胸中之气伊郁蜿蜒，泄为章句，以遣愁沮，凄然如焦桐孤竹，亦名闻于世间。

强调早年自己也是以"词艺"为梯步入仕途的，但真正沉迷于"章句"则是在"中途见险,流落不试"以后。正是政治上被贬黜、被弃置的遭际,使他愤而援笔,以诗歌来宣泄抑郁不平的"胸中之气"。这实际上是对司马迁"发愤著书说"的形象化演绎。在这种"愁沮"状态下形成的作品,也就"凄然如焦桐孤竹"了。在刘禹锡看来,"焦桐孤竹"是对自己迁谪时期创作风格最为精确的概括。大概觉得这个"妙手偶得"的比喻仅仅使用一次未免可惜,后来他又把它编织进《答杨八敬之绝句》一诗。这里,"凄然如焦桐孤竹"与"锵然如朱弦玉磬"这两组意象构成鲜明的对照与反差,将两人"穷达异趣"的特点揭示得惟妙惟肖、入木三分,令人不能不佩服刘禹锡遣词造句的功力。尽管"穷达异趣",却无妨"音英同域"。序文中也描述了两人"会面必抒怀""离居必寄兴"的唱和情形,借以展现他们不计荣枯、无论穷通、脱略形迹、久而弥笃的深厚情谊。

写于大和七年(833)的序文还有《刘氏集略说》。这是刘禹锡为自编的《刘氏集略》而作:

> 子刘子曰:五达之井,百汲而盈科,未必凉而甘,所处之势然也。人之词待扣而扬,犹井之利汲耳。
>
> 始余为童儿,居江湖间,喜与属词者游,谬以为可教。视长者所行止,必操觚从之。及冠,举秀才,一幸而中选。有司惧不厌于众,亟以口誉之。长安中,多循空言,以为诚,果有名字,益与曹辈畋渔于书林,宵语途话,琴酒调谑,一出于文章。俄被召为记室参军。会出师淮上,恒磨墨于楯鼻上,或寝止群书中。居一二岁,由甸服升诸朝。凡三进班,而所掌犹外府,或官课,或为人所倩,昌言、奏记、移让、告谕、奠神、志葬,或猥并焉。及谪于沅、湘间,为江山风物之所荡,往往指事成歌诗;或读书有所感,辄立评议。穷愁著书,古儒者之大同,

非高冠长剑之比耳。

前年，蒙恩泽，授以郡符。居海壖，多雨瘴作。适晴，喜，躬晒书于庭，得已书四十通。迺尔自哂曰：道不加益，焉用是空文为？真可供酱蒙药褚耳！它日，子婿博陵崔生关言曰："某也向游京师，伟人多问丈人新书几何，且欲取去。而某应曰无有，辄愧起于颜间。今当复西，期有以弭愧者。"由是删取四之一，为集略，以贻此郎，非敢行乎远也。

刘禹锡在这篇序文中追溯了自己的创作历程，重点展示了几个具有标志或转捩意义的时段：其一是少年时即与"属词者游"。这里隐括了曾受业于皎然、灵澈、权德舆等人的经历。"视长者所行止，必操觚从之。"点明他从师之际，不仅习诗，亦效法其言行举止，即道德文章兼修。这为他奠定了坚实的创作基础，使他具备了潜力无穷的童子功。

其二是登第后更加重视文章之道。因为科场大畅，主考官担心他难以服众，便竭力为其延誉，刘禹锡一时名声大噪。他唯恐名不副实，于是，更加潜心读书，倾力为文。生活中的点点滴滴，都用文章予以载录。这使他的写作技艺日趋娴熟。

其三是"出师淮上"时得以体验军旅生活。这段戎马倥偬的日子，不仅让他经受了血与火的考验，而且锻炼了他"磨墨于楯鼻"、挥毫于马鞍的战地作文技能，使他文思更加敏捷、文笔更加畅达。

其四是谪居沅湘后进入了新的创作境界。恶劣的生存状态与奇绝的江山风物相互激荡，引发了他源源不断的诗思，使他决意追步前贤，用文学创作来传导内心的不平之鸣。"高冠长剑"，语本屈原《涉江》"带长铗之陆离兮，冠切云之崔嵬"，表明他有心效法同样曾被流放于沅湘之滨的屈原，发愤著书，既借以慰解沉沦失意、创痕累累的心灵，又试图在文学世界里拓展出一片属于自己的天空。"非高冠长剑之比耳",不过是故作谦逊而已,其内心深处是自负较前贤"未遑多让"的。

　　确实,谪居沅湘是刘禹锡一生创作的分水岭,为他实现创作的跃迁,最终成为一代诗豪提供了契机。由此,他的生活视野和题材领域得以扩大,而作品的思想深度和艺术高度也得以增进。所以,对这一时段,刘禹锡不能不予以重点评说。从文学批评史的视角看,刘禹锡在这里用自己的亲身经历验证了生活环境对文学创作的影响,揭示了"穷愁著书"的一般规律。对于脱离"巴山楚水凄凉地"以后的创作,刘禹锡在这篇序文中则略过不提,直接就切入自编《刘氏集略》的缘起。这或许意味着刘禹锡对那部分创作是有所忽视的,至少是不够重视的。在他心目中,自有一根衡量各个时段创作水准的标杆。而这篇序文,则记录并展示了连缀其一生的创作屐痕。

第十章 放歌洛阳的一代诗豪

一、诗坛盟主

三牧上州，使刘禹锡暂时得以远离政治旋涡的中心，在相对平和的环境里度过了将近五年相对安定的时光。但随着"甘露之变"的发生，即使在旋涡的边缘，也已难免为政治斗争的惊涛骇浪所袭扰。政治生态的日趋恶化，彻底摧毁了刘禹锡待机重返朝廷的幻想，而不得不和裴度、白居易一样急流勇退。于是，开成元年（836）秋天，他托言足疾发作，终得朝廷批准以太子宾客分司东都。

这是他第二次回到东都洛阳赋闲了。和十年前的那一次相比，同是赋闲，心态却截然不同：那时是把洛阳当作旅途中的一个驿站，期待着略事休整后便向着新的目标进发，内心充满对未来的渴望；现在，则把赋闲洛阳视为曲折多变人生中的最后一个港湾，决心将生命之舟永远停泊在这里，不再启程远航，内心已失去任何现实诉求。

好在洛阳的繁华依旧，而友朋的"文酒之会"更盛，他倒不难找到心灵的休憩所和精神的安顿处。

果然，刘禹锡刚回到洛阳，东都留守裴度便为他举办了欢迎的宴会。白居易即席感吟《喜梦得自冯翊归洛兼呈令公》一诗：

> 上客新从左辅回，高阳兴助洛阳才。
> 已将四海声名去，又占三春风景来。
> 甲子等头怜共老，文章敌手莫相猜。
> 邹枚未用争诗酒，且饮梁王贺喜杯。

诗中故意以羡极生妒的口吻叙写刘禹锡赢得"四海声名"后，又来窃占"三春风景"，以吟赏烟霞为乐。而其内心深处则难抑"诗人兴会更无前"的狂喜。他觉得只有刘禹锡能在当今诗坛上与自己相抗衡，庆幸日后有了较短量长、一决雌雄的对手。"文章敌手莫相猜"，在这亲切的调侃中，流溢出的是同气相求、两"老"无猜的坦诚。诗末巧妙化用"邹枚"和"梁王"的典故，再度抒发诗逢劲敌的欣悦之情。"邹枚"，汉代名士邹阳、枚乘的并称。两人皆以才辩而驰名。"梁王"，指西汉梁王刘武。梁王以虚怀若谷、礼贤下士而著称，当时的文坛精英都乐于归附其门下。显然，白居易这里以"邹枚"比况自己与刘禹锡，而以"梁王"喻指裴度。"邹枚未用争诗酒"，与其说是对自己及诗友的劝诫，不如说是借此发端以活跃气氛、调适情绪，更深一层地披露追随裴度投身文酒之会的快感。

　　刘禹锡又岂能不知老友的衷肠？当即回赠《自左冯归洛下酬乐天兼呈裴令公》一诗，呼应白居易及裴度的脉脉深情：

> 新恩通籍在龙楼，分务神都近旧丘。
> 自有园公紫芝侣，仍追少傅赤松游。
> 华林霜叶红霞晚，伊水晴光碧玉秋。
> 更接东山文酒会，始知江左未风流。

诗人自道目前的处境是籍在朝堂而身近故闾，既可食俸，又得安闲，如果撇开政治诉求，其实倒是体面而又实惠的隐退方式。这层意思在下文对生活现状的描写中更加明显地流露出来："自有园公紫芝侣，仍追少傅赤松游。"诗人以"紫芝""赤松"指代自己隐退后从游的俦侣，暗示他们不仅贤良方正，而且高蹈出尘，饶有仙风。而若非赋闲洛阳，又岂能与之为伍，尽享枕石漱流之自由？这是再次肯定自己眼下的生活状态。而眼下的生活内容中，最让他心醉神迷的则是裴度主办的"东山文酒会"。"更接东山文酒会，始知江左未风流。"着一"更"字，将诗人对生活现状的餍足之情又推进一层。为了强调"东山文酒会"的引人入胜之处，刘禹锡特意把时人艳羡的"江左风流"作为参照系，断言与前者相比，东晋王羲之等人的"兰亭修禊"根本不足当"文采风流"之誉。这里，诗人绝非存心贬抑"江左风流"，抑此扬彼的目的仅在于擢升裴度主办的文酒之会的历史地位，表达自己躬逢盛会、"幸甚至哉"的达人情怀。

　　刘禹锡就这样被簇拥在裴度身边的东都诗人群所欣然接纳，而他也如"久在樊笼里，复得返自然"的黄莺一般兴致勃勃地加入了众鸟的欢歌，并以格外婉转的歌喉在公演时当仁不让地成为先声夺人的领唱或主唱。他越来越觉得只有在这样的场合，他才是真正宠辱偕忘、心旷神怡的，才真正觉得自己原来还是富于创造的活力、可以"出人头地"的。而白居易亦作如是观。于是，渐渐地，他们对裴度不定期举办的文酒之会的期待也就越来越溢于言表了。两人都曾在诗中表达希望裴度"加宴"的愿望。相形之下，刘禹锡对文酒之会的渴求似乎更加强烈，他在《酬乐天请裴令公开春加宴》一诗中写道：

> 高名大位能兼有，恣意遨游是特恩。
> 二室烟霞成步障，三川风物是家园。
> 晨窥苑树韶光动，晚渡河桥春思繁。
> 弦管常调客常满，但逢花处即开尊。

　　"加宴"者，原有的例行游宴不变，另设名目增加宴饮次数也。在诗人看来，"加宴"的结果，应当是"弦管常调客常满"，即几乎不间断地在丝竹声中推杯换盏或舞文弄墨，而且，无须固定游宴场地，雁行出游之际，但逢花盛之处，便可共同举杯。要形成这种局面，非"加宴"不可，因此刘禹锡不唯呼应白居易的恳请，而且加高调门、踵事增华，一心推动文酒之会向"即兴""即时""即地"的方向转型。

这样，刘禹锡与裴度主办的文酒之会（或曰诗宴）之间便形成一种相互依存的关系：他需要文酒之会来娱情遣兴，而文酒之会也需要他来增光添彩。于是，他便以颓放而又不无亢奋的姿态放歌洛阳，直至终老。

开成二年（837）春，裴度不负前约，如期举办文酒之会。与会者甚众，而刘禹锡与白居易是当然的主角。席间赋诗的应当不止他们三人，但留下联句的却只有他们三人，似乎当时这三位高手在众目睽睽下进行了一次联句的示范表演。联句诗的序言由裴度所撰：

> 予自到洛中，与乐天为文酒之会，时时构咏，乐不可支。则慨然共忆梦得，而梦得亦分司至止，欢惬可知，因为联句。

寥寥数语，不仅述及欢会始末与联句缘起，而且抒发了三人终得同聚洛阳、联句赋诗的"欢惬"之情。因过于沉湎于这种欢惬之情，他甚至不顾及其他与会者的感受，忘情地投入"三人行"的文字游戏，而将他人视同助兴与喝彩的观众。他率先吟道：

> 成周文酒会，吾友胜邹枚。
> 唯忆刘夫子，而今又到来。

将今日之欢聚比作"成周文酒会"，既见出裴度对自己一生功业的自信，又渲染了这次聚会的规格之高和场面之盛。因为此前白居易曾以"邹枚"来喻指自己与禹锡，裴度便继续以这两位前贤作为准绳来衡量他们，结论是他们远胜"邹枚"。这又显示了裴度对这两位拔乎众侪的诗友的期许之高和称扬之盛。在刘、白之间，裴度本

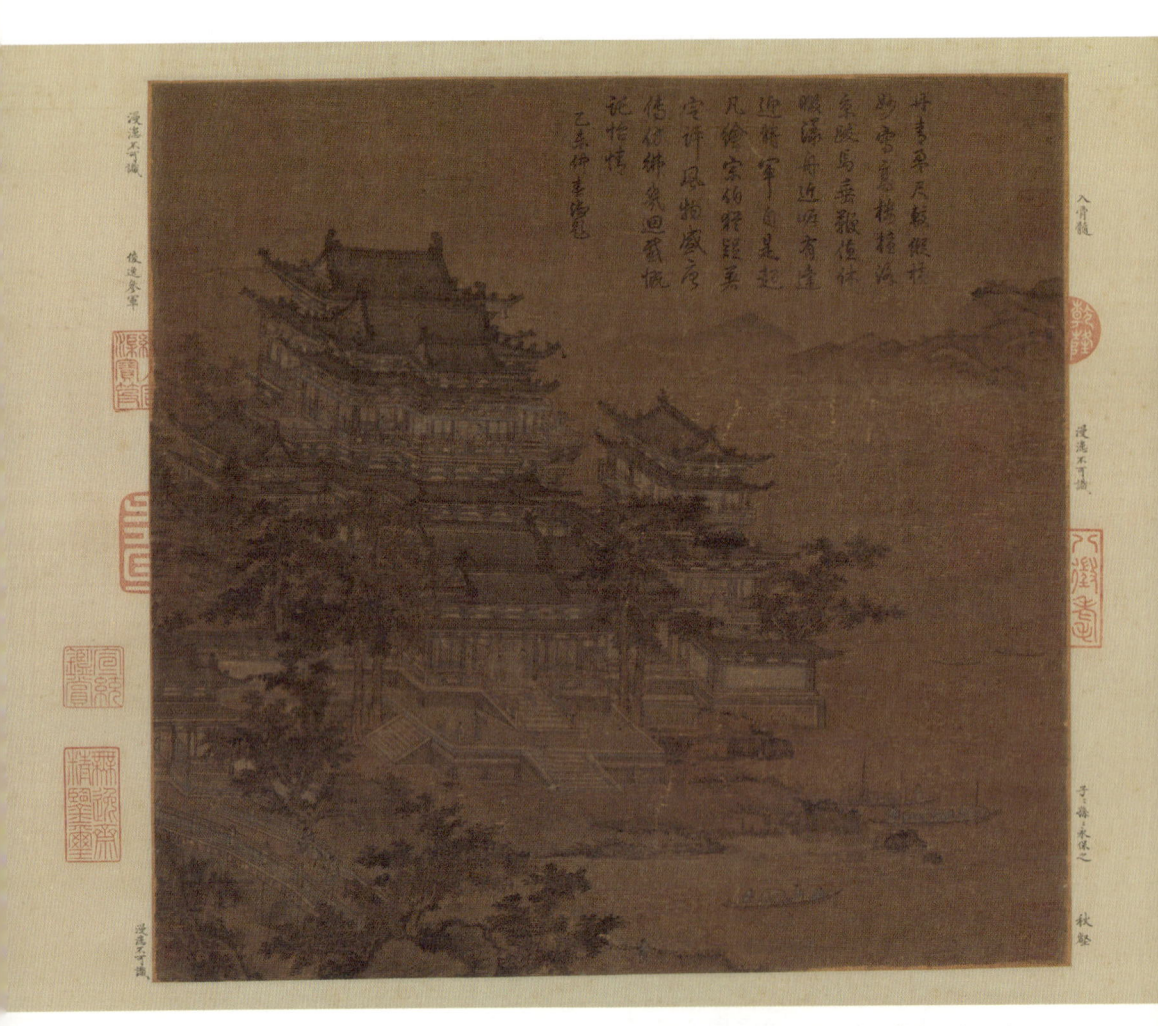

〔唐〕李昭道　洛阳楼图（部分）

无意轩轾，但因为刘禹锡刚刚加盟，有必要再度抒写欢迎之忱，所以接下来，裴度特别强调"唯忆刘夫子，而今又到来"。洋溢于内心的巨大喜悦使他无暇亦无意修润词句，唯求以白话的形式将此时此刻的心情一吐为快。

白居易的联句紧承裴度语意，亦以欢庆刘禹锡回归及称赞其才干为主旨：

> 欲迎先倒屣，亦坐便倾杯。
> 饮许伯伦右，诗推公干才。

"倒屣"，用东汉蔡邕"闻粲在门，倒屣迎之"（《三国志》卷二十一《魏书·王粲传》）的典故，极表对刘禹锡迎之唯恐不及的热诚。"伯伦"，指名列"竹林七贤"的刘伶。"公干"，指"建安七子"中的刘桢。前者善饮，后者擅诗。以之比拟刘禹锡，既摹写出刘禹锡在酒宴上开怀畅饮、千杯不醉的豪放情态，又刻画出刘禹锡在联句时才华横溢、"高风跨俗"的俊逸形象。

按照顺序，刘禹锡是最后一位联句者，面对裴、白二人的盛情，他除了称谢，便只有称美了。经过几个回合的迭相吟唱，在联句诗的最后，他以称美文酒之会的主办者裴度作结：

> 洪炉思哲匠，大厦要群材。
> 他日登龙路，应知免曝鳃。

他把裴度称为"哲匠"，盛赞其汲引人才、撑持大厦之功，庆幸自己因有裴度庇护，得以脱危解困。过去如此，今后亦复如此。在经历了太多的劫难后，刘禹锡虽不至心如槁木，对政局的逆转却也已不抱任何幻想，所谓"他日"云云，只是一种意在擢高裴度地位与作用的场面话，重心是寄望于裴度继续为他遮风挡雨。

以他们的这次联句活动为标志，一个新的诗歌唱和群体迅速形成。这个诗歌唱和群体以裴度为龙头，而以刘、白为中心。文学史上习惯称之为"刘白诗人群"。这是从创作成就和创作影响的视角着眼，并不意味着抹杀或忽略裴度对这个群体的创作活动的推进作用。

先后加入文学史意义上的刘白诗人群的有崔玄亮、李德裕、牛僧孺、令狐楚、裴度、李绅、王起等兼涉政坛与诗坛的名宿。如果进而溯其源头，那么，也许可以说，刘白诗人群集体交游酬唱的序幕早在大和三年（829）便已拉开：当时，白居易以太子宾客身份分司东都洛阳，崔玄亮以秘书少监改曹州刺史，辞病不就，亦归洛阳闲居。白、崔二人都酷爱诗酒，于是经常相约"游山弄水携诗卷，看月寻花把酒杯"（白居易《忆晦叔》）。这实际上已酿就后来的文酒之会的雏形。大和七年（833），崔玄亮逝世，结束了与白居易的交游酬唱生活，白居易曾赋《哭崔常侍晦叔》，以庄周与惠施、子期与伯牙比拟自己与崔玄亮的交谊，既哀悼知音凋零，更痛惜失去了文酒之会的主角之一。但转年，即大和八年（834），随着裴度以东都留守身份退居洛阳，新的更有影响力的主角及时填补了崔氏的空缺，文酒之会也得以在原有基础上扩大规模和提高频率。待到开成元年（836）秋天，原先只能隔空传音的刘禹锡在众人的翘首企盼下正式加入这一群体，"刘白诗人群"这一文学史概念得以最终形成并定名。

在这个成员时有交替、边界殆难厘清的诗歌唱和群体中，刘、白二人不仅成就最高，而且历时最长——这应当是以"刘白诗人群"来命名这一群体的重要原因。这个群体的唱和活动从开成元年（836）到会昌六年（846），前后绵延十年左右，与唱和活动相伴始终的只有白居易一人，而刘禹锡参加活动的时间大致从开成元年（836）到会昌二年（842），延续将近七年，是除白居易以外时间跨度最大的成员。再加上诗才、诗艺、诗品方面的因素,他理所当然地成为这个群体的核心人物,成为与白居易联镳并驰的诗坛盟主。

对刘白诗人群的活动情形,史书及当事人的诗文都有所描述。据《旧唐书·裴度传》记载,裴度"视事之隙,与诗人白居易、刘禹锡酣宴终日,高歌放言,以诗酒琴书自乐,当时名士皆从之游"。其活动内容、活动形式、活动规模可见一斑。值得注意的是,"当时名士皆从之游",可知只要是贤达名流,无不以从游为乐,即便"叨陪末座",也"与有荣焉"。刘禹锡为悼念李绅而作的《祭兴元李司空文》也有类似记录:"削去苛礼,招邀清闲。广陌联镳,高台看山。寻春适野,醉舞花间。""广陌联镳",见出同游者之众;"寻春适野",见出游览地之广;"醉舞花间",则见出与会者之狂放。

如果说这两则文献尚嫌简略的话,那么白居易《三月三日祓禊洛滨并序》则叙录得较为详细了:

> 开成二年三月三日,河南尹李待价以人和岁稔,将禊于洛滨。前一日,启留守裴令公。令公明日召太子少傅白居易,太子宾客萧籍、李仍叔、刘禹锡,前中书舍人郑居中,国子司业裴恽,河南少尹李道枢,仓部郎中崔晋,司封员外郎张可续,驾部员外郎卢言,虞部员外郎苗愔,和州刺史裴俦,淄州刺史裴洽,检校礼部员外郎杨鲁士,四门博士谈弘謩等一十五人,合宴于舟中。由斗亭,历魏堤,抵津桥,登临溯沿,自晨及暮,簪组交映,歌笑间发,前水嬉而后妓乐,左笔砚而右壶觞,望之若仙,观者如堵。尽风光之赏,极游泛之娱。美景良辰,赏心乐事,尽得于今日矣。若不记录,谓洛无人,晋公首赋一章,铿然玉振,顾谓四座继而和之,居易举酒抽毫,奉十二韵以献。
>
> 三月草萋萋,黄莺歇又啼。柳桥晴有絮,沙路润无泥。
> 禊事修初毕,游人到欲齐。金钿耀桃李,丝管骇凫鹥。

转岸回船尾，临流簇马蹄。闹翻扬子渡，踢破魏王堤。
妓接谢公宴，诗陪荀令题。舟同李膺泛，醴为穆生携。
水引春心荡，花牵醉眼迷。尘街从鼓动，烟树任鸦栖。
舞急红腰凝，歌迟翠黛低。夜归何用烛，新月凤楼西。

这次文酒之会由河南尹李待价提议并承办，但事先不仅请示过裴度，而且与会者也都由裴度亲自邀请，连裴、李在内总计十七人，阵容颇为壮观。他们宴饮的地点是"舟中"，宴饮的时间是"自晨及暮"，一路"尽风光之赏，极游泛之娱"。但既然是"文酒之会"，岂能无诗？所以，他们宴饮时的陈设是"左笔砚而右壶觞"，一厢饮酒，一厢赋诗，氤氲出好一派文采风流的场面！而且，他们并不是单纯地自娱自乐，而是既有歌妓陪侍，又有市民围观，庶几成为一起轰动全城的娱乐事件。不是吗？序中已云"前水嬉而后妓乐"，诗中复云"妓接谢公宴"，可知歌妓是他们宴饮赋诗时不可或缺的角色。她们除了侑酒外，还须载歌载舞，刺激他们的感官，诱发他们的诗兴。如果说"舞急红腰凝，歌迟翠黛低"二句是刻画她们歌舞时的形态的话，那么"水引春心荡，花牵醉眼迷"二句则是描写他们听歌观舞时的生理及心理反应了。他们似乎也并不顾忌市民对官员集体娱乐事件的围观。"望之若仙，观者如堵"云云，作为一种真实记录，非但不见身涉奢靡享乐之风的自省与自愧，反倒流露出吸引公众眼球的自得与自豪——那一时代的官员毕竟要少一些禁忌。

这群风流自赏的政坛耆老和诗坛名宿，自以为此日之盛会比当年王羲之等人的兰亭修禊有过之而无不及，他们无意效仿"曲水流觞"的老套游戏，而采用红颜佐欢、舟中放歌的方式。率先献声的仍是裴度，"四座继而和之"，于是众声喧哗，群音鸣啾，亦可谓"彬彬乎盛矣"。刘禹锡所作为《三月三日与乐天及河南李尹奉陪裴令公泛洛禊饮各赋十二韵》：

第十章 放歌洛阳的一代诗豪

> 洛下今修禊，群贤胜会稽。盛筵陪玉铉，通籍尽金闺。
> 波上神仙妓，岸傍桃李蹊。水嬉如鹭振，歌响杂莺啼。
> 历览风光好，沿洄意思迷。棹歌能俪曲，墨客竞分题。
> 翠幄连云起，香车向道齐。人夸绫步障，马惜锦障泥。
> 尘暗宫墙外，霞明苑树西。舟形随鹢转，桥影与虹低。
> 川色晴犹远，乌声暮欲栖。唯馀蹋青伴，待月魏王堤。

开篇即断言裴度领衔的洛下修禊远胜王羲之主盟的会稽宴集，然后以略带夸饰的笔触，对这次文酒之会作全方位的显影。其中，除了以"波上神仙妓"着色外，还以"翠幄连云起"造势。其排场之大、铺张之甚，由此或可窥知一二。在这样的氛围里，尊卑之序、穷达之别、荣辱之分，甚至恩仇之界，暂时都被泯灭，至少都被模糊，大家唯一的身份是诗坛中人，唯一的兴趣是以诗会友。所以，此时受到推崇的必然是诗才拔群者，而刘、白二人正是这样的诗才拔群者。也只有在这样的文酒之会上，刘禹锡才能找到感觉。

开成元年（836）是刘白诗人群创作最为活跃的一年，不仅参与活动的人数最多，相互间的酬唱也最为频繁，白居易与裴度、李绅，刘禹锡与令狐楚、李德裕等人时相赠答，各有歌咏，均表现出旺盛的创作热情。但次年五月，裴度奉诏移镇太原，任北都留守、河东节度使，不得不离开洛阳，离开他乐于兴办的文酒之会，而刘白诗人群不仅因此减少了一位极具号召力和凝聚力的成员，其活动也失去了强有力的后援。同年出现的不利因素还有令狐楚的逝世。这样，开成二年（837）五月以后，刘白诗人群便告别了创作的巅峰状态，而滑落为平缓运行的局面。开成三年（838）冬，裴度乞归洛阳养老，再度回到他心驰神往的诗歌唱和群体中来，但未及重新发挥他振臂一呼、应者云集的领袖作用，为刘、白二人推波助澜，他即于翌年三月与世长辞。而这也就预示了这一唱和群体将不可避免地渐趋式微。

　　沉溺于文酒之会的刘禹锡,对黑暗现实和邪恶势力的抗争意识渐趋淡薄,而明哲保身的观念越来越成为主导其行为方式的不二准则。"甘露之变"后,他便开始以阅尽沧桑的目光对朝廷中白云苍狗的变化冷眼旁观。退归洛阳后,他更是完全采取静水深流、超然局外的处世态度,坐看云卷云舒、花开花落。《酬乐天醉后狂吟十韵》一诗说:

> 散诞人间乐,逍遥地上仙。诗家登逸品,释氏悟真筌。
> 制诰留台阁,歌词入管弦。处身于木雁,任世变桑田。
> 吏隐情兼遂,儒玄道两全。八关斋适罢,三雅兴尤偏。
> 文墨中年旧,松筠晚岁坚。鱼书曾替代,香火有因缘。
> 欲向醉乡去,犹为色界牵。好吹杨柳曲,为我舞金钿。

　　"木雁"一典,出自《庄子·外篇·山木》:"庄子行于山中,见大木,枝叶盛茂,伐木者止其旁而不取也。问其故,曰:'无所可用。'庄子曰:'此木以不材得终其天年。'夫子出于山,舍于故人之家。故人喜,命竖子杀雁而烹之。竖子请曰:'其一能鸣,其一不能鸣,请奚杀?'主人曰:'杀不能鸣者。'明日,弟子问于庄子曰:'昨日山中之木,以不材得终其天年;今主人之雁,以不材死。先生将何处?'庄子笑曰:'周将处乎材与不材之间。'"这里,庄子昭示了他的与世态度:只有介乎有才与无才之间,才能全身远祸。刘禹锡决意"处身于木雁",表明在经过痛苦的反思和艰难的抉择后,他已认同了庄子的处世哲学,准备跳出政治迷局,远离是非、静观时变了。"任世变桑田",语意更趋显豁——不管政局如何动荡、时势如何变化,他都将以不变应万变,保持既定的超脱姿态,安于"散诞"、"逍遥"、与世无争的生活。"散诞人间乐,逍遥地上仙。"这是他对自己日后生活角色的定位：且做"地上仙"，尽享"人间乐"。他极言目前的生活状态之惬意："吏隐情兼遂，儒玄道两全。"意即这种亦官亦隐、亦儒亦道的"混搭"方式，折中于入世与出世之间，既可满足自己作为世俗之人的物质享受，又可挣脱世俗的羁绊、规避政治的风险，实现烹金馔玉与全身远祸的双重收益。这时的诗人倒真的是大彻大悟了，但他在这里所表现出的过分清醒与冷静，却不能不让我们稍感陌生。从其人生态度的这种嬗变中，我们自然也能感受到那一时代的政治气候的严酷，品味出诗人对世道人心的绝望，但它究竟是一种进化还是退化，却很难衡定。

《咏庭红柿子》一诗也是自抒怀抱之作，折射出刘禹锡在残酷现实的挤压下已多少有些扭曲和裂变的心态：

晓连星影出，晚带日光悬。
本因遗采掇，翻自保天年。

诗人采用托物寄意的传统手法，庆幸自己因多年遭受冷遇、不得显位而没有被卷入朝廷内部的激烈党争，在诸多旧朋新友罹祸亡身的情况下，独能从顺天命，安享晚年。

但如果以为随着政治态度和创作倾向的转变，诗人真的已经弃绝忧愁与烦恼，达到了身心的和谐与宁静，那就未免在低估了其情感世界的复杂性的同时，高估了其调节情绪、制衡心理的能力。事实上，诗人一方面以"散诞"和"逍遥"自期，渴望日夜与欢乐相伴、与痛苦绝缘，另一方面愈发认识到，欢乐往往稍纵即逝，而痛苦却始终如影随形。何以如此？原因或许在于：从本质上说，这种转变是一种有意识的调整，一种受制于生存环境迫不得已的选择。既然如此，它必然给诗人带来屈己从时的痛苦。换一种说法，诗人只是从理智上意识到必须这样做，而并非自觉自愿地这样做。这样，其心态必然是相当复杂和极其矛盾的。在退居洛阳之初，刚刚体验到"吏隐情兼遂，儒玄道两全"的绝佳之处时，他确实是惬意的，但最初的喜悦与满足感消散之后，他却无法不触及内心的伤痕，将思绪拉回到既往的苦难岁月。这种回忆是很难让诗人感到快乐的，而此时使诗人不快的又绝不仅仅是回忆。对于一直志在用世的诗人来说，为求自保而被迫选择超然局外、静观时变的处世态度，又怎么可能让他快乐呢？于是，在既有的理想受挫、壮志成空、年华虚掷的悲伤失意中，应该又糅合着人格分裂、精神异化的无奈与感怆。因此，可以说诗人这一时期的创作心态其实是欢快其外而悲苦其内的。试看《岁夜咏怀》一诗：

弥年不得意，新岁又如何？
念昔同游者，而今有几多？
以闲为自在，将寿补蹉跎。
春色无情故，幽居亦见过。

除旧迎新之际，回忆过去一年的闲居生活，诗人产生的居然是"弥年不得意"的憾恨，而并没有终日欢饮、其乐何极的快慰。而且，瞻望新岁，他似乎也不敢有苦尽甘来的预期。"又如何"的质疑，透露了他对未来的极端不自信。而勾引起他的憾恨之情的则是对昔日同游者的怀念。旧侣凋零而一己独存，在对王叔文、柳宗元等一同参与永贞革新而先后谢世的革新志士的感怀中，诗人看似不经意地传达出其内心对于知音寥落的痛楚。此时的诗人显然是孤独寂寞的，迥别于文酒之会上神采飞扬、不胜欢忭的表现。

的确，文酒之会上的刘禹锡与孑然独处时的刘禹锡简直判若两人。尽管前者并非假象，但后者更接近真相。或者说，前一场合的刘禹锡往往戴上社交时不可缺少的面具，有所掩饰或遮蔽；后一场合的刘禹锡才是毫无伪装、更显真实的。于是，在后一场合他便总是无法抑制孤独寂寞之感。《酬乐天小台晚坐见忆》一诗说：

> 小台堪远望，独上清秋时。
> 有酒无人劝，看山只自知。
> 幽禽啭深竹，孤莲落静池。
> 高门勿遽掩，好客无前期。

独上小台，举杯自酌，这本亦不失逍遥，但"有酒无人劝，看山只自知"，却分明是寂寞自伤、惆怅自怜之语。李白《敬亭山》一诗表现自己的孤独无依以及对尘世的厌倦说："众鸟高飞尽，孤云独去闲。相看两不厌，只有敬亭山。"这里所谓"看山只自知"，恰好浓缩了李诗之意，而措辞较李诗更为婉曲。此外，诗中出现的"幽禽""孤莲"等意象也无不烘染出一种寂寥、凄清的氛围。至少在独处时，他觉得自己是与"幽禽""孤莲"无异的。选择这两个意象入诗，本身就具有某种比兴意味。

尽管欢快其外而悲苦其内的刘禹锡决意缄口政事、不论是非、但求欢娱，文酒之会上的他确实也严格遵从了这一创作宗旨，然而，在独自援笔时，他有时还是会不自觉地将沉沦憔悴之感融入诗中。如《秋中暑退赠乐天》：

> 暑服宜秋著，清琴入夜弹。
> 人情皆向菊，风意欲摧兰。
> 岁稔贫心泰，天凉病体安。
> 相逢取次第，却甚少年欢。

深夜独自抚琴，固然表现了诗人的雅兴，但追索其动因，又何尝不是为了自解孤独、自慰寂寞？他的万千心事无法明言，只有借助跌宕起伏的琴声加以倾诉。所以，这一举动实有其深意。"人情皆向菊"，"向菊"，是因为崇尚菊花傲霜开放的性格特征。这似乎又是在写照自己的节操了。但寄托更深的还是"风意欲摧兰"一句。它令人联想起诗人创作于贬居朗州期间的《萋兮吟》中的"穷巷秋风起，先摧兰蕙芳"二句。后诗以秋风摧折兰蕙比喻保守势力恣意迫害革新志士，显示出鲜明的政治倾向。时隔三十余年，已入老境且锐气大减的诗人再度将这一意象镶嵌入诗，很难说是一种偶然的巧合，更合理的解释是顾思前事，微言寄慨。诗人试图远离是非，但内心却没有淡忘恩仇。一旦有合适的契机和载体，他还是会让旧日恩仇在诗中留下痕迹。

刘禹锡的这类作品，大多运用比兴手法，以极为含蓄的只言片语隐现胸中丘壑，并不直接说破。有时它以"伤春"或"悲秋"的方式，曲折点出心底的郁积。如《酬皇甫十少尹暮秋久雨喜晴有怀见示》：

> 雨馀独坐卷帘帷，便得诗人喜霁诗。
> 摇落从来长年感，惨舒偏是病身知。
> 扫开云雾呈光景，流尽潢汗见路歧。
> 何况菊香新酒熟，神州司马好狂时！

首句推出"独坐卷帘帷"的自我形象，已见其无可排解的寂寞。次句回应皇甫少尹"久雨喜晴"的吟咏，却一笔带过，并不顺势抒写自己的欢欣，反倒接续以"摇落从来长年感"的悲颓之词。"长年感"，说明他的"摇落"之悲不是秋风萧瑟之际方才产生，而是长年两相伴的。这就点出其所悲者乃"身世飘摇"，而非"草木摇落"也。"扫开云雾呈光景"，似有"喜晴"之意，但"流尽潢汗见路歧"，则又转为迷茫，令人难测指归了。如此措笔，至少表明在友人"喜晴"之际，他无法唤起自己同样的情绪。

唯其如此，他才需要适时举办的文酒之会来为他驱散无法根除的愁云；在没有文酒之会时，才需要独自沉湎于醉乡，用酒这一公认的"忘忧物"来消释内心的痛苦。《吴方之见示独酌小醉首篇乐天续有酬答皆含戏谑……》一诗说：

> 闲门共寂任张罗，静室同虚养太和。
> 尘世欢虞开意少，醉乡风景独游多。
> 散金疏傅寻常乐，枕麹刘生取次歌。
> 计会雪中争挈榼，鹿裘鹤氅递相过。

"独酌"何如"共饮"？遗憾的是，人在江湖，各如云散萍漂，岂能日日欢聚？因而终究共饮时少，独酌时多。但独酌总胜于独坐，毕竟它能把人导入"醉乡风景"，令人宠辱偕忘，而独坐只能使人浮想联翩，暗自伤怀。此诗开篇即言"闲门共寂"，直指心灵深处之寂寞。诗人多么希望能领略到盛唐山水田园诗人津津乐道的闲适之趣！然而，他的状态却一直闲而非适——既然驱逐不了一个"寂"字，则何适之有？他不想让这个"寂"字长久地窃据自己的心灵，便只有以独酌的方式与之抗衡了。他凭借既往的经验，坚定地认为化解寂寞和消除忧愁的唯一办法便是遁入醉乡。"尘世欢虞开意少，醉乡风景独游多。"在他看来，世俗的那些娱乐方式，包括征管逐弦、倚红偎翠等，都很少能使他"开意"，唯有"醉乡风景"才能够真正吸引他、慰藉他、升华他，使他暂时不再是他，尽管最终依然是他。

在觥筹交错中纵饮高歌的刘禹锡原来是借酒浇愁！当年贬居时如此，如今闲居时亦复如此。因为闲居与贬居相比，生活待遇虽不可同日而语，怀才不遇、壮志难酬的痛苦却毫无二致。彼时尚能径直袒露痛苦,甚至可以呼天抢地;此时却只能隐晦其词、曲折其意,努力将痛苦的心结藏掖得不见痕迹。这就更费心力了!也就更需要借助酒力了!

与刘禹锡相比,白居易转型的时间更早,也更彻底。他早就要求自己"面上减除忧喜色,胸中消尽是非心"(《咏怀》)。但"减除忧喜色",或许勉强可以做到;"消尽是非心",则万难实现了。就刘禹锡而言,即便转型后,他也始终心存是非,只不过平日口不言、笔不书罢了。而且,他并不总能完全控制自己的情绪,当某一非常事件使他情绪波动时,他便会通过鲜明的爱憎态度来婉转地表露自己的是非观念。开成五年(840),唐文宗驾崩,他作《文宗元圣昭献孝皇帝挽歌三首》:

其一

继体三才理,承颜九族亲。禹功留海内,殷历付天伦。
调露曲长在,秋风词尚新。本支方百代,先让棣华春。

其二

月落宫车动,风凄仪仗间。路唯瞻凤翣,人尚想龙颜。
御宇方无事,乘云遂不还。圣情悲望处,兄日下西山。

其三

享国十五载,升天千万年。龙镳仙路远,骑吹礼容全。
日下初陵外,人悲旧剑前。周南有遗老,掩泪望秦川。

对这位崇文尚贤、励精图治,却身逢末世、襟抱未开的君王,刘禹锡给予了言过其实的高度评价,因为在中晚唐诸帝中,他实在要算为数不多的明主之一了。这也是想借此给后继的唐武宗某种激励与鞭策。将这组作品与此前创作的《敬宗睿武昭愍孝皇帝挽歌三首》相比较,诗人的爱憎态度和褒贬尺度可以一目了然。前诗中的

"禹功留海内，殷历付天伦"云云，极尽褒奖；后诗中的"欲遂东人幸，宁虞杞国忧"云云，则似语含讥讽。虽未加轩轾，却已不难看出诗人的是非判断。刘禹锡还特别以"调露曲长在，秋风词尚新"二句称颂文宗的音乐与诗歌禀赋。确实，文宗不仅爱好，而且崇尚诗歌。据王说《唐语林》载，开成三年（838），他曾谋划设置"诗学士七十二员"。宰相杨嗣复奏请说："今之能诗，无若宾客分司刘禹锡。"文宗尚未表态，另一位宰相李珏便竭力反对这一举措，并不指名地对刘禹锡进行攻击与诋毁。此事终于不了了之。但文宗这一动议本身体现了他对诗道的重视，让刘禹锡不胜感怀，所以此处刻意颂扬。在伤悼这位明主的同时，刘禹锡也不能不托出他对唐王朝江河日下的忧思。"圣情悲望处，兄日下西山。"这是哀吊文宗的陨落，更是痛悼整个唐王朝已无法挽回日落西山的颓势。"日下初陵外，人悲旧剑前。周南有遗老，掩泪望秦川。"诗人以遗老自居，凭陵远眺，悲不自胜，泪洒秦川。从中体现出的岂不正是诗人对国事及国势的关切？诗人试图逃避现实，却终究无法斩断与现实的千丝万缕的联系。这组挽歌，并非有意评判是非和议论现实，却自然而然地披示了诗人的是非观和现实感。

无疑，转型后的刘禹锡已不似当年铁骨铮铮，宁折不弯，直面现实，嫉恶如仇。但这并不是一种脱胎换骨式的蜕变，也不是一种改弦易辙式的嬗替，从本质上看，他依然忠于既定的政治理想，对当年的所作所为没有丝毫追悔之意，只不过在表现形式上，因为越来越清醒地意识到理想的实现已经渺茫无期，他才三缄其口，保持沉默——有时，沉默本身也是一种坚守！换言之，此时的刘禹锡，面貌虽异，而"我心依旧"，哪怕此心已是伤痕累累。所以，在试图自保自全的同时，他实际上并没有放弃自持自守。正如欢快其外与悲苦其内构成其创作转向后的矛盾心曲一样，诗人通过讳言现实的特殊方式实现了自保自全和自持自守这看似抵牾的双重指归的融通。

二、老当益壮

必须强调的是,刘禹锡此时锋芒虽匿,而气骨犹在。与同样年届老暮的白居易相比,他依然不失雄豪之风,表现出远较常人达观的生命意识。这也是白居易以"诗豪"许之的原因。《酬乐天感秋凉见寄》一诗说:

庭晚初辨色,林秋微有声。
槿衰犹强笑,莲迥却多情。
檐燕归心动,鞲鹰俊气生。
闲人占闲景,酒熟且同倾。

中间两联以"槿""莲""燕""鹰"四种物象,从不同侧面抒写自己秋凉时分的感受,虽然已无复当年高声断喝"我言秋日胜春朝"的超迈气概,却也不作低回哀婉的悲秋之词。如果说"槿衰犹强笑"尚带有一丝强颜为欢的无奈的话,那么"莲迥却多情",则归于情思绵绵却波澜不惊的坦然平静。而"檐燕归心动,鞲鹰俊气生",更将传统的悲秋主题荡涤一空,赋予全诗新的高度和力度,表现了诗人面对"衰节"而力图振作的情怀。它与刘禹锡早期作品《始闻秋风》中的"马思边草拳毛动,雕眄青云睡眼开",取象有别而指归无异。在历尽沧桑且老境已至后,诗人犹能情调不隳,把悲颓语、感伤音逐之篇外,是何等难能可贵!

比较一下刘、白二人的咏老之作,或许可以更清楚地看出刘禹锡的"骨力豪劲"和不同凡响之处。年过花甲后,老病缠身的白居易不时作"甚矣吾衰矣"的迟暮之叹,表现出对衰老的恐慌。《咏老赠梦得》一诗说:

> 与君俱老也，自问老何如？
> 眼涩夜先卧，头慵朝未梳。
> 有时扶杖出，尽日闭门居。
> 懒照新磨镜，休看小字书。
> 情于故人重，迹共少年疏。
> 唯是闲谈兴，相逢尚有馀。

因"眼涩"而改变夜读的习惯，提前入眠，这倒不失为应对老境来临的一种积极举措，但早晨慵于梳洗，乃至蓬首垢面，那就是一种近于自暴自弃的消极行为了。至于闭门独居、不愿外出、羞于照镜，就更是自我禁锢、自我摧残的一种非理性方式了。白居易在这里真实地袒露了自己不敢直面老境的心声，题为"咏老"，实为"叹老"。刘禹锡以《酬乐天咏老见示》一诗相应答：

> 人谁不顾老，老去有谁怜？
> 身瘦带频减，发稀冠自偏。
> 废书缘惜眼，多灸为随年。
> 经事还谙事，阅人如阅川。
> 细思皆幸矣，下此便翛然。
> 莫道桑榆晚，为霞尚满天。

当时，刘、白同为眼病和足疾所苦。针对白居易老病见迫、心志已灰的悲观情绪，刘禹锡的酬答并不否认老病会使人心力交瘁，也不讳言"顾老"是人之常情。诗中先呼应白诗，铺陈了老年的苦况：身瘦、发稀、眼昏、病多，以至于无法读书，经常就医。这当然不免令人自悲自怜。但随后笔锋一转，诗人更辩证地描述了老年人的得天独厚之处：他们经历过悲喜人生，对人间的是非曲直、人世的荣辱沉浮、人心的善恶忠奸有着更深刻的体会和更清醒的判断，不会轻信，不会冲动，不会冒险。诗人认为，只要细细思量这些，就能破忧为喜、翛然自乐了。诗以"莫道桑榆晚，为霞尚满天"作结，借绚丽的晚霞为喻，对白居易予以深情的慰勉：谁说桑榆晚景无足观赏？那灿烂的红霞铺散开去、弥漫天际，不也是一种可以炫人眼目的奇异景观吗？识见如此超凡，既体现了诗人善于从不利局面中寻找到有利因素的辩证思想，也映射出其不服老迈、力图振作的壮阔胸襟。有不少学者认为，这首诗表现了诗人自强不息、奋进不已的精神，大有"烈士暮年，壮心不已"之慨。这或许有些言过其实。结合诗人的现实处境和思想状况来看，只怕已无建功立业的"奋进"之心，有的只是不服老迈的"振作"之态。即便如此，也已经比白居易要通达和乐观得多了。明人胡震亨《唐音癸签》指出：

> 刘禹锡播迁一生，晚年洛下闲废，与绿野、香山诸老，优游诗酒间，而精华不衰，一时以诗豪见推。公亦自有句云："莫道桑榆晚，为霞尚满天。"盖道其实也。

胡氏将"莫道"二句视为可以验证刘禹锡"精华不衰"的典范之语。如果没有这类弥漾着雄豪之风和刚劲之气的作品，刘禹锡与寄意诗酒的同侪实在没有明显的差异，幸赖有了这类作品，且它们前后勾连，彼此呼应，一脉贯通，刘禹锡才能成为公推的"精华不衰"的"诗豪"。

作为刘白诗人群的中坚，刘、白二人既有共同的交际圈，又有各自的人脉网。尽管他们都与数量庞大、成分复杂的人在各种场合进行诗酒唱酬，但彼此都把对方视为关系最为密切、往还最为频繁的唱酬者。从"私谊"的角度看，他们之间频繁唱酬是相互表情达意的需要；从"公道"的角度看，他们之间频繁唱酬还是为整个唱和群体提供范本和样本的需要。

早在"扬州席上初逢"之前，他们就是闻声相思，且不时以鸿雁传情的诗友了。扬州把酒言欢之后，彼此奉和赠答的频率日渐增加。但其时元稹尚在，刘禹锡充其量是白居易乐于唱酬的诗友之一，双方又"相去万余里，各在天一涯"（古诗《行行重行行》），鱼雁往来多有不便，赠答之作的数量终究有限。如今，他们一同闲居洛阳，不仅过去制约他们唱酬之乐的时间和空间障碍已不复存在，而且在旧日齐名并称的元稹亡故之后，刘禹锡成为白居易唯一心心相通和旗鼓相当的诗友。于是，他们也就过从甚密、唱酬极频了。

白居易《赠梦得》一诗曾述及他们见面之勤："前日君家饮，昨日王家宴。今日过我庐，三日三会面。当歌聊自放，对酒交相劝。"当然不可能常年如此，比如每逢斋戒月时，白居易就闭门谢客，暂时中断所有的交游，包括与刘禹锡的交游。但即使在无法谋面的日子里，诗鸿也会适时翩翩降落在他们的案头。且看刘禹锡《乐天少傅五月长斋广延缁徒谢绝文友坐成睽间因以戏之》一诗：

五月长斋戒，深居绝送迎。不离通德里，便是法王城。
举目皆僧事，全家少俗情。精修无上道，结念未来生。
宾阁田衣占，书堂信鼓鸣。戏童为塔象，啼鸟学经声。
黍用青菰角，葵承玉露烹。马家供薏苡，刘氏饷芜菁。
暗网笼歌扇，流尘晦酒铛。不知何次道，作佛几时成？

在白居易"五月长斋戒"时，充塞其门庭的只有僧徒，包括刘禹锡在内的文友都被拒于门外。白府不仅举家食素，而且摈弃了一切世俗的享乐方式，不再听歌，不再饮酒，以至于家中出现了"暗网笼歌扇，流尘晦酒铛"的萧瑟景象。如此礼佛，不可不谓虔诚，却加剧了文友们的相思之苦。刘禹锡虽曾以"饷芜菁"的方式给白居易的斋戒提供物质支持，内心却希望白氏能早日结束斋戒，与他重续"杯酒论文"之欢。"不知何次道，作佛几时成？"在这带有几分戏谑与调侃意味的询问中，渗透着诗人对白氏何时能与文友聚首的关切。

一旦斋戒期满，白居易便马上向刘禹锡等诗友发出共饮的邀约。《斋戒满夜戏招梦得》一诗说：

纱笼灯下道场前，白日持斋夜坐禅。
无复更思身外事，未能全尽世间缘。
明朝又拟亲杯酒，今夕先闻理管弦。
方丈若能来问疾，不妨兼有散花天。

在斋戒期满的当天晚上，白居易就迫不及待地告知刘禹锡：明日又可以欢饮了！诗题曰"戏招梦得"，分明是邀请刘禹锡明日前来赴宴，而此夕他已着手为第二天的宴饮进行必要的准备了。"今夕先闻理管弦"，宴饮不可没有丝竹之乐，而因为斋戒，诗人已多日疏离管弦，所以，今夜必须先行调理。看来，在白居易心目中，佛教世界与世俗世界的边界十分清晰。斋戒期间，他潜心于佛教世界，"白日持斋夜坐禅"，"无复更思身外事"，恪守佛教的清规戒律，不敢生一丝妄念。但他并没有真的灭绝原有的世俗欲望，那灯红酒绿、纸醉金迷的世俗世界对他来说依然具有无法抵御的吸引力，所以，在一脚跨出佛教世界之际，他内心是为终于结束了苦行僧般的修持生活而感到欣幸的。也许可以说，他栖身佛教世界，更多是出于理智，出于对精神支柱的敬畏；投身世俗世界，则更多是出于本能，出于对感官享受的追逐。这样，对于他来说，斋戒只是一种不可缺少，也不可亵渎的仪式，仪式结束后，便可以不再受任何戒条的束缚，彻底返回世俗生活的轨道，在诗酒酬唱和轻歌曼舞中尽情挥洒尚存的生命活力。因此，后者才是他更加眷恋和更加令他感到惬意的。无怪他会如此急切地招饮了。刘禹锡奉答以《和乐天斋戒月满夜对道场偶怀咏》一诗：

> 常修清净去繁华，人识王城长者家。
> 案上香烟铺贝叶，佛前灯焰透莲花。
> 持斋已满招闲客，理曲先闻命小娃。
> 明日若过方丈室，还应问为法来耶。

内容本乎白居易原唱，而用笔半凭经验，半凭想象。"案上"一联渲染礼佛的氛围，对偶工整，状物贴切，造境生动。"持斋"一联将"招闲客"与"命小娃"相对举，承白氏原意进一步表现其招饮之热情。而"命小娃"，又点出奉命理曲的都是娉娉婷婷的歌儿舞女。在同一首诗中，佛教仪式的庄严与世俗享乐的轻佻彼此兼容，并不构成本应难以避免的冲突，在刘、白等人眼里也没有荒诞和乖张之处，这正映现出当时的封建士大夫们致力调和思想深处的矛盾而达到的一种圆融的境界。

每当秋高气爽时，刘、白聚饮更勤、过访更频，彼此间唱酬的作品也就数量更多了。其中，刘禹锡首唱的有《新秋对月寄乐天》：

> 月露发光彩，此时方见秋。
> 夜凉金气应，天静火星流。
> 蛩响偏依井，萤飞直过楼。

相知尽白首，清景复追游。

中间四句刻画秋夜景色，以"月露"作为画面的中心视点，而依次烘托以"金气"、"火星"、蛩声、萤光等物象，申足题意。篇末对月怀人，虽无新警之处，却也意到笔随，不失章法。属于刘禹锡奉和的则有《秋晚病中乐天以诗见问力疾奉酬》：

耳虚多听远，展转晨鸡鸣。
一室背灯卧，中宵扫叶声。
兰芳经雨败，鹤病得秋轻。
肯蹋衡门草，唯应是友生。

诗人此时身处"秋晚病中"，奉答白居易的慰问时，既必须描绘晚秋之景，又必须抒写卧病之感，还必须表达酬谢之意，将三者熔于一炉。而事实上，诗人正是如此着笔。即以"中宵扫叶声"一句而

〔宋〕易元吉　秋景獐猿图（局部）

言：落叶缤纷，乃至中宵尚须清扫，正是典型的晚秋景象；而中宵时分，"扫叶声"犹清晰入耳，说明诗人辗转难眠；难眠的原因，既有病痛的折磨，也有嘤鸣之情的搅扰。所以，此句实有一石三鸟之功效。

　　刘禹锡这类吟咏晚秋的唱和之作，虽不免展示秋景的萧索，从总体上看，却用笔闲淡，力避衰飒之气，表现出远比常人豁达与开朗的胸襟。如《和乐天早寒》：

　　　　雨引苔侵壁，风驱叶拥阶。
　　　　久留闲客话，宿请老僧斋。
　　　　酒瓮新陈接，书签次第排。
　　　　翛然自有处，摇落不伤怀。

苔藓侵壁，黄叶拥阶，而这又是"雨引""风驱"的结果。景色本身是萧瑟，甚至有点凄凉的。但面对这一景色的诗人却气定神闲,殷勤待客,潇洒饮酒,轻松读书。"翛然自有处,摇落不伤怀。""翛然",形容无拘无束的样子,出自《庄子·大宗师》:"翛然而往,翛然而来而已矣。"诗人自感已脱略精神羁绊,找到心灵的安顿处,所以不会因"草木摇落"而悲伤。这即便不是一种具有写实意味的自述,也是一种带有理想色彩的自励。

可以说,当刘禹锡晚年放歌洛阳时,白居易始终以他略带苍老、疲惫却不失圆润、婉转的歌喉为其发出和谐的共鸣。他们不断转换角色,互为对方伴奏,互为对方喝彩,互为对方充当难抑仰慕之情的听众,在诗与诗的交流中,促进了心与心的交融,从而成就了中国文学史上的一段佳话。

在刘禹锡这一时期的"诗友"中,唱和频率仅次于白居易的要数牛僧孺了。但其间之况味全然不同。这是两个有着难以化解的宿怨的诗坛大腕,本无意过多地交集,但在迫于情势不得不同台演出时,却只能强自克制,虚与委蛇,把唱和当作修补持续恶化的人际关系的一种必要手段。同时,从另一种角度看,他们也把唱和视为暗中角力的一种方式——不仅能够较短量长、一决雌雄,还可以婉言寄讽、发泄幽愤。这样,他们的唱和之作就难免飘逸出不和谐的音符而别具韵味了,他们这种行为本身也就构成了一种与政治代码及性格基因相联系的独特文化现象。也正因为这样,解读这类作品,就不仅是一种文学鉴赏,从某种意义上说,也是在剖析中晚唐之交的政治生态和文化生态了。

最便于观察两人龃龉的大概是刘禹锡的《和牛相公夏末雨后寓怀见示》一诗:

金火交争正抑扬,萧萧飞雨助清商。
晓看纨扇恩情薄,夜觉纱橙刻数长。
树上早蝉才发响,庭中百草已无光。

第十章 放歌洛阳的一代诗豪

> 当年富贵亦惆怅，何况悲翁发似霜！

丰富而又老到的人生历练，辅以明哲保身的政治态度及敛抑锋芒的创作倾向，使得诗人不可能采用唇枪舌剑的措辞方式，直接向牛氏亮出芒刺，甚至也不可能在诗中指桑骂槐，让人一目了然地察见其刀刃所向，而只能以涂上层层保护色的比兴手法，含沙射影地对牛氏加以批评。"晓看纨扇恩情薄"，其字面意义是说雨后天气转凉，纨扇被寡恩的主人所捐弃。但其中分明寄寓了诗人对牛氏不念旧情、恩将仇报的行径的微讽。"树上早蝉才发响，庭中百草已无光。"影射之意就更加明显了。牛氏当年拜相伊始，即玩弄权术，排斥异己，压制同僚，这不正酷似秋蝉一鸣、百草凋零吗？篇末感慨富贵无常，当年享尽荣华富贵者也难免因时移势迁而怅惘，应该也可以理解为对飞扬跋扈的牛氏的一种不动声色的告诫。但这样内蕴攻讦之意的作品，其实难得出现在刘禹锡与牛氏的唱和诗中。因为牛氏此时接替裴度担任东都留守，统领洛阳文武百官，刘禹锡终究是其下属，不敢轻易罹触"犯上"的风险，何况他为求全身远祸，待人接物的性情已变——倘依诗人早年的性情，当牛氏以"莫嫌恃酒轻言语，曾把文章谒后尘"等语展示其倨傲之态时，便当拂袖而去。当时既已忍辱含羞，觍颜接谈，而今人在屋檐下，受其节制，就更须压抑本性、扭曲心声了。所以，刘禹锡与牛氏的唱和诗只是偶露峥嵘，大多数作品并不以影射对方为快，至少从表面上看是这样。除违心地称许对方外，便是表白自己心如止水、与世无争的生活态度。如：

> 心如止水鉴常明，见尽人间万物情。
> 雕鹗腾空犹逞俊，骅骝齿足自无惊。
> 时来未觉权为祟，贵了方知退是荣。

只恐重重世缘在，事须三度副苍生。

——《和仆射牛相公寓言二首》其二

静得天和兴自浓，不缘宦达性灵慵。
大鹏六月有闲意，仙鹤千年无躁容。
流辈尽来多叹息，官班高后少过从。
唯应加筑露台上，剩见终南云外峰。

——《和仆射牛相公见示长句》

　　不难看出，前诗的中心词是"权为祟""退是荣"，后诗的中心词则是"有闲意""无躁容"。如果说前者是诗人从数十年的风雨人生中感悟出的经验之谈的话，那么后者则是诗人对自己时下心态的一种带有规范与企求意味的写照。当然，最值得品味的还是"心如止水鉴常明，见尽人间万物情"二句。一方面心如明镜，对世间万物及人情百态无不能洞烛幽微，没有任何权谋能迷惑他的视听；另一方面又心如止水，无论政局动荡抑或江山沦替，不管富贵炫于目还是美色诱于前，他都能做到水波不兴，既不会与人争名，更不会与人夺利。而这恰好可以概括诗人后期的政治态度和创作倾向。向牛氏表明这种态度与倾向，自然不是"逞强"而是"示弱"，意在淡化牛氏的猜忌之心，求得和平共处的生活空间。不难想见，诗人在如此放低身段、委曲求全时，内心该有多么屈辱！

　　除了白居易、牛僧孺以外，刘禹锡这一时期唱酬赠答较多的诗友还有裴度、令狐楚、李德裕等人。有别于酬答牛僧孺时的被动应对、虚与周旋，刘禹锡对此前同样担任东都留守的裴度则采取主动逢迎、不计尊卑、直披肝胆的姿态。但两人嘤鸣情长，而相聚苦短。刘禹锡退居洛阳未及一年，裴度便奉敕转任太原尹、北都留守、河东节度使。惜别之际，刘禹锡赋《奉送裴司徒令公自东都留守再命太原》一诗为其壮行：

第十章　放歌洛阳的一代诗豪

星使出关东，兵符赐上公。山河归旧国，管籥换离宫。
行色旌旗动，军声鼓角雄。爱棠馀故吏，骑竹见新童。
汉垒三秋静，胡沙万里空。其如天下望，旦夕咏清风。

时局动荡，政出多门，朝廷人事的变化诡谲莫测，本已决意偃旗息鼓、闲居终老的裴度，在新一轮的权力角逐中竟又被用作平衡各方势力的筹码而不得不再度出山。这对于好不容易才暂离惊涛骇浪的裴度而言，无异于重罹险境。所以，这是个他不愿接受却又无法推却的任命。他到任一年多便恳请朝廷将他放归洛阳的后续动作也足以证明这一点。而此时正蒙其荫庇的刘禹锡，心情就更加复杂了。一方面，裴度的调离，既使他少了一位相知相亲并且可以依傍的尊长，也使东都诗坛失去了一位振臂一呼、应者云集的盟主，这是他不胜痛惜的。另一方面，一心以济世为念的他，又笃信裴度重获起用后，必能凭其丰富的政治经验和杰出的政治才干，保境安民、造福一方。对于太原百姓，这无疑是一个从天而降的福音。为社稷苍生计，他又不能不额手称庆。在这首诗中，他即撇开个人的利害得失，从天下苍生的视角，对"回归一线"的裴度寄予厚望。诗中除了以"行色旌旗动，军声鼓角雄"这样的略带俗套的笔墨渲染其声威外，还连用"爱棠""骑竹""清风"三个典故，激励裴度实施仁政，遗爱庶民。诗人以"其如天下望，旦夕咏清风"二句收束全篇，预示了裴度不负众望、泽被苍生，因而其高风德政被广泛传诵的前景。这实际上是对裴度的一种方式特别的鞭策，昭示的是诗人历万劫而不改的拳拳用世之心，尽管此时他自己已不抱用世的期待。

李德裕是刘禹锡另一位"出将入相"的诗友，他和牛僧孺作为"牛李党争"中两股水火不容的政治势力的代表人物，同样难以避免升沉不定、进退失常的政治命运。早已被排挤到边缘地位的刘禹锡并没有直接介入"牛李党争",而相对超然于其相互倾轧之外,但就他与牛、李二人的交往而言,他在情感上是偏向于李德裕的,有比较明显的亲疏之分。同样是唱和,与牛僧孺不免虚情假意,与李德裕则纯是真情实感了。尽管因为与牛僧孺同在洛阳,而与李德裕分居两地,所以和前者唱酬的频率要高得多,但说到心灵的契合程度,前者却远非后者之匹了。且看《和李相公初归平泉过龙门南岭遥望山居即事》一诗:

> 暂别明庭去,初随优诏还。
> 曾为鹏鸟赋,喜过凿龙山。
> 新墅烟火起,野程泉石间。
> 岩廊人望在,只得片时闲。

李德裕曾于唐文宗大和七年(833)和唐武宗开成五年(840)两度为相,前后历时七年有余。主政期间,力主削弱藩镇,巩固中央集权,使晚唐内忧外患的局面暂得安定。但其间屡遭贬黜,初贬荆南,次贬潮州,再贬崖州,最终卒于崖州(今海南琼山)贬所。这首诗当作于开成元年(836)十二月李德裕赴任浙西观察使之前。李德裕原唱以"遥望山居即事"为题,隐隐流露出归隐林泉之思。刘禹锡奉和时自也不能跳脱"山居"这一规定情境,"新墅烟火起,野程泉石间"二句即为对他们所共同向往的山居生活的艺术显影。但诗人坚信李德裕此前被逐只是"暂别明庭",很快便会再度叱咤风云。在他心目中,李德裕像"曾为鹏鸟赋"的贾谊一样具有安邦定国的卓异才干,命运或未免坎坷,却不会长久沉沦。篇末诗人便断言:"岩廊人望在,只得片时闲。"意谓德劭才高的李德裕在朝廷中极有人望,回朝重掌政柄也许就在旦夕之间,所以,纵然他心存"山居"之想,却终究只能得片刻闲暇。这也就是说,眼下他虽然"处江湖之远",

不久却必将"居庙堂之高"。这就将现实的"山居"与未来的"朝居"绾结在一起,生发出新的更加高远的命意。而这恰好体现了诗人对李德裕的高度信赖。诗中既有亲切的安慰,又有热切的期望,完全出以体己的口吻,绝不似奉答牛僧孺的作品那样带有明显的距离感和隔膜感。又如《和李相公平泉潭上喜见初月》:

> 家山见初月,林壑悄无尘。
> 幽境此何夕?清光如为人。
> 潭空破镜入,风动翠蛾颦。
> 会向琐窗望,追思伊洛滨。

这仍是一首奉和之作。新月初升,清光弥望,令人有今夕何夕之感。如此着笔,尚不免堕入前代咏月诗的窠臼。诗人的独到之处在于,以月之形象特征来写照人之品格特征,将对月色的欣赏与对诗友情操的赞美融为一体——"清光如为人",似乎稍嫌直白,有损含蓄蕴藉之致,却不加掩饰地表达了诗人对李德裕的仰慕。而"林壑悄无尘",应当也隐含着对李德裕不染俗尘的节操的首肯。"潭空破镜入,风动翠蛾颦"二句正面描写"平泉潭上"之"初月",发想新奇,造语灵动。以"破镜""翠蛾"比喻一弯新月,固然十分贴切,但如果仅止于此,尚平平无足称羡,诗人的高明之处在于通过动词的精当遣用和巧妙搭配,刻画出月映清潭的独特景观:因为潭水空碧,月映其中,仿佛"破镜"擅入;由于夜风轻拂,水面荡起涟漪,月影有些变形,好似"翠蛾"微颦。这就显现了潭中初月与空中初月的区别,将题意落实到毫厘不爽的地步。"会向琐窗望,追思伊洛滨"二句以追忆昔日同游情景作结。诗人透过窗户,望月怀人,忆起当年与李德裕在伊洛之滨联袂出游的情形,不禁心驰神往。全诗或凭月传情,或借月寄慨,或以月炫技,在刘禹锡这一时期的唱酬诗中无疑属于上乘之作。

刘禹锡放歌洛阳时期的唱酬诗，有一部分作于饯送之际，因而也可以视为传统意义上的送别诗。如：

> 楚关蕲水路非赊，东望云山日夕佳。
> 蕹叶照人呈夏簟，松花满碗试新茶。
> 楼中饮兴因明月，江上诗情为晚霞。
> 北地交亲长引领，早将玄鬓到京华。
> ——《送蕲州李郎中赴任》

> 蝉鸣官树引行车，言自成周赴玉除。
> 远取南朝贵公子，重修东观帝王书。
> 常时载笔窥金匮，暇日登楼到石渠。
> 若问旧人刘子政，如今头白在商於。
> ——《送分司陈郎中祗召直史馆重修三圣实录》

> 祖帐临周道，前旌指晋城。
> 午桥群吏散，亥字老人迎。
> 诗酒同行乐，别离方见情。
> 从兹洛阳社，吟咏欠书生。
> ——《送河南皇甫少尹赴绛州》

> 耳闻战鼓带经锄，振发名声自里闾。
> 已是世间能赋客，更攻窗下绝编书。
> 朱门达者谁能识？绛帐诸生尽不如。
> 幸遇天官旧丞相，知君无翼上空虚。
> ——《送前进士蔡京赴学究科》

刘禹锡这类作品的共同特点有四：其一，非但不作伤离怨别之语，而且连"别离"一词也几乎弃绝，仅第三首中笼统地提到一句

"别离方见情"。抒情基调都是明朗、乐观的。其二，总是对送别对象赞赏有加、勉励有加。虽然自己年届老暮，置身政局之外，却希望对方保持积极向上的精神风貌，有所作为，有所创获。所谓"从兹洛阳社，吟咏欠书生""幸遇天官旧丞相，知君无翼上空虚"云云，都是一种本乎无法泯灭的用世之志和济时之心的期许。其三，写景、咏物、记事都能贴近送别对象的特点，不作泛泛的程式化描写，而致力于因人因地因时而异的个性化展示。如第四首中"前进士蔡京"所赴为"学究科"，诗人便圈定其身份和工作内容说："已是世间能赋客，更攻窗下绝编书。"第二首中的"陈郎中"新任史馆编修，且其具体任务为"重修三圣实录"，所以，诗人就描述其此行的使命是"远取南朝贵公子，重修东观帝王书"。二者的差异，通过不同的事典而得以清晰显现。又如第一首中的"李郎中"，因为其即将赴任的蕲州位于长江之滨，地近举世闻名的黄鹤楼，诗人便就"江""楼"等特定景物想象对方抵达目的地以后的生活："楼中饮兴因明月，江上诗情为晚霞。"其四，遣词造句多引经据典，虽不能说"无一字无来处"，但用典之频繁，是显而易见的事实。尤其是第二首，几乎每句都有案可稽，"使事"之密集，已到令人叹为观止的地步。即以次句"言自成周赴玉除"而言："成周"为古地名，即西周的东都洛邑，周成王时周公所筑，迁殷民居此。据陆机《洛阳记》载："（成周）东西十里，南北十三里，城上百步有一楼橹，外有沟渠。"诗人这里乃以"成周"指代洛阳。"玉除"，本指用玉石砌成或装饰的台阶，后用以借指朝廷。如同时的白居易《答马侍御见赠》一诗便说："谬入金门侍玉除，烦君问我意何如。"所谓"言自成周赴玉除"，实际上就是说陈郎中奉命由洛阳赴朝廷任职。如此曲折其词，或许有炫学之意，却也增加了语言的储量与美感。"常时"二句中的"金匮""石渠"貌似普通，实则亦有出典："金匮"，铜制的柜，古时用以收藏文献或文物。《汉书·晁错传》有曰："陛下之德厚而得贤佐,皆有司之所览,刻于玉版,藏于金匮,历之春秋,纪之后世,为帝者祖宗。"诗人此处即以"金匮"指代朝廷收藏的重要文献。"石渠",指石渠阁,为西汉皇室藏书之处。据《三辅黄图》载,"石渠阁,萧何造。其下砻石为渠以导水,若今御沟,因为阁名。所藏入关所得秦之图籍。至于成帝,又于此藏秘书焉"。唐人诗文中常用以喻指秘书省、集贤殿书院。用此二典,意在融通古今,突出其工作性质及其重要性。这样随意挥洒典实,且能丝丝入扣,足证诗人精熟经史子集而又能灵活取用,变化无穷。对于读者而言,这固然在一定程度上增加了理解的困难,却也可以诱发他们解读的兴趣。

三、征管逐弦

刘禹锡晚年放歌洛阳时的生活,以征管逐弦、诗酒酬唱为核心内容,而为他们抚弦弄管、充当其诗酒生活的调味品和染色剂的则是那些色艺双绝的歌妓。在他们心目中,她们不仅是深谙人情世故、善于察言观色的解语花,而且是和诗酒具有同样功效的忘忧物。没有她们的参与,他们的诗酒生活该怎样黯然失色和寡淡无味啊!后人习惯于将"诗酒"与"风流"相连缀来形容他们的生活特征,谓之"诗酒风流"。试想,如果少了那些可人儿的依傍,他们又何"风流"之有?

在白居易的引领下,刘禹锡这一时期的生活其实是很有几分孟浪的。白居易《赠梦得》一诗曾这样描述他们的日常生活情景:

年颜老少与君同,眼未全昏耳未聋。
放醉卧为春日伴,趁欢行入少年丛。
寻花借马烦川守,弄水偷船恼令公。

第十章　放歌洛阳的一代诗豪

闻道洛城人尽怪，呼为刘白二狂翁。

早已过了耳聪目明的年龄，但豪情逸兴丝毫也不亚于风流自赏的"三河少年"。不仅结伴同游时不拘形迹地醉卧花丛，而且不顾他人嗤笑，混迹于翩翩少年的行列。"寻花借马"，尚在情理之中；"弄水偷船"，则逾乎规矩之外，迹近"无赖"了——至少表现出与其年龄极不相称的"顽皮"。如此放浪形骸，差不多已到了惊世骇俗的地步。所以，舆论亦为之大哗，整个洛城都传为奇谈，把这两位疯疯癫癫的老头称作"狂翁"。这里，白居易是以自豪的口吻述及洛阳舆情对他们两人的评论的，不以为耻，反以为荣，显露出"抗颜世俗"的勇气。

而携妓同游或狎妓为乐，倒是不需要"抗颜世俗"，因而也不需要多少勇气。因为蓄妓与狎妓在当时的士大夫阶层中已蔚为风气，几乎没有人觉得这有损"令德"。

唐代宫妓、官妓、营妓、市妓、家妓之盛，绝不亚于前朝。一个无可讳言的事实是，教坊妓制度到唐代才正式形成，而所谓教坊妓，既可称为乐妓，也可称为宫妓。唐玄宗时，长安内外在册教坊妓的数量多达11409人，其中宜春院的宫妓层次最高，因为她们通常承担为皇帝表演的使命，尽管她们除表演外也许不需要发挥其他功能。

与此对应的是官妓。在朝廷的默许甚至纵容下，淫靡之风鼓荡于大江南北、长城内外。无论官府的公务应酬，还是官员的私人聚会，都把妓乐作为一道不可缺少的风景线。于是官妓便应运而生，且阵容不断扩大。官妓，又称"官使妇人""官使女子"，至中唐时已普及州、府、郡乃至县级衙门，成为财政预算中的食俸人员。崔颢曾仿唐代俚曲作《得体歌》，其序言中就提到供奉于县级衙门的官妓："先是民间戏唱《得体歌》……陕县尉崔成甫乃翻此词为《得宝歌》，集两县官伎女子唱之。"

至于营妓，则是指随军出征、常驻营房的官妓。她们一样享用皇粮，只不过属于军队系统，而非政府系统。高适《燕歌行》一诗揭露官兵苦乐悬殊的状况说"战士军前半死生，美人帐下犹歌舞"。这些轻歌曼舞的"美人"应该就是营妓。

与皇粮不沾边的是市妓。对她们的管理采用隶属于市场经济范畴的商业运作模式，其供职的地点就是所谓"青楼"了。长安的平康坊青楼林立，昼夜喧呼，灯火不绝，盛极一时。据《开元天宝遗事》载："长安有平康坊，妓女所居之地。京都侠少，萃集于此……时人谓此坊为风流薮泽。"因为平康坊地处长安城北，又称为"北里"。晚唐孙棨的《北里志》，记录了黄巢攻陷长安前平康坊歌妓的生活情景，序言中说，由各地汇聚而来的举子们在应试前，常常壮着胆子光顾他们向往已久的平康坊，而与他们交接的莺莺燕燕们"多能谈吐，颇有知书言话者"，她们"分别品流，衡尺人物，应对非次，良不可及"，令初涉京都风味的年轻举子神魂颠倒，方知人间尚有这等尤物。此书写于唐僖宗中和四年（884），作者当时已垂垂老矣，而平康坊也已香风消歇，无复故貌，但忆及平康坊昔日之盛况，他犹自心驰神往，不胜眷恋。尽管唐王朝也有用以规范官僚及士子行为的礼法，但在私生活领域里，他们往往为世风所染，不拘礼法，不畏讥评，在"集体无意识"的状态下，频繁地出入青楼寻花问柳，以满足感官的享乐。落魄潦倒时尤其如此。杜牧便在《遣怀》中自道："落魄江湖载酒行，楚腰纤细掌中轻。十年一觉扬州梦，赢得青楼薄幸名。"崔颢《渭城少年行》也说："斗鸡下杜尘初合，走马章台日半斜。章台帝城称贵里，青楼日晚歌钟起。"作者自己的身影显然也夹杂在这群醉生梦死的"渭城少年"中。可知他们对自己混迹于烟花柳巷的经历非但无意讳言，反倒有些津津乐道。这正反映了唐人观念的解放，尽管解放的尺度是否恰当或许还可进一步讨论。

家妓则是达官权贵或富商巨贾私人蓄养的歌妓。蓄养者除了都患有"寡人之疾"、贪恋声色外,还应当具备相当的政治地位和经济实力。或许因为自身已专享"后宫佳丽三千人",唐王朝的帝王们颇欲推恩于各级官员,不仅允许他们蓄养家妓,而且还根据官员的品级从制度层面上规定了他们蓄养家妓的规模,如唐玄宗诏令:"五品已上正员清官、诸道节度使及太守等,并听当家畜丝竹,以展欢娱。"中宗规定得更加具体:"三品已上,听有女乐一部;五品已上,女乐不过三人。"细细推究,这或许是鉴于部分官员淫逸过度,早已不受制度约束,所以中宗觉得有必要予以规范。许多朝廷命官在渔色买欢时是不惜耗费巨资的。白居易《感故张仆射诸妓》一诗有句:"黄金不惜买蛾眉,拣得如花三四枝。"虽然说的是曾任武宁军节度使、工部尚书的张愔,但对照他自己的所作所为,亦可将其视为他的"夫子自道"。在"买蛾眉"这件事上,白居易一直是毫不含糊、毫不吝啬的。在《追欢偶作》一诗中,他回顾自己"石楼月下吹芦管,金谷风前舞柳枝"的风流往事时,坦承曾经"十听春啼变莺舌,三嫌老丑换蛾眉"——当他觉得原有的家妓已年老色衰,难以满足他的欲求时,便毅然决然地另觅新欢。如是者三,自然耗资不菲。

这种蓄妓、狎妓的风气,是与繁华奢靡的都市生活和倜傥通脱的进士风度联系在一起的。刘、白二人既长久浸淫于都市生活,又同为进士出身,自不免濡染这种风气。不过,相形之下,白居易介入更深,风头更健,也更为凡夫俗子所艳羡。可以说,刘禹锡充其量是为这种风气所裹挟,而白居易则差不多是领风气之先了。白居易和元稹一样,是中唐艳体诗的始作俑者,这已是不争的文学史实。毫无疑问,在中唐时期甚至在整个唐代,白居易及其作品都属于影响最大、流传最广的。白居易自己在《与元九书》中说:"自长安抵江西三四千里,凡乡校、佛寺、逆旅、行舟之中,往往有题仆诗者。士庶、僧徒、孀妇、处女之口，每每有咏仆诗者。"元稹《白氏长庆集序》证明此言不虚："然而二十年间，禁省观寺邮堠墙壁之上无不书，王公妾妇牛童马走之口无不道。至于缮写模勒，炫卖于市井，或持之以交酒茗者，处处皆是。"古今诗人生前成名之速、得名之盛，以白居易为最。但其作品中得到广泛流传的主要是反映都市生活的艳体诗。由于这部分作品糅合了市民化文人的庸俗和文人化市民的轻薄，可以最大限度地迎合与满足市民阶层低俗的审美趣味，所以不胫而走，为三教九流所喜爱。这意味着，当时使白居易享有盛名的实际上并不是今天的文学史著作所推崇的讽喻诗，而是他与元稹"迭吟递唱"的艳体诗。这部分艳体诗颇为后人所诟病。杜牧《唐故平卢军节度巡官陇西李府君墓志铭》便说："尝痛自元和以来，有元白诗者，纤艳不逞，非庄士雅人，多为其所破坏。流于民间，疏于屏壁，子父女母，交口教授，淫言媟语，冬寒夏热，入人肌骨，不可除去。吾无位，不得用法以治之。"（《全唐文》卷七五五）千年以后，清人王夫之《姜斋诗话》遥相呼应说："迨元白起，而后将身化作妖冶女子，备述衾裯中丑态。杜牧之恶其蛊人心、败风俗，欲施以典刑，非已甚也。"这或许有言过其实、反应过度之处，却昭示了有识者对白居易艳体诗的不屑。

　　的确，白居易的一部分艳体诗多有令人不堪的笔墨，不用说传统的卫道者会大加挞伐，就是也有声色之好却不喜直言的同道者也可能嗤之以鼻。如《江南喜逢萧九彻因话长安旧游戏赠五十韵》：

忆昔嬉游伴，多陪欢宴场。寓居同永乐，幽会共平康。
师子寻前曲，声儿出内坊。花深态奴宅，竹错得怜堂。
庭晚开红药，门闲荫绿杨。经过悉同巷，居处尽连墙。
时世高梳髻，风流澹作妆。戴花红石竹，帔晕紫槟榔。
鬓动悬蝉翼，钗垂小凤行。拂胸轻粉絮，暖手小香囊。

第十章　放歌洛阳的一代诗豪　　397

选胜移银烛，邀欢举玉觞。炉烟凝麝气，酒色注鹅黄。
急管停还奏，繁弦慢更张。雪飞回舞袖，尘起绕歌梁。
旧曲翻调笑，新声打义扬。名情推阿轨，巧语许秋娘。
风暖春将暮，星回夜未央。宴余添粉黛，坐久换衣裳。
结伴归深院，分头入洞房。彩帷开翡翠，罗荐拂鸳鸯。
留宿争牵袖，贪眠各占床。绿窗笼水影，红壁背灯光。
索镜收花钿，邀人解袷裆。暗娇妆靥笑，私语口脂香。
怕听钟声坐，羞明映缦藏。眉残蛾翠浅，鬟解绿云长。
聚散知无定，忧欢事不常。离筵开夕宴，别骑促晨装。
去住青门外，留连浐水傍。车行遥寄语，马驻共相望。
云雨分何处，山川共异方。野行初寂寞，店宿乍恓惶。
别后嫌宵永，愁来厌岁芳。几看花结子，频见露为霜。
岁月何超忽，音容坐渺茫。往还书断绝，来去梦游扬。
自我辞秦地，逢君客楚乡。常嗟异岐路，忽喜共舟航。
话旧堪垂泪，思乡数断肠。愁云接巫峡，泪竹近潇湘。
月落江湖阔，天高节候凉。浦深烟渺渺，沙冷月苍苍。
红叶江枫老，青芜驿路荒。野风吹蟋蟀，湖水浸菰蒋。
帝路何由见，心期不可忘。旧游千里外，往事十年强。
春昼提壶饮，秋林摘橘尝。强歌还自感，纵饮不成狂。
永夜长相忆，逢君各共伤。殷勤万里意，并写赠萧郎。

作者所怀念的"长安旧游"就是出入青楼、狎昵市妓的风流韵事。他以纤细的笔触对青楼及青楼中人作绘声绘色、惟妙惟肖的描写，包括青楼的环境、妓女的服饰、歌舞的姿态、宴饮的场面，甚至连云雨欢合的过程都淋漓尽致地加以展示，堪称以淫靡为特征的艳体诗的一个典型标本。

白居易自己对这部分深受世俗欢迎的作品其实并不看重。在《与元九书》中，他一方面有些自得地说到作品的流传情况，另一方面也不无遗憾地承认："今仆之诗，人所爱者，悉不过杂律诗与《长恨歌》已下耳。时之所重，仆之所轻。"说明他的取舍标准与评价尺度与世俗之人大相径庭。但文学的传播与接受往往不以作家个人的意志为转移，也不与主流意识形态及传统审美规范相对应，而表现出错综复杂、难以预料、无法掌控的情况。白居易希望"时之所重"者，亦"仆之所重"者，结果事与愿违，"时之所重"者，偏偏是"仆之所轻"者。这从创作的角度说，是"种瓜得豆"；从流传的角度说，则是"歪打正着"了。除徒叹奈何外，白居易别无他法，只能接受这一因为世俗大众的参与而渐渐失去理性的现实。

追溯白居易创作艳体诗的缘起，其致力的时间不是在"陈力以出"的前期，而是在"奉身而退"的后期。由热衷写作讽喻诗到热衷写作艳体诗的转变，恰好伴随着其政治热情由高涨到消沉的转变。而转变的契机便是他在仕途上遭遇的挫折。同时，白居易创作艳体诗的过程，也掺入了太多的时代元素。但无论有多少主客观原因可以探讨，都不能遮蔽白居易曾大量创作艳体诗的事实。

如果说创作艳体诗需要相应的感官刺激和情感体验的话，那么，为白居易等人提供这些因子的正是其蓄妓、狎妓的现实生活。白居易退居洛阳后，其宅第的规模及豪华程度虽然远远不及先后担任陪都最高长官的裴度、牛僧孺等显贵，却也是山水相依、亭台错落的园林式建筑。这由其《池上篇》可窥一斑："十亩之宅，五亩之园。有水一池，有竹千竿。勿谓土狭，勿谓地偏。足以容膝，足以息肩。有堂有庭，有桥有船。有书有酒，有歌有弦。有叟在中，白须飘然。"这里所谓"有歌有弦"，就是指他自备的妓乐了。歌喉与弦管齐发，其家妓队伍应当也很有些规模了。

白居易前后蓄养过多少家妓，恐怕很难作出精确的估算。他一生曾与多少歌妓有染，就更是永远无法破解的谜题。早在为郡苏、杭时，他就十分迷恋公务之暇走马携妓、痛饮狂歌的逸乐生活。如《和新楼北园偶集》一诗描绘的便是"歌声凝贯珠，舞袖飘乱麻"的歌舞升平场面，而给他留下深刻印象的是："有奴善吹笙，有婢弹琵琶。十指纤若笋，双鬟黳如鸦。"《郡斋旬假始命宴呈座客示郡寮》一诗津津乐道的也是："侑食乐悬动，佐欢妓席陈。风流吴中客，佳丽江南人。歌节点随袂，舞香遗在茵。清奏凝未阕，酡颜气已春。"其中，杭州歌妓商玲珑深得白居易宠爱，有《醉歌·示伎人商玲珑》为证："罢胡琴，掩秦瑟，玲珑再拜歌初毕。谁道使君不解歌？听唱黄鸡与白日。黄鸡催晓丑时鸣，白日催年酉前没。腰间红绶系未稳，镜里朱颜看已失。玲珑玲珑奈老何？使君歌了汝更歌。"后来，元稹得闻商玲珑之艳名，向好友表示愿出重金求欢。此事见载于《唐语林》——长庆二年，白居易以中书舍人出任杭州刺史，杭州有官妓商玲珑、谢好好者，巧与应对，善歌舞。白居易日以诗酒与之寄兴。元稹在越州闻之，厚币来邀玲珑，白遂遣去，使尽歌所唱之曲。在这一点上，白居易倒是相当慷慨。而元稹也颇懂分寸，不久就将商玲珑送归，且赋诗一首："休遣玲珑唱我词，我词多是寄君诗。却向江边整回棹，月落潮平是去时。"由于"皇恩只许住三年"，当白居易依依不舍地辞别杭州时，虽然也表达了对西湖的情有独钟——"未能抛得杭州去，一半勾留是此湖"，但观其《西湖留别》一诗，似乎更难割舍的还是"绿藤阴下铺歌席，红藕花中泊妓船"。而他寄赠其他州郡长官的诗作中，也总爱涉笔狎妓之事，如《寒食日寄杨东川》一诗就欣羡对方"蛮旗似火行随马，蜀妓如花坐绕身"。

与此相映成趣的另一则逸事是，徐州名妓关盼盼"善歌舞，雅多风致"，后被张愔蓄为家妓。白居易远游徐州时，张愔让关盼盼侍宴侑酒，一展歌舞绝技，白居易赠诗赞曰："醉娇胜不得，风袅牡丹花。"两年后，张愔病逝，姬妾风流云散，各奔前程而去。关盼盼不忘前情，矢志守节，独居旧宅燕子楼，吟成《燕子楼三首》寄托幽怨。白居易除依其原韵奉和外，还另赋《感故张仆射诸妓》一诗，中云："歌舞教成心力尽，一朝身去不相随。"似有启发关盼盼与其独守空房不如殉情之意。关盼盼得诗后慨叹说："妾非不能死，恐百载之后，以我公重色，有从死之妾，是玷我公清范也。"便回赠一诗以明志："自守空楼敛恨眉，形同春后牡丹枝。舍人不会人深意，讶道泉台不去随。"旬日不食而卒。

白居易晚居洛阳期间，精力虽衰，而绮念未减。所以，对蓄养家妓一事表现出空前的热情。这或许也是想以成群结队的美姬为触媒，激发自己的青春活力，至少获得尚能倚红偎翠、征管逐弦的心理满足。其《小庭亦有月》一诗写道：

> 小庭亦有月，小院亦有花。
> 可怜好风景，不解嫌贫家。
> 菱角执笙簧，谷儿抹琵琶。
> 红绡信手舞，紫绡随意歌。
> 村歌与社舞，客哂主人夸。
> 但问乐不乐，岂在钟鼓多。
> ……

作者自注："菱、谷、紫、红，皆小臧获名也。"臧获，即奴婢。可知诗中提到的菱角、谷儿、紫绡、红绡等女子均是有案可稽的侍婢或家妓。而声名最著的樊素、小蛮尚不在其列。因此，这时的白居易可以说是珠围翠绕，近乎"红粉班头"了。

刘禹锡的艳福则不及白居易多矣。他当然也蓄有家妓，但家妓之名，却史无记载，肯定不像樊素、小蛮那样知名。而他也几乎从不像白居易那样以自豪自得的口吻在诗文中提及有关家妓的情况。他狎妓的热情或许一点也不亚于白居易，但蓄妓的能力却与白居易

"相差不可以道里计"。白居易一生的仕途虽然绝对称不上显达，但除了被贬江州司马的三年外，大多数时间都在京城、东都或杭州、苏州这样的富庶地区任职，生活相对安定、优裕。而刘禹锡则在穷乡僻壤辗转流徙达二十三年之久，历尽动荡与曲折。因此，他不可能具有白居易那样的经济实力。纵然也能蓄养一些家妓，数量却不可能庞大，也不可能罗致樊素、小蛮那样的尤物。难怪他会对樊素一见倾心、历久难忘了。

晚居洛阳之前，刘禹锡诗中就经常涉笔"悼妓""怀妓""狎妓"的内容了。如《夔州窦员外使君见示悼妓诗顾余尝识之因命同作》中"前年曾见两鬟时，今日惊吟悼妓诗"；《窦夔州见寄寒食日忆故姬小红吹笙因和之》中"鸾声窈眇管参差，清韵初调众乐随"；《和杨师皋给事伤小姬英英》中"但是好花皆易落，从来尤物不长生"；《白舍人自杭州寄新诗有柳色春藏苏小家之句因而戏酬兼寄浙东元相公》中"女妓还闻名小小，使君谁许唤卿卿"；《和乐天题真娘墓》中"幡盖向风疑舞袖，镜灯临晓似妆台"；如是等等，不一而足。当他刚刚结束巴山楚水间的人生苦旅，回到东都洛阳等待任用时，内心的绮念便开始萌芽和分蘖了。《洛中送韩七中丞之吴兴口号五首》其五说："何处人间似仙境，春山携妓采茶时。"值此有望重回庙堂、再执政柄之际，诗人已开始向往"携妓采茶"这种涂抹着浓厚绮色的半入世、半出世的闲逸生活，这至少说明他对自己晚年生活的规划设计中是纳入了蓄妓、狎妓的内容的。等到所有政治上的期盼一一落空，他怀着绝望的心情真的闲居洛阳后，当初幻想中的"携妓采茶"的画面，不仅很快成为触手可及的现实图景，而且衍化为更加旖旎的裙下风光。"携妓采茶"只是连环画中并不鲜艳的一页，令他醉心不已的是其他一些色彩更浓，因而也更能激发其本能的景象。于是，他也就和白居易一样乐此不疲了。

刘禹锡《答乐天戏赠》一诗为白居易画像说：

才子声名白侍郎，风流虽老尚难当。
诗情逸似陶彭泽，斋日多如周太常。
矻矻将心求净土，时时偷眼看春光。
知君技痒思欢宴，欲倩天魔破道场。

他笔下的白居易是一位地地道道的风流才子，因来日无多而更加迷狂。从表象上看，白居易经常像陶渊明一样抒写隐逸之情，还频频实施"斋戒"，似乎要跳出滚滚红尘。而其内心深处，对世俗的享乐，包括男欢女爱不仅始终无法割舍，而且还在非"斋戒"的日子里以变本加厉的方式加以宣泄。因此，他在诗中"学陶"以及他的"斋戒"，其实只不过是为求得心理平衡而戴上的一副迷惑世人的面具。"时时偷眼看春光"，以一个带有调侃意味的特写镜头，活画出"斋戒"中的白居易内心躲躲闪闪的真实欲望。"春光"者，莺莺燕燕、花花草草也。那才是白居易即使在礼佛时也忍不住要偷窥者。"矻矻将心求净土"的白居易六根远没有清净。白居易如此，刘禹锡自己又何尝不是如此？他在为白居易画像的同时，也表达了自己差不多雷同的诉求。

当然，在刘禹锡诗中，找不到像白居易那样正面描写狎妓场面的作品，因为他毕竟不是元、白所擅长的艳体诗的追随者，在涉及这类题材时，他肯定会有所过滤、有所节制，而绝不会肆意发泄，但求尽兴。这一时期，唯一可借以透视刘禹锡与歌妓情缘的作品是《怀妓四首》：

其一

玉钗重合两无缘，鱼在深潭鹤在天。
得意紫鸾休舞镜，能言青鸟罢衔笺。

金盆已覆难收水，玉轸长抛不续弦。
若向蘼芜山下过，遥将红泪洒穷泉。
其二
鸾飞远树栖何处？凤得新巢有去心。
红壁尚留香漠漠，碧云初断信沈沈。
情知点污投泥玉，犹自经营买笑金。
从此山头似人石，丈夫形状泪痕深。
其三
旧曾行处遍寻看，虽是生离死一般。
买笑树边花已老，画眉窗下月犹残。
云藏巫峡音容断，路隔星桥过往难。
莫怪诗成无泪滴，尽倾东海也须干。
其四
三山不见海沈沈，岂有仙踪更可寻？
青鸟去时云路断，姮娥归处月宫深。
纱窗遥想春相忆，书幌谁怜夜独吟。
料得夜来天上镜，只应偏照两人心。

  这组作品一说为刘损所作，误入刘禹锡集中。但联系刘禹锡的生平行事，归于刘禹锡名下，纵有违文献史料，却完全合乎情理。四首作品都是抒写与心上人暌离的痛苦。如果这位作者魂牵梦萦的心上人的身份是歌妓的话，那至少说明作者在某些寻欢买笑的场合，固然也难免采取逢场作戏的态度，但对这位风尘女子却是一往情深。这大概是因为他觉得她出淤泥而不染，且能与他灵犀相通。作品本身也都弥漾着缱绻深情，笔调如泣如诉，充满劳燕分飞、一别永诀的忧伤。

  第一首以一系列比喻揭示两人情缘已了而情丝难断的情状。犹如玉钗不可能重合、鱼鹤不可能同游一样，他们注定要分开；而一旦分开，就好似紫鸾休舞、青鸟罢飞，覆水难收、断弦难续那样，永远没有团圆的机会。既然如此，那就只有泪水长流了。"若向蘼芜"二句用《古诗十九首》"上山采蘼芜"之意，慨叹"新人不如故"，无论从自身抑或对方的角度着笔，都是在表现旧情难忘。

第二首写对方人去屋空，作者睹物伤怀的情形。"鸾飞远树栖何处"透露出作者对其归宿的担忧。"凤得新巢有去心"，则又似乎是暗示她已另觅新主，因而颇有去意。果真如此的话，这多少蕴含着一些"幽怨"了。伊人已去，余香尚在，作者犹自情不能已，望断碧云而音信渺茫，却依然幻想对方能重回自己怀抱，乃至继续积攒"买笑"的资金。"买笑"一词，表明作者在难得清醒时对两人关系的实质还是有精准的认知的。问题是，对她音容笑貌的过度迷恋，往往模糊了他的视线，影响了他对情感虚实的判断。篇末对"望夫石"的传说加以改造，想象自己因对她思念过度、翘盼过度，或将化为一块"丈夫形状"的山石，染有泪痕点点。

第三首承前继续抒写作者历久难泯的相思之情：遍寻对方旧日行经之处，想追蹑其芳踪，但伊人已如黄鹤杳然，音信全无，因而虽是生离，却与死别无异。作者用"云藏巫峡"和"路隔星桥"来形容他们之间的生死暌离，又以"尽倾东海也须干"的夸张之词极言泪水之多，将内心的憾痛披露无遗。

第四首依旧絮絮叨叨地倾诉仙踪难寻、鸳梦难温的无尽忧伤，乃至不避重复，再次使用"青鸟"这一典故来传情达意。说明其感情的闸门一旦洞开，感伤的潮水就呼啸而出，漫无边际地汩汩流淌，沿途难免残留一些语言的垃圾。"纱窗"二句以悬想之笔揣测对方应当也会忆念自己，试图展示情感的双向交会。其意境与李商隐《无题》中的"晓镜但愁云鬓改，夜吟应觉月光寒"十分相似，若果真出自刘禹锡笔下的话，后者或许会对前者有所借鉴。结尾"料得"二句则以同戴一轮明月来自我慰藉,希望通过月光将一腔深情传递给对方。其间似乎融合了张九龄《望月怀远》"海上生明月,天涯共此时"和杜甫《月夜》"何时倚虚幌,双照泪痕干"之意,而措辞则自出机杼,绝不雷同。

这组直接题为"怀妓"的作品,是泛泛感怀自己狎妓的经历呢,还是专门追忆某位让他刻骨铭心的歌妓呢?从抒情的浓度和热度看,似乎是后者。这种专于情、深于情的笔调,与刘禹锡执一而求的性格特征倒是不无相通之处。那么,其中也许隐含着一段早已尘封的情事,只是由于史料阙如,今天已经无从求索了。当然,这一推测是建立在其著作权属于刘禹锡的基础上的。但即使它们是后人作品的误植、滥入或伪托,亦可借以观照刘禹锡当时的生活点滴。《刘宾客文集》的编撰者之所以将它们系于刘禹锡名下,正是因为从中可以窥见刘禹锡放歌洛阳时期的征管逐弦及狎妓生活的蛛丝马迹。

狎妓生活的痕迹还潜移默化在刘禹锡一些本与狎妓无关的作品中,若明若暗地昭示着诗人多年倚红偎翠的经验。试看《忆江南》一词:

> 春去也,多谢洛城人。
> 弱柳从风疑举袂,丛兰裛露似沾巾。
> 独坐亦含颦。

诗人于题下自注道:"和乐天春词,依《忆江南》曲拍为句。"这是我国文学史上有关依曲填词的最早记录,标志着词已由"选词以配乐"的萌芽状态发展到"由乐以定词"的成熟阶段。词以伤春为基调,首句即漾出一片无可奈何的惜春之情。姹紫嫣红的春光即将逝去,而诗人生命的春天也早已一去不返。他有心让春光长在,又无力挽住春天的脚步。"春去也",在这貌似平淡的叙述中,融入了诗人几多叹惋、几许惆怅!次句笔锋一转,复代春天致词。原来春也有情,它既不能久驻,更不忍遽去,只好郑重其事地向留恋春光的洛城人辞别。这就将惜春之情烘托得格外浓烈、格外深长。三、四句借助细致的观察和丰富的想象,绘就一幅气韵生动的送春画面:柔弱的柳条随风轻摇,不胜依依,恍如一位风情女子正挥手举袖与情郎作别;而为晶莹的露水所沾湿的丛兰则好似这位女子于款款惜别之际泪洒罗巾。如此着笔,将惜春之情又向深处推进一层:惜春复伤春的岂止是领略过大好春光的洛阳人,那曾经受到春光滋润的"弱柳"和"丛兰"也因春将归去而黯然神伤。"木犹如此,人何以堪!"于是,末句变侧面渲染为正面描写,引出一位"独坐亦含颦"的女子作结。那日渐远去的春天足音,叩响了这位女子敏感而又脆弱的心弦,使她忧思郁结,情不自禁地生发出韶华易逝、红颜易老的感叹。这里,诗人不仅在送春场景中点缀以红巾翠袖,而且最终的画面也定格于红巾翠袖。他对红巾翠袖的体态及神情的捕捉与勾勒,分明糅入了他与多情复多姿的歌妓交往时的切身感受。

再看其奉和白居易的另一首"春词":

新妆宜面下朱楼,深锁春光一院愁。
行到中庭数花朵,蜻蜓飞上玉搔头。

——《和乐天春词》

一望即知抒情主人公是一位浓妆艳抹的妙龄女性。其真实身份有可能是惆怅自怜的"闺中少妇",也有可能是寂寞难耐的"后宫佳丽",更有可能是暂遭"檀郎"遗弃的"章台名柳"。即便她属于前两类人物,在刻画其形象时,诗人也不自觉地选择了他所熟悉的风情女子的造型,突出其妆容的时尚、首饰的精美。如果参看白居易的原唱，或许可以得到更清晰的认知。白居易所赋《春词》中，描写女主人公的生活环境是："低花树映小妆楼。""小妆楼"，显然不适合形容"闺中少妇"或"后宫佳丽"的住处，以之作为风尘女子居所的代称倒很适宜。而"小妆楼"又为"低花"所掩映，就更具备了青楼的典型特征。与此同时，作者所描摹的女主人公的形象特征则是"春入眉心两点愁"。眉心生春，顾盼多情，而又微现愁容。这种情态很难说非青楼女子莫属，但将其与青楼女子相缔结，却更为妥帖。接下来展示的女主人公的行为举止是："斜倚栏干背鹦鹉，思量何事不回头？"倚栏远眺，若有所思，无论她所背对的鹦鹉如何声声呼唤，就是不愿回眸一笑，仿佛心事重重，殆难化解。这也使人联想到青楼女子对檀郎心有所属，久盼对方而对方不至时的表现。而刘禹锡的奉和之作正与白居易的原唱一样，通过对抒情女主人公神情意态的刻画，透露了其内心深处在春光乍泄时油然而生的幽怨。那曲尽其妙而又丝丝入扣的笔墨中，应当也渗透着诗人经常与青楼女子相过从的微妙体验。

四、不忘初心

会昌元年（841）春，年入古稀的刘禹锡加检校礼部尚书，兼太子宾客。尽管"检校礼部尚书"只是一个虚衔，但毕竟属于朝廷加恩，意味着官阶的擢升，因而对于"一生襟抱未曾开"的刘禹锡来说，也不失为一种荣耀。

这一年秋天，他创作了《秋声赋并序》，再度向世人袒露了"烈士暮年，壮心不已"的情怀：

> 相国中山公赋《秋声》，以属天官太常伯，唱和俱绝。然皆得时、行道之馀兴，犹有光阴之叹，况伊郁老病者乎？吟之斐然，

以寄孤愤。

　　碧天如水兮，窅窅悠悠。百虫迎暮兮，万叶吟秋。欲辞林而萧飒，潜命侣以啁啾。送将归兮临水，非吾土兮登楼。晚枝多露蝉之思，夕草起寒螿之愁。

　　至若松竹含韵，梧楸早脱。惊绮疏之晓吹，堕碧砌之凉月。念塞外之征行，顾闺中之骚屑。夜蛩鸣兮机杼促，朔雁叫兮音书绝。远杵续兮何泠泠，虚窗静兮空切切。如吟如啸，非竹非丝。合自然之宫徵，动终岁之别离。废井苔合，荒园露滋。草苍苍兮人寂寂，树械械兮虫咿咿。则有安石风流，巨源多可。平六符而佐主，施九流而自我。犹复感阴虫之鸣轩，叹凉叶之初堕。异宋玉之悲伤，觉潘郎之么么。

　　嗟乎！骥伏枥而已老，鹰在韝而有情。聆朔风而心动，眄天籁而神惊。力将瘁兮足受绁，犹奋迅于秋声。

"相国中山公"，指时任门下侍郎、同中书门下平章事的李德裕。《全唐文》卷六九七载有李德裕所作《秋声赋并序》，序中说："况余百龄过半，承明三入，发已皓白，清秋可悲。"而赋中也确实渗透着其三起三落的悲慨。刘禹锡此篇虽为奉和之作，却纯属有感而发，自抒怀抱。他以"伊郁老病者"自命，并声称其写作意图是"以寄孤愤"。那么，作品是否以一己之"孤愤"作为情感主线呢？诚然，作品的大半篇幅都落笔于萧飒的秋景、肃杀的秋气、凄楚的秋声以及征人思妇的悲秋之情，而其中分明也寄寓着诗人耿介难平的"孤愤"。即如"晚枝多露蝉之思，夕草起寒螿之愁""惊绮疏之晓吹，堕碧砌之凉月""感阴虫之鸣轩，叹凉叶之初堕"等对句，其笔调显然是低沉的、忧伤的，但这些只不过是一种必要的铺垫或前奏。诗人真正想要申发并最终成为作品主旋律的还是身属老暮、犹思奋进的志士怀抱。在秋声"如吟如啸，非竹非丝"般悄然袭来之际，他明确宣示自己对秋声的态度迥异于前代的宋玉和潘岳。就像因老病而伏枥的骏马和暂时无法摆脱束缚的雄鹰依然心驰塞外、情寄蓝天一样，他此时此刻呈现的姿态是"聆朔风而心动，眄天籁而神惊"，因为萧条秋季的到来反倒使他心潮澎湃、情绪激扬，更加渴望有所作为。"力将痰兮足受绁，犹奋迅于秋声。"虽然精力已近衰竭，而行动也受阻于足疾，但充斥于他心底并勉力呼出的却是"奋迅"这一让读者倍感振奋的强音。在诗人笔下，人与秋的关系不是一种单向的感应，表现为人对秋的厌烦或赞赏，而是一种双向的交感与互动。交感与互动的结果是，诗人顽强的生命意志又一次得到强有力的激发。从早年的《秋词二首》，到晚年的《始闻秋风》以及这篇《秋声赋》，莫不如此。

然而，诗人的身体每况愈下。除足疾外，其他老年疾病也交相折磨着他，严重影响了他晚年的生活质量。会昌二年（842），卧病不起的诗人自知来日无多，便试图亲笔勾勒出自己一生的基本轮廓，为后人留下一份真实的历史记录。这就诞生了作为其辞世之作的《子刘子自传》。

《子刘子自传》（以下简称《自传》）以纪实的手法追溯了自己的家世及仕宦经历，而重点记叙了永贞革新的始末，第一次公开对这次政治革新及革新的核心人物王叔文予以充分肯定，表现了其不忘初心的政治立场和政治操守：

> 贞元二十一年春，德宗新弃天下，东宫即位。时有寒隽王叔文，以善弈棋得通籍博望，因间隙得言及时事，上大奇之。如是者积久，众未知之。至是起苏州掾，超拜起居舍人，充翰林学士，遂阴荐丞相杜公为度支盐铁等使。翌日，叔文以本官及内职兼充副使。未几，特迁户部侍郎，赐金紫，贵振一时。愚前已为杜丞相奏署崇陵使判官，居月余日，至是改屯田员外郎，判度支盐铁等案。初，叔文北海人，自言猛之后，有远祖

风，惟东平吕温、陇西李景俭、河东柳宗元以为信然。三子者皆与予厚善，日夕过，言其能。叔文实工言治道，能以口辩移人。既得用，自春至秋，其所施为，人不以为当非。

时上素被疾，至是尤剧。诏下内禅，自称太上皇，后谥曰顺宗。东宫即皇帝位。是时，太上久寝疾，宰臣及用事者都不得召对。宫掖事秘，而建桓立顺，功归贵臣。于是，叔文首贬渝州，后命终死。宰相贬崖州。予出为连州。途至荆南，又贬朗州司马。居九年，诏征，复授连州。自连历夔、和二郡，又除主客郎中，分司东都。明年追入，充集贤殿学士。转苏州刺史，赐金紫。移汝州，兼御史中丞。又迁同州，充本州防御、长春宫使。后被足疾，改太子宾客，分司东都。又改秘书监分司。一年，加检校礼部尚书兼太子宾客……

慑于弹压永贞革新的唐宪宗的威权，在刘禹锡生活的中晚唐政坛，对永贞革新几乎是众口一词地予以攻讦与否定，韩愈在《永贞行》一诗中所诋毁的"小人乘时偷国柄"，在当时差不多成为一种定谳。即便是赞成革新举措并同情永贞党人的官吏，在言及革新的历史功过时，也只能要么违心地加以谴责，要么干脆保持沉默。这种状况直到时移势迁的后世才有所改变。而后世对永贞革新也是褒贬不一，毁誉参半。就刘禹锡自身而言，当年被放逐到沅湘之滨后，他曾多次为自己辩诬，却不敢触及革新本身及王叔文的是是非非，因为那是有可能给自己带来杀身之祸的。但在行将就木的此时，他勇气陡生，本着对历史、对后人负责的态度，将藏掖在心底三十多年的真实看法一吐为快。《自传》不仅称赞王叔文"工言治道"，即擅长谈论治国方略，而且肯定"自春至秋，其所施为，人不以为当非"，即王叔文在实施革新期间的所作所为深得人心，无可指摘。这既是试图推翻强加予王叔文的诬陷之词，也是旨在为王叔文主导的永贞革新正名。作为历尽劫波的当事人，刘禹锡不仅对这一桩历史公案进行了旗帜鲜明的评说，而且为后代的评说者提供了第一手的文献资料。从某种意义上说，这也是他代表尚存于世的革新志士对当年的是非曲直作了一次颇具震撼力的集体表态。

这篇《自传》的另一值得关注之处是，诗人采用借汉讽唐的笔法，大胆地揭露了世人讳莫如深的"顺宗内禅"的真相，载录了又一段为正史所屏蔽的历史事实：

> 是时，太上久寝疾，宰臣及用事者都不得召对。宫掖事秘，而建桓立顺，功归贵臣。

寥寥数语，大有深意。既然顺宗沉疴已久，身为革新集团主要成员的"宰臣"韦执谊和"用事者"王叔文、王伾都已被隔离而无法进献良策，那么，"内禅"就绝不是出于韦、王等人的建议，亦非顺宗所愿。这里，"建桓立顺"，乃用东汉顺、桓二帝册立的典故。据《后汉书·宦者列传》载，"孙程定立顺之功，曹腾参建桓之策"。孙程、曹腾均为东汉宦官。延光四年（125），汉安帝卒，孙程与中黄门王康等十八人首谋拥立济阴王称帝，即历史上的汉顺帝。孙程因此得封浮阳侯，加官骑都尉，成为名副其实的"贵臣"。曹腾在汉顺帝即位后，晋升为中常侍，后又因策划迎立汉桓帝有功，得封费亭侯。刘禹锡于此楔入这一典故，意在昭示世人：所谓"内禅"，无异于宦官俱文珍等人联手宪宗策划和发动的一场宫廷政变。"功归贵臣"，剑戟直指政变的实际操纵者宦官，而中晚唐政治的最大弊端——宦官专权也因此得以撩开面纱。"宫掖事秘"，则在无可奈何的喟叹中包蕴着多少诗人早已察知却难以明言的政治黑幕！这是第一次有人擅闯历史禁区、触碰宫闱秘事，即便语焉未详，也如同撕破乌云密布的天穹的一道闪电，让世人眼前一亮，意识到暴风雨已在酝酿。

在《自传》的最后部分，诗人明白告知世人自己"行年七十有一"，又值"身病之日"，大限将至，因此自为铭曰：

不夭不贱，天之祺兮。重屯累厄，数之奇兮。天与所长，不使施兮；人或加讪，心无疵兮。寝于北牖，尽所期兮；葬近大墓，如生时兮。魂无不之，庸讵知兮！

在刘禹锡临终前的作品中，找不到像李白的《临路歌》那样的绝命诗，这篇自铭，或许可以视为绝命辞。回顾自己七十一年的人生历程，可谓历尽坎坷。"重屯累厄，数之奇兮。"诗人把这归于"数之奇"，即命运不好，和前代的所有怀才不遇者一样，试图以这种自我慰解的方式，求得心理平衡，脱略精神上的自虐。但他还是忍不住要慨叹"天与所长，不使施兮"。确实，既然上苍赋予他治国平天下的特殊才干，就应当同时赋予他施展的机会，为什么要将这种机会无情地剥夺殆尽呢？"人或加讪，心无疵兮。"这是对自己一生坚持真理、坚持理想的人格操守的自我表白和自我肯定。无论他人如何恶意谤讪，我都问心无愧！没有"苏世独立"的勇气和"一片冰心在玉壶"的高度自信，不能措此词。

后代学者在解读《子刘子自传》时，除重视其文献价值以外，大多着眼于其政治内涵。洪迈《容斋续笔》卷四"柳子厚党叔文"条说："柳子厚、刘梦得皆坐王叔文党废黜，刘颇饰非解谤，而柳独不然。"谢采伯《密斋笔记》卷三说："刘禹锡《自传》叙王叔文事云：'某官职出于叔文，又复坐累。'不以为讳。"《四库全书总目提要》"《刘宾客文集》三十卷外集十卷"条说："又外集有《子刘子自传》一篇，叙述前事，尚不肯诋諆叔文，盖其人品与柳宗元同。"他们都注意到刘禹锡"叙述前事"时的执着。的确，人之将终，其言益诚。这篇《自传》几乎毫无遮掩地向熟悉或不熟悉的世人披肝沥胆，流露出一片赤子之诚。由《自传》可知，诗人直到生命的最后一刻，依然"初心"未改、理想未泯。尽管晚居洛阳时期，他的政治态度和创作态度在沉重的外力挤压下，有一定程度的扭曲，但在告别他所深深眷恋的人世前，他又故态复萌，让我们重新看到那个奋力抗争、不肯稍屈的刘禹锡！

会昌二年（842）秋天，这位多次对传统"悲秋"主题加以反拨的一代诗豪，带着对秋的留恋、春的向往，永远停止了他在人间的深情歌唱。洛阳的秋天，因为再也听不到"我言秋日胜春朝"那样的赞美的声音，真的变得萧条了。

五、英名永播

噩耗传来，悲痛欲绝的白居易独自踯躅在满地黄叶中，写下《哭刘尚书梦得二首》：

其一
四海齐名白与刘，百年交分两绸缪。
同贫同病退闲日，一死一生临老头。
杯酒英雄君与操，文章微婉我知丘。
贤豪虽殁精灵在，应共微之地下游。

其二
今日哭君吾道孤，寝门泪满白髭须。
不知箭折弓何用？兼恐唇亡齿亦枯！
窅窅穷泉埋宝玉，骎骎落景挂桑榆。
夜台暮齿期非远，但问前头相见无。

白居易痛感自己不仅失去了一位在晚年生活中同他桴鼓相应的良偶，而且失去了一位在诗歌创作上旗鼓相当的畏友。他的挽诗就以这双重憾痛作为循环往复的主旋律。前诗以"四海齐名"和"百年交分"对举而起，突出了彼此声望之隆和友谊之深。接着，又以"同贫同病"点出两人境遇相似，进一步烘托知己之感。"一死一生"，则弥漾出今日阴阳两隔的无限哀痛。追怀与悼念之际，他把自己与刘禹锡比作当年"煮酒论英雄"的曹操与刘备，有傲视天下、睥睨众生之意，而他的自我期许之高以及对刘禹锡的推崇之甚也表露无遗。他还特别强调刘禹锡的"文章"具有微言大义，一似孔子删定的《春秋》，只有他才能察知其良苦用心。最后，他想象斯人已殁而精灵永在，当可与先赴灵台的元稹同游于地下。怀念与关切之意尽见于字里行间。而他将刘禹锡称呼为"贤豪"而不是既往使用过的"诗豪"，则意味着对刘禹锡更全面的肯定。后诗哭诉痛失挚友后的孤独与忧伤。"吾道孤"，反用《论语》"吾道不孤"之意，既渲染了一人独处的孤寂，又暗示朝纲废弛，大道不行。"寝门泪满"云云，将一位耆耄老人抑制不住的哀恸表现得无比真切。"不知"二句由白描转为比兴，以弓存箭折、齿在唇亡比喻刘禹锡辞世后自己所面临的处境，不仅生动地揭示了这份友谊的不可或缺与无可替代，而且形象地说明了幸存于世的自己的孤立无援和孤苦无依。"駸駸落景挂桑榆"，进一步渲染晚景的凄凉。结篇自料死期不远，怅问能否与亡友相逢于"夜台"，托出对重续前缘的殷切期望。其情也深，其词也苦，令人如见作者的吞声呜咽之状。

当时，刚过而立之年的诗坛新锐温庭筠也怀着对前辈泰斗的无限景仰，写下《秘书刘尚书挽歌词二首》：

其一

王笔活鸾凤，谢诗生芙蓉。

第十章 放歌洛阳的一代诗豪

学筵开绛帐，谈柄发洪钟。
粉署见飞鹏，玉山猜卧龙。
遗风丽清韵，萧散九原松。

其二

麈尾近良玉，鹤裘吹素丝。
坏陵殷浩谪，春墅谢安棋。
京口贵公子，襄阳诸女儿。
折花兼踏月，多唱柳郎词。

　　刘禹锡长于诗歌，兼工书法。所以，温庭筠在前诗中以王羲之和谢灵运来比拟他在这两个艺术领域中的杰出成就和崇高地位。如此，犹觉未能得其仿佛，便又以"飞鹏""卧龙"来写照他经纬国事的卓越才能。"飞鹏"与"卧龙"都是具有定型指义的意象，分别与名高千古的政治家贾谊和诸葛亮联系在一起——贾谊曾作《鹏鸟赋》，诸葛亮有"卧龙"之称。平心而论，贾谊一生流落未偶，与刘禹锡的境遇更为相似。但诸葛亮最终未能完成北伐中原的大业，在壮志未酬这一点上亦无异于刘禹锡。因此，以这两位公认的治国雄才来比拟刘禹锡十分恰切。而这一比拟本身，又见出作者对刘禹锡的评价之高。后诗同样用众所钦仰的历史名人来为刘禹锡画像。被作者拈来笔底的是"殷浩"与"谢安"。两人都是东晋名士。殷浩曾任扬州刺史、中军将军等职，因显贵桓温弹劾其连年北伐败绩，被朝廷废为庶人。遭此重厄，殷浩却依然神态自若，谈笑风生。唯一有点异样的是，经常自言自语，并用手指在空中书写"咄咄怪事"四字。家人以为这是神经质的表现，不予理会。实际上，这一动作正反映出殷浩内心积郁之深。"殷浩谪"，即指此。"谢安棋"，典出《世说新语·雅量》——淝水之战时，东晋太傅谢安运筹于帷幄之中，而决胜于千里之外。当他与客围棋之际，前线指挥官谢玄由淮上遣信使至。谢安看信后，默然无言，神色如常，继续与客对弈。一局终了，才淡淡说道："小儿辈大破贼。"淝水之战的胜败关乎东晋王朝命运和谢氏家族兴亡，更何况晋军是以寡敌众、以弱敌强。捷报来临，居然淡定若斯，这是何等的气度与胸襟！作者以"殷浩谪""谢安棋"比况刘禹锡，既怜其身世之坎坷，又赞其胸襟之超迈。"京口"以下四句归笔于刘禹锡的诗人本色，以涵盖南北各地、囊括三教九流的生动画面，展示刘禹锡诗歌的流传之广、影响之大。与白居易的哀婉低回不同，温庭筠这两首诗虽号为"挽歌"，却略无伤悼之词，有的只是对刘禹锡的政治才干和诗歌造诣的顶礼膜拜，以此寄托一位见贤思齐的后生对前贤的深切缅怀。

刘禹锡在自铭中有"葬近大墓"等语，说明他对身后事已早有安排。如同预期的那样，最后他归葬于荥阳檀山原的祖茔。这位出生在江南水乡的一代诗豪，在度过了笑看花开花落、云卷云舒的快意人生之后，终于"魂兮归来"，长眠在他的故里了。但他的诗魂并不寂寞。泯却生死的界限和时空的阻隔，交相演唱其诗歌的"京口贵公子"和"襄阳诸女儿"的婉转歌声，一直缭绕在他耳边，轻轻抚慰着他内心怀才不遇、壮志未酬的创痛。

把刘禹锡放到历史的坐标上来定位，可以说，他的人生角色是多元的：既是一位渴望建功立业却失去用武之地的政治家，也是一位具有那一时代尚不多见的朴素唯物论和辩证法思想的哲学家，还是一位长于论说、工于记叙、文质并茂的散文家。但他更是一位特立于韩孟、元白两大诗派之外，灵光独运、卓然名家的诗人。串联起他一生传奇经历的正是色彩斑斓的诗歌，或者说，他的快意人生是通过异彩纷呈的诗歌才得以充分映现的。诗歌是流遍他周身的血液，是使他的生命焕发出光彩的精气神。他一生的悲欢荣辱都倾注并融化在诗歌中。而他的诗歌则使他的悲欢荣辱得到多层面、多视角的映现，演绎为气韵生动、余味悠长的艺术画面，汇入中国古典诗歌艺术的长廊，并当仁不让地占据了其中最引人注目的位置之一。千古之下，读其诗，想其人，我们既情不自禁地为其扼腕长叹，又深深折服于其高风亮节。

通常说"人生如戏，戏如人生"。这是一种现实的写照。而"人生如诗，诗如人生"，则应当是一种理想的境界了。这种为人们所企慕的境界，在刘禹锡这里找到了实证。人生丰富了他的诗歌，而诗歌又提升了他的人生境界。从这一意义上说，巡检他的诗歌，亦即披览他的人生、阅读他的传记，其生命的履痕、情感的曲线和思想的光波一并映入眼帘，引发我们的深长思考与回味。

"玄都观里桃千树，尽是刘郎去后栽"；"种桃道士归何处？前度刘郎今又来"。这位始以"刘郎"自称、终以"刘郎"定名的诗人，拥有两个独一无二的人生标签，除"刘郎"外，还以"诗豪"名垂千古。这两个分别在生活舞台和诗歌畛域赢得无数拥趸的美称，以豪迈、刚健、爽朗、自信、百折不挠为共同特征，可以相互叠印，甚至重合，高度浓缩并折射出刘禹锡大开大合、大起大落的快意人生。是的，刘禹锡一生经历了太多的挫折与坎坷，这样的人生能不能称作"快意"，或许见仁见智。但在我看来，不平坦的人生，才有可能是不平凡的人生，坦然面对不平坦的人生，并用豪情似火的诗笔记录下不平凡的人生，岂不快意？

快哉，笑傲人生风雨的"刘郎"！

快哉，卷舒时代风云的"诗豪"！